·面向21世纪课程教材·
Textbook Series for 21st Century

"十二五"普通高等教育本科国家级

·教育部面向21世纪人力资源管理系列教材·

U0668109

招聘与录用

（第三版）

Recruitment and Employment

廖泉文　著

中国人民大学出版社
·北京·

总　序

　　由中国人民大学人力资源开发与管理研究中心组织全国人力资源管理领域著名专家、学者编写的人力资源管理系列教材第四版以全新面貌与读者见面了。

　　中国人民大学人力资源开发与管理研究中心成立于2000年，聚集了学术界、政府研究机构的专家和学者，致力于我国人力资源开发与管理研究。中心自成立以来，除了组织编写本系列教材之外，还翻译了我国第一套人力资源管理译丛。

　　改革开放以来，中国经济的高速增长为世人所瞩目。究其原因，学者们的共识是，成就主要来源于两个因素：一是体制改革所造就的制度创新和激励机制；二是改革对生产要素，特别是劳动力要素的解放。改革使大量人力资源摆脱了旧体制的束缚，以各种方式投身于经济建设，使我国人力资源的优势得到充分发挥。正因为如此，在传统体制下从来没有被认为是一门科学的人力资源管理，在改革开放后特别是20世纪90年代以来，得到了企事业单位的高度关注。如何确定组织的人力资源战略、做好组织的人力资源规划，如何招聘、留住、开发以及激励组织需要的各类人才，如何把握好职位分析、绩效管理、薪酬管理等人力资源管理中的关键环节，如何建设良好的组织文化，已经成为企事业各级领导考虑的最重要的问题。

　　从我国改革开放30多年的历程中，我们可以清楚地看到，人力资源的确是推动中国经济发展的最重要资源，堪称"第一资源"。而且更为重要的是，如今，我国自然资源的人均占有量与世界相比并不占优势，且国民财富生产中自然资源消耗水平已经很高，可以毫不夸张地说，我国经济与社会实现可持续发展的唯一出路在于进一步发挥人力资源的优势。需要指出的是，发挥人力资源优势并不是像有些人所想象的，只是靠廉价的人工成本去竞争。世界各国发展的经验已经证明，人工成本必然会随着经济发展水平而不断提高。一个国家的人力资源优势主要体现在两个方面：一是人力资源的教育素质，它体现为潜在的生产力；二是对已经实现就业的人力资源的管理水平，它体现为对人力资源的开发利用程度。我国的教育，特别是基础教育，在世界上是有竞争力的，培养了一支高素质的劳动力队伍。而我国的管理水平，尤其是人力资源管理水平，与世界发达国家相比差距仍然较大。因此，提高我国企业、事业单位以及政府机构的人力资源管理水平是发挥我国人力资源优势的当务之急。2013年11月12日中国共产党第十八届中央委员会第三次全体会议通过的《中共中央关于全面深化改革若干重大问题的决定》中，"人才"的概念被提及多达16次，这再次表明，无论是从具体的一个组织来看，还是从一个国家的发展和进步来看，人的问题始终是一个极其重要的问题。

为了提高我国人力资源管理水平，我们通过翻译教材与专著、邀请外国专家讲学等方法，努力将发达国家在人力资源管理方面的先进理念和经验介绍到国内。但是，人力资源管理是管理学诸学科中受到一个国家文化传统影响最大的领域，对人的管理必然受到社会价值观念、法律制度、人文传统等方面的影响，因此，仅仅依靠舶来品是不能真正解决自身问题的。

中国的管理学经过30多年的恢复和成长，已经到了建立具有自身特色的、符合中国文化的管理理论的时候。鉴于管理学的文化根基特征，可以说，建立中国特色管理理论的关键在于建立具有中国特色的人力资源管理理论。

总而言之，无论是提高我国人力资源管理水平，还是建立具有中国特色的管理理论体系，都需要培养大批具有先进的管理理念、掌握科学的管理方法的人力资源管理专业人才。近年来，社会对人力资源管理专业人才的需求一直名列高校毕业生需求榜的前茅。旺盛的需求同样导致供给的增加。据统计，自1993年中国人民大学在我国开设第一个人力资源管理本科专业以来，到2013年为止，全国已经有500多所高校开设了人力资源管理专业。从2001年开始出版的本系列教材的第一版，到目前为止已经历了第四次全面的修订工作，本套教材对于满足我国各高校人力资源管理专业的教学需要起到了非常积极的作用，得到广大教师和学生的一致好评。

优秀的教材必须随着社会经济的发展与教学改革的深化而不断完善。我们根据作者的教学体会和使用的教师对本系列教材第三版的反馈，组织了这次重新修订工作。本系列教材从一开始起步阶段，就在编写中把握了以下三个重要原则：第一，优选教材作者。本系列教材的作者不拘泥于一个学校，而是从我国各著名高校中最早从事人力资源管理教学与研究的著名学者中遴选，每位作者必须是在人力资源管理的相关领域或模块中的真正专家。同时要求这些学者必须亲自主笔，以保证教材的质量。第二，优化教材体系。本系列教材包括《人力资源管理概论》、《人力资源战略与规划》、《组织行为学》、《工作分析的方法与技术》、《招聘与录用》、《培训与开发》、《战略性绩效管理》、《薪酬管理》、《劳动经济学》、《劳动关系》等，既可以满足人力资源管理专业的学生系统学习人力资源管理知识的需要，也可以为非人力资源管理专业的管理类学生根据需要选用。第三，重视本国案例的运用。最近几十年来，随着我国市场经济的长足发展以及企业人力资源管理水平的不断提高，涌现出大量有价值的本土化人力资源管理案例。因此，在修订时，我们特别强调多运用中国改革开放以来的案例，以帮助学生更好地理解和掌握相关理论与方法。

尽管已经付出了很大努力，我们仍然清楚地认识到，这套教材还存在许多可以不断完善和修改的地方。我们真诚地希望广大读者不吝赐教，提出修改意见和建议，使之日臻完善，以更快地推动我国人力资源管理水平的提高。

董克用

中国人民大学人力资源开发与管理研究中心

前　言

2015 年春节过后，"老之已至"的我找到漳州农村一处僻静的小屋，对《招聘与录用》（第二版）作了一些"与时俱进"的修改。此次修订让我感慨：一个人不仅年少时需要有鞭策，就是在"阅尽人间春色"的古稀之年，仍然必须有鞭策、有压力，方能"奋蹄"再向前。

2008 年 4 月至 5 月我因严重的脑外伤在厦门第一医院 ICU 治疗，同年 9 月又因大面积的头骨缺失到厦门长庚医院做头骨修补手术。当时医生为了解我的神志清醒程度，经常会问我："你原计划要完成的事还有哪些未完成？""你病好后立即想做的事情有哪些？"虽然我心中有很多想去做、想去完成的事情，但当时只有四件事在我心中是最挂念的，其中之一就是《招聘与录用》（第二版）（"十一五"国家级规划教材，中国人民大学出版社）尚未完成。2010 年夏，《招聘与录用》（第二版）顺利出版，其他三件大事也相继完成。至此，我完成了我职业所要求的工作以及个人承诺所要求的奉献，当时的感觉真是无"债"一身轻。2011 年冬，我迎来了 65 岁生日，又逢从教 40 周年及结婚 40 周年纪念，我的学生和朋友 300 余人齐聚一堂，共同庆贺，当时的许多难以忘怀的情景至今深铭心中。福建省情商研究会的几位副会长送我一副对联，上联是"泉涓涓滋润万千桃李"，下联是"文郁郁传道卅五春秋"，此对联不但以藏头的方式包含了我的名字，而且上联针对我的教师工作，下联针对我的科研工作，简单而有意义。北大教授何志毅评价我对职业的追求是"专业、专心、专一"，意指前进道路上的各种诱惑均未能让我改变初衷。同济大学教授彭正龙评价我具有"三与"的优点，即"与时俱进、与世无争、与人为善"。华侨大学校长、教授吴承业评价我能耐得住寂寞，在人力资源研究并不太受青睐的 20 世纪 90 年代，独立坚持，不受干扰。没有想到年过花甲之后，这三位教授的评价成了我最重要的航标，他们的无意之勉成了我"奋斗终身"的明灯。我常以此自勉，对于如此高的期许，"虽不能至，而心向往之"。庆典结束后，我的教师生涯也就此结束了。

第一职业结束后，我开始实践"后职业生涯"，即在一些企业担任人力资源管理顾问，并对以下几个问题作了一些思考和梳理：后职业生涯问题、情商与职业的关系、招聘中"空降兵"与老员工的融合问题。何为"后职业生涯"？我认为可以定义为"当一个人到了退休年龄并淡出他所从事的职业后，在个人身体、精力允许的条件下，凭借个人拥有的人力资本重新获取一份力所能及的工作，在工作中把自己所拥有的人力资本贡献给社会和企业"。我个人的后职业生涯就是在各类企业做顾问，为企业的人力资源规划、招聘、能岗匹配、员工关系协调、人员储备、团队建设等方面作一些力所能及的工作，效果比我预想的要好，我成了企业老板和高管的知心朋友。企业的管理者和员工都想把事情做好，但客观情况是：董事长很忙，总经理很累，高管不容易，员工则为稻粱谋，所有的沟通渠道都不是很顺畅。这就需要倾听、分析，再倾听、再分析，沟通、再沟通，直至彼此作出一些妥协和让步，相互理解，相互包容，共同期许明天。

"情商助你职业成功"是我退休后思考的第二个重要问题。我认为，哈佛大学的公式"80%的情商＋20%的智商＝成功"应有一些前提和界定，对于不同职业、不同职位、不同层次的人而言，其比例也应有所不同。情商可以帮助你处理好五大关系：管理好自己和自己的关系，既不苛求自己，也不放任自己，从容、淡定、友爱、坚强，释放正能量；管理好自己和硬环境的关系，无论富贵、穷苦，均能宠辱不惊、俭奢有度；管理好自己与软环境的关系，无论万人追捧还是遭人歧视，均能淡定从容，沉浮之间自有定力；管理好自己和家人的关系，无论父母、伴侣、孩子、亲属有多少迷茫和困惑，均能以宽容、宽爱之心，温暖家庭成员，共度美好人生；管理好自己和他人的关系，无论与上级、同事、下属之间有多少无奈和复杂的关系，均能以博大爱心、宽阔胸怀理解、宽容、关爱他人，共创团结、高效、友爱的团队。情商帮助你创造精彩的人生：少年时，助你放飞梦想；青年时，助你翱翔于知识的海洋，吸纳各种正能量；中年时，助你建立幸福美满的家庭、生儿育女，对社会、家庭奉献你博大的爱心和责任心；壮年时，助你获得家庭、事业双丰收，为国家、为社会、为家庭奉献自己的所有；老年时，助你平静地淡出江湖，如果可能，进入后职业生涯，继续奉献自己的智慧和创造力。

关于招聘中"空降兵"的若干关系处理问题，我也有所思考。一个企业在高速发展期、转型发展期及传统经济向资本经济转型期，必然会遇到人才的三大问题：原有的人才学历、能力不能适应新的发展需要；原有的人才结构和格局不能适应新的发展需要；原有的人才年龄、思想不能适应新的发展需要。这时，企业需要招聘一批有学历、有能力、视野宽、有专业特长的高管，这些从各个领域招聘来的新高管俗称"空降兵"。"空降兵"最常遇到的三大问题是：水土不服，老员工不易接纳，工作、待遇与个人期许的差距。"空降兵"现象是企业发展中管理者必须面对的最重要的人才重新配置问题，人力资源学者必须加大力度研究此类问题。

第三版在如下几个方面作了补充和修改：对第一篇第1章进行了改写，删除了原第3章"法律环境分析"的内容；第二篇原第6章"人力资源获取方式及选择"中增加了第5节"微招聘"和第6节"跨文化招聘"，介绍了跨文化招聘的途径和方法，阐述了我国独有的港、澳、台与大陆的一国四地的跨文化招聘问题；第三篇对原第8章"诚信测试"的第2节进行了简化，并入原第5节，对原第10章的典型案例分析部分，删掉了原来的几个案例，新增了有时代气息的新案例；第四篇对原第

11章第3节补充了"规避录用中的法律风险",对原第13章增加了新案例,就当前人们关心的90后问题、虚假学历问题、名校学生的优缺点问题进行研究,删掉了原来的案例3和案例7。另外,考虑到本系列教材读者的实际情况,删除了第五篇原第14章的内容,并将原第15章"提高职业成功概率的廖氏理论"的内容进行了删改,作为附录一,其中的"俭奢平行通道理论"是新增内容,原有的"三、三、三理论"被删除。以上修改具有时代性和创新性,希望能给读者带来更多的启迪。

年少时我曾吟过一句诗,"闲立窗前听雨声",一直都对不出下句来,行文至此,突然想出一句"喜看鸿鹄破云天",也算是对自己的一个交代了。藉由本书前言这个平台,我想把人生最重要的两大体验与各位分享:第一是珍惜家庭,特别是你的伴侣;第二是感恩社会和朋友,特别是给过你帮助和支持的人。在我结婚40周年的聚会上,我写了两首诗送给我的先生,我们40年来患难与共、生死相依、贫贱相扶持,历尽坎坷心依旧。这两首诗为:"晚霞"、"当我们一起老了时——也集几句古人诗词"。我想将这两首拙诗与各位分享,是因为我目睹了在经济改革浪潮的冲击下,在不太成熟的新思潮的浪涛中,太多的家庭未守住原本的宁静与平和,未珍惜茫茫人海中的相遇与相知,未感恩滚滚红尘中的牵手与扶持。

《晚霞》:我见到晚霞那么庄严,因为他阅历了坎坷的人生,我见到晚霞那么美丽,因为他积蓄了一生的光辉;我见到鸟儿在晚霞下面展翅盘旋,因为他足够宽阔高悬,我见到白云与晚霞结伴而行,因为他见证了纯洁与忠诚;我见到晚霞总是笑靥甜甜,因为他快乐、慈爱可亲,我见到晚霞慢慢隐去天边,因为他给众星璀璨让出了空间。

《当我们一起老了时——也集几句古人诗词》:当我们一起老了时,屋子里不再有激烈的言辞,但讨论依旧,我们一起谈古论今,我问:"知否,知否,天气晚来秋?"你说:"空山新雨后","清泉石上流";当我们一起老了时,双肩不再有力,但担当依旧,我们一起读到"花间一壶酒",你问:"有客无酒,如此良夜何?"我说:"我有斗酒,藏之久矣,以待子不时之需";当我们一起老了时,我们的脚步不再快速,但牵手依旧,我们一起走在白城的沙滩上,你问:"昨夜雨疏风骤,浓睡不消残酒?"我说:"五花马,千金裘,呼儿将出换美酒,与尔同销万古愁";当我们一起老了时,眼睛不再炯炯有神,但深情依旧,我们常常彼此默默相视,我问:"子熟读文史,知其然否?"你说:"物换星移,惟见长江天际流";当我们一起老了时,我们的笑容不再灿烂,但快乐依旧,我们一起在家宴请朋友,杯觥交错,你问:"有朋自远方来,可否添酒回灯重开宴?"我说:"谈笑有鸿儒,往来无白丁";当我们一起老了时,我们的腰板不再挺拔,但坚强依旧,我们一起度过艰难,走过急流险滩,我问:"月明星稀,乌鹊南飞,何枝可依?"你说:"世事洞明皆学问,人情练达即文章"。

以上是一位平凡的女学者对新时代弄潮儿的殷殷期望之心,就如我在《写给我年轻的朋友》中所说,"希望你们抓住今天的机遇,快马扬鞭,不负时代的重托";"一个温馨的家,一种平和,得之不易,毁之顷刻。朋友,请珍惜这份平和"。

时间过得飞快,明年我就年届古稀了。我和我的学生、朋友常在一起怀念过往一起攀登、一起努力的日子。我喜欢李白的诗《早发白帝城》,就以此诗作为前言的结束吧。

朝辞白帝彩云间，
千里江陵一日还。
两岸猿声啼不住，
轻舟已过万重山。

廖泉文
于厦门海边一角落

目　录

第一篇　概　述

第二篇　策　划

第三篇　甄选测试

第四篇　录　用

第一篇　概　述

我国改革开放的实践不断为人类提供创新的案例和创新的思想，中国经济翻天覆地的变化把企业的发展推到了前沿。大量优秀人才在企业这一平台上展现了才华，为我国和人类创造了大量的物质财富和精神财富。这些在我国大地上创造的奇迹向世界证明了人的尊严、人的优秀、人的创造能力和人的重要价值。因此，随着人的价值得到认识，企业的招聘得到了极大的重视。

　　招聘是企业补充新鲜血液的主渠道，也是获取优质人才增强企业核心竞争力的重要方法。录用是继招聘之后引导新员工上岗或提升优秀管理者到新的领导岗位的过程。这既是一个匹配的过程，也是一个帮助招聘到的新员工或管理者尽快熟悉工作和业务的过程。企业的全部人力资源管理功能可概括为六个字：获取、保留和发展。获取就是招聘与录用，处于人力资源管理的前端；用一系列规范、科学、人性化的管理手段保留住优秀人才不流失，是人力资源管理功能的核心部分，处于人力资源管理的中端；关心人的发展就是关心企业的发展，因此，关于发展的研究应贯穿管理的始终，融合于获取与保留中。这种研究表现在招聘中最重要的是招正确的人，而不是最好的人，使人适岗，使岗得人；表现在录用中最重要的是引导人才走上正确的从业道路，使个人和组织均获得最大的提升。本篇的内容包括对某些概念的界定和影响因素的分析。

第 **1** 章

概念的界定

本 章 重 点

1. 招聘的概念、意义、原则和程序
2. 招聘是一个企业与应聘者互动的过程
3. 对我国当前的人力资源招聘进行较深层次的思考

第1节 招聘的原则和程序

国家经济发展有三个最基本的促进要素：资本资源、自然资源和人力资源。对于一个企业而言，物质资本和人力资本是最重要的两种资本，随着知识经济、信息社会的到来，人力资本成为比物质资本更重要的资本。招聘是企业获得人力资本的主要渠道，也是企业快速提升人力资本的方法，更是企业人力资本重置的必经之路。

一、何为招聘

在人类出现雇佣关系的同时，招聘活动就出现了。招聘的定义随着招聘活动的科学化和丰富化而不断得到充实和提炼。R·韦恩·蒙迪认为：招聘是及时地、足够多地吸引具备资格的个人，并鼓励他们加入到组织中来工作的过程。罗伯特·L·马希斯等认为，招聘与甄选就是选择潜在的任职者。西蒙·多伦等认为，招聘是指组织依据一定的制度与法规，通过一系列活动和过程，从大量高素质人员中挑选出最佳人选，以满足组织的需要，同时也满足应聘者个人的需要，以增强他们留在组织中的可能性。总之，招聘是企业获取合格人才的渠道，是组织为了生存和发展的需要，根据组织人力资源规划和工作分析的数量与质量要求，通过信息的发布和科学甄选，获得本企业所需的合格人才，并安排他们到企业所需岗位工作的过程。

人力资源招聘有两个前提。一是制定人力资源规划，二是进行工作分析。企业的人力资源规划是对企业需求和市场供给进行分析与预测的过程，人力资源规划决定了预计要招聘的部门、岗位、职位、数量、专业、人员类型等；工作分析则对企业中各职位的责任、所需的素质及对专业、年龄、性别等方面的要求进行分析，它为招聘提供了主要的参考依据，同时也为应聘者提供了关于该职位的详细信息。人力资源规划和工作分析两项基础性工作使当今的企业招聘能够建立在比较科学的基础上。

人力资源招聘必须发布招聘信息，如内部招聘时的布告和外部招聘时的各种招聘广告等。在当今信息时代，更多的信息发布在网络上，有的企业有相当发达的内部网络，专业的招聘网络则已成为招聘信息的最宽广、最直接、最迅速的沟通渠道。无论以何种方式发布信息，其目的均在于让所有具备条件的人员知晓并吸引他们前来应聘，从而为甄选录用提供条件。如果招聘信息设计得不吸引人或发布渠道选择得不恰当，则前来应聘的具备条件的人员就会减少，必然会影响招聘的质量，出现"降格以求"的现象；如果招聘前对劳动力供给市场了解得不够，未能准确把握市场的信息，将招聘的门槛设计得过高，就有可能使优秀的人才被拒之门外，同时带来招聘成本的耗费；等等。这些现象都将给企业带来不良的影响。

成功的招聘活动应该是"职得其才，才适其用"，也就是能力与岗位匹配，既不要出现"低才高就"的现象，也不要出现"高才低就"的现象。此外，外部招聘的渠道、招聘的方式、招聘的时机均可能影响招聘成本。检验招聘工作的标准有：管理人员对新员工的满意程度；录用的员工对工作和企业的满意程度；招聘后一定时期自愿离职人员的比例；招聘的成本与收益；非自愿性被解聘人员的比例；新员工岗位工作完成的情况；部门间横纵向的协调程度；企业或部门工作效率的增长状况等。

二、有效的人力资源招聘的意义

实施有效的人力资源招聘具有重要意义，主要体现在以下方面：

1. 确保录用人员的质量，增强企业核心竞争力

现代企业竞争的实质是人力资源的竞争，人力资源成为重要的企业核心竞争力。招聘工作作为企业人力资源管理开发的基础，一方面直接关系到企业人力资本的获取与提升，另一方面直接影响企业人力资源开发管理等其他环节工作的开展。拥有高素质的一线员工，才能保证产品和服务的高质量；拥有高素质的技术人员，才能保证企业的研发计划高效有序地实施。

2. 降低招聘成本，提高招聘的工作效率

招聘应同时考虑三方面的成本：一是招聘直接成本，包括招聘过程中的广告费、招聘人员工资和差旅费、考核费、办公费及聘请专家等费用；二是重置成本，是指因招聘成果不佳需要重新招聘时产生的费用；三是机会成本，是指因人员离职及新

员工尚未完全胜任工作产生的费用。招聘的职位越高，招聘成本越大。据估计，招聘专业人员的直接成本大致为这些人员工资的 $50\sim60\%$。既要将招聘成本降到最低，又要保证录用人员的素质，是招聘成功的重要衡量指标之一。

3. 为企业注入新的活力，增强企业创新力

企业根据人力资源规划和工作分析的要求，通过招聘给岗位配置新的人员。新员工将新的管理思想和新的工作模式带到工作中，可能推动企业的制度创新、管理创新和技术创新。特别是从外部吸收人力资源，既为企业增添了新生力量，弥补了企业内部的人力资源不足，又给企业带来更多的新思维、新观念和新技术。

4. 提升企业知名度，树立企业良好形象

招聘工作涉及面广，企业利用各种各样的渠道（如电视、报刊、广播、多媒体等）发布招聘信息，可以提升企业知名度，让社会各界更了解企业。有的企业以极具吸引力的高薪、颇具规模和档次的招聘过程，来表明企业对人才的渴求和自己的实力。企业在招聘所需的各种人才的同时，也通过招聘工作的开展和招聘人员的素质向外界展现了企业的良好形象。

5. 减少离职，增强企业内部的凝聚力

有效的人力资源招聘，一方面可以使企业更多地了解应聘者到本企业工作的动机与目的，从而从诸多候选者中选出个人发展目标与企业目标趋于一致并愿意与企业共同发展的员工；另一方面可以使应聘者更多地了解企业及应聘岗位，让他们根据自己的能力、兴趣与发展目标来决定是否加盟该企业。有效的双向选择可以使员工愉快地胜任所从事的工作，减少员工离职以及因此而带来的损失，增强企业的凝聚力。

6. 有利于人力资源的合理流动，促进人力资源潜能的发挥

一个有效的招聘系统，能促使员工通过合理流动找到适合的岗位，实现能职匹配，调动其积极性、主动性和创造性，使其潜能得以充分发挥，从而使人力资源得以优化配置。调查表明，员工在同一岗位上工作八年以上，容易出现疲顿现象，而合理流动会使员工感受到来自新岗位的压力与挑战，激发员工的内在潜能。

7. 企业发展与员工职业生涯发展紧密结合，实现组织和员工的双赢

有效的人力资源招聘，能将组织目标与个人职业生涯发展紧密结合，使个人职业生涯规划、个人意愿、个人发展空间与企业愿景一致，实现组织和个人的双赢。

8. 推广企业文化和价值观，增强团队协作

在有效的人力资源招聘中，得到录用的人员不仅能快速适应岗位的工作和完成岗位的职责，而且能认同企业文化和价值观，融入企业的团队，增强团队协作。

三、人力资源招聘的原则

在人力资源招聘中必须遵循以下原则：

1. 遵守国家关于平等就业的相关法律、法规和政策

在招聘过程中，企业应严格遵守《中华人民共和国劳动法》及相关的劳动法规。

坚持平等就业、双向选择、公平竞争，反对种族歧视、性别歧视、年龄歧视、信仰歧视，尤其对弱势群体、少数民族和残疾人等应该予以保护和关心。严格控制未成年人就业，保护妇女儿童合法权益。

2. 坚持能职匹配

招聘时，应坚持所招聘的人的知识、素质、能力与岗位的要求相匹配。俗话说："骏马能历险，犁田不如牛。"一定要从专业、能力、特长、个性特征等方面衡量人与职之间是否匹配。招聘的目标是实现能岗匹配。

3. 提供平等的机会

在招聘前，企业应首先明确是采用以内部调整为主还是以外部选聘为主的策略；然后，依次确定招聘条件和招聘信息发布范围。对所有应聘者平等相待，公开、公平、公正地甄选、录用，使得整个招聘过程有组织、有计划，甄选录用程序严格统一，录用决策科学合理。

4. 协调互补

有效的招聘工作除了要达到人适其职的目的外，还应注意群体心理的协调。一方面，考察群体成员的理想、信念、价值观是否一致；另一方面，注意群体成员之间的专业、素质、年龄、个性等方面能否优势互补，相辅相成。群体成员相互包容，感情融洽，行为协调，有助于企业文化的塑造、企业目标的认同、和谐高效团队的形成。否则，可能造成群体成员间情感隔阂，人际关系紧张，矛盾冲突不断，工作相互扯皮。

5. 着眼于战略和未来

企业要有一定的战略眼光，对于稀缺人才、高科技人才、怀有特异技能的人才，虽然目前可能用不上，但应进行适当储备，以供未来发展之需。

6. 重视应聘者的综合素质和潜在发展能力

企业发展要有后劲，人的发展也要有后劲。对于知识面广、综合素质高的人才，要重视他们的发展前景，予以录用。

7. 重视应聘者的职业素养和道德品质

职业素养应包括三个要素：完成工作所需的素质；对岗位工作的责任心；对职业的忠诚度。道德品质是指除了遵纪守法外，还要有内外兼修的高尚品德和一流的信用度，言必行、行必果，待人诚实，为人宽厚，善于协作，既有仁爱之心，又有严谨的行为准则。招聘时，不可过于重视才华而忽视品德。

四、人力资源招聘的程序

人力资源招聘既是一个复杂、系统、完整、连续的程序化操作过程，又是一项极具科学性、艺术性的工作。它大致分为招募、甄选、录用、评估四个阶段。这四个阶段的步骤和活动内容见图1—1。招募是企业为了吸引更多更好的应聘者而进行的若干活动，包括招聘计划的制定和审批，招聘信息的发布，应聘者提出申请等；甄选是企业从职位需要出发挑选出最适合此岗位的人的活动，包括申请资格审查、初选、测试、面试、体检、决策等；录用是指企业对甄选出的人员进行初步安置、适应性培训、试用、正式录用等；评估则是企业对整个招聘活动效益与被录用人员质量的评估。

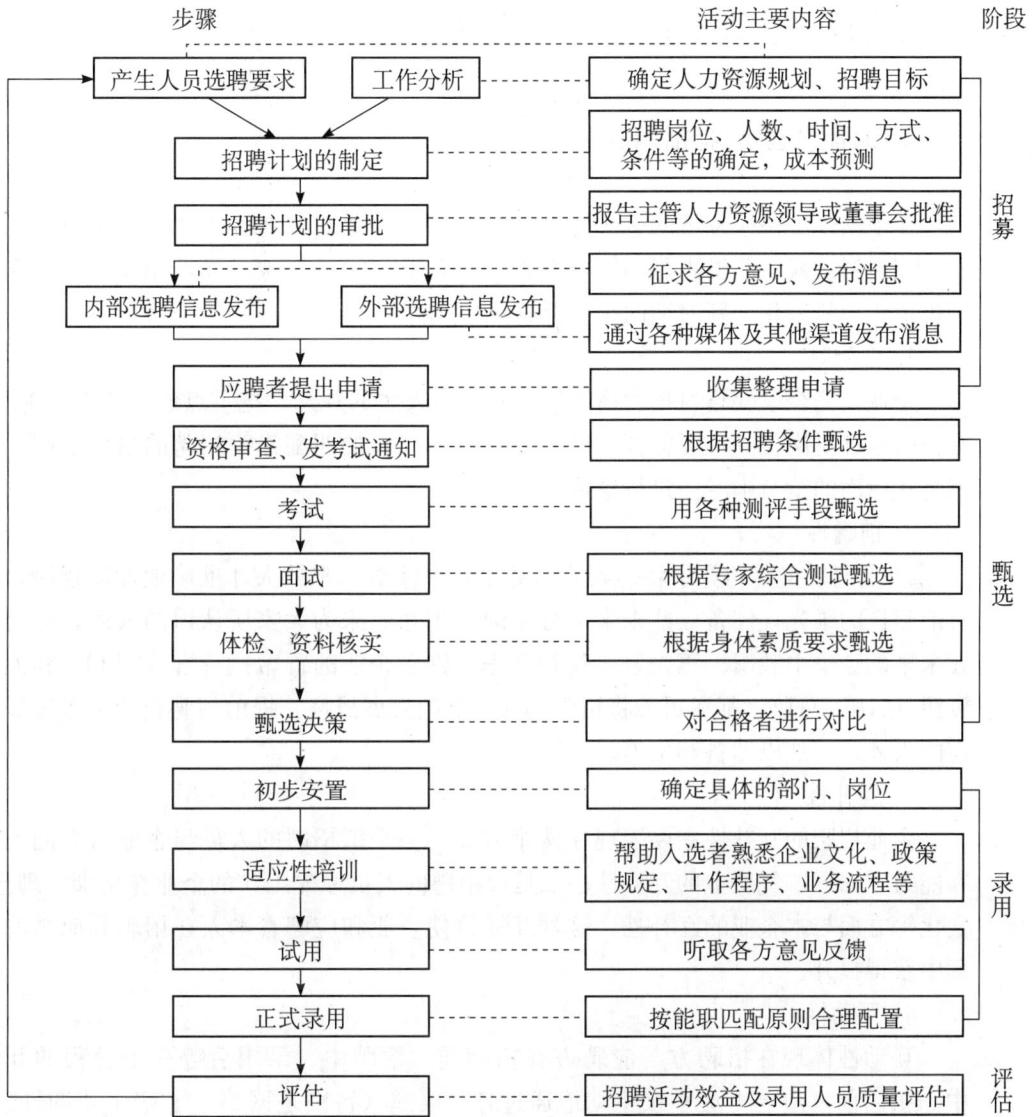

步骤		活动主要内容	阶段
产生人员选聘要求　工作分析		确定人力资源规划、招聘目标	
招聘计划的制定		招聘岗位、人数、时间、方式、条件等的确定，成本预测	招募
招聘计划的审批		报告主管人力资源领导或董事会批准	
内部选聘信息发布　外部选聘信息发布		征求各方意见、发布消息	
		通过各种媒体及其他渠道发布消息	
应聘者提出申请		收集整理申请	
资格审查、发考试通知		根据招聘条件甄选	
考试		用各种测评手段甄选	甄选
面试		根据专家综合测试甄选	
体检、资料核实		根据身体素质要求甄选	
甄选决策		对合格者进行对比	
初步安置		确定具体的部门、岗位	
适应性培训		帮助入选者熟悉企业文化、政策规定、工作程序、业务流程等	录用
试用		听取各方意见反馈	
正式录用		按能职匹配原则合理配置	
评估		招聘活动效益及录用人员质量评估	评估

图 1—1　人力资源招聘的程序

　　值得一提的是，在传统的招聘过程中，人事管理、员工招聘的决策与实施完全由人事部门负责，人才需求部门仅仅负责接受人事部门招聘来的人员及其具体工作安排，完全处于被动地位。现代人力资源管理和开发则要求员工招聘的决策与实施由人力资源部与企业具体的人才需求部门共同负责。人才需求部门的经理负责进行工作分析、确定工作规范和任职资格，以及专业测试和专业面试方案；人力资源部则负责提供支持，对应聘者进行通用测试和面试，并从全局把握，使各部门的人事计划与企业战略计划相一致。在最终作出录用决策时，根据岗位的层级和重要性，考官通常由三部分组成，即公司领导、人力资源部门、人才需求部门领导。这种组合较之传统的方式更加客观和科学。

第 2 节　我国企业招聘的特点及存在的问题

一、新时期我国企业招聘的特点

在中国经济快速发展的进程中，招聘一直是企业获取各类人才的主渠道，是企业补充新鲜血液、前沿思想的主要方式。改革开放 30 多年来，企业招聘已逐步实现了规范化和科学化。新时期的企业招聘有如下特点：

1. 匹配性

企业已完全改变盲目招聘高学历、高素质人才的观念，把重点放在能岗匹配上，有目的地针对岗位的实际需要招聘人才，以人与岗的匹配作为招聘的最高原则。本书将在后面的章节中专门进行论述。

2. 前瞻性

21 世纪最重要的竞争将是人才的竞争，谁能对未来的人才准确地加以预测，具有前瞻性的眼光，储备一些未来十分紧缺而现在尚未为大家所认识的人才，谁就会在未来的竞争中胜出。正是基于这种考虑，许多企业的首席执行官（CEO）和人力资源（HR）总监，都尽可能将招聘纳入企业的发展战略，提前招聘企业未来发展所需的人才，并加以储备和培养。

3. 互补性

企业招聘的互补性主要表现在两个方面：一是拟招聘的人员与企业所需的人员在能力、知识、气质上的互补性；二是拟招聘的人员原先工作的企业在培训、理念、文化等方面与本企业的互补性。这种互补将使企业和应聘者本人在招聘和应聘的过程中获得提升。

4. 互动性

互动性体现在招聘方与应聘方在招聘前、招聘中、录用后等三个过程的互动中。招聘前，应聘方应积极主动地通过各种渠道（特别是网络）了解企业的性质、规模、产品、结构、企业的美誉度与信用度，领导的特质以及该岗位的职责和所需的能力、专业、技术、经验等，招聘方也应尽可能多地收集和获取应聘人员的各种资料以帮助判断其适岗度。在招聘中，各种测试（尤其是面试）始终是博弈的过程，也是互动的过程。录用后，企业对新录用人员的引导上岗、培训与新录用人员对企业最初印象的反馈也是一个互动的过程。

5. 多样性

多样性是指招聘方式、方法、渠道的多样性。招聘可以是外部招聘，也可以是内部招聘；可以是社会招聘，也可以是校园招聘；可以有猎头公司、中介公司参与，也可以由老员工推荐人员；可以是网上招聘，也可以是通过报纸发布招聘信息；可以将各种测试与面试相结合，也可以基于资料以面试为主而不进行其他测试；可以由评价中心代为选择，也可以由公司自己组建招聘测试小组；可以请外部专家担任主考官，也可以由企业内高管担任主考官。所有这些选择都不是单一的，可以有各种组合，这种多样性正是当前招聘中最大的特点。

6. 多功能性

招聘有多种功能。一是宣传功能。企业通过设计精美的广告推广自己的形象，通过招聘地点的选择、招聘主考官的选择和独到的工作，把企业的文化和理念有效地传递给社会和应聘者。无论招聘成功与否，企业的文化都将得到传播。二是激励功能。通过招聘，可以激励具有潜质的应聘者努力成为公司的一员，也可以激励企业内部的员工努力跨上一个台阶。三是预告功能。通过明确招聘的需求，使那些不符合要求的应聘者放弃应聘，以减少招聘的成本和费用。

7. 无边界性

无边界性是指对应聘的人员已没有地域、户籍、出身、信仰、宗教、性别和国籍的限制。随着改革开放的深入，在过去成为重要障碍的条件（如户籍、信仰、出身等）已经不复存在，人才流动日渐频繁。中国经济的快速发展吸引了许多外国人到中国工作、居住和生活。无边界招聘是当前招聘中特别重要的特点之一。

二、目前我国企业招聘中存在的问题

1. 企业的选人用人方法不正确

我国一些企业的选人用人方法不正确，主要表现在以下方面：

（1）人才高消费造成资源浪费。不管什么岗位，企业都喜欢招聘高学历者，认为这样才能表明企业人员素质高。如企业招聘电脑录入员，招聘广告也要求本科以上学历。这就造成了人才高消费。对于这种招聘，从表面上看，企业并不需要为高学历多付工资，应聘者迫于严峻的就业形势或由于认同这个企业也愿意被录用，但实际上，个人、企业、社会都有所损失。高学历者（相对于岗位标准而言）工作一段时间后，就感到大材小用、怀才不遇，工作积极性下降，此时人才流动就不可避免。企业将为高流动率付出人员的重置成本、机会成本等。因人力资源未得到合理配置，国家和个人的人力资本投入得不到较高回报，造成国家、家庭和个人的损失。人才高消费现象随着 20 世纪 70 年代后期高等院校数量和招生绝对数的增加而日益严重，现在的高校毕业生（特别是博士生和硕士生）就业形势日益严峻，一个普通的公务员岗位或一个中学教师岗位，应聘者竟然达到 1 000 人以上。这种供需不平衡的状况必然使大量高学历人才涌入企业，导致企业的人才高消费现象日趋严重。人才的各种逆向流动、反向消费、高能低就，成为当前企业招聘中的一大难题。

（2）企业缺乏有效的考评系统和激励机制。企业在进行内部招聘时，常常反复研究，讲究人际关系的平衡，认为这样才不会打击大多数人的积极性，结果难以破格录用优秀人才。实际上，破格录用优秀人才不但不会影响大多数人的积极性，反而会起到示范作用，鼓励大家积极提升自身人力资本存量，形成"有才必有用"的内部环境。同时，企业若建立健全了积极有效的考评系统和激励机制，"不拘一格用人才"也必将被纳入正确的用人制度规定。

（3）企业领导常任用和提拔身边熟悉的人，导致 B 级的人做 A 级的事。企业对管理人员的招聘以内部招聘为主还是以外部招聘为主，很大程度上应取决于企业员工的整体素质。如果员工整体素质偏低，却仍坚持以内部招聘为主，必然降格以求，造成管理层素质偏低。这将给企业无形资产和有形资产的管理带来不利影响，并导致恶性循环。同时，长期以内部招聘为主的方式容易使员工形成对管理职位等、靠、要的思想。企业在扩张时，需要大量有才华、对企业文化认同且对企业忠诚度高的人来担任子公司的领导，该提拔谁呢？企业领导通常提拔自己熟悉和信任的人，这些人认同企业的文化和理念，对企业和领导十分忠诚，是值得信任的，但其能力与要求往往差距较大，这就造成了 B 级的人做 A 级的事。这种倒置必然会带来另一种倒置，即 A 级的人没有提拔机会，或者因为个人的某些疏忽或失误未得到领导的信任，导致 A 级的人只能做 B 级的事。这不仅仅是人才的浪费，更重要的是会形成恶性循环：B 级的人做不好 A 级的事，A 级的人被迫离开企业。

当上述情况发生时，企业可以在内部进行若干次竞聘以发现内部的 A 级人才，也可以通过外部招聘引进 A 级人才，让 A 级的人做 A 级的事。当然，所谓 A 级、B 级只是一种比喻，人才的能级是动态的，必须用发展的眼光及能岗匹配原则去识别人、使用人。

2. 企业人力资源招聘基础工作薄弱

我国企业在人力资源招聘中的薄弱之处体现在以下方面：

（1）缺乏中长期人力资源规划。大多数企业无法估计企业未来发展对人员的需求，往往采取现缺现招的办法，在时间紧的情况下，甚至降低录用标准。人力资源规划必须对企业今日所需的人才和市场所能提供的现有职位的人才作规划，同时要为企业明天所需的人才作储备，这种前瞻性的准备将为企业赢得竞争能力，而适需性的招聘方法无疑既缺乏战略眼光，也缺乏为实现企业的愿景而进行的人才方面的准备。

（2）不重视人力资源管理的基础性工作。企业在招聘时往往临时确定招聘标准，且所定标准比较宽泛。招聘时，招聘人员对评判尺度难以把握，操作起来主观性强，随意性大，难以发挥各种甄别测评工具的效用。招聘人员对应聘者的取舍不是取决于岗位所需，而常常是取决于招聘人员对应聘者的感觉，甚至个人的某些好恶。

（3）没有完整的岗位说明书和岗位评价。企业招聘员工必须以岗位说明书为依据，应聘者必须清晰了解所应聘岗位的工作职责、工作任务、工作的软硬件环境和胜任该岗位工作所需的知识、能力和经验。企业如果缺少这样的岗位说明书，就会使应聘者难以准确判断自己与岗位的适应度，也会使招聘方无法准确地因岗选才。

（4）没有完整的上岗培训手册和培训计划。企业招聘中十分重要的一个环节是对新员工的培训和引导上岗。企业如果缺少这样的培训计划和培训手册，就无法回答应聘者提出的有关上岗培训的问题，也无法提供新员工上岗前的系列培训，不利于新员工尽快熟悉企业并融入企业。

3. 企业人力资源招聘中的甄选手段不够科学

目前，我国所使用的测评手段缺乏科学性。若引进西方的心理测试等手段，由于国内缺乏相应的专家，容易出现操作不规范的情况，不规范的结果必然影响可靠度和效度。同时，由于东西方文化存在差异，照搬西方心理测试的一套方法，不完全符合我国大众的心理感受方式和表达方式，心理测试信度不高。因此，心理测试等西方常用工具只能作为一种辅助手段。另外，常用的考试和面试受考官素质的影响。考试题目偏题或过于简单，必然严重影响招聘质量。而面试考官缺乏必要的培训和训练，考官的判断经验不足及相关能力不够全面，也会使面试结论产生较大偏差。在这种情况下，企业更多地倾向于以外在标准来衡量应聘者是否为企业所需，这种倾向使企业招聘难以达到能职匹配。

4. 劳动力市场中介服务功能不健全

在国外，企业招聘的初步筛选常常委托劳动力市场的中介机构，以节省时间和精力，提高招聘效率。但目前我国各类劳动力市场服务机构提供的服务无法满足企业的要求。这些中介机构工作设备较简陋，人员素质偏低，服务手段比较落后，服务范围仅限于登记和介绍工作，安排供需见面场所，没有能力帮助用人单位考核和挑选人员，无法提供有效和高质量的专业性服务。更重要的是，市场供求双方信息不对称，中介机构对高级人才供求双方的要求和信息的沟通交流缺乏有效的管理，从而在很大程度上制约了招聘工作质量的提高。

5. 相关法律法规不健全

我国与人力资源相关的法律涉及均等就业机会、同工同酬、反对性别歧视和年龄歧视等方面，但还不健全。在招聘过程中，对就业歧视和不合乎法律规范的行为缺乏相应法律的约束。在法律健全的国家，招聘广告提出的应聘条件都必须有证据表明非此条件无法胜任该岗位，否则就被视为就业机会不平等，存在歧视现象，可以诉诸法律。但在我国，招聘广告提出缺乏依据的年龄限制、性别限制、工龄限制甚至户籍限制条件的现象比比皆是，众人也已见怪不怪。在法律健全的国家，涉及企业商业秘密的人员跳槽，在限定的时间内不准从事本行业工作。而我国员工携带原企业商业秘密跳槽到同行业高就或业务员带走企业客户的现象相当普遍，企业为此付出巨大代价，却束手无策。即使已制定了《中华人民共和国劳动法》来约束劳资关系，但执法不力、违规操作的事件时有发生。因此，建立健全人力资源方面的相关法律法规，优化招聘系统外部环境，已成为紧迫的任务。

6. 关系网对招聘工作产生很大影响

中国的传统文化使每个人都生活在一张复杂的人际关系网中，由于历史和人文的原因，人人都很重视这张人际关系网，不愿伤了感情，丢了面子。这种文化现象对企业人力资源招聘产生很大影响。现实中，"内定"或将招聘条件随意修改、度身设计的现象大量存在，导致招聘工作失去了其应有的科学性、合理性、公平性和规范性。

□ 关键术语

招聘　招聘原则　招聘模式

□ 复习与思考

1. 简述招聘的定义。
2. 简述招聘的过程。
3. 我国企业招聘存在哪些问题？应该如何解决？

第 2 章

影响因素分析

本 章 重 点

1. 招聘工作是在一定的环境中进行的，影响因素包括外部因素、内部因素和
   个人因素
2. 影响招聘的外部因素
3. 影响招聘的内部因素
4. 影响招聘的个人因素

第 1 节　影响招聘的外部因素

企业是一个开放的系统，其行为方式受到外界各种因素的制约和影响，人力资源招聘工作也不例外。企业人员的来源渠道、来源范围、人员招聘方式、人员录用和人员使用权限等均受制于其所处的社会和经济环境。主要影响因素有：国家政策法规、社会经济制度、宏观经济形势、传统文化及风俗习惯、技术进步、劳动力市场状况以及产品市场的条件等。

一、国家政策法规

1. 国家政策与法规从客观上界定了企业人力资源招聘的对象选择和限制条件

美国的《公平就业机会法案》规定，不同性别、年龄、种族、肤色的人在就业竞争中的机会均等，享有不受歧视的权利。我国于 1995 年 1 月 1 日正式实施《中华人民共和国劳动法》（以下简称《劳动法》，1994 年 7 月 5 日通过）。该法规定企业在招聘员工时必须遵循平等就业、相互选择、公开竞争、照顾特殊群体（如妇女、残

疾人等）、禁止 16 周岁以下的未成年人就业、先培训后就业等原则。例如，《劳动法》规定："妇女享有与男子平等的就业权利。在录用职工时，除国家规定的不适合妇女的工种或者岗位外，不得以性别为由拒绝录用妇女或者提高对妇女的录用标准。"此外还规定"禁止用人单位招用未满十六周岁的未成年人"。在工资方面，规定"用人单位支付劳动者的工资不得低于当地最低工资标准"，对于加班工资则明确规定"安排劳动者延长工作时间的，支付不低于工资的百分之一百五十的工资报酬；休息日安排劳动者工作又不能补休的，支付不低于工资的百分之二百的工资报酬；法定休假日安排劳动者工作的，支付不低于工资的百分之三百的工资报酬"。

虽然除《劳动法》之外还缺乏许多重要的配套法律，操作性强的法律法规尚未出台，但是，《劳动法》的颁布毕竟是我国劳动立法史上的一个里程碑。以《劳动法》为准绳，我国已经颁布了一系列与招聘和录用有关的法律、法规、条例和规定，如《中华人民共和国劳动合同法》（2007 年 6 月 29 日通过）、《人才市场管理规定》（2001 年 9 月 11 日发布）、《女职工禁忌劳动范围的规定》（1990 年 1 月 18 日发布）、《招用技术工种从业人员的规定》（2000 年 3 月 16 日发布）、《集体合同规定》（2004 年 1 月 20 日发布）、《未成年工特殊保护规定》（1994 年 12 月 9 日发布）、《禁止使用童工规定》（2002 年 10 月 1 日发布）、《中华人民共和国企业劳动争议处理条例》（1993 年 7 月 6 日发布）、《中华人民共和国劳动争议调解仲裁法》（2007 年 12 月 29 日发布）、《劳务派遣暂行规定》（2013 年 12 月 20 日通过），等等。因此，企业在制定招聘计划和实施录用决策的过程中，必须充分考虑现行法律、法规和政策的有关规定，防止出现违背政策法规的行为，避免产生法律纠纷，以免企业人力、物力、财力及企业形象遭受不必要的损失。

2. 法律规定劳动者拥有平等的就业权

凡是具有劳动能力和劳动意愿的劳动者，不分民族、性别、宗教信仰等，享有平等的就业权，劳动者有权根据自己的专业特长和兴趣爱好自愿参加用人单位的招聘，并自愿协商劳动合同期限。但是，由于没有具体和有力的法律法规约束，因性别、年龄、户籍等而遭到用人单位招聘歧视的现象相当普遍，招聘双方都没有把这种做法视为违法行为。从 1986 年开始，我国相继出台了《国务院关于促进科技人员合理流动的通知》、《中华人民共和国企业劳动争议处理条例》以及《中华人民共和国劳动争议调解仲裁法》等法律性文件，打破了员工单位终身所有制的桎梏，使应聘者有了更大的选择余地，对我国企业的招聘工作起到了有力的促进作用。

3. 国家政策对企业人力资源招聘起到决定性的作用

改革开放之前，国家对城镇居民劳动力就业实行全面包干，"低工资，高就业"；改革开放后，实行"三结合"就业方针，之后进行劳动合同制改革；随着国有企业改革的深化，减员增效政策使企业冗余人员分流下岗。与此同时，行政事业单位也深化人事制度改革和机构改革，对人员进行分流。留学生的智力服务和自由往返政策、华裔和外籍高级知识分子的服务政策、归国留学生的创业扶持政策、各地的高科技园区和软件园建设的相关优惠政策等都极大地改变了现有就业人员的知识结构、素质结构、专业结构，鼓励最前沿知识输入的政策有效地吸引了一大批留学生学成归来，这些报效祖国的青年才俊对我国高科技的迅猛发展起到了决定性的作用。

二、社会经济制度

1. 计划经济体制限制了人才的发展

在计划经济体制下，人才供求双方既不见面也没有选择的余地。不服从分配的大专院校学生几乎是没有的，企业获取人才的渠道是接受政府的分配。企业接受的人员包括统配的大专院校学生和转业、退役军人，以及工作调动人员。这种方式限制了人才的发展。尤其是"文化大革命"时期对人才的浪费，直接导致了此后相当长一段时间高科技人才的断层。

2. 改革开放以来，企业公开招聘制度逐步完善，招聘的方式方法日趋科学和完善

随着民营经济在我国经济总量中所占比重的逐步加大，民营企业的招聘方式和用人理念对国有企业形成了极大的冲击。在国有企业人事制度逐步向市场化转变的同时，所有制形式已经不再成为招聘的障碍。所有企业的人力资源招聘都在朝着科学化、公平化、自主化转变。"用能人，用对人"逐步成为企业共同的理念。

三、宏观经济形势

1. 宏观经济形势与失业率呈正相关

一般而言，宏观经济形势良好，则失业率低；反之，宏观经济出现危机，企业生产能力水平低，招聘机会少，则失业率高。例如，1997 年受亚洲金融危机的影响，亚洲地区出现了几十年不遇的经济萧条，失业率呈明显上升趋势。又如，2008 年金融危机从美国开始，波及了大半个地球，许多商业巨头纷纷宣告破产。世界性的经济危机冲击了就业市场，失业率创几十年来的新高。

2. 通货膨胀直接影响企业的招聘成本

宏观经济中通货膨胀对招聘的影响直接体现在招聘过程的相关开支上。由于通货膨胀的影响，企业人力资源招聘的直接成本呈上升趋势，交通费用、招聘人员的工资、面谈开支、招聘信息的宣传费用等都呈上升趋势。同时，员工工资的上升也会影响招聘成本，制约招聘规模。另一方面，通货膨胀使人们对自己的人力资本投资呈增长态势，从而影响人力资本存量。通货膨胀对招聘的影响，在对企业高级管理人员和技术人员的招聘方面表现得尤其明显。

3. 政府对宏观经济的调控直接影响企业的规模，进而影响企业吸纳人才的能力

政府对宏观经济的调控也会在很多方面影响企业的人力资源招聘活动。政府支持资本市场形成的政策、税收政策等都会影响企业资金运转，从而影响招聘规模。政府转移支付所购买的产品和服务，在很大程度上决定着劳动力市场上职位的种类和数量，而这种政府财政开支在国民生产总值中占有一定的比重。近几年来，我国的房地产政策对房地产业有很大的影响，并波及许多其他产业。

四、技术进步

技术进步对企业人力资源招聘的影响反映在以下三个方面：一是技术进步导致招聘职位分布以及职位技能技巧要求的变化；二是技术进步对招聘数量变化的影响；三是技术进步对应聘者素质的影响。这三个方面的划分并不是绝对的，存在相互交叉。

1. 技术进步使劳动力市场更加活跃

随着技术的进步，在不同的地区，职业和产业的分布很不平衡。比如，司炉工、纺织工、电话接线员、售货员等职业的从业人数骤减。又如，液化气的普遍使用使煤球的制作行业趋于衰败；传统相机市场被数码相机和各种相关的电子产品所瓜分。于是，上述领域的从业人员都会受到影响。再如，随着计算机、激光等技术的使用，工程师、电脑程序员等职业的从业人数猛增。总的来说，从职位的分布和数量来看，技术进步对非熟练工人的负面影响更大，白领、粉领甚至金领代替了蓝领。职业经理人从无到有，从少到多，现在已经是许多受过高等学历教育、MBA 教育的人的首选职业。随着科学技术的快速发展，不仅职位的分布产生了极大的变化，而且诞生了一些新的职业，如心理咨询师、高级职业咨询师、美容师等，某些不合宜的职业则逐步被淘汰。

2. 技术进步对就业者的基本素质提出了新的要求

技术进步要求就业者具备更高的受教育水平和更熟练的技术。这样，掌握先进技术的人会取代技术落后者，那些被取代的人因原有技术过时而无法适应原有工作岗位，竞聘新的岗位往往缺乏竞争力。那些素质较差、未受过高等学历教育或相应培训的人群，在技术进步和社会转型时就成了结构性失业的群体。技术进步会使有的岗位降低技能技巧要求，或使某些技能技巧变得多余，或增加某些技能技巧要求。比如，无纸化办公几乎要求所有的管理者（包括高层、中层、基层的管理者）都必须熟悉电脑操作，以便加强信息交流；要求大医院拿手术刀的医生熟练地应用电脑，以便准确了解病人的各种信息。我们根据 R. 罗特威尔的观点说明技术进步对就业的影响（见表 2—1）。

表 2—1   技术进步对若干产业部门就业数量和质量方面的影响

影响 部门	雇用的劳动力减少	增产不增人或增产减人	降低就业技巧或使技巧多余	对新技巧的需求	需要更高水平的管理技巧
农业	△	△	△	△	△
煤矿业	△	△		△	△
铁路业		△	△	△	
纺织业	△	△		△	△
水泥工业			△	△	△
钢铁业	△	△			
金属加工业	△	△		△	△
机械工具制造业	△	△	△	△	△
计算机辅助设计	△	△	△	△	△

说明：△表示有影响。

资料来源：根据 R. 罗特威尔、W. 扎格瑞德：《技术变化和就业》（英文版）第130页材料编制。

3. 技术进步改变了人们的工作和生活方式

全球网络化使人们可以任意选择居住地而不影响工作。从事某些工作（如，科研、软件设计、程序设计和其他高端的输出思想和创意的工作）的员工可以在电脑终端前工作而不必去办公室。有些特殊的职业可以同时受雇于若干企业。弹性工作制使妇女更容易地在母亲的角色与职业的角色之间取得平衡，同时也使交通的拥堵状况和办公场所的拥挤状况得到缓解。无纸化办公使考勤的必要性得到弱化，业绩的考核更能反映工作效率，更加公平。雇佣双方的关系不仅更灵活，而且更人性化。

五、劳动力市场状况

劳动力市场是进行招聘工作的主要场所和第一平台。企业的人员结构、人员素质水平、工作结构、现有或预期的人力资源最终取决于劳动力市场的结构和作用。企业招聘计划、范围、来源、方法和所需的费用等方面也受到劳动力市场状况的影响。为了有效地开展人力资源招聘工作，招聘人员必须密切关注劳动力市场条件的变化。

1. 劳动力市场的供求变化直接影响就业并影响招聘的质量

我国人口总量很大，根据现有人口的年龄结构和总量分析，在未来的 10～20 年中，我国每年进入劳动年龄的人口数量仍将维持在一个较高的水平。因为 20 世纪六七十年代人口出生高峰期出生的人口正步入事业巅峰期，80 后、90 后人群逐渐进入婚育高峰期，2000 年后出生的人群也将在 2020 年后占据劳动力市场。初步预计，比现在更严峻的就业形势将出现在 10 年后，那时劳动力市场的竞争将会更加激烈。

2. 劳动力市场的不完善将影响招聘成本

劳动力市场条件是影响招聘决策的重要因素。在完善的劳动力市场，供求双方的信息充分，中介机构可以提供职业指导和就业咨询，开展各种能力或心理测评，开展人事代理活动，使企业和应聘者都能得到充分的信息交流和评估，从而降低交易成本。

在一个国家或地区，劳动力市场中介机构（如劳务市场、职业介绍所、就业服务中心、学校的就业指导机构等）越发达，企业就越倾向于利用外部力量开展招聘工作。相反，这些机构实力越薄弱，企业就越可能倾向于内部人员调整、自行进行网上招聘或组建招聘小组完成招聘。有的企业还会通过猎头公司去获取企业所需的特殊人才或高层管理人才。但猎头公司推荐给企业的人才，企业一般不会立即录用，而是自行聘请专家会同企业高层领导进行一次或多次面试。

市场机制是调节器，调节着劳动力市场的供求关系。经济学把劳动力市场划分为需求约束型市场和资源约束型市场。需求约束型市场是劳动力供给大于劳动力需求的市场，劳动力的需求量决定就业的总规模。在这种市场上，劳动力供给方处于不利地位，劳动力参与率比较低，失业率比较高。相应地，劳动力需求方处于有利地位，有压低工资、降低劳动条件的可能。资源约束型市场是劳动力需求大于劳动力供给的市场，劳动力的供给量决定了就业的总规模。在这种市场上，劳动力需求处于有利地位，劳动力参与率比较高，失业率比较低，劳动者的工资收入、劳动条件相对比较好。在目前及今后较长的一段时间内，我国劳动力市场都会呈现需求约束型特征。但是，由于历史原因，我国党政机关、企事业单位冗员较多，劳动密集型企业多，因此我国的劳动力参与率一直处于较高的水平，这与常见的需求约束型劳动力市场有所不同。

3. 影响招聘的市场因素还包括专业能力、地理范围和竞争对手的情况

根据不同的标准，劳动力市场可以有多种分类。比如，依据层次来分，可以划分为一级劳动力市场和二级劳动力市场；依据企业内外部来分，可以划分为企业内部劳动力市场和企业外部劳动力市场；依据职业来分，可以划分为企业经营者市场、财会人员市场、酒店服务业管理者市场、家政服务市场；等等。

尽管劳动力市场有各种各样的分类，实际上，真正影响劳动力市场供求关系的只是相关劳动力市场。对于企业主或者求职者来说，决定一个劳动力市场是不是相关市场的因素有三个：专业能力（需要的资格和技能）、地理范围（涉及未来的员工愿意居住的地点或者经常往返的距离），以及生产相似产品或者提供相似服务的其他竞争对手的情况（既包括参加竞争的企业主，也包括参与竞争的劳动者）。

人力资源专家将综合考虑以上三个因素，确定本企业相关的人力资源政策。一个职业所需要的资格和技能使此职业有别于其他职业，使不同职业之间的流动受到了限制。"隔行如隔山"，尤其是技术含量高的职业，更不易流动，例如律师很难进入建筑设计师市场。地理范围使相关劳动力市场的界定范围更小、更清晰。一般来说，所需技能越稀缺、技术含量和知识含量越高的职位，其招聘范围越大，覆盖面越广，甚至可以扩大到全球；所需技能越简单，其招聘范围越小，有可能缩小到本区、本镇（见表2—2）。

表2—2　　　　　　　　　　按照地理范围和员工群体划分的相关劳动力市场

相关劳动力市场	地理范围	员工群体/职业					
		生产工人	文职和办公人员	技术人员	科学家和工程师	管理人员	主管
	地方市场：在相对比较小的范围内，如在武汉市范围内	可能性很大	可能性很大	可能性很大			
	区域市场：在几个省的范围内，如在华北、东北范围内	只有在短缺或紧急的情况下	只有在短缺或紧急的情况下	可能性很大	可能性很大	可能性很大	
	全国市场：在全国范围内				可能性很大	可能性很大	可能性很大
	国际市场：跨越几个国家				只有在极为短缺或针对特殊技能的情况下	只有在极为短缺或针对特殊技能的情况下	可能性很大

资料来源：根据 Milkovich, G., and Newman, J., Compensation, Business Publication, 1984 整理。

不过劳动力市场的地理范围并不是固定不变的。现代发达的交通工具和便利的通信方式缩短了人们的空间距离，使得企业可以在更大的空间范围内寻找所需的人

员，求职者的流动倾向也有所增强。求职者还会因生活环境、工资等原因扩大流动范围，导致相关劳动力市场的范围有所扩大。如成千上万的求职者远离家乡，到经济环境好、工资待遇高的广东、上海、北京等地就业。

由于受到条件的限制，经济比较落后的地区有时不得不降低人员的学历要求、素质要求和技能要求，退而求其次，也会使原来较小的选择范围有所扩大。

六、产品市场的条件

企业所涉及市场的条件不仅影响企业的支付能力，而且影响员工的数量和质量。

1. 企业产品的市场占有率直接影响企业形象

一个企业产品的市场占有率高，表明该企业得到社会和消费者的认同，产品具有竞争力。在相同的领域内，产品的市场占有率越高，企业的形象就越好。企业形象直接影响招聘者心中的期望值，对吸引优质人才来应聘有直接的作用。反之，市场占有率低表明产品不适应市场的需求，或者产品质量差，未满足消费者的要求。企业的形象未获认可，对招聘优质人才有直接的负面影响。

2. 产品的市场获利能力直接影响企业的支付能力

产品的市场占有率与市场的获利率有一定的相关性，但不一定是正相关关系。因为在激烈的市场竞争中，某些企业以降低价格的方式来获取市场占有率，而市场的获利率又可以由于成本的控制、产品质量的提升和产品的差异化而得到提升。产品的市场获利率提升，带来的最显著效果就是企业兴旺发达、资金流量充足、员工的薪酬上涨、支付招聘成本的能力提高，更重要的是支付高薪员工的能力大大提升，这会在招聘高质量的员工时表现出很大的优势。

3. 产品市场的未来远景直接影响企业对高层次人才和高科技人才的吸引力

产品的市场占有率和获利能力与市场的未来状态之间是不能画等号的。因为人们认识一个新产品有一个过程，所以消费者对产品（如高科技产品、绿色环保产品、含有深厚文化底蕴的产品、古典高雅的产品）不一定能立即接受。总之，由于未来生产力将进一步提高，因此即使当前产品的市场占有率不高，但只要产品的未来远景很好，也能吸引高层次人才和高科技人才主动加盟。因为这些高素质的人才本身都是有识之士，对产品未来发展前景的预测能力较强，他们加盟的愿望可对企业的招聘和运营起到正向作用。

七、其他因素

1. 传统文化及风俗习惯

传统文化、风俗习惯的影响是潜在的、惯性的、顽固的，有些甚至是缺乏理性的。对招聘方和应聘方的影响主要表现在从下几个方面：

（1）"官本位"思想使人们更看重职位和名声；

（2）"不患寡而患不均"的传统思想使人们为追求绝对的公平而忽略了科学性和

合理性；

（3）传统的"三教九流"的职业分类法使人们不能正确评价某些岗位的价值和贡献；

（4）"见者有份"、"利益均沾"的风俗习惯使人们的视野受限且更看重眼前的既得利益；

（5）"男尊女卑"的思想使女性的才华和能力在招聘中被忽略。

2. 城市建设、环保及交通、通信设施是城市居民的共享资源

企业所处的城市环境状况既可以是城市送给企业的一份厚礼，也可以是城市带给企业的一份负担。厚礼可以转赠给员工，犹如古诗所说，"唯山间之明月与海上之清风"对富人和穷人都是平等的。完备的城市设施、清新怡人的空气、通畅便捷的交通、便利的通信、良好的医疗环境、贴心的社会服务等是企业所处的城市赠予企业的，也是企业能获取更多优质人力资源的一个很重要的外部影响因素。如历史悠久的古都、政治文化中心北京，经济发达且前景无量的上海，美丽而精致的钢琴之岛厦门，富有活力的新兴城市深圳等城市，其城市建设、环保、交通、通信等资源可供所有人共享，身处这些城市的企业就可能招聘到更加优秀、更有竞争力的人才。

3. 城市的社会保障和最低工资的水平与企业的招聘形成良性循环

城市的社会保障水平高（如医疗保障、失业保障、养老保障和其他福利好），就能吸引各类人才远离家乡甚至远离祖国，奔向这个城市。澳大利亚、加拿大、瑞典、新加坡等国家的社会福利好，医疗、失业、养老有保障，因此容易集聚人才。上海、深圳、广州、厦门等城市由于最低工资水平高，也对人才有极大的吸引力。

4. 城市的地域文化、风土人情会影响某些群体的选择

深圳是一个新兴城市，能容纳五湖四海的人，城市的文化适宜年轻人和创业者，因此，深圳常常成为年轻人就业的首选之地。同时，由于其文化的包容性大，各个年龄段和各个地区的人均可接受这一文化。上海和广州都是大城市，同时又都是老城市，有些群体的人较难接受当地人的文化，从而可能在权衡各种利弊后选择离开。北方冬季相对寒冷，南方人较难适应；南方夏季潮湿闷热，北方人较难适应，这些较难适应他地文化和气候的人群，可能会选择在自己的家乡就业。

第 2 节　影响招聘的内部因素

一、企业的经营战略

一个企业的战略和经营计划、战略决策的层次、战略类型和企业文化，都会对其人力资源招聘工作产生影响。反过来，招聘决策与招聘工作质量能够通过录用的员工影响企业发展和企业文化。

1. 企业的经营战略会影响招聘的数量

不同的发展战略对人员的需求量不同。例如，扩张型战略需要加大招聘力度，紧缩型战略则需要裁减人员。组织若处于快速发展时期，对人力资源会产生更大的

需求。网景公司 1994 年 2 月成立时只有 2 名员工，一年后增加到 350 人，现在的员工总数达数千人。另一家成长迅速的网络设备生产商思科系统公司每隔 3 个月就要招聘 1 200 多人，即使这样，仍然有数百个职位出现空缺。与这些快速发展的企业相比，传统企业对人力资源的需求往往相对较小。

企业发展战略一般有三种类型：成长战略、稳定战略和收缩战略。成长战略又可分为内部成长战略和外部成长战略。内部成长战略是指企业主要依靠自身的资源和积累来实现经营规模或经营领域的扩大；外部成长战略则是指企业主要依靠外部的资源，借助兼并收购来实现经营规模或领域的扩大。稳定战略是指企业保持目前的经营规模或经营领域，既不扩大也不缩小，以实现企业的稳定运行。收缩战略是指企业缩小经营规模或经营领域。

针对不同的外部环境和自身状况，企业应当选择不同的发展战略，而在不同的发展战略下，企业招聘配置活动的重点也是不同的（见表 2—3）。

表 2—3　　　　　　　　　　　不同发展战略下招聘配置活动的重点

		成长战略		稳定战略	收缩战略
		内部成长战略	外部成长战略		
企业的着眼点		加大人力资本，提升员工素质	收购相关联的企业，引进人才	做好目前的事情，稳定现有人才队伍	紧缩规模，适当裁员
人力资源管理活动	招聘配置	多提升高层次人才，设立 AB 角	多招聘高层次人才	岗位作调整，让有创新能力的人获得晋升	留住核心员工，裁减一般员工
	培训开发	多样化的培训战略，到更发达的地区和更好的企业开展培训	协调各种关系	提高现有技能，注重前瞻性培训	注重态度的改变和士气的提升
	薪酬管理	高于同行业企业，加大激励力度	管理与实践的统一	内部公平与外部公平相结合	薪酬拉开距离
	绩效管理	高绩效、高激励	管理与实践的统一	稳定产品质量，不能减小激励力度	高度重视绩效与薪酬挂钩

2. 战略决策的层次和类型会影响招聘的方法

按照层次划分，战略决策可分为整个企业层次的决策和功能层次的决策。整个企业层次的决策涉及企业或者公司的一部分，如万科公司的零售部门。功能层次的决策涉及企业或者公司行使特殊职能的部门，如市场部、人力资源部等。

不同的经理会面临不同层次的决策问题。在整个企业层次，经理要回答的是"我们应该进入什么商业领域"；在功能层次，经理要回答的是"我们如何为实现企业的目标而作贡献"。人力资源部经理是在功能层次进行决策的，在分析企业性质时，他们必须清楚决策的层次。

不同企业的组织设计和组织结构是不同的，其人力资源管理也是不同的。R. 迈克斯和 C. 斯诺区分了三种企业战略，即：防御型战略、探索型战略和分析型战略。这三种类型的战略主要是依据生产/服务方法来划分的。表 2—4 给出了三种企业采取的战略类型与招聘决策的对比。

表 2—4   三种企业采取的战略类型与招聘策略的对比

		防御型战略	探索型战略	分析型战略
企业经营	外部环境	外部市场较稳定	外部市场变化快	介于两者之间
	产品研发	注重产品的改进	追求创新，引领市场潮流	关注领先者动向，保持产品一定的领先性
	生产特点	强调成本控制和效率的提高	强调产品设计和产品质量	强调产品的成本和生产效率
	市场管理	局限于产品销售	重视市场调研工作	重视市场调研和销售
	人力资源计划	正式的，覆盖面广	非正式的，覆盖面有限	正式的，覆盖面广
	招聘策略	以内部招聘为导向	以外部招聘为导向	两者兼顾

在三种采取不同类型战略的企业中，应采用不同的招聘方法。在防御型企业中，倾向于内部调配。在低层次的职位上，采用招聘新员工的办法，对于高层次的职位，则采用从内部提拔的方法。在探索型企业中，倾向于在所有层次的职位上都雇用有经验的员工。在分析型企业中，既注重内部提拔，也注重外聘有经验的员工，对高层次的职位更多采用外聘方法。

采用不同发展战略的企业在招聘主管和经理人员时应该招聘不同类型的人，这样才能使员工能够比较好地配合企业的发展战略，减少发生摩擦的可能性。在比较狭窄且稳定的市场上经营的企业，通常采用防御型战略，在招聘时应该注意那些有财务金融和生产制造背景的人，以利于稳定市场份额；探索型企业在招聘时应该特别注意那些有工程研究和市场开发背景的人，以利于开发新产品和新市场；分析型企业由于面对的是复杂的市场，应该在招聘中注意发掘那些具有应用研究才能、市场开发才能和制造才能的人。

即使企业招聘的不是市场、开发等领域的职位，也应该考虑企业发展战略类型的影响。例如，防御型企业在招聘人力资源部门的经理时，倾向于招聘一个具有财务或制造方面知识的人；探索型企业则更希望其人力资源部门的经理具有开拓市场的知识或经验。招聘具有不同的倾向、能力或背景的人，可以使企业成为一种具有共有知识的组织，有利于根据自己的战略形成并发展企业文化。

3. 企业文化会影响企业招聘的标准

企业文化是企业全体员工在长期的经营活动中培育形成并共同遵循的最高目标、价值标准、基本信念及行为规范的总和。每个企业都有自己的企业文化。企业文化影响了招聘人员的态度和行为方式，影响了招聘方式的选用。企业也总是根据应聘人员的价值观念和行为方式是否与自己企业的文化相吻合来决定是否聘用。比如，松下公司在对应聘者进行考察时很注重其忠诚度，微软公司则注重应聘者的创新性思维能力；星级酒店的企业文化特别注重员工的仪表和行为规范标准，贸易公司的企业文化则一般对仪表和行为规范要求不高，却对人的行为灵活性要求较高。因此，在招聘过程中，不同类型的公司对应聘者行为会有不同的评判。

二、职位的类型

职位根据性质一般可划分为两种。一种是适需性的，即填补岗位的空缺；另一种是储备性的，为未来的发展而储备。对于适需性的岗位，大致可分为管理型、特殊型和普通型三种。不同类型职位的招聘无论方法、方式、手段还是成本都有很大的不同。

1. 招聘高层管理者必须综合使用多种方法

对于不同的职位，招聘方法有所不同。高层管理者关系到一个企业的发展前途，必须德才兼备，能够带领企业历经风浪而不倒，因此必须慎重选择。首先，招聘的面要广。正所谓地不分东南西北，人不分男女老幼，唯有能有才者居之。为此，必须采用综合选才法。可以由猎头公司、评价中心、企业内外的专家学者推荐，也可以由企业自己发布信息、广招博征、举行多轮测试面试。还可以多种方法同时采用，关键在于选到最适合的人才，而成本不应是考虑的核心问题。

2. 招聘特殊人才应多借助猎头公司和专业的评价中心

特殊人才是适合特殊行业的专业人才和身怀绝技的专业人才。特殊人才包括企业所需的一些经验充足的高级技工和经过特殊培训得到的人才，如航空公司的飞行员、通过国际行业组织认证的电脑程序员、学科带头人、某项技术的发明者、有创意的广告设计师、顶尖的建筑设计师，等等。要想获取这些人才，单靠企业的力量是不够的，一定要借助著名的猎头公司和权威的评价公司。

3. 招聘普通工应考虑节约招聘成本

对一个企业而言，普通工的需求量常常是最大的，但素质要求不一定很高。有些企业会有生产淡季和旺季之分。在旺季，招聘的人数较多，要求招聘方法简单易行，招聘成本低。比如，纺织厂在招聘洗染工、针衣工时可以确定相应的岗位，现场考察应聘者的一些简单技能，询问几个最主要的问题后即可决定是否录用。这些普通工中有一部分会与企业长期合作，逐步成长为中基层管理者；有些则流动频繁，难以持续在一个企业里工作。因此，招聘成本是必须考虑的。

4. 招聘储备型人才要与企业发展战略相结合，对他们的短期安排和长期发展加以考虑

储备型人才的招聘是目前招聘中的难点，但对于企业战略发展，特别是获取竞争力而言是至关重要的。因此，必须与企业长远发展目标相结合，谨慎选才。同时，要有一些类似潜在合同的组织承诺，对这类人才目前的安排和未来的发展加以综合考虑。在招聘时不应过多地考虑成本，但要十分慎重地选人。

三、企业形象和自身条件

1. 企业的声望

企业是否在应聘者心中树立了良好的形象，以及是否具有一定的吸引力，将从

精神和行动两方面对招聘活动产生影响。心理学家认为，每个人都希望自己成为优秀组织中的一员。于是，诸如世界 500 强企业或著名的大公司，以其在公众中的声望就能很容易地吸引大量的应聘者，从而有利于公司进一步甄选录用人才。

2. 企业的发展阶段

企业不同的发展阶段的特点也决定着不同的招聘方式和规模。对于发展势头良好的企业来说，其招聘任务主要在于满足企业经营对各类人才的需要，特别是对经营管理者、技术人员和研发人员的需要；其招聘规模也较处于成熟阶段或衰退阶段的企业大；其招聘信息强调的是给应聘者以发展机会。处于成熟阶段的企业则会在招聘信息中强调其工作岗位的稳定性和所能提供的高福利、高工资。如果企业处于经营不景气阶段，常常会同时实施裁员和增人计划，主要目的在于保持企业员工的最佳年龄构成，此时甄选录用以年轻、优秀和量少为原则。如果企业处于多变复杂的经济环境中，人员招聘计划势必根据实际情况的变化而不断调整，以取得高效。

3. 企业的管理水平

企业的管理水平对企业人力资源招聘的影响体现在以下三个方面：

首先，企业领导者的水平和能力是许多应聘者求职时优先考虑的因素。"士为知己者死"，应聘者若认为领导者水平高、能力强，可能愿意放弃部分物质待遇。

其次，招聘过程实际上也体现出企业的管理水平。一般来说，企业的管理水平越高，各项管理制度越规范，招聘的效率就越高，越能够招到企业真正需要的人员。同时，管理水平高的企业由于其发展前景可以预见，因此能够吸引大量的高素质的人才前来应聘。

最后，招聘过程中招聘人员的形象也会影响招聘工作。招聘人员仪表端庄，热情高效，耐心细致，知识渊博，既能提高招聘效率，也能给公众特别是应聘者留下良好的印象，吸引高素质的应聘者。反之，不仅会拒应聘者于千里之外，而且会向公众传递负面信息——企业的形象欠佳。可见，在招聘过程中，招聘者的言谈举止代表着企业的形象，不可忽视。

4. 企业的报酬及福利待遇

在招聘时，不应忽视物质待遇的作用。人才竞争中形成的工资福利待遇使劳动力市场中的人才流动最终达到均衡。在实际招聘中，公司常常"打待遇牌"，用高薪吸引人才。

在普通员工招聘过程中，公平、优厚的工资和奖金以及完善的福利保障措施是很实际、很有力的"武器"。因为在大力发展社会主义市场经济的今天，"有劳有得，多劳多得"被视为准则。同时，待遇也被认为是个人自身价值的体现，是社会对自己的认可，也是自己为家人更好的生活所作的一份贡献。高工资能提高自己在家庭中的地位，能获得社会的尊重。但很多人对报酬的看法过于片面，认为只是金钱问题，其实这只是马斯洛需求理论中谈到的第一需要。社会的认可、个人价值的体现、家庭责任的履行才是一个人从业敬业的基础。

四、企业用人政策

企业高层决策人员的用人政策不同，对员工的素质要求也不同。IBM 公司前总裁沃森信奉丹麦哲学家哥尔科加德的名言：野鸭或许能被人驯服，但一旦驯服，野鸭就失去了它的野性，再也无法海阔天空地自由飞翔了。他说："对于重用那些我并不喜欢却有真才实学的人，我从来不犹豫。然而重用那些围在你身边尽说恭维话，喜欢与你一起去假日垂钓的人，是一种莫大的错误。我寻找的是那些个性强、不拘小节，以及可能因直言不讳而令人不快的人。如果你能在你的周围发掘许多这样的人，并能耐心听取他们的意见，你的工作就会进展顺利。"沃森道出了 IBM 乐于录用这些人的道理。宝洁公司对人的看法则是，素质比专业知识更重要，因此宝洁公司更喜欢招收名牌大学应届毕业生。在中国，宝洁 90％的基层管理者是从各大学的应届毕业生中招聘来的。宝洁 1988 年进入中国，第二年就开始在高校中招聘应届毕业生。1997 年，报名应聘宝洁公司的大学生超过了 2.4 万人，而且这个数字每年都在递增。

企业高层决策人员对企业内部招聘或外部招聘的倾向性看法，会决定企业主要采取哪种方法招聘员工。有的决策者会认为自己人好用、可靠，因此企业采取内部招聘方式；有的决策者认为公开招聘、专家参与评选的方式能获取更多优秀人才，因此企业采取公开选聘方式；有的决策者认为从职业中介机构获取人才方便快捷、信息量大，因此企业采取招聘外包或到人才市场招聘的方式；有的决策者认为熟人介绍的人员可靠且风险小，因此企业采取由熟人介绍的方式；有的决策者认为过去所做的业绩最可靠，因此企业接受猎头公司的推荐或选择有较高知名度的人才。

五、招聘成本

由于招聘目标包括成本和效益两方面，而且各种招聘方法奏效的时间不同，因此招聘成本和人才需求的紧迫性对招聘效果有很大的影响。对于招聘资金充足的企业来说，在招聘信息发布方面，可以花较多的费用做广告，选择全国发行的报纸、杂志，也可以在大学或其他地区现场进行招聘宣传；在招聘甄选方面，可以选择更多或更精细的甄选方法，更全面地审查应聘者提供的资料，调查应聘者的背景。这样就可以在更大的范围内更准确地选取所需的员工。

影响招聘的因素还有很多，包括企业的承受能力、企业生产对人才需求的紧迫性等。

采用不同的招聘方法完成招聘所需的时间不同，而且这一时间随劳动力市场环境的变化而变化。当劳动力短缺时，由于应聘者减少，企业需要花更多的时间去比较和选择。因此，人力资源招聘人员应做好预测，以保证企业在预定的时间内获得所需的合格人员。如果时间偏紧，招聘人员为完成任务就会降低要求，这对于招聘而言是一种损失。

第3节 影响招聘的个人因素

企业人力资源招聘是企业与应聘者双方互动的过程（见图2—1）。应聘者的状况对招聘工作也起到至关重要的作用。从应聘者的角度来看，影响企业人力资源招聘的个人因素主要有：应聘者的求职意愿、应聘者个人职业生涯设计、应聘者的动机与偏好、应聘者的个性特征等。

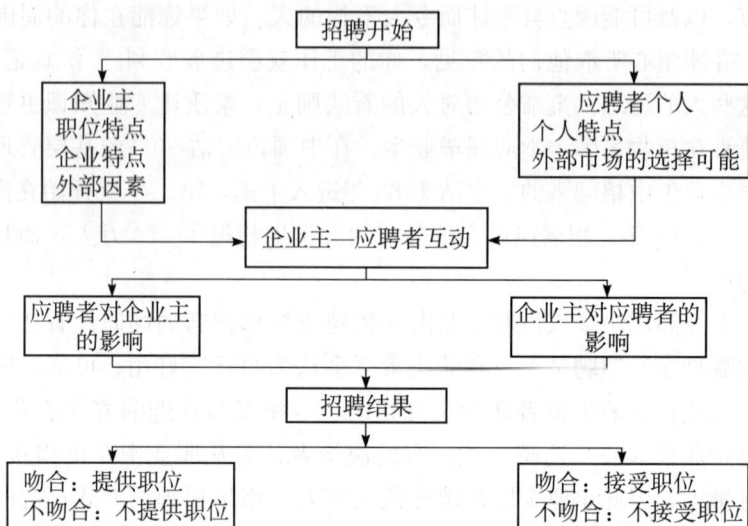

图2—1 企业主—应聘者需求的吻合过程

资料来源：转引自 Olian，J. and Rynes，S.，"On the Evolution of the Job Match"（working paper，University of Maryland，1983）。

一、应聘者的求职意愿

求职意愿是指应聘者希望得到某职位的愿望。格卢克把寻找工作的人分为三类：最大限度利用机会者、满足者和有效利用机会者。最大限度利用机会者是指那些不放弃任何一次面谈机会的人。在求职的过程中，他们尽可能多地获得不同的企业提供的机会，然后在这些机会中选择自己认为最好的。满足者是指那些接受第一个企业提供的职位的人。他们相信所有的企业都是差不多的，因此没有必要做太多的选择。有效利用机会者是介于两者之间的人，他们会先选择一个中意的职位，然后再寻找另一个，以便与已经选择的职位进行对比，看原先的选择是不是真的很好，然后选择更中意的职位。这三类人在求职过程中表现的求职意愿不同。

求职意愿与个人背景及经历有关。一个刚到城里打工的人，求职意愿强，不会放弃任何一个可能的机会，因为受教育水平低，家庭经济条件差，被拒聘的概率大。而在城市长大的人，求职意愿会弱些，他们会比较挑剔，要求报酬高、工作环境好的职位，对脏、累、苦、险的工作不屑一顾，因为他们熟悉城市环境，受过较好的教育。正因为如此,许多基层职位已被外来打工者占据。

求职意愿与个人财务状况呈负相关。有非工资性收入(如好的家庭背景、家庭成员的经济支持、拥有某些遗产或股票等)或失业保障金的人,花在寻找工作上的时间相对较少,寻找工作的积极性和急迫性较低。

显而易见,求职意愿强的应聘者容易接受应聘条件,企业招聘的成功率高。反之,求职意愿弱的应聘者对应聘条件较挑剔,企业招聘的成功率低。

二、"职业锚"

一个人从职业学习开始到职业劳动最终结束的旅程就是职业生涯。职业生涯设计是人们在一定环境中,根据个人的学历、经历、知识、能力、体力等所作的对个人职业发展的设计。职业生涯设计基本上可分为觉醒、确立目标、职业生涯策略和职业生涯评估四个步骤。随着个体对职业发展的重视,越来越多的年轻人借助心理测试等手段确定合理且可行的职业生涯发展方向。当然,职业生涯设计随着工作经历的丰富会不断得到调整,甚至可能进行重新设计。职业生涯设计对个体的职业选择、职位追求等都会产生很大的影响。例如,将未来的职业目标确定为成为一名人力资源管理专家的人,通常是学习人力资源管理专业的本科生、硕士生、博士生,他在择业时往往会倾向于选择招聘专员、薪酬专员、绩效专员等与其职业生涯规划有关的职位。

不同的职业生涯设计对职位性质的追求不同。美国学者沙因(E. G. Schein)在对 44 名学习管理的研究生进行跟踪研究后提出了"职业锚"的概念。职业锚是建立在不同的工作动机和能力之上,引导个人工作经历的自我概念。沙因的研究发现了五种职业锚,这些不同的职业锚对招聘有重要的影响。

1. 技术/技能型职业锚

拥有这种类型职业锚的人围绕自己的技术/技能来安排自己的职业,他们在作出职业选择和决策时,主要注意自己正在从事的职业的实际技术和技能。不论是从事工程技术分析、财务分析、营销分析、系统分析、公司计划,还是做其他与商业及管理相关的工作,他们的职业都定位于技术或技能领域,而对管理工作本身不感兴趣,即使从事管理工作,也只会在自己的领域中下工夫。

2. 自主型职业锚

拥有这种类型职业锚的人追求的是最大限度地摆脱组织的约束,选择的是能施展自己的职业能力或技术能力的工作环境。典型的职业有教授、科学家、作家、管理人员或技术咨询人员等。

3. 创造型职业锚

拥有这种类型职业锚的人要求有自主权、管理能力,能够施展自己的特殊才能,创造一种属于自己的成果,如专利、发明等。

4. 安全型职业锚

拥有这种类型职业锚的人寻求职业长期稳定和工作基本安全,他们倾向于按照别人的指示来工作,追求有体面的收入、退休后有生活保障等。

5. 管理型职业锚

拥有这种类型职业锚的人将管理作为自己的最终目标，他们具有比较强的分析能力、人际关系能力和情绪控制能力。

人们根据各自不同的职业锚，设计自己的职业生涯，选择不同的职位。

三、应聘者的动机与偏好

1. 职业效价

动机强度（F）＝效价（V）×期望值（E）

这种理论在用来解释应聘者的求职行为时可以具体化为：

择业动机＝职业效价×职业概率

择业动机的公式说明，某种职业对于择业者的效价越高，该择业者获取该职业的积极性越大，择业者选择该职业的动机越强烈，行动就越积极。

职业效价是应聘者对某种职业价值的评价。职业效价的大小取决于择业者的职业价值观及其对某一具体职业各项要素的评估。因此，职业效价＝职业价值观×要素评估。比如，过去人们认为"学而优则仕"，择业首选公务员，瞧不起从商者，现在人们的观念改变了，认为财富是衡量自我价值的重要因素，到好的企业去工作更能实现自我价值。

2. 职业概率

职业概率取决于以下四个因素：某种职业的需求量；竞争能力，即择业者自身的工作能力与求职能力；竞争系数，即谋求同一职业的劳动者的数量；随机因素。由此可得：

职业概率＝职业需求量×竞争能力×竞争系数

不同求职者对同一因素存在不同偏好，不同的偏好影响了求职者的应聘行为。比如，在个人财富总量相等、市场工资水平一致、职业技能相同的条件下，有的求职者选择弹性工作，有的求职者则选择劳动环境，表现出不同的偏好。

□ 关键术语

内部因素　外部因素　个人因素

□ 复习与思考

1. 简述影响企业招聘的外部因素。
2. 请描述我国劳动力市场供求关系的现状。
3. 简述影响企业招聘的内部因素。
4. 为什么不同的企业使用不同的招聘战略？
5. 80后的毕业生与70后的毕业生择业意向有何显著不同？
6. 当90后的毕业生进入职场时，你认为80后的毕业生受到的最大冲击是什么？
7. 个人因素对职业选择的最大影响是什么？

第二篇 策 划

策划是人力资源招聘行为开始前的理论与实践的准备工作。招聘的重要理论是能级对应原理，招聘的主要准备是人力资源规划，招聘前的主要选择是对招聘方式和方法的选择。当知识经济时代伴随着 IT 业的发展来临时，当东方的崛起吸引了无数经济强国来中国探宝时；当世界 500 强争相进入中国并大量吸纳中国人才时；当中国的商业奇才崭露头角走出国门，敲响他国的经济大门时……企业的人才竞争意识大幅增强。如何获取一流人才，保留一流人才，已成为我国企业面则的至关重要的问题，也是企业获取和保留核心竞争力的至关重要的问题。策划不仅使企业的招聘目标明确并具有前瞻性，而且能使人才的能力与岗位的需求相匹配。策划已经成为正确进行招聘必不可少且十分重要的先行工作。

人力资源招聘的黄金法则——能岗匹配原理

第 1 节　能岗匹配原理的理论分析

能岗匹配原理由笔者在 1991 年所著的《人力资源管理》（上海，同济大学出版社）中提出的能级对应原理发展而来。1998 年，笔者主持福建省大中型企业公开对外招聘的工作，首次在招聘过程中使用能岗匹配原理，设计了针对不同企业和不同岗位的能岗匹配调查表。能岗匹配原理是招聘的黄金法则，能岗匹配是招聘成功与否的唯一标准。

一、能岗匹配原理描述

（一）一个案例的启迪

案例 3—1

A 老板想开除三个人，这三个人的缺点是：甲太好动；乙太好静；丙强壮好动，喜欢打架。B 老板是 A 老板的好朋友，他对 A 老板说："既然你不想要，就让他们到我这儿来吧。"B 老板要来这三个人，指派这三个人分别担任以下职务：甲做销售；乙做财务；丙做保卫。

过了一年，A老板问B老板："你要去的那三个人工作得怎么样？"B老板说："干得都很出色。"A老板觉得奇怪，B老板说："只要用人之所长，把合适的人放到合适的岗位上，他们自然就会干得出色。"

（二）能岗匹配原理

能岗匹配有两个方面的含义：一是指某个人的知识、才华、能力在该岗位能获得充分发挥和展示，把工作做得有声有色，个人有成就感，即所谓人得其职；二是指该岗位所要求的知识、才华、能力都已具备，这个岗位在工作链条中的职能和任务完成得最好，与各方面配合得最好，即所谓职得其人。能岗匹配原理指人的能力与岗位要求的能力完全匹配，这种匹配包含着"恰好"的概念，二者的对应使人的能力发挥得最好，岗位的工作任务也完成得最好。

能岗匹配原理的核心要素是：最优的不一定是最匹配的，最匹配的才是最佳选择。即职得其才，才得其职，才职匹配，效果最优。

二、能岗匹配原理的内容

（一）人有能级的区别

狭义地说，能级是指一个人能力的大小。但就广义而言，能级包括了一个人的知识、能力、经验、事业心、意志力、品德等多方面的要素。当我们研究能岗匹配原理时，首先要承认人有能力的区别，不同能级的人应承担不同的责任，不同的能级在责任、权利、荣誉等方面应有不同要求。

（二）人有专长的区别

古人云："闻道有先后，术业有专攻。"如果脱离专长的区别去考虑能级的区别，"能级"就是永远无法准确判断的概念。不同的专业和专长不能进行准确的能级比较，比如，一个优秀的电脑专家和一个优秀的建筑设计师之间不能比较他们的优秀等级和差别。因此，我国有许多不同的职系，同时也有许多不同的职称系列和学位系列，这就是承认人有专长的区别。

（三）同一系列不同层次的岗位对能力的结构和大小有不同要求

由于层次不同，其岗位的责任和权利不同，所要求的能力结构和能力大小也有显著的区别。例如，处于高、中、基层的管理人员对技术能力、管理能力、现场操作能力、人际关系能力等不同能力的要求就有显著的区别（详见图3—1、图3—2）。

处于较高管理层次的人员必须具有较强的管理能力和人际关系能力，处于基层管理层次的人员则必须具有较强的现场操作能力和现场解决问题的能力。

高	战略能力 宏观控制能力 计划能力 市场洞察力	识人用人能力 沟通能力 宣传鼓动能力
中	计划能力 组织能力 公关能力 管理能力	工作调配能力 现场处理问题的能力 协调能力
低	工作能力 技术能力 现场处理问题的能力 实施计划的能力	服从领导控制自己行为的能力 与人配合工作的能力

图 3—1　同一系列不同层次的主要能力结构不同

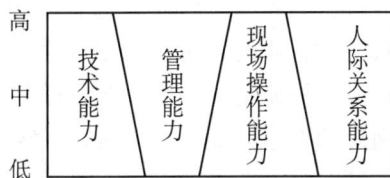

图 3—2　同一系列不同层次对能力的不同要求

（四）不同系列相同层次的岗位对能力有不同要求

由于工作系列不同，即使处于同一层次，不同岗位对能力结构和专业的要求也有显著的不同。我们以企业人力资源部经理、财务部经理、市场部经理为例加以说明（详见表 3—1、表 3—2）。

表 3—1　　　　　不同系列相同层次的岗位的知识结构不同

财务部经理	人力资源部经理	市场部经理
会计学知识 管理会计知识 审计学知识 国家的相关法律法规	人力资源开发与管理知识 心理学知识 人力资源管理相关法律知识	市场学知识 营销学知识 经济学知识

表 3—2　　　　　不同系列相同层次的岗位的能力结构不同

财务部经理	人力资源部经理	市场部经理
计划能力 管理能力 组织他人工作的能力 原则性 协调能力	沟通能力 控制自己情绪的能力 协调能力 亲和力 公正性 识人和用人的能力	公关能力 协调能力 市场敏锐性 迅速决策的能力 了解他人心理的能力 忍耐力 应变能力

显然，相同层次的不同岗位所需的专业知识是不同的。不少企业把轮岗作为储备人才以应对特殊情况的用人策略。轮岗与本书所说的能力结构和专业知识结构的

理论是否相矛盾呢？其实这两者既有相同之处又有相矛盾之处。相同之处是我们要尽可能全方位培养人才并多培养综合性人才，使企业的人才"一专多能"、素质全面。相矛盾之处是我们很难获取具备多种专业知识和能力的人才，过多的要求反而导致培养了不少"万金油"——这类人才实际上很难造就有实力的企业。因此，加强对职业通道的研究是很有必要的。有目的地培养专才和对某些专才进行加强性的特殊培训也是很有必要的。

（五）能级与岗位的要求应相符或基本相符

能级与岗位的要求的关系一般有以下三种：

（1）能级大于岗位的要求，优质人才留不住，人员流失率高，人员流动快。当一个人的能力远远超出岗位的要求时，会觉得没有发展空间，犹如一个巨人被装入小匣子内，难以施展自己的才华，因而会感到压抑，积极性也会受挫。此时，人才必然会寻求发展的机会，企业的人员流动率就会上升，优质的人才会流向适合他的工作岗位和企业，这是一种使企业和个人都受到伤害的情形。

（2）能级小于岗位的要求，企业生产率下降，企业团队建设受阻，人心涣散，在企业中形成恶性循环。当一个人的能力远远低于岗位的要求时，无法胜任组织安排的工作，此时，不仅个人的工作做不好，而且使组织的业绩迅速下降。如果他处在某一领导岗位上，他带领的团队就会缺乏战斗力，他本人会缺乏感染力和号召力，个人的威望会迅速下降，从而导致人心涣散，使企业的凝聚力和竞争力均受到挑战。这是用人失败的例子，会使企业形成恶性循环：把不能胜任该岗位的人提拔到该岗位，导致更有胜任能力的人才流失。此时，被提拔者会使用胜任力更弱的人来充实他的领导团队，以便勉强维持自己的威信。这样的恶性循环表现为弱者愈弱，最终导致企业的业绩下降，人才流失，人心涣散，组织遭到沉重打击。这是一种使企业受到严重伤害的情形，必须迅速加以纠正。

（3）能级与岗位的要求匹配或基本匹配，这是组织成熟的标志，也是组织进入稳步发展期的表现。在能级与岗位相匹配的情况下，人才不仅能愉快地胜任工作，而且能出色地完成各项任务。他们在愉悦的环境中会迸发出创造力，能够带领团队完成组织的目标。同时，由于岗位获得了合适的人才，该岗位周边的合作伙伴就能组成一个强大的反馈环。该反馈环使每一个人都能获得重视和相对适合的岗位，施展自己的才华并形成合力。成熟的组织就在这种氛围中变得更加成熟，逐步发展壮大。

三、能岗匹配原理小结

当企业使用的人才的能级远远高于他被聘用的岗位的要求时，该员工会觉得大材小用，难以施展才华，从而会选择跳槽或怠工。优质人才流失快，组织必须承担人员重置的成本和人员流失带来的其他损失。此时，组织和个人均受到伤害。

当企业使用的人才的能级远远低于他被聘用的岗位的要求时，该员工会难以胜任其工作，其他员工会认为这是小材大用。该员工的胜任力明显不足，导致企业的业绩下降。等到企业发现人才使用上的低才高就问题并进行纠正时，往往已造成相当大的损失。此外，在问题得到解决之前，会伤害不少忠诚且有能力的员工。

当企业使用的人才的能级基本符合他被聘用的岗位的要求时，该员工能愉快地胜任工作，心情舒畅，在团队中表现出色且易于合作，取得骄人的成绩。企业的业绩就会快速上升，团队融洽且工作高效。这是一个组织成熟的标志，也是人才的使用形成良性循环的关键。

第2节 能级与权级的对比分析

一、能级与权级的不同点

（一）权级具有可赋性，能级具有不可赋性

权级的可赋性表现在两个方面。其一，权级是由职务产生的。职务规定和制约了权力，担任什么样的职务，就拥有该职务赋予你的权力。就如皇帝的权杖和玉玺一样，谁拥有它，谁就拥有权力。其二，职务常常由某一种方式、某一层组织、某一个人所赋予。无论赋予这一职务的团体或个人多么重视公正性，总是难免带有主观偏见和喜好。所以职务是可赋的，权力又由职务所赋予。当某一组织或个人的权力至高无上时，该组织或个人就可以快速地赋予一批人拥有"权级"。可赋性是权级的一大特点。

能级是不可赋的。因为能级是一个人的学力、知识、经验、技能、能力、心理素质、品质以及智商、情商等各种要素的综合体。要获得某一能级，需要通过相当长时间的锻造，"读万卷书、行万里路、经万种事、阅万种人"，正如古人所说，"必先劳其筋骨，饿其体肤，苦其心志"方能有所为。但有了这种经历和阅历未必能获得高的能级。他还要有很好的品德修养、坚强的毅力、健康的体魄、良好的心态，只有这样，才能在各种竞争中和恶劣的环境下最终获得他人的承认，成为一个高能级的人。能级的锻造和提升不是像武打小说所描述的那样可以"给予"，可以由一个高人把体内的"真气"传送给他人，而是必须经过自己的努力、学习、积累和再努力、再学习、再积累，经历挫折与失败，经历许多困境与磨难，才能逐步形成。因此，能级是不可赋的。

当权级因某项任命和某个职务而获得时，能级却不能因任命而获得。每个渴望获取更高的能级的人需要为之付出更多的汗水和勤劳。

（二）权级有明显的不稳定性，能级具有相对的稳定性

权级可以因为一纸任命书而获得，也可以因为一纸罢免令而失去。权级可以因为某一组织或个人对授权人某一好的评价而给予，也可以因为这一组织或这个有权力的人对授权人某一不好的评价而取消，还可能因为赋予授权人权级的组织或个人发生了人事变动"无疾而终"。失去权级的原因包括：个人出现了某些工作上的失误

或者品质问题，如，为官不清廉、不遵纪守法、玩忽职守、工作效率低、作风不正派、专横独断等；赋予其权力的上级出现了大的人事变动，新任的领导可能有完全不同的评价体系和评价标准，如，从该上级所在的原单位调人来取代他，或从他的下级中提拔新的人员来取代他，或进行大的人事调整以符合新的评价体系与用人标准，这些都属于非个人因素；某一组织某一部门出现较大的利益冲突和权力较量。第一种情况属于个人原因，后两种情况属于"无疾而终"。无论属于哪一种情况，权级的变数都很大，甚至可能出现"今日座上宾，明日阶下囚"的情形。

能级是一种属于个人的人力资本，其获得是长期的、艰苦的学习和积累的过程，也是艰难的、逐步成长的过程。在能级的获取过程中，有"渐悟"和"顿悟"两种状态。顿悟实际上是知识积累到相当程度产生的质的飞跃。顿悟会导致知识和能力的迅速增加，发生一种"升华"。能级的失去通常与个人因素有极大的关系，表现为两种情形：一种是个体健康的失去。人的身体是各种知识和能力的载体，一旦失去健康，各种能力可能会随之失去，如现场解决问题的能力、组织和领导能力、人际交往能力等。另一种是个体不思上进。在知识爆炸和快速更新的时代，不进则退就更加突出。如果个体不认真学习，把用于提高人力资本的时间和精力用在他处，就会在与他人的能级比较中失去竞争力。由于健康的原因失去能级，是一件可悲之事，由于个体的不上进而失去能级则当为所有青年才俊之戒。在积累能级的过程中是不能停歇的，不断努力和奋斗应是人生的主旋律。

（三）权级具有跳跃性，能级具有相对连续性

权级的跳跃性包括传统意义上的破格提拔、越级晋升、"空降"和就地免职、降职、调离等。权级的跳跃性来自权级的可赋性。权级是由某一组织或个人给予的，就可能因为这一组织和个人的判断和需要而改变。阶梯制可以因工作需要而搭乘软梯直接破格；逐级考察制可以因上级特别赏识而另设通道；最低任期提拔制可以因小步快跑而缩短晋升过程。相反，当上级或某个权威人物对你改变看法时，你也同样可能因某一理由而被快速降职、免职。在一个人的人生中，权级的轨迹是由若干离散的点组成的。

能级的积累是缓慢的、逐步增长的过程。因此，能级的轨迹通常是一条趋于上升的直线，具有相对的连续性。"力道九成九，不成十分事。"认知虽然可能有"顿悟"，知识和能力却不可能"破格"提升。人力资本的增长没有"直升机"，能级的锻造需要长期的积累和努力。

（四）权级的增长具有更大的随意性，能级的增长具有相对的规律性

权级既然是由某一掌握权力的群体或个人赋予的，则权级在赋予开始时和赋予过程中必然带有赋予者个人的情感、好恶、倾向、经验和判断。这些较主观的意识很难总结出规律。例如，某企业家基于过去的工作经验认为家中的长子更具责任感，因此，在招聘和晋升员工时优先考虑长子。一位企业家基于自己过去的工作经验认为农村的孩子更具感恩之心，因此，在同等条件下优先选择或提拔农村的孩子。同

一行业的另一位企业家则认为大城市的孩子、家境好出身好的孩子见多识广，发展潜力大，在同等条件下优先晋升城市的或高知、高干家庭出身的孩子。以排行、出身作为晋升时优先考虑的条件实际上毫无规律可循。同样，由于某一个主观原因，权力赋予者的好恶、倾向和判断可能使某些人的权级在旦夕之间丧失。在这种特殊状态下，有些人的晋升是"加速运动"，有些人的晋升是"匀速运动"；有的人被免职仅仅因为说错一句话；有的人晋升缓慢，却快速跌至谷底。这种随意性会使人们增加对权力的畏惧感。

能级的增长有相对的规律性。如：学历的增长是通过一定的教育过程实现的；经验的增长是直接与经历相关联的；能力的增长是经历无数的挫折、失败、成功逐步实现的，与能人的指点和帮助分不开。从未经历过风浪考验的人面对挫折难以从容应对，未走过千山万水的人不知道地域文化对人的价值观有什么影响。人非生而知之，"三人行，必有我师焉"、"温故而知新"、"学然后知不足"都是古代圣贤对能级增长的规律的总结，时间和磨砺是能级增长必不可少的两大基石。

（五）权级的增长或减退没有固定形态的曲线，能级的增长或减退通常呈橄榄形

权级的增长或减退如图 3—3 的一组曲线所示，几乎没有固定的形态。能级的增长或减退除少量专业和少数异质型人群外，基本上呈橄榄形，如图 3—4 所示，能级的最大值应出现在壮年期，此时人的知识、能力、体力、意志、经验、成熟度均达到顶峰。随着年龄的增长，体力、意志力、创新力均有所下降，但某些社会科学的学者、画家、书法家等，由于身体素质好，其能级也有可能随着年龄的增长而不断上升，但这属于个别现象。虽然名气可能会随着年龄的增长而继续上升，但是个体的创新能力、与时俱进能力大多会下降。

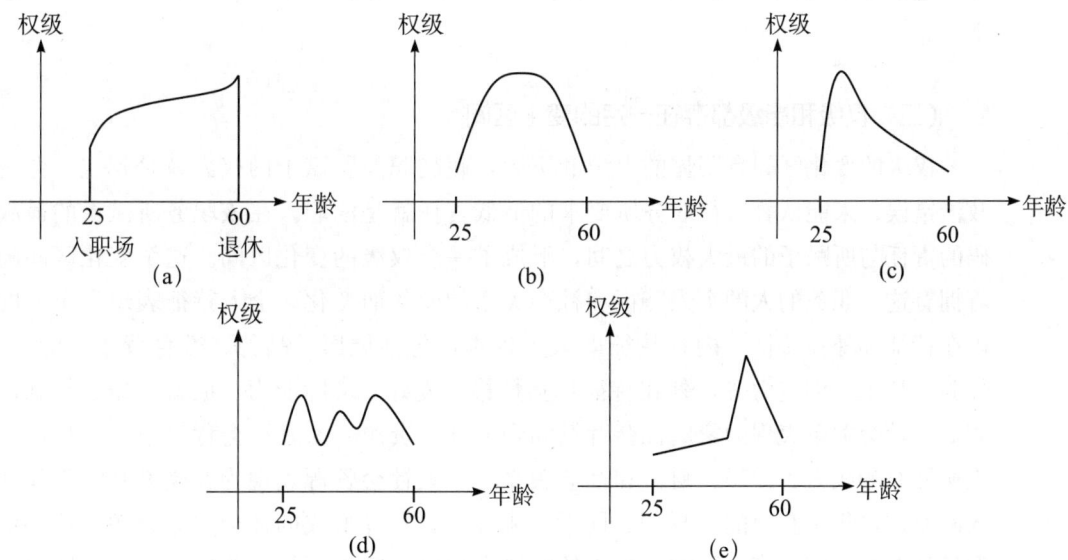

图 3—3　权级增长的各种情况

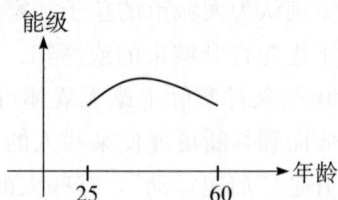

图3—4 能级增长的一般情况

二、能级与权级的相同点

（一）能级和权级都具有动态性、可变性和开放性

权级因个人业绩、表现、能力变动而具有动态性，随着上级对其认可程度的变化而具有可变性。随着改革开放的不断深入，权级的封闭性已被打破，政府官员可弃政从商，也可弃政从学，权级在政府、国企与民营企业之间具有开放性。政府官员和国企领导可以下海经商，自主创业，决定自己的权级，用个人的智慧、奋斗、勤勉去闯出属于自己的一片天地。

能级虽然相对稳定，但是当机遇到来或有名师指点时，顿悟的可能性很大。此时，能级具有动态性。人的能级有一大部分是潜能，是未被开发的处女地，人们一旦获得充分发挥自己才华的岗位和空间，便会使潜能被极大地激发出来，此时能级具有明显的快速增长性；如果人们受到挫折，心理承受能力差，就有可能丧失意志，颓废消极，此时能级将明显下滑。人与环境、人与人之间始终进行着信息和能量的交换，在这样的交换过程中，不仅能级是开放的，而且动态性、可变性也会随着开放性的增加而明显增强，"与君一席话，胜读十年书"说的就是这个意思。

（二）权级和能级都存在一定的变化区间

权级的变化区间有明显的上限和下限，超越职务所赋予的权力就是越权，会犯政治错误；未能认真履行职务所要求的最低责任就是渎职。在该职务所赋予的最起码的责任与所赋予的最大权力之间，形成了一个权级的变化区间。这个变化区间随着拥有这一职务的人的个人特征和社会关系的变化而变化。个人特征表现为个人的内在特征和外在特征。内在特征即人力资本，包括健康、品德、教育背景、能力、经验、技术、创造力等；外在特征包括性格、爱好、交际能力、成就欲望、权利欲望等。社会关系表现为家庭社会背景和个人社会资源。家庭社会背景包括父母和亲人所拥有的权力、知识、财富和社会关系。个人社会资源表现为在受教育、工作和人际交往过程中获得的由导师、同学、领导、朋友等形成的社会关系资源。这些资源显然会在一定程度上影响一个人的权级在权级区间中所处的位置。一个平民出身的副市长的权级（用 A 表示）和一个高干出身的副市长的权级（用 B 表示）可能就会有很大的不同（见图3—5）。

图 3—5　权级变化区间

某市副市长的权级变化区间在 $[a, b]$ 之间，显然 $B > A$。

我们把影响权级的变化因素及变化状态列成下表（见表 3—3）。

表 3—3　　　　　　　　　　　　　影响权级变化区间的因素

	影响因素	与权级呈正相关关系	与权级呈负相关关系	不一定
个人内在特征：人力资本	健康	√		
	品德	√		
	学历	√		
	能力	√		
	经验	√		
	技术	√		
	创造力	√		
个人外在特征	性格外向			√
	性格内向		√	
	成就欲望	√		
	权力欲望		√	
	有较多个人嗜好		√	
家庭社会背景	父母等的权级	√		
	父母等的财富			√
	父母等的知识能力	√		
	父母等的社会关系			√
个人社会资源	毕业于名校			
	师从名人			
	过往工作顺利			√
	喜欢交朋友			√
	有一些灰色关系		√	

我们选择若干要素描述权级变化区间（见图 3—6）。

能级也存在一定的变化区间。影响能级的因素包括内在因素和外在因素。其中最重要的内在因素是健康，无论你的能级有多高，如果失去健康、百病缠身，则纵有天大的本领也无济于事。内在因素除健康外还有心态、心情、性格、情商、勤奋程度；外在因素有硬环境和软环境。硬环境包括工作场所、工作环境、企业的知名度与美誉度、岗位的工作性质等；软环境包括团队、工作氛围、设备、领导的水平、工作的顺利程度、得到认可的程度等（详见图 3—7）。

弱 ◄—— 能力 ——► 强
低 ◄—— 学历 ——► 高
低 ◄—— 威信 ——► 高
差 ◄—— 背景 ——► 好

权级

0　　　　a　　　　　　　　b

差 ◄—— 社会关系 ——► 好
弱 ◄—— 权力欲望 ——► 强
弱 ◄—— 成就欲望 ——► 强
低 ◄—— 关键人物的支持度 ——► 高

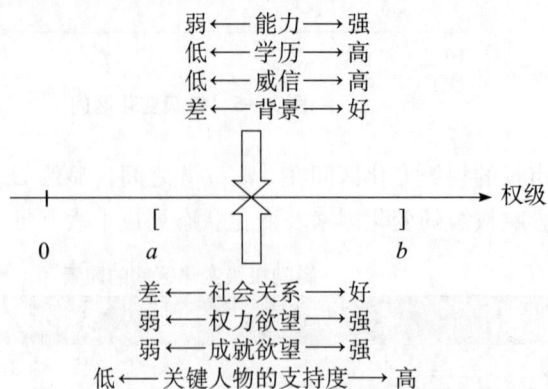

图3—6　权级变化区间及影响变量

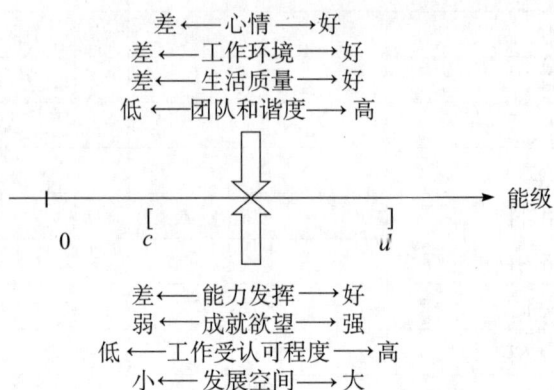

差 ◄—— 心情 ——► 好
差 ◄—— 工作环境 ——► 好
差 ◄—— 生活质量 ——► 好
低 ◄—— 团队和谐度 ——► 高

能级

0　　　　c　　　　　　　　d

差 ◄—— 能力发挥 ——► 好
弱 ◄—— 成就欲望 ——► 强
低 ◄—— 工作受认可程度 ——► 高
小 ◄—— 发展空间 ——► 大

图3—7　能级变化区间及影响变量

（三）能级和权级都具有对彼此的影响力，但影响强度是有限的

当一个人踌躇满志，即获得所渴望获得的权力时，他的能力可能会得到更大的发挥，在某种程度上提高自身的能级。常言道："山壮虎威，潭深龙现"，权级能有效地帮助个人提高能级。他不仅会努力使自己表现优秀，而且会努力提高自己。反过来，当一个人拥有较高能级时，会在获得一定职务后更加自信，更加胸有成竹，从而使他在权级的变化区间中处于更高的位置。但能级与权级的相互影响又是有限的。这不仅因为能级的提高需要时间和积累，而且因为过多的表现往往会适得其反。虽然有时会有"好风凭借力，送我上青天"的自我感觉，但有时也会马失前蹄，皆因"风入四蹄轻"所造成。因此，在获得权级时，能级的增大只能是循序渐进的，反过来也一样。当一个拥有较高的能级的人获取一定的职务时，表现欲望可能会驱使他因过度使用权力而越权；或者不注意周边的关系，被他人视为才高气傲、恃才不驯、自视过高而予以疏远。由此可见，能级和权级具有对等的相互影响力，但必须控制在一定范围内，切不可过分强调这一影响。

三、能级与权级的结构及其对组织的影响

组织成员不同的能级与权级组合会形成不同的结构，一般有以下四种：

（一）稳定的结构

这种稳定的结构（见图 3—8）具有以下三个特点：

（1）权级与能级相互匹配，位于"顶点"的最高权级人物具有最高的威信和无可比拟的能力。

（2）权级的结构成正常比例，基础扎实，中层领导分布均匀，上下号令一致。

（3）组织中的人都具有上进心，组织具有很好的团队精神，价值观念取向一致，彼此团结融洽。

（二）官多兵少的不稳定结构

这种不稳定结构（见图 3—9）具有以下特点：

（1）缺少领袖人物，即缺少能够指挥他人服从自己意志的领导。

（2）同一领导层次的人多，彼此互不服气。

（3）发指令的人多，政出多门，处在基层的人少，贯彻的人少。

稳定 有顶点 成比例 下大上小	不稳定（Ⅰ） 无顶点 上大下小 缺少领袖人物 未成比例

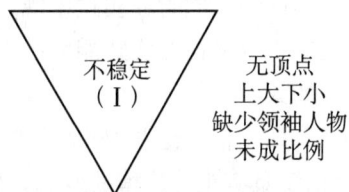

图 3—8　稳定的结构　　　　　**图 3—9　官多兵少的不稳定结构**

（三）不成比例的不稳定结构

这种结构（见图 3—10）的特点如下：

（1）中层领导太多，这些人多数属于平庸者，无法带领下属与其一起工作。

（2）缺少基层操作人员。

（3）结构不成比例。

（四）缺少权威人物的不稳定结构

这种结构（见图 3—11）的特点如下：

（1）缺少优秀人物担任组织的一把手。

（2）平庸者居多，处于中层的平庸者互不服气，无法推选出他们满意的领导。

（3）属于无所作为的组织。

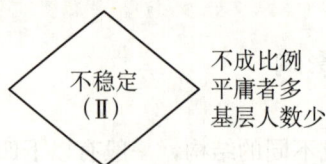

图3—10　不成比例的不稳定结构　　　　　图3—11　缺少权威人物的不稳定结构

第3节　能岗匹配原理在招聘中的应用

一、与人力资源素质有关的理论

（一）中国古代对领导素质的描述——智、信、仁、勇、严

（1）智。表现为能力、知识。博古通今，学贯中西，必能从其他智者身上获取许多有益的知识。"学富五车"是指知识渊博，中国自古崇尚对知识的不懈追求，所谓"朝闻道，夕死可矣"。在追求书本知识的同时，古人也相当重视实践，"读万卷书，行万里路，见万种人，经万般事"就是说仅靠读书是不能全面了解社会和人的，必须有许多实践的机会。古人认为"授人以鱼，不如授人以渔"，"家财万贯，不如教子一艺"，十分重视实践技能和技术的传授。智者必须在大量的实践中了解社会，了解民情，同时在实践中既运用知识，又创造知识和思想。智者就是指既拥有丰富的知识，又拥有实践能力的人；既能修身养性、胸怀大志，又能影响他人、体恤民心的人。

（2）信。这里所说的"信"既包含被人信，也包含信别人，还包含信自己。"信"具有十分广博的概念，能取信于人，取信于世，才能做好人，做好事。国外很重视信用等级，而我国古代的"信"就有现代信用等级的含义，"言而有信"方可与之共谋事。中国有句古话："可与言而不与之言，失人；不可与言而与之言，失言；君子既不失言，也不失人。"在当今社会，"信"已成为商界运行法则中最重要的一个法则。诚信是每个企业生存的基石；信誉度和美誉度是每个企业获取竞争优势的重要依靠。要诚信待人，诚实做事，以信树本，以信立业。所以，"信"是领导者素质最重要的部分。

（3）仁。仁者爱人，仁者被人爱。仁者具有换位思考的能力，还拥有为他人着想、解他人之难的爱心，所以"仁"也是古代为官必备的条件。三国时期的刘备，智不如孔明，武不及五虎将，所谋之事还屡屡失策，但他以仁爱治天下，终能鼎足而立，三分天下，得人民爱戴。"仁"包含爱心，包含胸怀，包含用人之雅量。古代的仁者有仁心、爱心，就能获得部下的支持，在关键时刻、危难时刻，就会获得意外的支持和帮助。台湾高雄大学有一副对联："积德前程长，存仁后路宽"，其意深远。由于自古对积德行善有一种因果报应之说，因此，人们比较容易自觉地"积德"，但难以"存仁"。仁者往往会对弱势群体伸出援手，对犯了错误并对自己有过伤害的人网开一面。有了这种宽厚、宽爱、宽仁之心，会使领导树立起威信，获得更多人的支持。

（4）勇。是指勇敢，包括：勇于拼搏，勇于在困境和逆境中从容自如，努力奋斗，争取成功；勇于冒风险，在各种瞬息万变的环境中把握好自己，在对成功没有充分的把握时有迎难而上的胆量，能果断地作出决策；勇于承担责任，作为领导，能够对自己的决策负责，对自己的下属负责，使所有的下属都感受到领导的肩膀坚强有力；敢于正视个人缺点，敢于承认自己的错误，唯有勇敢的人才敢于面对自己的错误和失败，敢于在上司和下属面前承认自己的缺点和过错。一个勇敢的领导者，在各种挑战、变化、陷阱、机会面前都能从容应对，勇敢向前。"两军相遇勇者胜"，勇敢的人会获得他人的尊敬，同时也就具备了统帅队伍的能力。

（5）严。严表现为：严于约束自己的行为，严于约束部属的行为，严于把握质量，严于把守关卡；严明的纪律，严格的管理，严密的制度，严谨的作风。严能为自己树立威信，能够使令行禁止，在关键时刻，一个"严"字就能使队伍更具战斗力和竞争力。"严师出高徒，严师树雄风。"严格管理的队伍能出敌制胜，松散的队伍如一盘散沙。新加坡由于律法严，贪污的官员少。号令如山重，严必须一以贯之。在严格要求他人的同时，要更严格地要求自己。严于律己，方能律人。严能贯之方能服人，严要有理方能有序。严是领导团队高效地开展工作的保证。

（二）美国学者对管理者的描述

美国学者认为管理者应具有以下素质：

（1）企业家基本素质。企业家基本素质包括：较高的工作效率、永不停止的上进心、战略能力、规划能力、指导能力和开阔的胸襟。

（2）才智能力。才智能力主要包括：判断能力、分析能力、思维能力、推理能力和创造能力。

（3）人群关系能力。随着社会越来越注重团队和谐发展，人群关系能力成为十分重要的能力。它主要表现在十个方面：有健康的体魄，行动迅捷快速；具备自信力；具有教导力与督导力；以身作则，严于律己；善于把握权力的使用；善于与人沟通和交往；善于影响他人，有鼓动能力；具备亲和力，能与人群建立亲密关系；性格乐观外向，充满朝气；能现场处理问题并容易起核心作用。

（4）成熟的个性。主要表现在七个方面：情商高；有良好的情绪控制能力；具备宽容心和正确分析人与事的能力；具备对多种力量的平衡能力；原则性与灵活性的结合恰到好处；果断与谨慎兼备；正确评价自己与他人等。一个成熟的人方能临危不乱，受到他人尊重，并总能带领大家取得更多的成功。

（三）日本学者对领导能力的描述

日本学者认为领导能力主要包括十项品德、十项能力。

（1）十项品德：有使命感、信赖他人、诚实、忍耐、热情、有责任感、积极、有进取心、公平、有勇气。

（2）十项能力：思维决策能力、规划能力、判断能力、创造能力、洞察能力、劝说能力、理解能力、解决问题能力、培养下属能力、调动积极性能力。

（四）笔者提出的人力资源素质的五个台阶理论

五个台阶理论的主要内容为（见图3—12）：

在第一个台阶，必须具备技术能力、执行能力和现场解决问题能力。

在第二个台阶，必须具备感知能力、组织能力和表达能力。

在第三个台阶，必须具备判断能力、分析能力和交往能力。

在第四个台阶，必须具备创新（含规划）能力、决策能力和理解能力。

在第五个台阶，必须具备事业魂、胸怀和识人用人能力，这三大能力对企业非常重要。首先要热爱自己的事业，并对事业有所追求，有百折不挠的决心；其次要有胸怀，不仅要有容人之量，而且要有高瞻远瞩的胸怀，眼界要高；最后要善于识人用人。

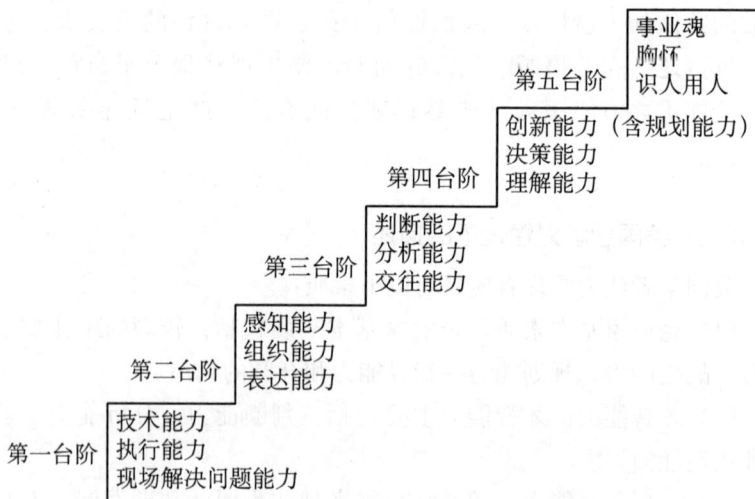

图3—12　人力资源素质的五个台阶理论

第四个台阶中的理解能力在很多层面上应从情商的角度来理解，强调对事件的准确判断和理解。理解能力包括分析、解释、判断和决策四种能力，其核心是情商，即要能理解他人、理解环境、理解自己、把握自己、处理个人与他人及个人与环境的关系。

二、人力资源素质的评价内容

（一）体质

（1）身体素质：身体健康；

（2）忍耐力：抵御艰苦环境的能力；

（3）适应力：适应变化较大的自然环境的能力；

（4）抗病力：抵抗疾病的能力；

（5）健美度：良好的体质与匀称的体形的统一。

（二）智质

1. 智质与智商

人到一定的年龄之后，智力年龄的发展就停留在相对稳定的水平。智质表现为学习的速度和效率。

2. 智质三要素

（1）理解能力；（2）判断能力；（3）推理能力。

3. 七种智力

（1）言语智力；（2）数理逻辑智力；（3）空间智力；（4）音乐智力；（5）体能智力；（6）人际智力；（7）自知智力。

（三）心理素质

（1）情绪的稳定性；

（2）平常心（对富与贵、贫与贱、成功与失败都能把握）；

（3）对角色和地位的正确把握；

（4）心理的应变力和适应力；

（5）爱他人和被人爱。

（四）道德品质

（1）热爱祖国和人民，热爱历史悠久的中华民族和中国文化；

（2）有事业心，有崇高的事业追求和敬业精神；

（3）有责任心，对工作、对家人、对朋友均有很强的责任心和很高的信誉度；

（4）有友爱之心，善于团结、信任、理解和帮助他人；

（5）心胸坦荡，热情，忠诚，正直，有容人之雅量，有纳谏之胸怀。

（五）能力和素养

对能力和素养的评价包括学历、经历、阅历、心历等内容。

能力和素养主要包括 19 个方面：（1）战略能力；（2）规划能力；（3）决策能力；（4）组织能力；（5）判断能力；（6）人际沟通能力；（7）感知能力；（8）工作条理性；（9）未来感知力；（10）演讲能力；（11）知识总量；（12）理解能力；（13）研究能力；（14）再学习能力；（15）创新能力；（16）推理能力；（17）分析能力；（18）应变能力；（19）文字写作能力。

（六）情商

图 3—13 描绘了人力资源与情商的关系。

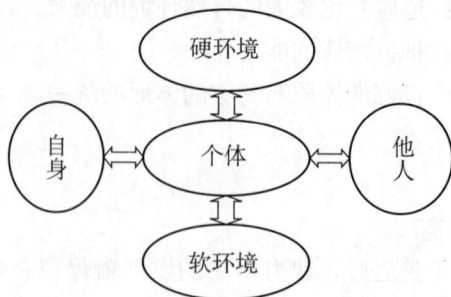

图 3—13　人力资源—情商关系图

与情商相关的能力包括：（1）认识自身情绪的能力；（2）妥善管理情绪的能力；（3）自我激励的能力；（4）认识他人情绪的能力；（5）处理人际关系的能力。

（七）关于人力资源素质的新提法：四商四能

1. 四商

（1）智商——智力商数（IQ）；（2）情商——情感商数（EQ）；（3）逆商——逆境商数（AQ）；（4）财商——理财商数（FQ）。

2. 四能

（1）英语会话能力；（2）电脑操作能力；（3）汽车驾驶能力；（4）打高尔夫球、网球等能力。

（八）职业素养

1. 职业能力

指完成这一岗位所需的知识、学历、专业、经验、技能等。包括：智商、情商、必备的社交能力、沟通能力、协调能力、组织能力等。

2. 职业道德

包括：对企业文化的认可；对职业的兴趣、忠诚和执著；诚信度、可靠度和忠诚度。在任何困境中坚守自己的岗位，具备这一岗位要求的全部品质。

3. 工作规范和工作准则

包括刚性的工作要求和柔性的工作要求。规范地遵守所有工作流程和工作守则，严格要求自己，并以自己的行动影响一起工作的同事。

三、招聘与能岗匹配

（一）非规范的岗位分析

为达到能岗匹配所进行的岗位分析与通常意义上的岗位分析不同，通常意义上的岗位分析包括对工作内容、工作职责、工作关系的描述，而为能岗匹配所作的岗位分析包括以下内容（我们假设招聘的是企业高层管理人员）：

（1）岗位所需的素质、专业知识和能力。

（2）岗位所需的性格偏好。

（3）一把手的性别、性格特征、专业、兴趣和经历。

（4）过去与一把手共事取得的成功经验与失败的教训分析，尤其是对共事者的个体特征分析。

（5）企业经营班子的组成分析：包括性别、年龄、专业、职位、性格特征等分析。

（6）企业以往的业绩分析：最缺少的人才是什么？

（7）该岗位在班子中的责任位置和权力位置。

（二）能岗匹配调查表的制作

下面列出了一些能岗匹配调查表（见表3—4至表3—8）。

表3—4　　　　　　　　　　　　　　拟招聘岗位调查表（Ⅰ）

职务名称		
该岗位在经营班子中的责任位置	职位描述	
	工作职责	
	职务评价	
该岗位在经营班子中的权力位置		● 谁指挥他 ● 他指挥谁 ● 他与谁协调 ● 他对谁负责
该岗位与外界的联络	● 与政府哪个部门发生直接联系 ● 联系哪些企业（产品上游、下游） ● 最经常联络的金融部门 ● 市场状况	

表3—5　　　　　　　　　　　　　　拟招聘岗位调查表（Ⅱ）

		年龄	学历	性别	专业	主要性格特征	与一把手合作的情况	与其他人合作的情况
过去（前三届）任职人员的状况分析	上溯的前一届							
	上溯的前二届							
	上溯的前三届							
对过去（前三届）任职人员的大致评价	上溯的前一届							
	上溯的前二届							
	上溯的前三届							

表 3—6   一把手的情况调查表

姓名：   性别：   年龄：

所学专业及毕业学校	
任现职的年限、业绩	
过去曾担任过的职务	
本人的性格特征	
对应聘岗位人员的要求（重点填写）	△本人认为最佳的合作伙伴（描述）
	△本人认为至少必备的条件（描述）

表 3—7   领导班子的情况调查表

姓 名	岗 位	年 龄	专 业	主要性格特征	对应聘岗位（人选）的要求

表 3—8   能岗匹配表（初步）

基本情况的要求	年龄	
	性别	
	专业	
	过去经历	
	其他	
性格特征的要求		
能力的要求		

（三）案例分析

以下两个案例是根据笔者的实践操作总结的真实案例，描述略有改动，并隐去了企业的真实名称。

案例 3—2

某民营集团公司要招聘 4 名营销子公司总经理，为了挑选到能岗匹配的合适人选，我们对该公司作了一次长达 2 天的访问，听取了各方面的情况，填写了 4 张调查表，分析了该岗位的各种情况，得出了对人选要求的基本结论：

(1) 学历不必太高，只需大专或本科学历。

(2) 不可太年轻，宜 30 岁以上，有 5 年以上的工作经验和社会阅历。

(3) 应具备接触最普通的基层群众的能力。因此，必须平易近人，懂得群众语言和与普通人谈心的方法，最好善饮酒聊天，长相不必太秀气，谈吐不能太清高。

(4) 为人谦和，能随遇而安，不激进，对工作和生活的期望值不太高。

(5) 能服从领导，个人意志不宜太强，有协作精神。

(6) 有稳定的婚姻和家庭生活。

在调查中我们得知，该公司不能提供很高的工资，但又需要善于经营、能为公司创造效益的人，希望他既能独当一面，又没有参与公司高层竞争的野心。

根据以上分析，我们从 20 多个面试者中挑选了 4 人，其中，两位为大专学历，两位为本科学历。如今这 4 人已在该岗位工作 4 年，企业和个人都较满意，其中一人有可能晋升至总公司高管职位。

案例 3—3

某国的高科技公司要招聘一位总经理，经调查并填写了相关表格，我们对招聘人选的能岗匹配作了分析，得出了以下初步结论：

(1) 必须具有计算机专业硕士以上学历，最好是留学归国人员。

(2) 有一定的社会阅历，至少有两年以上工作经验。

(3) 对个人工作成就和生活品质的期望值较高，个人的成功期望值高。

(4) 有较强的沟通能力，能与高层沟通并显得彬彬有礼。

(5) 外表和行为举止应较优雅，有一群计算机界和 IT 界的朋友更好。

(6) 出身于高知或高干家庭更好，会因为耳濡目染而具有一定的高层公关经验。

(7) 行动果断，能把握市场的风云变幻。

(8) 英语口语流利。

(9) 未婚和已婚均可，但如已婚，伴侣最好有较高的学历。

我们在调查中发现，该公司可以支付较高的工资并提供很好的发展空间，但必须依靠自己去创造和获取。作为一家高科技公司，要求应聘者具有一定的专业背景。

根据以上分析，我们最终为其物色了一位留美归国的年约 30 岁的计算机硕士。他到岗后工作很顺利，为公司创造了很好的效益，个人的社会地位也迅速提高。

以上两个都是能岗匹配的案例。能岗匹配的黄金法则就是：最好的未必是最适宜的，最适宜的才是最好的。如果把案例 3—3 中挑选的那位硕士用于案例 3—2 中的民营公司，则是不匹配的，最终将导致双方均不满意。当前，很多企业在招聘管理人员时，只挑选学历、经历、能力各方面最好的人才，事前完全不做能岗匹配的分析，结果花费了很多的招聘费用，投入了很大的精力，许诺了很优厚的待遇，把最好的人才请了进来，结果还是留不住，这是招聘中的极大浪费，应引起足够的重视。

□ 关键术语

能岗匹配原理　能级　权级

□ 复习与思考

1. 能岗匹配原理最核心的内容是什么？为什么被称为招聘的黄金法则？
2. 管理者的能力包括哪些内容？
3. 请分析能级与权级有何不同。如果你已有工作经验，请结合你的经验谈谈体会。
4. 请分析能级与权级有何相同点。除书中分析的相同点之外，你还可以补充哪些内容？
5. 职业素养与个人的职业发展有何联系？

第 **4** 章

人力资源规划

第1节 人力资源规划导言

知识经济提升了人自身的价值，也提升了知识的价值，提升了人力资本的价值。知识经济使人类的大量财富集中到拥有知识、智慧、信息、经验的人身上。资本资源、自然资源曾经在人类发展史上具有极为重要的地位，以至于个人能力的重要性完全被忽略了。但是今天，人力资源已超过资本资源和自然资源，成为人类发展的最宝贵资源。人力资源规划则是企业获取这一宝贵资源的前期准备。

一、人力资源规划的重要性

人力资源规划是指根据组织当前发展的需要和组织未来发展的目标，预测、估计、评价企业对人力资源的需求。这种需求涵盖现期、近期和中期需求，包括需求的种类、层次、人数等。有些企业的人力资源规划还包括对获取人才所需的资金、人员投入和培训等各种人力成本的预算。

人力资源规则的重要性体现在以下方面：

1. 人力资源规划使组织更适应企业内外部环境的变化

规划是一个摸清"家底"的过程，是使企业管理者更加心中有数的过程，也是随着企业外部环境的变化而调适企业内部环境，尤其是对人力资源进行调整和配置的过程。通过规划，能使组织了解本企业各类人才的余缺，了解对各层次人才的需求及所需的人数，以迅速把握人力资源的动态平衡。

2. 人力资源规划有利于组织更好地使用和开发人才

只有很少的企业的人力资源配置处于合理状态。在多数企业中，人员忙闲不均，岗位余缺不平衡的现象十分严重。规划有助于改善人力资源的配置，有利于人力资源使用的平衡和人力资源的有效、科学的开发。

3. 人力资源规划有利于合理调配人才，降低用人成本

规划使组织有机会对人力资源的结构进行分析和研究。当组织了解人员当前余缺、能力与岗位的匹配状况时，就能有效地重新调配人员，使人力资源的结构趋于合理，从而降低组织的用人成本。

4. 人力资源规划有利于提供均等的就业和提升机会

经过规划的人力资源不仅在年龄结构、知识结构、专业结构、能力结构等方面趋于合理，而且可以切实地把就业机会提供给需要就业的人，把恰当的职位提供给能够胜任的人。当社会发生结构性变革时，每一个就业机会都是人们所珍惜的。十年前曾经用"以百求一"来形容工作机会的难得，现在则是"以千求一"甚至"以几千求一"，"零工资"的工作岗位已不再鲜见。这说明教育规划存在的问题已经使当今企业面临难以抉择的困境，而留给社会的难题就更多了。因此，正确、科学、有效的规划能为社会提供更多均等的就业机会，为努力工作且能力突出的人提供更适合他们的岗位。

5. 人力资源规划可以加强人力资源使用的前瞻性，提升企业的竞争力

企业的核心竞争力主要表现在人才和科学技术上，而技术是由人来掌握的，因此企业的竞争归根结底是人才的竞争。规划使企业对未来一段时间需要的人才有所储备。储备的人才不仅可以使企业在未来的竞争中处于领先地位，而且他们的"增优"几乎是不可限量的。前瞻性是人力资源规划的重要特色。

6. 人力资源规划可以提升人力资源战略在企业总体战略中的主导地位

企业战略与人力资源战略及人力资源管理之间必须有一个纽带，这个纽带就是规划。企业的总体战略对企业的生存和发展至关重要，而这一战略从制定、完善、实施、监督、修订到再完善的全过程都必须有人力资源的参与，必须包括人力资源战略。人力资源战略表现在规划、招聘、培养、使用和调度等五个方面。一个好的人力资源规划取决于人力资源战略，反过来又能有效地促进企业战略的实现（见图4—1、图4—2）。

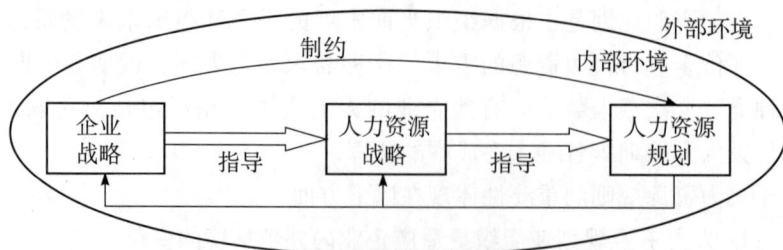

图4—1　人力资源规划受企业战略的指导与制约

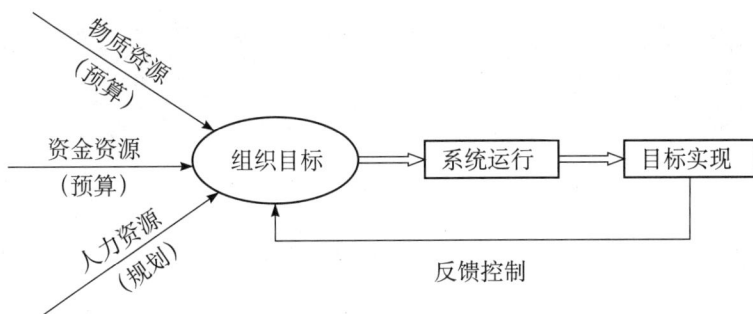

图 4—2 人力资源规划能有效地促进组织目标的实现

二、人力资源规划的内容

规划通常包括对现有档案的调查和分析、对组织发展目标的研究、对现期人才的需求分析和对中长期人才的储备，此外，还包括行为的计划、对结果的控制与评价。

"人力资源规划"是人力资源管理各个模块中的一个专有名词。目前许多国内的人力资源专家不是把人力资源规划作为人力资源功能模块中招聘模块的一个环节，而是把它作为对人力资源管理全过程的一个计划。本书要指出的是，这是两个完全不同的概念。人力资源规划是一个专有名词，是实现人力资源供给与需求平衡的一个参考，也是实现科学、合理、有效招聘的一个准备。尽管准备过程中可以包含比供给与需求更多的内容，但它绝不贯穿人力资源管理的全过程，绝不能与通常概念中的计划战略混为一谈。人力资源规划仅具备"招聘前的准备"这一功能。因此，笔者认为，对其他解释都应该予以纠正。

1. 对现有人力资源档案进行分析归类

要了解企业人力资源的结构和分布，了解岗位余缺、人员忙闲的状况，最简单的方法莫过于对现有档案进行分析归类。本书特制作下表供分析归类使用（见表 4—1）。

表 4—1　　　　　　　　某公司总部对现有人力资源的分析归类表

部门（大环境）	定员	现已匹配的岗位	未匹配的岗位（有人却不符合要求）	缺少人员的岗位（有岗位却没有人员）	必须给予调配的岗位（人力资源部意见）	上级领导处理意见
总裁办公室	6人	主任1人；副主任1人；业务员2人	副主任1人	业务员1人	调出不称职的副主任1人；调入符合要求的副主任1人；调入业务员1人	同意部门的意见
人力资源部	7人	主任1人；副主任1人；招聘科科长1人	副主任1人；薪酬科科长1人；业务员1人	业务员（了解人力资源法律）1人	调出不称职的副主任1人；调入符合要求的副主任1人；招聘合格的业务员1人	同意部门的意见

续前表

部门（大环境）	定员	现已匹配的岗位	未匹配的岗位（有人却不符合要求）	缺少人员的岗位（有岗位却没有人员）	必须给予调配的岗位（人力资源部意见）	上级领导处理意见
营销部	16人	经理1人；副经理1人；业务员10人	副经理1人；业务员2人	业务员1人	调出不称职的副经理1人；调入（招聘）符合要求的副经理1人；招聘合格的业务员2人	不同意现有的副经理调换工作，建议送到相关院校培训
财务部	10人	经理1人；业务员6人	业务员1人	副经理1人；业务员1人	招聘副经理1人；调配符合要求的业务员1人	同意部门的意见

根据需要，可列出人力资源需求一览表（见表4—2）。

表4—2　　　　　　　　　　某公司人力资源需求一览表

部门	暂缺的人员	要求	建议获取途径
总裁办公室	副主任1人	1. 本科以上学历； 2. 经济或管理专业； 3. 有协调能力； 4. 有三年以上相关工作经验。	内部调配或外部招聘均可
	业务员1人	1. 专科及以上学历； 2. 文秘或外语专业； 3. 有执行能力； 4. 有两年以上相关工作经验。	内部调配
人力资源部	副主任1人	1. 本科及以上学历； 2. 人力资源管理专业； 3. 有亲和力、沟通能力和协调能力； 4. 有三年以上相关工作经验。	外部招聘
	薪酬科科长1人	1. 本科及以上学历； 2. 财务专业或人力资源专业，受过相关的业务培训； 3. 原则性强，有公平意识； 4. 有两年以上相关工作经验。	内部调配
	业务员2人	1. 大专及以上学历； 2. 其中一人为法律专业，另一人为管理专业； 3. 应届毕业或具有一年以上相关工作经验。	外部招聘或内部调配均可

续前表

部门	暂缺的人员	要求	建议获取途径
营销部	副经理1人	1. 本科及以上学历； 2. 营销专业； 3. 了解社会关系对于营销的重要性； 4. 拥有较好的社会资源； 5. 有较高的 EQ； 6. 有三年以上的营销工作经验。	外部招聘或内部调配均可
	业务员3人	1. 大专及以上学历； 2. 营销及相关专业； 3. 参加过三个月以上相关培训； 4. 有良好的沟通能力和人际关系； 5. 有两年以上的相关工作经验。	倾向于外部招聘
财务部	副经理1人	1. 本科及以上学历； 2. 财会专业； 3. 原则性强，有良好的信誉记录，能严格遵守和执行相关规定； 4. 有较强的专业能力； 5. 有三年以上相关工作经验。	内部调配
	业务员2人	1. 大专及以上学历； 2. 在本企业工作三年以上； 3. 具有较强的执行力； 4. 熟悉财会及相关业务。	外部招聘或内部调配均可

2. 制定人力资源供求平衡计划

制定计划需要考虑的情形包括：

（1）因企业发展的需要，必须新增加的人员数量、种类和层次。

（2）因企业技术更新、设备更新，必须转岗和新增加的人员数量、种类和层次。

（3）因企业转型或多种经营，必须新增加的人员数量、种类和层次。

（4）因企业人员自然损耗（退休、死亡等），必须新增加的人员数量、种类和层次。

（5）因企业人员的内外流动（晋升、降职、解职、辞退、跳槽等），必须新增加的人员数量、种类和层次。

（6）因企业大环境的变动（如政治、经济、外交等政策和人员的变动），企业必须增减的人员数量、种类和层次。

根据以上情形，制定供求平衡计划。

3. 制定人力资源招聘补充计划

招聘补充计划应包括以下内容：

（1）招聘的人数、种类、层次。

（2）分期分批招聘的时间和地点。

（3）确定招聘的方式：内部招聘、外部招聘、校园招聘。

（4）明确招聘小组及招聘负责人。

（5）层次较高的招聘应聘请外部专家担任顾问及面试主考官。

（6）招聘的财务预算。

三、人力资源规划的程序

1. 预测

根据企业的战略和现有人员的状况，预测人力资源的需求状况和人力资源的供给状况。

2. 制作目标树

企业的总目标可以分解成若干子目标，制作目标树可以使规划更加系统和完整。

3. 实施

实施包括招募、甄选、决策、录用、配置、培训开发、报酬计划、绩效考核、职业管理、激励、福利、退休等。

4. 控制与评价

对人力资源规划的分析以及对实施情况的控制与反馈详见图4—3及图4—4。

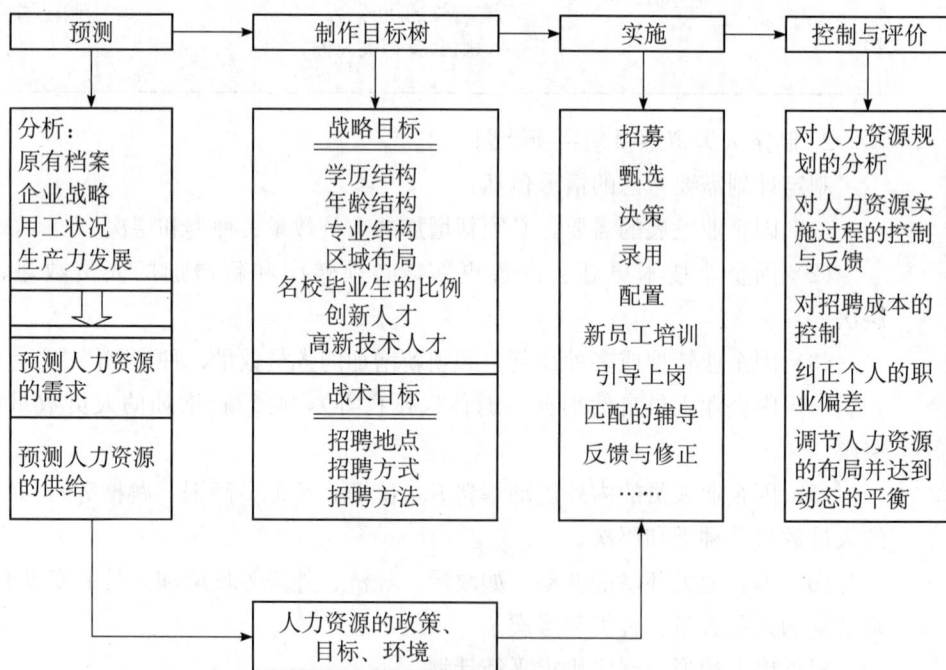

图4—3　人力资源规划的程序图（一）

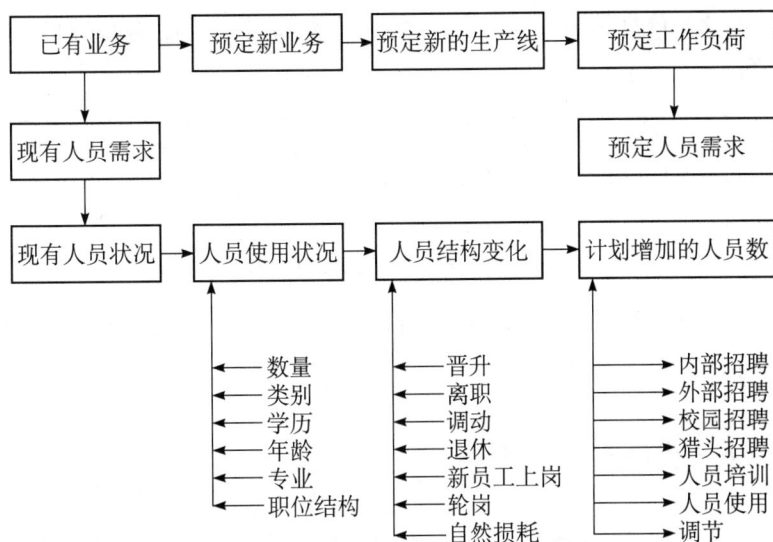

图 4—4　人力资源规划的程序图（二）

第 2 节　人力资源供求预测

在动态变化的人力资源系统中，组织对未来一段时间的人力资源供求状况的准确预测，是确保组织战略目标得以实现的重要条件。人力资源供求的预测有长期、中期与短期之分，并与企业计划的时间长度相一致。预测的时间跨度越大，各种环境因素变化越大，不确定的因素也就越多。因此，针对不同时间长度的预测只有采取不同的预测方法和技术，才能获得更准确的信息以提供决策支持。

一、人力资源供求预测概述

人力资源供求预测所需的信息来自各个方面，进而形成一个完整的信息流体系（如图 4—5所示）。

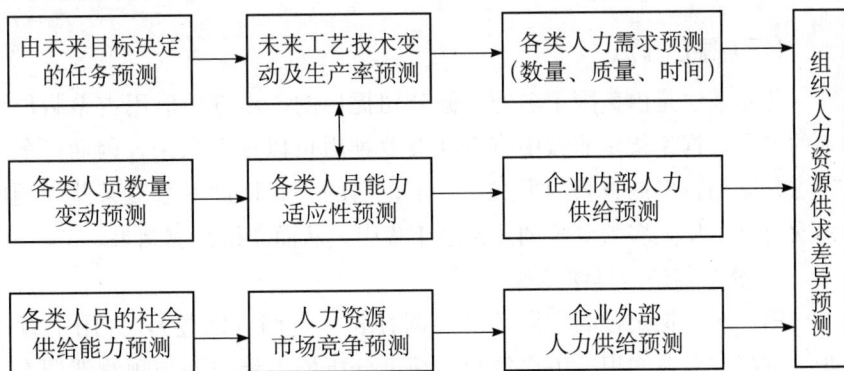

图 4—5　人力资源供求预测体系

在这个信息体系中，以信息的准确度和可控程度为基础形成了一个四级系统（如图4—6所示）。

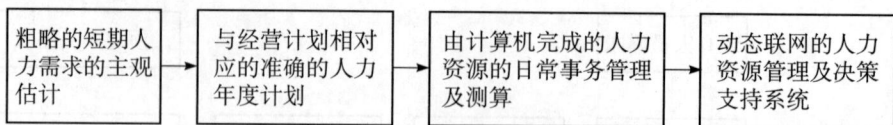

| 粗略的短期人力需求的主观估计 | → | 与经营计划相对应的准确的人力年度计划 | → | 由计算机完成的人力资源的日常事务管理及测算 | → | 动态联网的人力资源管理及决策支持系统 |

图4—6　人力资源信息的分级体系

随着网络技术的发展，人力资源的信息收集及信息管理将逐步向第四级推进，企业组织的决策支持系统也日趋完善。

二、人力资源需求预测

人力资源需求预测是一项难度很大的工作。在管理基础较薄弱、管理信息不完备的情况下，这项工作根本无法进行。即使掌握了多种方法，也可能由于某些不可控因素的影响而使预测结果的可信度下降。在现实中，人们往往更相信个人主观的经验判断，或以经验和知识为基础的计算机处理结果。即便如此，传统的预测技术仍然是人类智慧的结晶，在实践中得到应用。

（一）经验预测法

经验预测法是指根据以往的经验对人力资源进行预测规划的方法。现实中，该方法的具体步骤是：组织的基层管理人员根据以往的经验将未来一段时期的活动转化为本部门人员的需求增减量，提出本部门各类人员的需求预测量；再由上一级管理层对其所属的部门进行人力资源的估算和平衡；经过层层估算，最后由最高管理层进行人力资源的规划和决策。

应该说，经验预测法带有一定的主观色彩，并受到各部门自身利益等因素的制约，因此预测规划过程有可能转变为部门与组织之间的谈判与审批过程。它比较适合短期的预测，也可以影响中长期预测。当然，在小规模的企业中，这种方法简单易行，成本低，无疑是一种可行的方法。

（二）德尔菲法

德尔菲法是由美国著名的兰德公司提出的。该方法借用古希腊传说中的神谕三地的名称，据说德尔菲城中有座阿波罗神殿可以预卜未来，因而得名。这种方法的特点是采用寄发调查表的形式，以不记名的方式征询专家对某些问题的看法，经过多次反馈，使大多数专家的意见趋于集中，从而获得预测结果。

1. 德尔菲法的具体步骤

第一步，拟定预测主题，设计调查表（或调查问卷），并附上背景资料；第二步，选择在专业知识、工作经验、预见分析能力等方面与预测课题有关的专家；第三步，将调查表邮寄给选定的专家，而后由他们在规定的时间内填妥、寄回；第四步，对第一轮调查表进行综合整理，对少数人同意的项目予以删减，对多数人赞成的项目予以保留，汇总成新的调查表，再寄给专家征求意见。这样，每个专家在了解其他专家意见的基础上（注意：每个专家并不知道其他专家的姓名及其具体意见），作出新的判断。如此反复几轮（一般是 3～5 轮），便可形成比较集中的意见，从而获得预测的结果。

2. 德尔菲法的基本原则

（1）选择恰当的专家是第一要素。如果选的专家并不具备这方面的专业知识或不熟悉该领域，则对于预测的结果将产生十分不利的影响。

（2）提供给专家的调查表必须涵盖尽可能多的信息。例如：你希望了解在未来的十年哪一类人才是最稀缺的，在调查表中就应该尽可能多地列出人才的种类，尤其应包括较稀缺乃至最稀缺的人才的种类，便于专家从中作出选择，并根据他的知识、智慧、信息作出判断。

（3）表格必须设计得简单、易操作，不会浪费专家太多的时间，能给专家更多的思考和发挥的空间。

（4）第二轮和第三轮的调查表的制作需要更高的技巧。既要集中专家的多数意见，又必须给少数意见留出一定的空间。制表人的经验和水平均十分重要。

（三）趋势预测法

趋势预测法的基本思路是：确定组织中与劳动力数量及构成关系最大的因素，然后找出该因素与人力需求变化的函数关系，由此推测将来人力资源的需求情况。

1. 单变量趋势外推模型

这里仅仅考虑人力资源需求本身的发展情况，而不考虑其他因素对人力资源需求量的影响。单变量外推模型的基本公式为：

$$y = \alpha + \beta x + \varepsilon$$

式中，y——人员数量；

x——产品产量；

α、β——根据过去资料推算的未知系数；

ε——不相关的随机变量，其平均值为零。

案例 4—1

某企业在 2001—2012 年的 12 年中，每年产品产量和为完成这些产量所需的人数如表 4—3 所示。使用单变量趋势外推模型，可以根据每一年的预计产量推测所需的员工人数。

表 4—3　　　　　　　　　　　某企业的产量与所需人数的对照表

年份	产品的产量 x_i	生产这些产品所需的人数 y_i	$x_i - x$	$y_i - y$
2001	11	21	-8	-8
2002	13	22	-6	-7
2003	14	23	-5	-6

续前表

年份	产品的产量 x_i	生产这些产品 所需的人数 y_i	$x_i - \bar{x}$	$y_i - \bar{y}$
2004	14	25	-5	-4
2005	17	28	-2	-1
2006	16	30	-3	1
2007	19	32	0	3
2008	21	31	2	2
2009	20	32	1	3
2010	24	34	5	5
2011	28	34	9	5
2012	31	36	12	7

根据表4—3中的数据计算得到：

$$\sum x_i = 228, N = 12, \bar{x} = \frac{\sum x_i}{N} = 19, \sum y_i = 348, \bar{y} = \frac{\sum y_i}{N} = 29$$

$$\sum (x_i - \bar{x})^2 = 418, \sum (x_i - \bar{x})(y_i - \bar{y}) = 316$$

所以　　　$\beta = \dfrac{\sum (x - \bar{x})(y - \bar{y})}{\sum (x - \bar{x})^2} = \dfrac{316}{418} = 0.76$

$$\alpha = \bar{y} - \beta \bar{x} = 29 - 0.76 \times 19 = 14.56$$

若 ε 为零，则 $y = 14.56 + 0.76x$。

如果我们预测2016年的产量达到35，则按公式可求得：

$$y_{2016} = 14.56 + 0.76 \times 35 = 41.16 \approx 41 \text{（人）}$$

2016年完成生产需要41人。这样，在近年内需增加5位工人。以此类推，只要我们测出产品产量或订出生产计划，所需人数即可大致确定。

2. 指数平滑模型

指数平滑模型的公式为：

$$\hat{y}_{t+1} = \alpha y_t + (1-\alpha) \hat{y}_t$$

式中，$\hat{y}_{t+1}$——第 t 期递推1期的预测人员需求量；

　　　y_t——第 t 期实际人员数；

　　　$\hat{y}_t$——第 t 期预测人员需求数；

　　　t——时间标号；

　　　α——经验或试算权数。

案例4—2

某单位第一车间的第一小组2003—2014年的实际人数见表4—4。根据以往经验，我们得到 $\alpha = 0.1$。根据指数平滑模型，我们得到下列数据：

$$\hat{y}_{2004} = 0.1 \times 21 + 0.9 \times 21 = 21.0$$

$$\hat{y}_{2005} = 0.1 \times 22 + 0.9 \times 21 = 21.1$$

$$\hat{y}_{2006} = 0.1 \times 23 + 0.9 \times 21.1 = 21.3$$

$$\vdots$$

$$\hat{y}_{2015} = 0.1 \times 36 + 0.9 \times 27.1 = 28.0$$

同样可计算出 $\alpha = 0.6$ 或 $\alpha = 0.9$ 时各年的预测数。在这种方法中，α 的取值很重要，需要多次试测，方可得到合适的 α 值。但这种模型不适用于产品产量变化较大的情形。

表 4—4　　　　　　　　　　　　　　　预测实例

年份	实际人数	预测人员需求量		
		$\alpha = 0.1$	$\alpha = 0.6$	$\alpha = 0.9$
2003	21	—	—	—
2004	22	21.0	21.0	21.0
2005	23	21.1	21.6	21.9
2006	25	21.3	22.4	22.9
2007	28	21.7	24.0	24.8
2008	30	22.3	26.4	27.7
2009	32	23.1	28.6	29.8
2010	31	24.0	30.6	31.8
2011	32	24.7	30.8	31.1
2012	34	25.4	31.5	31.9
2013	34	26.3	33.0	33.8
2014	36	27.1	33.6	34.0
预测 $y_{2015} =$		28.0	35.0	35.8

3. 多变量回归模型

人员需求多变量回归模型用公式表示了人员需求量与决定人员需求量的多个变量之间的定量关系。若人员需求量由 q 个取决于时间的变量所确定，则有：

$$\hat{y}_t = \alpha_0 + \alpha_1 \hat{x}_{1t} + \alpha_2 \hat{x}_{2t} + \cdots + \alpha_E \hat{x}_{qt}$$

其中，α_1，α_2，α_3，$\cdots$，α_E 是常数项和自变量的相应系数，可根据历史数据求得，这些系数通常要借助计算机系统进行分析。

三、人力资源供给预测

人力资源供给预测包括两部分，一部分是内部供给预测，一部分是外部供给预测。内部供给预测实际上与企业内部的人员流动、合理调配、适岗适能等运作密切相关。在信息技术十分发达的今天，内部供给预测已经完全可以通过企业内部人力资源网络系统完成。企业每个员工的主要信息（包括基本的资料和进公司后的表现、特长、技能、业绩、培训、个人的兴趣和愿望等）都可以从网络中直接获取。这里主要介绍外部人力资源的供给预测。

目前，我国劳动力市场尚未成熟，许多人力资源的信息难以准确掌握，这给外部人力资源的供给预测带来了很大的困难。尽管如此，招聘和录用新员工对所有企业都是必不可少的。无论是由于生产规模的扩大，还是由于劳动力的自然减员，组织都要从劳动力市场中获得必要的人力。组织外部人力资源供给预测的大致思路如图4—7所示。

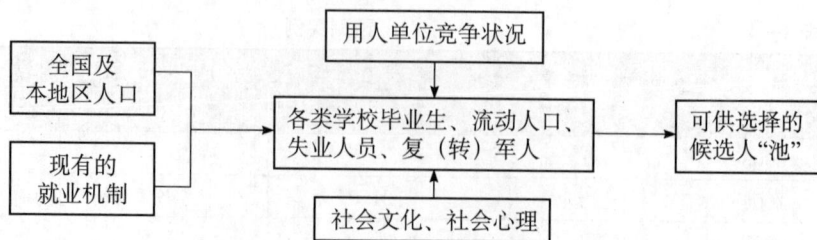

图4—7　外部人力资源供给预测思路

四、人力资源的综合平衡

组织的人力资源供求往往处于不平衡状态：人力资源不足；人力资源过剩；二者兼有的结构性失衡。其中，最棘手、最困难的问题莫过于第三种状态，即不需要的人员过剩，急需的人员却无从获取。因此，在进行人力供求预测的基础上，必须将两者进行对比分析，方可进一步采取措施，有针对性地培训人员。

人力资源综合分析可参考图4—8进行。

我们以A职系为例，各职位人员需求量与供给量的差额为：A_1为1人，A_2为0，A_3为4人，为了保证每一职位的供求平衡，必须进行调整。

（1）A_1的一个职位空缺可以由A_2递补，则A_2产生一个空缺。若A_1的空缺由外部人员填补，则外补人员记入补充规划表格；若由企业内其他职系人员弥补，则记入配置规划表格。

（2）若A_1的职位空缺由A_2递补，A_2的空缺由A_3递补，则A_3将产生5个职位空缺。在组织内部，只能由D_3职位通过平调向A_3补充人员，或由D_4职位通过晋升来向A_3补充人员。若采用后一种方法，最终将在D_4多产生5个内部无法填补的职位空缺。这5个职位空缺只能通过外补才能填补。

（3）调整结果是：在A职系中，A_1向B_2晋升1人，A_2向A_1晋升2人，B_4向A_2平调1人，A_3向A_2晋升1人，D_3向A_3平调1人，D_4向A_3晋升2人，外部向A_3补充2人。

因此，通过晋升规划解决6个空缺，用配置规划平调2人，用补充规划向A_3补充2人。依此类推，总的原则是从左向右、从上到下进行，最后获得有关制定具体人力资源规划的信息。

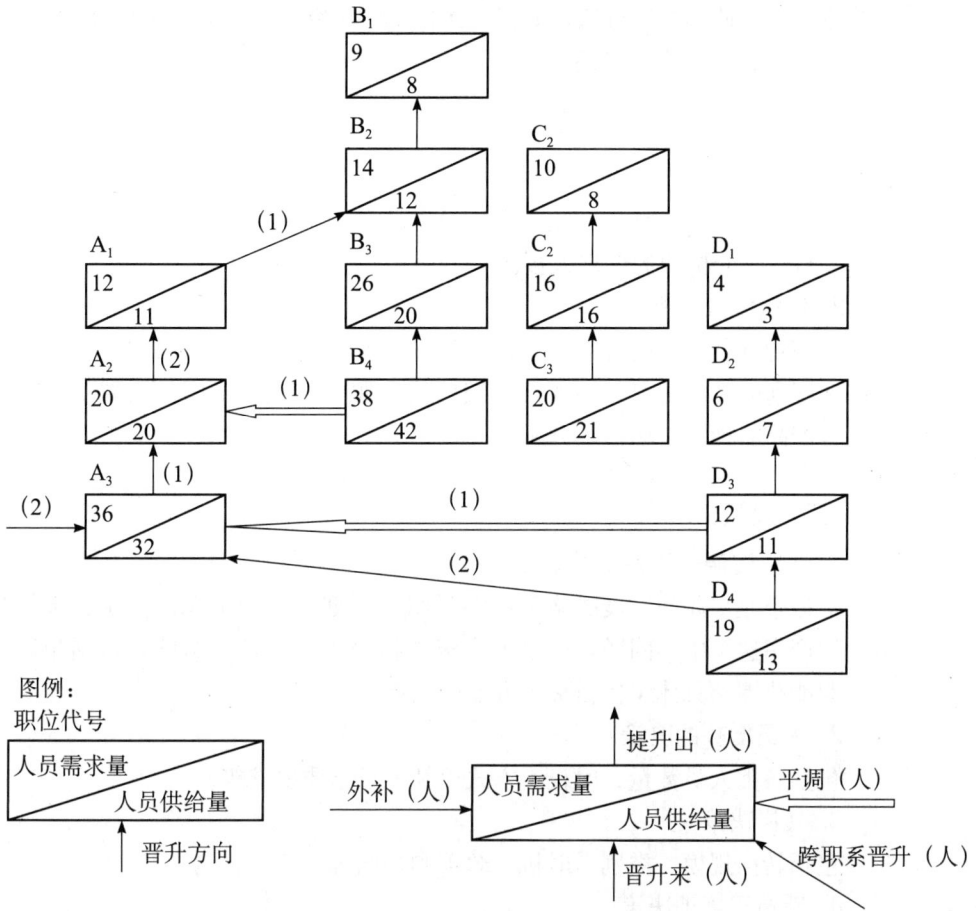

图 4—8 某企业某年度人力资源预测综合分析图

第 3 节 人力资源规划的制定

一、人力资源规划的编制过程

人力资源规划的编制包括人力资源供求预测、分析、决策和编制等四个阶段。其中，预测已在上一节中作过论述。

（一）分析

1. 人员使用情况分析

（1）比较分析现有人数与编制定员，判断人员适用的程度。

（2）比较分析实际工作率与标准工作率，判断可能挖掘的工作潜力。由于工种有差别，工作率的分析方法也应有所区别。对于一线工人，可以从劳动时间使用情况的统计报表中获取资料进行分析；对于二线、三线人员，则可以采用"工作日写实"或"工作抽样"等方法，取得一次性工时研究资料进行分析计算。

工作潜力的计算公式是：

$$工作潜力 = \frac{|P_1 - P_0| H}{P_0}$$

式中，P_1——实际工作率；

P_0——标准工作率，指企业或员工自己确定的目标工作率；

H——分析期的期末人数。

2. 组织背景分析

组织背景分析的内容有：组织发展的结构性特点；组织目标对人力的要求；职务层次序列的基本情况；沟通与反馈路线；职能和直线部门的设置情况；设备先进程度；产品品种和市场需求分析。

（二）决策

1. 人力资源规划目标的确定

根据企业整体的发展战略和各部门职能计划对人力资源的要求，围绕如何提高劳动生产率这个中心问题，确定人力资源招聘工作的基本策略，包括招聘的战略定位、职能范围和具体工作目标等方面的决策。

2. 人员增补的决策

包括各类人员数量、时机、方式以及人员素质要求等。

3. 转岗决策

包括转岗规模、类别、时机、政策和去向等。

4. 新员工培训决策

包括培训目标、培训内容、培训方式、培训对象、培训预算等。

5. 现有员工保留和维持决策

包括劳动保护、工作环境改善、特殊人员的保留等方面的工作目标及采取的措施。

（三）编制

从人力资源规划的编制过程来看，不同规模的组织在人力资源规划编制中存在一定的差异，但基本的步骤是相同的。

1. 组建制定人力资源规划的专门小组

人力资源规划是企业组织的重要组成部分。它不仅仅是人力资源管理部门的事情，而且涉及企业其他部门，从而形成一个规划系统。因此，制定规划时需要成立专门工作小组，并由总裁（或分管人事的副总裁）直接领导，便于协调各部门协同工作。

2. 综合分析各部门资料

规划的编制可采取自下而上的方式。先由各部门根据自身的实际情况分别制定相关的部门规划，并以报告的形式递送给工作小组。然后，工作小组对所有的报告进行汇总平衡，经过反复讨论，确定最终的意见。

3. 起草规划文件

根据已确定的综合意见合理分配资源，抓住规划的中心问题，制定总体规划和分步、分类子规划。规划文件具体确定规划的时间跨度、阶段、步骤、方法、措施、具体要求和评估方法等。同时，用简明扼要的文字或图表表示出来。

4. 批准

经过充分的讨论和集中修改，经组织的最高层审核批准后存档，并下达到相关部门开始实施。

二、人力资源规划的预算管理

人力资源规划预算表明在未来的规划期内，各种招聘、补员、人员调动等活动所需花费的资金。应该说，预算是控制规划执行的一种强有力手段，通过对规划期末实际费用的审查，可以真实反映人力资源规划预算的完成情况。人力资源规划的预算管理要注意四个环节的工作：

1. 预测规划期内各项活动的费用

比如：（1）要招募、培训、调配多少人员？规划期内需支付的养老保险数额是多大？（2）要召开多少次劳资恳谈会，举行多少次集体谈判？费用是多少？（3）出现工伤、医疗事故的人数有多少？治疗费用多少？（4）需要什么样的场地、设备和其他资源来完成各项工作？相关的办公费、广告费、差旅费等费用是多少？这些项目的费用涉及方方面面，要在可能的经费来源限额内进行取舍。

2. 平衡和汇总人力资源总预算

通常的做法是：要求基层按实际情况呈交预算报告，经过上级复审，再报最高管理部门进行综合审查，复核其与总体规划的一致性，经过反复讨论、修改，最终把各部门的预算确定下来。

3. 将预算缺口、不平衡和重复现象降到最低限度

我们以表 4—5 和表 4—6 为例加以说明。通过对表 4—5 的审核，可以把各项费用都包含在内而不遗漏。该预算是按组织部门划分的，可以通过对不同预算中各项费用的比较，揭示工作是否重复。表 4—6 体现的则是某些部门的某项培训和安全工作预算，可作为人力资源部门的培训和安全预算项目的补充。

表 4—5　　　　　　　　典型的制造企业的人力资源规划预算表　　　　　　　单位：美元

管理费用		雇用科		培训科		其他科	
管理人员工资	60 000	经理工资	19 000	经理工资	17 000	保健科	65 400
办事员工资	12 000	接见员工资	30 000	培训员工资	28 000	安全科	43 600
办公用品	2 000	技术人员工资	20 000	技术人员工资	19 000	员工关系科	123 600
差旅费	8 000	办事员工资	24 000	办事员工资	12 000	福利与服务科	14 600
电话费	1 600	广告费	6 000	培训用品	9 000	审计和研究科	39 000
		办公用品	8 000	差旅费	4 200	其他	132 000
		差旅费	12 000	电话费	1 200		
		电话费	5 000				
合计	83 600	合计	124 000	合计	90 400	合计	418 200
总计				716 200			

资料来源：根据迈克尔·朱修斯：《人事管理学》，75 页，北京，劳动人事出版社，1987 整理。

表 4—6　　　　　　　典型的制造企业部门人工成本预算　　　　　　　单位：美元

其他部门		钻床操作工		钳工和司机	
部门	数额	类别	数额	类别	数额
管理人员工资	34 000	一级操作工	98 600	一级钳工	42 000
办事员工资	32 000	二级操作工	63 000	二级钳工	9 800
培训费用	8 400	三级操作工	24 500	卡车司机	12 000
安全工程师	16 800				
合计	91 200	合计	186 100	合计	63 800
总计	341 100				

资料来源：同表 4—5。

4. 做好预算控制

在规划期末，将规划期内的实际费用与预算额进行比较，可得到预算执行偏差额。要分析偏差额产生的原因，如出现异常，则要追究相关的责任者。因此，通过预算分析可以判断奖罚的对象，总结上期的执行情况，并作为下个规划期的预算基础。另外，还应该将有关数据与同行业或相关企业进行比较，找出差距，以进一步改进本组织的人力资源管理工作。

□ 关键术语

人力资源规划　　供求预测　　预算管理

□ 复习与思考

1. 论述人力资源规划在招聘中的重要性。

2. 人力资源规划与计划有何显著不同？

3. 在人力资源规划中如何将规划与储备人才相结合？

4. 人力资源规划在何种情况下应该快速变更？

第 **5** 章

人力资源的获取方式及选择

本 章 重 点

1. 获取优质人力资源的重要渠道：内部获取、外部获取、校园招聘、网络招聘、微招聘、跨文化招聘
2. 内部获取与外部获取优缺点的对比分析

第1节　内部获取

一、内部获取的方式

内部获取是指通过企业内部获取企业所需的各种人才。企业本身是一个人才的"蓄水池"，由于每个人进入企业的渠道、工作岗位、工作时间长度、担任的职务和承担的责任等客观因素不同，以及个人的努力程度、过去的专业和知识的积累、工作的悟性、好学精神等主观因素不同，企业中的人才状况是动态的。有些人在企业中快速成长、业绩突出、才华出众；有些人在企业中显得懒散，没有朝气，缺乏向上的动力，工作业绩较一般。因此，当企业需要一些管理人才或专业人才时，自然会考虑从企业内部去寻找、去获取，让更多的人才被发现，从而被提拔到合适的岗位上来。

内部获取通常有四种方式：借助企业内部的人力资源信息管理系统、依靠主管或相关人士推荐、借助职业生涯开发与管理系统、竞聘上岗等。

1. 借助企业内部的人力资源信息管理系统

一个完整的企业内部的人力资源信息管理系统必须对企业内部员工的以下三类

信息进行完整的收集和整理：个人基本资料，包括年龄、性别、专业、学历、主要经历等；个人特征资料，包括特长、性格、受过的奖惩、在其他企业担任过的职务、业余爱好和兴趣、职业期望值等；在本企业的表现，包括在本企业从事的工作和担任的职务、工作业绩、工作责任心、工作的努力程度、组织对其工作的认可度、团队意识和团队对他的接纳度、对企业文化的接受程度、突出的才华和能力等。

当企业的工作岗位出现空缺时，可以根据该岗位对专业、能力、工作经验等多方面的要求，在企业内部人力资源信息管理系统内进行搜寻。根据搜寻得到的信息，依据能岗匹配原理提出若干候选人，再由人力资源部与这些候选人面谈，结合候选人本人的意愿和期望选择适岗的人选。这种方法的优点是能够较快地找到合适的人，成本低且对内部员工有激励作用。缺点是某些更具主观性的信息（如道德品质、性格特征等）较难准确地发现。此外，如果企业的信息建设比较滞后，信息很不完备，内部网络系统也可能会出现某些偏差。

2. 依靠主管或相关人士推荐

当一个工作岗位出现空缺时，主管或相关人士一般会对适合这个岗位的人选心中有数。此时，主管或与该工作有关的相关人士通常会向人力资源部门推荐人选。国外的经验表明，这种方法的成功率很高。这种方法充分利用了主管对空缺岗位和对他所管辖人员的充分认识，利用了主管长期工作的经验、知识、对工作的责任心和观察能力。这种推荐不仅是有的放矢的，而且在能岗匹配方面的考虑是相当理性和准确的。该方法的优点是：给予责任人相关的选择权力，该权力不仅可以增强主管的责任心，而且有利于主管与新上岗的员工（即由主管推荐的人）更融洽地配合工作。缺点是：如果主管的责任心不够强，权力的赋予恰好给予他建立帮派和拉拢人心的机会，如果处置不当，会对工作产生消极的影响。

3. 借助职业生涯开发与管理系统

企业根据员工的具体情况，特别为具有高潜能的员工建立职业生涯开发与管理系统，在职业生涯通道上优先提供培训、AB角锻炼、轮岗训练等，根据特定目标进行全面的培养。借助职业生涯开发与管理系统，一旦企业内部出现职位空缺，这些培养的对象就理所当然地"浮出水面"，补充相应岗位。该方法的优点是：有利于与职业管理相配套，同时与企业的人才储备战略紧密相连；有利于留住企业的高素质人才、高绩效人才和有潜力的人才，提高这些企业未来的有用之才的忠诚度和满意度。缺点是：职业生涯开发与管理系统对人才的辨识和通道的设计存在一定的不可控性，一旦选择错误，就会失去一些有用之才，而留下的可能是二流人才。

4. 竞聘上岗

竞聘上岗在国外也称工作张榜，即将空缺的工作岗位信息（包括岗位职责、资格要求等信息）详细通告企业全体员工，同时建立报名程序、评审程序和方法，用较客观、公正的方法选聘最合适的人。

目前国内对于前三种方法的使用仍存在较大的难度。比如，人力资源信息管理系统在许多企业仅限于搜集个人基本信息，其他的重要信息则由于工作量大和软硬件条件不成熟等原因均较难搜集；职业生涯开发与管理系统的建立尚处于起步阶段；

主管推荐的方法常常带来新的不平衡和不公平。因此，国内更多采用的是竞聘上岗的方法。本书将竞聘上岗作为内部获取的主要渠道进行详细介绍。

二、竞聘上岗的原理和操作规程

竞聘上岗是内部获取人才的一种最重要的方式，因为竞聘上岗可以摒弃很多主观意识，包括对某一事件、某一个人的印象；人的偏好和取舍；角色、地位的制约；个体思维的局限。竞聘上岗也可以克服很多人类自身的弱点，包括"枪打出头鸟"的嫉贤妒能心理、"美服患人指，高明逼神恶"的洁身自好观念、"不求有功，但求无过"的无为思想。这些弱点使不少优秀的人才难以脱颖而出。竞聘上岗的理念鼓励所有有才华、有抱负的人才在组织需要的时候勇敢地站出来参加竞争，让组织挑选合适的人到合适的岗位上，也给自己提供升迁和发展的机会。

（一）竞聘上岗的原理

竞聘上岗的原理是：当组织内出现职位空缺时，该组织内每一位具备这一职位基本任职条件的人都可以公开公平地进行竞争。企业通过科学的、规范的、合理的考核选聘，从这些符合基本要求的人中选出最适合该岗位的人。竞聘上岗使组织中的优秀人才得以脱颖而出，做到职得其人，人得其位，才尽其用，使组织的人力资源的开发和使用达到最佳状态。

竞聘上岗能否获得成功取决于两个方面：一是组织内的员工是否充分相信竞聘的公正性；二是竞聘的操作过程能否真正做到公平、公正、规范、客观和科学。信任组织的员工是企业内的人才"供给池"，只有信任组织，合格的人才才会站出来参与竞聘，也才会有"供给池"。公平、公正、规范、客观和科学是员工参与竞聘的基础，同时也是一个组织健康向上的标志。

（二）竞聘上岗的操作规程

竞聘上岗应符合一定的操作规程，否则，不仅会影响改革的权威性，而且会直接影响改革的效果。在竞聘上岗的操作中应该注意以下方面：

（1）竞聘上岗的岗位必须事先公布，使所有员工周知。

（2）为保证竞聘上岗的公正、公开、公平，必须成立竞聘上岗领导小组，小组内应至少有一人是企业外部的专家，负责对竞聘工作提供较专业、较科学的指导，同时监督其公正性。

（3）所有竞聘岗位都不能有内定对象，领导不能参与推荐、予以暗示或进行个别谈话。

（4）每个竞聘岗位都要有科学完整的岗位说明书，并让企业员工周知。设计的应聘条件必须具有普遍性，不能只针对某些个体或小群体，应结合企业实际情况，确定合适的基本条件。

（5）要注意"申请池"的大小。一个岗位不能只有一两个人申请，一般不应低于1∶6的比例。申请池太大也不好，应聘者的希望过于渺茫，竞聘费用也较高。申请池的大小通常与竞聘条件的选择有关。一旦出现申请池太小的情况，可考虑放宽竞聘条件，或先予放弃，待条件成熟时再进行该岗位的竞聘。

（6）竞聘可按以下步骤进行，部分企业可根据具体情况选择其中的若干步骤。

1）发布竞聘公告，内容包括竞聘岗位、职务、职务说明书、竞聘条件以及报名时间、地点、方式等。

2）对"申请池"进行初步筛选，剔除明显不符合要求的申请者，使申请池变小。

3）安排相关的文化考试或技能考试，安排必要的与竞聘岗位有关的其他测试。

4）安排情景模拟考试。

5）由考官小组进行综合全面的诊断性面试，面试的指标体系和权重体系的设计至关重要，且一定要有针对性，不同的企业应采用不同的指标体系和权重体系。

6）辅以一定的组织考核，对应聘者以往的工作业绩、实际的工作能力、群众对他的认可度等进行考核，按1∶3的比例推荐给企业领导。

7）按德、才、能、识、体进行全面衡量，作出决策。

8）公布决定，宣布任命。

三、内部获取的优点

1. 激发员工的积极性

随着社会的进步和经济的发展，人们已逐步从狂热追求货币报酬转向注重一些非货币报酬。在非货币报酬中，有工作本身的报酬（包括工作的挑战性、先进性、趣味性等）和工作环境的报酬（包括企业的知名度和社会美誉度、企业的发展前景、个人的发展空间、有能力而公平的领导、舒适的工作环境、融洽的人际关系等）。其中，人们最关心的是个人发展空间、工作的挑战性，以及工作与能力的匹配程度（个人对工作的胜任力，个人对工作的兴趣和爱好，工作的能力需求、专业需求、个性特征需求与个人素质的吻合程度），希望个人能胜任工作又有一定的余力。内部获取的方式本身就有极大的调动员工积极性的功能。一旦企业采用内部获取方式，员工就会觉得企业为自己提供了发展空间，存在晋升的希望，想推销自己以引起组织的关注和认可。

2. 迅速熟悉工作和进入角色

"上岗"和"入岗"始终是招聘工作中不可忽视的两个方面，既要保证有合适的人实实在在地上岗，又要保证他能迅速地进入角色，即入岗。由于内部获取的人员熟悉企业、企业的工作环境和工作流程，以及企业的领导和同事，了解并认可企业的文化、企业的核心价值观和其他的软硬件环境，因此，能迅速地上岗，并能迅速地入岗，减少了由于个人与岗位之间的磨合而必须交纳的各种"学费"，包括时间、进度、可能的失误和其他的费用等。

3. 保持企业内部的稳定

在新员工与老员工、新员工与企业之间，最容易出现因企业文化和企业核心价值观不同导致的碰撞，当然一些非主流方面的内容也会导致蹿撞的发生。无论是什么内容导致的碰撞，其结果都有正反两方面的作用：一是促进企业的思考和发展；二是扰乱企业的日常秩序和日常运作，可能出现不稳定。采用内部获取方式使企业在将优质人力资源补充到重要岗位和合适岗位时，不会出现任何不稳定因素，保持了企业内部的稳定。

4. 尽量规避识人用人的失误

日本在企业内部采用谨慎而缓慢的提升制度是有一定道理的，其主要作用是尽量规避用人失误的风险，将识人用人失误的代价降至最低。由于对员工有较长时间的了解，因此采用内部获取方式可以有效地规避识人用人的失误。

5. 人员获取的费用最少

一次大规模公开招聘的费用通常会很高。其中的各个环节（包括招聘前的准备，招聘中的运作、评价、测试、体检和背景资料的收集，招聘后人员到位的一系列安排）均需消耗企业大量的人力、物力、财力和时间，有时甚至会影响企业的正常运作。采用内部获取方式可以节省各个环节的财力开支，使人才获取的费用降到最低。

四、内部获取的缺点

1. 容易形成企业内部人员的小团体

采用内部获取方式容易导致企业内部人员形成帮派和小团体。既可能有"关系"的重负，如同乡、同学、师兄弟、同班组等；也可能有利益群体的形成。当内部晋升渠道畅通时，非正式组织想推举自己小圈子的人员就成为一种必然。

2. 可能导致企业高层领导不团结

用人的分歧历来是企业高层领导可能出现的分歧中最容易引起冲突的，因为这关系到权力的分配和个人的威信。因此，当出现用人分歧时，企业高层领导原本存在的不团结因素更加明显，这将成为内部人员获取过程中的最大障碍。

3. 缺少思想碰撞的火花，影响企业的活力和竞争力

采用内部获取方式时，得到晋升的人与企业群体原本是和谐的，观念、文化、价值观彼此认同。因此，那种"新官上任三把火"的状况不会出现，企业不会因为这种人事变更产生思想碰撞，也不会由于这种碰撞导致的不平衡而引发深层思考和继续碰撞。因此，企业在这一过程中明显缺乏活力，而缺少不同意见、缺乏变革和创新的企业自然就会缺乏竞争力。

4. 当企业高速发展时，容易以次充优

不少企业为了规避识人与用人的失误，几乎所有的管理者均由内部选拔。由于身边的人是总经理最了解和最信任的人，因此每次内部晋升，总裁办或秘书处的人都成为晋升的主要对象，以至于不少企业的员工说，总经理身边的人个个都能"鸡犬升天"。当企业高速发展时，这种内部晋升的方法不仅不能满足工作的需要，而且

"以次充优"的现象将会十分普遍，从而大幅削弱企业的竞争力和发展潜力。

5. 营私舞弊的现象难以避免

由于彼此熟悉和了解，当一个新的机会来临时，不可避免地会出现托人情、找关系的现象，结果导致徇私情、走后门、官官相护或出现利益联盟，有可能损害企业内部的肌体。

6. 会出现涟漪效应

企业内部的每一次提升，都会带来一连串的提升和调动。例如，当出现一个副总经理的职位空缺时，某一部门的经理可能得以晋升。该部门的经理职位空缺可以由某一业务主管填补。如此"一石引起千层浪"的人事更替，在人力资源管理内部称为"涟漪效应"。涟漪效应对企业的最大影响就是"层层推出"，几乎人人都可能获得机会，也几乎人人都可能在竞争中失败。这可能导致一段时间内许多人不安心工作。当涟漪效应停止后，又可能有许多人因情绪变化或心态不平衡而影响工作。同时，企业领导可能不得不接受本不应该调配的岗位和个人，从而给企业管理带来影响。

7. "近亲繁殖"影响企业的后续发展

师带徒始终是企业"人才流"形成的主要形式，内部晋升容易出现"近亲繁殖"。正如人类近亲繁殖容易产生痴呆儿和智力发育不够好的弱智儿一样，企业经营理念和方法的近亲繁殖也都可能给企业后续发展带来不良的影响。凡是师傅不懂的，徒弟也可能不懂；当徒弟想要超过师傅有所创新时，可能会因遭到师傅的反对而无法进行。因此，当企业的人才需求总是从内部得到满足时，"弱智"的企业就可能产生。

对于国有企业而言，内部获取的方式将日益得到重视和普及。因此，必须继续深入研究企业面临的新环境和新挑战，研究新形势下的竞聘上岗的方法和竞聘之后的选择与决策。

第 2 节　外部获取

一、外部获取的方式

外部获取始终是补充企业所需人才（特别是高科技人才、稀缺人才、中高层管理人才）的主要渠道，也是中国改革开放以来，对原有企业人事改革最具创意和最具挑战性的部分。随着企业的健康、快速发展，企业急需的各类人才已经难以从内部去获取，能否从外部获取更多的一流人才几乎成为企业竞争成败的关键。外部获取的方式主要有五种：一是企业面向社会公开招聘；二是利用就业代理机构和猎头公司；三是企业员工举荐或自我推荐；四是网络招聘；五是校园招聘。由于校园招聘具有特殊性，我们将在第 3 节专门阐述。第 4 节将对网络招聘进行详细介绍。另外，对近几年开始流行的微招聘和全球化时代越来越重要的跨文化招聘，我们将在

第 5 节和第 6 节分别进行介绍。

1. 企业面向社会公开招聘

企业通过在各种媒体发布招聘广告，吸引符合条件的人来应聘。为了获取合适的人才，同时确保招聘公正公平，企业必须以自己的力量为主体，同时聘请一些专家，组成招聘小组和考官小组，对应聘者进行一系列科学、公正、系统的测试，从中获取企业所需的人才。

有效的招聘广告应注意以下几个方面：一是广告设计应能吸引潜在应聘者的注意力；二是不要提供无法兑现的承诺，即提供真实的现实工作预览；三是详细陈述工作要求和所需资格（如受教育水平、工作经验及个人特征等）；四是描述为组织工作的好处；五是合理安排广告投入，即广告投放规模应与职位的重要性及应聘者的数量相匹配；六是确保广告通俗易懂；七是为潜在的应聘者提供必要的联系方法。通过发布广告招聘的优点：一是信息传播面广；二是有利于提供平等的竞争机会。缺点：一是招聘广告时常低效，这是由于广告并不一定被传达给最合适的应聘者，此外，一些应聘者更相信其他的招聘方法，如推荐或见面会等；二是若有太多的应聘者对招聘广告作出反应，将使招聘工作量及成本大大增加。

企业在组织力量进行公开招聘时，要注意相对集中地投入人力、物力，逐步建立人才信息库，将公开招聘本身视为企业形象的展示机会，以及吸引人才、获取人才、保留人才的有效手段。除了注意招聘广告的有效性外，还要注意招聘流程、测试方法、考官的选择、主考官的邀请以及招聘的科学化与规范化。

2. 借助就业代理机构和猎头公司完成招聘

雇主可以通过与适当的代理机构接触并告知招聘岗位所需的资格条件来开始招聘过程。代理机构承担了寻找和筛选应聘者的任务，负责向雇主推荐优秀的应聘者以备进一步甄选。就业代理机构主要有公共就业代理机构、私人就业代理机构及猎头公司等三种。

（1）公共就业代理机构。在我国，公共就业代理机构主要是指各级政府主办的人才市场、劳务市场、就业安置办等，其中，人才市场主要提供中层管理人员及专业技术人员，劳务市场则主要提供文员和蓝领员工。优点：一是成本低、效率高；二是比较公平；三是组织不仅可利用人才市场现场招聘合适的求职者，而且可通过人才市场的信息库寻找潜在的应聘者。缺点：服务效率低，互动性较差。

（2）私人就业代理机构。私人就业代理机构主要是指各类职业介绍所，其与公共就业代理机构的主要不同点在于：一是私人就业代理机构往往有更丰富的信息资源，且在私人就业代理机构登记的求职者往往更乐于接受工作；二是私人就业代理机构服务效率高、互动性强、服务态度好。由于私人就业代理机构减轻了组织寻找、联系、预先筛选求职者的负担，因此当企业期望有很多应聘者或很难找到合格的应聘者时，私人就业代理机构往往特别有用。

（3）猎头公司。猎头公司在我国出现的时间还不长，水平良莠不齐。猎头公司专门招聘中、高级经理人员，且主要是通过挖掘在其他单位供职的优秀人才来搜寻人才。猎头公司寻找候选人的过程一般为：1）与委托机构一起制定一套候选人资格说明书；2）猎头公司制定开展人才搜寻的战略；3）猎头公司通过个人简历数据库、工作接触、以往的搜寻档案、个人电话、企业内部通讯录、同事推荐及自我引荐等方式发现候选人；4）通过面试、资料核查及标准化测试来评价每位潜在候选人的背景与资格；5）向委托机构提出 1～5 名候选人供进一步审查。为了借助猎头公司有效地获取所需的人才，组织应当做到：1）挑选正确的猎头公司；2）切合实际地向猎头公司表明所需人才的条件与资格；3）若需要改变招聘要求，则需及时更改搜寻条件；4）及时与猎头公司沟通；5）在猎头公司推荐了合适的候选人以后，尽快作出录用决策；6）不要进行无止境的搜寻，满意就好，即坚持满意原则。

3. 依靠企业员工举荐或自我推荐

（1）员工举荐。即人力资源专业人员或一线经理要求员工推荐合格的朋友及亲属，并且通常对推荐了合格的候选人的员工提供一些奖励。优点：一是员工推荐的候选人一般比通过其他方式招聘到的人员表现得更好，且流动率低；二是员工由于对组织、职位以及候选人的能力都比较了解，因此易推荐合适的候选人；三是员工由于顾及自身的名声及信誉，也会努力推荐高素质的候选人。缺点：一是可能破坏公平；二是易形成歧视及单一文化；三是易出现"举人唯亲"现象及小团体。

（2）毛遂自荐。即组织收到那些对公司工作感兴趣的人主动提出的申请或简历。这种方式通常在报酬政策、工作条件、上下级关系、发展机会及参加社会活动等方面享有较好声誉的组织中盛行。许多组织将这些主动提供的信息存入人力资源信息系统，并在出现岗位空缺时通过该系统获取自荐人的信息。优点：一是成本效益较高；二是自荐人对组织比较了解，因此更容易作出正确选择，并受到激励。缺点：一是自荐人提供的信息可能在组织出现空缺岗位时已过时，如知识更新较快的 IT 产业就经常遇到这种情况；二是自荐人有时为了寻找更多的机会而向不同的组织提出申请，导致招聘成功率下降；三是由于自荐人不一定马上被录取，因此当空缺岗位出现时，他很可能已被其他组织录用。

4. 网络招聘及其他流行方式

网络招聘是当前企业对外招聘时乐意采用的一种很流行的方法。企业将需要招聘的岗位以及各种与招聘相关的信息放在各类网站上，通过网络对应聘者进行筛选、交流。网络招聘可以节省很多时间和人力成本，但由于较难获得真实的信息，因此网络招聘与借助猎头公司一样，经人力资源部门筛选简历后，最终必须通知那些初步入选者到公司参加诊断性面试。

另外，企业还可以通过微招聘等方式找到合适的人员。

二、外部获取的流程

1. 工作准备

外部获取的主要途径是外部招聘，其准备工作包括：

（1）人力资源规划。在第 4 章中我们已经详细地介绍了人力资源规划。人力资源规划要求对劳动力市场环境有充分的认识，对内部的需求和内部的人员分布状况、知识结构、年龄结构、性别结构有相当全面的分析。在此基础上，提出空缺的岗位和所需的人数，同时计划人员到位的时间，对企业人力资源的储备作出必要的决策。

（2）岗位分析。岗位分析包括两个方面：一是工作是什么；二是谁适合这个工作。前者是对工作本身的描述，包括工作内容、工作职责、工作关系、工作本身在企业中的重要程度、工作赋予工作者的权利、荣誉等。后者是对"门槛"的界定，即什么样的人可以参与竞争，其中包括学历、经历、能力、知识、智商、情商等个人的"硬件"和"软件"。岗位分析是外部获取人才时的重要准备。

（3）组建招聘领导小组和招聘工作小组。领导小组成员应包括企业的主要领导、人力资源部领导和人才需求部门的领导，工作小组则应由有招聘经验的人员组成，在招聘的全过程中还应有人力资源专家参与指导。

（4）确定广告的形式和广告投放的覆盖面。一般来说，招聘越高层次的领导，所需的人才越少，要求广告的质量越高，覆盖面越大；招聘层次较低的人员，所需的人员多，要求广告的质量较一般，覆盖面小。

（5）制定招聘所需的各类表格，确定招聘的时间、地点、方式。

2. 招聘流程

（1）初步筛选。根据资料剔除明显不合格者。

（2）初步面试。时间约 10 分钟，由部门主管约谈，根据经验剔除明显不合格者。

（3）能力测试。包括书面测试、情景模拟、操作测试、电脑仿真测试、角色扮演等。根据测试结果剔除能力明显不合格者。

（4）诊断性面试。根据面试结果剔除综合素质明显不合格者。

（5）背景资料的收集。收集的信息包括家庭成员、婚姻状况、学历、工作经历及业绩、信誉度、美誉度。根据背景资料剔除填报资料不实者。

（6）体检。剔除身体状况不符合岗位要求者。

（7）决定。按 1∶3 的比例推荐，由董事会（或总经理）决定。

（8）引导上岗、试用。

（9）收集意见、反馈。

（10）决定正式录用。

三、招聘广告策划的案例分析

外部招聘一定要以广告为先导，发布招聘广告是招聘前的重要准备工作。通过广告宣传企业形象，描述自己的人才需求，有利于在较短的时间内吸引更多合适的应聘者，便于组织挑选与录用。下面我们给出一些广告策划的案例并加以分析。

案例 5—1 〰〰〰〰〰〰〰〰〰〰〰〰〰〰〰〰〰〰〰〰〰〰〰〰〰〰〰〰〰〰〰〰〰

摩迪国际集团招聘广告

摩迪（中国）是摩迪国际集团（Moody International Group）在中国大陆设立的

独资/控股公司，总部设在上海浦东，下设摩迪英联认证有限公司及摩迪（上海）咨询有限公司，分别从事摩迪国际集团的管理体系认证和工程管理咨询业务。

摩迪国际集团成立于 1911 年，总部设在英国伦敦，在世界 50 多个国家设立了60 多个分支机构。它是专业从事检验、催交、代理采购、质量管理、质量认证、质量保证服务的国际机构。

摩迪国际集团 1992 年进入中国，在北京设立摩迪（中国），2001 年迁至上海浦东，经过 10 多年的开拓、发展，已在北京、上海、深圳、广州、大连、青岛、福建、厦门、重庆、成都、武汉、郑州、西安等城市设立了分支机构，拥有 260 名专业人员、200 名各行业技术专家，为中国石油、化工、机械、电子、采购、电力、家电、房产、物业等行业的近 3 000 家客户提供 ISO 9000/ISO 14000/TS 16949/QS 9000 体系认证及 Haccp 食品安全管理体系认证服务。根据业务发展需要，拟招聘下列岗位的员工：

职位描述/要求：

Position：Billing Clerk

Location ：Office

Reports to：Lead Billing Clerk/Operations Manager

Salary：￥3 000～4 500 per month

RESPONSIBILITY：

Responsible for all matters related to the following aspects of the administration and finance department：

- Credit administration（incoming invoices）
- Debt administration（outgoing invoices）
- Financial bookkeeping administration
- Inter-company registration

GENERAL WORK DESCRIPTION：

- Maintain the daily debtors administration of the company，i. e.，collect the time sheet，exp sheet together with receipts copy from the inspector.
- Issue invoices to client directly according to the agreement/proposal，etc timely.
- Make sure the client's contact person and address are correct and send the invoices out without any delay.
- Confirm the invoices safely received by the client.
- Chase payment and update aged debtor sheet.
- Maintain relevant databases（invoice/assignment list，etc）.
- Help the coordinator do the contract review and budget control.
- Maintain the correct information to finance dept.

REQUIRED SKILLS AND EXPERIENCE：

In-depth knowledge of the following：

● Computerized administrative systems.

● English.

COMPETENCIES：

Female (married & baby-mom) preferred.

Work in a team and be able to communicate well with other disciplines and create a good working relationship with other colleagues and the operational staff.

Must be able to work under all kinds of work circumstances，endure strain.

Demonstrate a superior sense of responsibility.

Good knowledge of English in reading & writing.

Be able to produce accurate work.

联系方式：

Please indicate the applied position in English on the subject of E-mail. Detailed information please visit Moody Website：http：//www. moody. com. cn，the CV sent by E-mail would be appreciated：HR Department

Moody International Group

Moody (Shanghai) Consulting Ltd.

NO. 5 Lane 912，Bibo Road，Zhangjiang Hi-Tec Park，Pudong，Shanghai 201203，P. R. China

E-mail：hr@moody. com. cn

摩迪国际集团

摩迪（上海）咨询有限公司

上海市张江高科技园区碧波路 912 弄 5 号楼

邮编：201203

电子邮箱：hr@moody. com. cn

分析：

(1) 本广告的优点之一是开头对公司的简介用中文书写，而后面的职位描述和要求用英文书写，联系方式又用中英文书写。这两种文字结合组成的广告十分巧妙。应聘者快速地阅读完中文简介后，如果对招聘单位感兴趣，就会去阅读下面的英文内容；如果不感兴趣，就可以省去阅读英文内容的时间；如果应聘者的英语水平不高，不具备应有的阅读能力，他也会知难而退，另觅适合自己的岗位。

(2) 本广告的优点之二是中文简介既清晰又很有吸引力。广告以公司的实力说话，如 "公司成立于 1911 年"，一个 "百年老店" 的形象自然而然就从字里行间跃出；又如 "在世界 50 多个国家设立了 60 多个分支机构"，使人们产生 "这是一个规模宏大的跨国集团公司" 的印象。这些广告语对于那些喜欢进大公司锻炼自己的求职者很有吸引力。

(3) 本广告的优点之三是针对性强。摩迪（中国）在中国十多个富有吸引力的大城市均设有分支机构，其中，北京、上海、深圳、大连、青岛、厦门等城市都是人们向往的工作地点。广告针对中国人才的需求，很有吸引力。

（4）本广告的优点之四是描述的业务范围广，便于吸引中国国内的各种人才。如：石油、化工与房产、物业似乎是不相关的行业，但在这个公司里，与上述行业相关的不同专业的人员都可以找到自己对口的岗位。

（5）本广告的缺点之一是职位描述与要求全部用英文，因为某些名词的中英文可能会有不同的语义，所以岗位名称也有可能出现歧义。如能对岗位名称给出中英文对照，对岗位描述和职务要求只给出英文就会更好一些。

（6）本广告的缺点之二是未提供任何电话号码，对于一些网络不够发达的地区和需要了解更多问题从而希望能与人力资源部相关人员交流的应聘者来说，存在诸多不便。如能提供一个联系电话会更好。

（7）本广告的缺点之三是中英文混合，给人不规范的感觉。比较好的方式是在不同的媒体同时发布中英文版本的广告。

案例 5—2

北京美英华达投资顾问有限公司招聘广告

Position：Beijing (assigned to other city)

Your Responsibilities：

This position is for a US company located in Beijing.

- Drive the business planning process，work together with management to develop forecast ；deploy the target to organization and monitor the actual results，provide the analysis to management.

- Drive the internal control improvement following up the audit findings and action plans.

- Take care of the fiscal，treasury issues and provide suggestion to business mode to fit the business needs and comply the requirement of the local regulations.

- Timely and accurate financial report to CFO.

- Advise management regarding target setting，investments.

Corrective actions and other financials Drive cost management to ensure that the plant achieves its commitments towards businesses.

Your Profile：

Job requirement：

- Bachelor or Master's degree in Finance or Accountancy.

- Professional certification，CPA will have added advantage.

- At least 5 years working experience in accounting area and 3 years relevant experience as a financial analyst. At least 2 years experience in financial controller or related position.

- Experience in implementing business and corporate controls meeting.

- Experience in manufacturing plant.
- Strong communication skill and analytical skill.
- Have a can-do attitude and hard working character.
- Good oral and written English.

Contact us：C2-1201，Sunshine Plaza，Anli Road，Chaoyang District，Beijing，100101

Tel：64974534

E-mail：ellazhao1978@sina. com. cn

本招聘广告的中文版本是：

本公司是中华水电基金在中国的全资子公司，主要投资中国的清洁和再生能源领域，负责投资项目的具体运作和已完成投资项目（子公司）的运营管理。

拟招聘职位：财会/审计/统计，具体要求如下：

工作地点：北京（外派）。

主要工作职责：

- 参与集团的战略规划及经营目标的制定，编制集团的年度财务计划；
- 负责集团及各下属公司的财务分析审核工作，为集团提供整体财务分析报告；
- 负责融资方案的制定、融资渠道的选择与评审，根据相关财务管理规定，为公司制定相应的经营模式；
- 为领导提供准确及时的工作报告；
- 对目标的制定、投资等进行监督及预算管理。

任职条件：

- 财务、金融及经济管理类相关专业，本科以上学历，有会计从业资格证书；
- 5 年以上工作经验，2 年以上财务总监或相关职位管理经验，3 年以上财务分析经验，有集团管理及操作上市经验者优先；
- 有良好的职业道德及敬业精神，善于协调各种关系；
- 有较强的组织管理及沟通协调能力，作风严谨；
- 有较强的英语口语及写作能力。

联系地址：北京市朝阳区安立路 68 号阳光广场 C2－1201

电话：010-64974534

电子邮箱：ellazhao1978@sina. com. cn

分析：

（1）本广告的优点之一是有中英文两种版本，便于中国人和外籍人员应聘。不同国籍的人在应聘前阅读本广告不会因语言差异而产生任何歧义。

（2）本广告的优点之二是招聘职位明确，工作职责要求和任职条件（特别是某些刚性条件）都十分清晰。如"本科学历"、"有会计从业资格证书"、"5 年以上工作经验"等表述会使不符合条件的应聘者自动退出。

（3）本广告的优点之三是任职条件中的"3 年以上财务分析经验"等要求言简意赅，提炼得较准确和中肯。如"有良好的职业道德及敬业精神，善于协调各种关系"、"有较强的组织管理及沟通协调能力，作风严谨"等要求使应聘者立即了解到一个"职业白领"必须具备的基本能力。

（4）本广告的优点之四是像其他外资公司的招聘广告一样，完全不涉及敏感的歧视问题（如年龄、性别、户籍、国籍、种族等），任职条件只关注能力素质、专业、经历和阅历等个人的人力资本。

（5）本广告的优点之五是联系方式简明。有电话、电子邮箱和公司地址，应聘者无论采用何种方式向公司咨询都十分便捷。

（6）本广告的缺点之一是对公司的介绍略显简单，公司的经营范围过于宽泛，人们从"主要投资中国的清洁和再生能源领域"、"负责投资项目的具体运作和已完成投资项目的运营管理"这两句描述中难以十分清晰地了解该公司的经营范围。

（7）本广告的缺点之二是通篇未出现任何表述公司文化、理念和价值观的文字。应聘者心中可能会产生模糊认识，找不到自己和应聘的公司之间"相知"的感觉。

案例 5—3

戴尔（中国）有限公司大连分公司 2008 年校园招聘广告

从 20 世纪 90 年代开始，戴尔为亚太地区的商界、政界、大型团体及个人提供服务。客户对戴尔公司产品及服务的质量有口皆碑，使戴尔在亚太地区的业务迅速发展。

为了适应日本、韩国及中国市场日益增长的需求，大连戴尔客户联系中心于 2002 年 10 月在大连高新技术园区落成。戴尔大连分公司的业务主要是支持戴尔日本、韩国及中国公司的客户服务运营，为不同领域的客户提供各种专业的、优质的客户服务，不断提升戴尔所追求的卓越的客户体验。目前大连分公司拥有 1 500 多名员工，是戴尔在亚太地区的第四大机构。

戴尔大连分公司是一个多元文化的大家庭，在这里有来自中国大陆、日本、韩国、美国、加拿大、法国、巴西、中国香港、中国台湾等不同国家和地区的精英；在这里你会听到不同的语言并感受到不同的地域文化；在这里你会感受到团队的激情和活力。这里将开启你辉煌事业的大门，成功之路从这里起航！

根据业务发展需要，拟招聘客户管理专员，具体要求如下：

工作职责：

1. 建立和维护中小企业客户档案；

2. 通过电话直销模式，销售戴尔产品和解决方案；

3. 开发新客户，拓展与老客户的业务；

4. 协调公司内部资源，提高中小企业公司客户满意度。

职位要求：

1. 本科以上学历，专业不限；

2. 良好的英语读写能力；

3. 流利的普通话表达能力；

4. 具有良好的严谨负责的工作态度和敬业精神；

5. 良好的团队合作精神和沟通能力；

6. 良好的适应能力及学习能力；

7. 独立完成工作的能力和科学的时间管理方法；

8. 较强的计划组织及协调能力；

9. 具备基本的计算机操作技巧。

优先考虑条件：

1. 工作积极努力，能够在压力下胜任多项任务；

2. 具有较强的应对突发事件的能力；

3. 有社团和学生干部工作经历者优先，有销售实践经历者优先。

联系方式：

请将个人简历通过 E-mail 发至以下地址，并在简历右上角注明应聘职位名称。

电子邮箱：dl campus@dell.com

分析：

(1) 本广告是一则面向校园的招聘广告，其优点之一是对戴尔公司的历史和发展现状的介绍既简单又清晰，加上戴尔已经在大学生心目中树立起品牌形象（因为大学生是使用电脑最普遍的人群），其简略的介绍颇具吸引力。如："大连戴尔客户联系中心于 2002 年 10 月在大连高新技术园区落成"，大学生一定会觉得大连是戴尔在中国的家。

(2) 本广告的优点之二是很中肯又很有吸引力地介绍了戴尔的核心文化。如"戴尔大连分公司是一个多元化的大家庭"、"在这里你会听到不同的语言并感受不同的地域文化"、"在这里你会感受到团队的激情和活力"等，这些正是大学生最向往的企业文化，也是戴尔很有吸引力的核心价值观。

(3) 本广告的优点之三是宣传词的提炼很有针对性。主要针对年轻、有梦想、有朝气的大学毕业生。如"这里将开启你辉煌事业的大门"、"成功之路从这里起航"，为即将跨出校门的本科生、硕士生、博士生开启了一扇大门，让他们憧憬着成功驶向胜利的彼岸。

(4) 本广告的优点之四是对工作职责和职位要求的描述十分具体。如："良好的适应能力及学习能力"等要求不算很高，大学生容易达到；"基本的计算机操作技巧"也是许多人都已经具备的能力。

(5) 本广告的优点之五是提出了四条"优先考虑条件"，这些优先考虑条件能鼓舞学生们积极向上。如"工作积极主动，能够在压力下胜任多项任务"很有弹性，会使学生在面试时充满激情。又如，"具有较强的应对突发事件的能力"给许多平时很注意锻炼自己能力的人以激励。

(6) 本广告的优点之六是给所有专业的学生以平等的权利。不仅没有任何的地区、性别、户籍等歧视，而且没有专业限制。这对于那些自认为"二流学校"和"二流专业"的毕业生有极大的激励作用。

(7) 本广告的缺点是联系方式单一，缺少明确的地址、邮编、电话等联系方式，不方便不同地区和学校的学生直接与公司联系。

从对以上几则广告的分析中我们可以看到：公司非常重视法律的要求，不涉及歧视；校园招聘面对的是年轻人，如果没有特殊要求，应该重视他们的素质、品质、能力而不是专业。此外，要注意用团队文化、核心价值观、更宽广的胸怀去拥抱和接纳新的人才。因此，在招聘广告中必须有公司介绍，特别是核心价值观、文化、团队精神的介绍。

四、外部获取的优点

1. 可以带来新思想、新观念，补充新鲜血液，使企业充满活力

企业引进一个人后，这个人必然会充满激情地进入企业。因为多数应聘者是想有所为、有大为的，所以他们会给企业带来新的观念、新的信息、新的思想方法、新的文化和价值观，甚至新的社会关系。这种引进必然给企业带来思想碰撞，带来创新的思维和创新的文化。新文化与原有文化的各种碰撞会迸发出对企业发展至关重要的思想火花，给企业带来新的活力。

2. 可以促进战略性人力资源目标的实现

战略性人力资源目标是紧扣企业战略目标而设定的，具有战略性、前瞻性、科学性和系统性。因此，选人的标准必须符合战略性要求，对于高层次的人才、高新技术人才、管理人才、稀缺人才等都要有计划、分阶段地引入，引入人才的成本核算、岗位匹配、能力培养、职业规划等均需有计划，并在一个大系统中运行。

3. 可以规避涟漪效应导致的各种不良反应

当企业由于高速发展而需要增设一个领导岗位，或者由于引进新技术和生产线而需要引进、调配人才，或者由于环境的变化而需要调整战略，或者因为员工退休、离职、调动、流动、生病等各种原因产生人才需求时，内部晋升的涟漪效应使企业被迫接受许多不应接受的岗位和人员变动，外部招聘则完全规避了涟漪效应，按图索骥，只要所需的人才到位，其他的人员就能各安其位，做好本职工作，不会造成很多人在更换岗位和竞争失败后产生失落感，使团队比较稳定，人的心态也较为平衡。

4. 可以避免过度使用内部不成熟的人才

以次充优和过度使用内部人才是内部获取的主要弊端，外部获取能够做到能岗匹配，使内部人员获得必要的培训和充足的成长时间，避免过度使用不成熟的人才。

5. 可以大大节省培训费用

"按图索骥"使企业能获得高素质人才，因为他们能够满足企业对学历和经历的要求。这样，企业可节省部分培训费用。外部招聘是"拿来主义"，不仅节省了培训费用，而且节省了培训时间；不仅节省了为学历教育所付的费用，更重要的是节省

了为获取经验所交的"学费"，这种社会学校和商业战场的"学费"往往比学校学历教育的费用更加昂贵。

五、外部获取的缺点

1. 人才获取成本高

招聘高层次人才，所需的人才少，招聘的覆盖区域却很大，有时甚至覆盖全国或者一个大片区；招聘低层次人才，所需的人才多，招聘的覆盖区域可以相对较小，有时甚至在一个县区或一个地区即可，但无论是招聘高层次人才，还是中、低层次人才，均须支付相当高的招聘费用，包括招聘人员的费用、广告费、测试费、专家顾问的费用等。

2. 可能会选错人才

虽然招聘过程中层层把关，并有专家顾问的参与，使选才的准确度大大提高，但仍无法规避选错人的风险。因为任何事物均有其规律性，有些应聘者是应聘场上的"老运动员"，具备应付临场考试的各种能力，却偏偏不具备实践工作中所要求的那些能力，这种人所占比例虽小，但也有可能被某些企业所误用。因此，选错人的风险依然存在，不仅会浪费企业的人力、物力、财力，而且会影响企业的正常运作，甚至可能直接导致企业贻误发展的良机。

3. 给现有员工带来不安全感

每当企业由于某种原因出现好的空缺岗位时，企业内部的员工就会渴望获得它。如果每当这种机会出现时，企业就从外部招聘合适的人员来补充，必然会使内部员工觉得自己"永远漂泊在河流中"，不能泊岸，也没机会泊岸。这会使员工逐渐对现有职业产生不安全感，导致其工作热情下降，最终影响员工队伍的稳定。

4. 文化的融合需要时间

引进的人才会带来新观念、新思想、新信息，同时也带来对现有企业文化的挑战和思考。彼此认同和相互吸引是事业成功的基础，但文化和价值观的融合需要时间，而这会在一定程度上影响工作的进展。新入职的人员不仅需要获得组织的认可、团队的认同，而且需要适应和认同企业的文化和价值观。

5. 对工作的熟悉以及与周边工作关系的密切配合也需要时间

新引进人才的"上岗入位"不是一件容易立刻做到的事情。对本职工作的熟悉，对企业工作流程的熟悉，对与之配合的工作部门的熟悉，与领导、下属、平级同仁的工作配合均需假以时日，对企业外部相关工作部门的熟悉及与之建立良性关系也同样需要时间，这种时间成本的投入也是必须考虑的不利因素。

六、内部获取与外部获取的注意事项

以上分析了内部获取与外部获取各自的优点和缺点，对于一个企业来说，获取人力资源必须注意以下几个方面：

（1）外部获取是企业补充人员的主渠道。

（2）高层管理人才的获取应保持外部获取与内部获取两个渠道的畅通。

（3）高新科技人才应主要考虑从外部获取，应委托专门的猎头公司或从专门的科研机构获取。

（4）中层管理人员可考虑以内部获取为主，在企业高速发展时，应着眼于战略人力资源储备，此时应将内部获取与外部获取相结合。

（5）无论从何种渠道获取，都应争取企业外部专家顾问的帮助。

（6）无论从何种渠道获取，均应注意公平、公开、公正，这既是企业文化的锤炼，也是企业形象的锻造，还是增强企业凝聚力、创造力的关键所在。

（7）人力资源的获取，既是人力资源管理部门的主要工作，也是企业领导的核心工作，企业领导必须予以关心、关注并积极参与。

第3节　校园招聘

一、校园招聘的方式

校园招聘通常是指企业直接从应届毕业生中招聘所需的人才。校园招聘是一种两点式招聘，即在学校与企业两点间进行。

校园招聘的方式通常有三种：第一种是企业到校园招聘，第二种是学生提前到企业实习，第三种是企业和学校联合培养，以补充企业所需的专门人才。

（1）企业直接派出招聘人员到校园去"摆摊设点"，公开招聘。这种招聘已逐步从一年一次改为两次。这不仅是因为不少学校一年有两批博士生毕业，且学制弹性大、毕业的时间难以确定，而且是因为应届毕业生并不能在当年全部找到自己合意的工作。顺应这种人才环境的变化，企业的招聘工作通常在当年11月至次年1月以及4月至7月两个时间段进行。派出的招聘人员一般要对校园生活、校园环境、大学生的心理状态有相当的了解，便于沟通。

（2）由企业有针对性地邀请部分专业的大学生在毕业前（大约提前半年）到企业实习。企业一般根据需要，结合企业的性质、产品、岗位的特点确定专业，每年为一些学校相关专业的学生提供实习机会，企业的部门主管直接进行近距离的考察，了解学生的能力、素质、实际操作能力等。由于这种考察是在实地进行的，收集的信息较全面，因此判断和选择都比较准确。

（3）由企业和学校联合培养人才。这些联合培养的人才从学校毕业后全部到参与培养的企业工作，这种方式通常针对某些特殊专业的专门人才。由于这种培养方式具有可参照性，现在一些经济较落后的地区也常予以采用。如厦门大学和美国太古集团公司联合培养飞机维修专业的学生，学生在校期间所学课程主要由厦门大学确定，由厦门大学老师授课，每年有两个月时间到太古公司实习，毕业后全部进入太古公司工作。又如福建晋江地区经济不够发达，特别是居住环境、交通、通信等条件都未达到都市的要求，但民营企业多，对人才的需求较一般地区大。为此，晋江在厦门大学内专门办了一个"晋江学院"，凡晋江籍毕业的学生愿意回家乡工作和服务的，可以比录取线略低几分进入厦门大学晋江学院。其培养经费由晋江市政府和企业提供，专业的选择由学校、企业、政府三方协商确定，毕业的学生全部返回原籍工作。目前，西部地区也常常参照这种方式进行人才的培养。这些联合培养的学生可以解决部分地区、部分专业、部分企业的需求。

二、校园招聘的流程

虽然校园招聘有三种方式，但本书所称的流程专指企业到校园招聘的流程。

（一）准备工作

校园招聘的准备工作主要包括：

（1）准备好介绍公司概况的小册子。

（2）选择进行校园招聘的学校和专业。根据企业自身的规模、发展阶段、薪酬水平、急需的专业、急需的人才层次、企业社会形象等因素，选择进入的学校是国家一流学校、省级一流学校，还是专科学校。如上海某大型国有企业只选择复旦大学、上海交通大学、同济大学等三所高校进行招聘。深圳某大型企业每年只选择几所名牌大学进行招聘，根据这些大学生进入企业工作后表现的能力和特点，在下一年度筛选学校。有些学校可能继续列入招聘学校，有些学校则可能会不予列入。这种选择既可能是因为对往届学生工作行为模式的满意度不同，也可能是因为专业的需要或防止某些非正式小团体的形成。

（3）成立招聘小组。由于企业选择进入的学校通常不止一所，而是国内多所大学，因此企业可能会采取两种形式组建招聘小组。一种是只组建一个招聘小组，由该小组在国内多所大学流动招聘。这种方法的好处是有较统一的标准，同时能比较不同大学的优缺点，为今后的校园招聘积累更丰富的资料和信息。还有一种方式是组建若干招聘小组，在基本相同的时间里奔赴不同的地区，进入不同的大学招聘。这种方式的优点是可以快速地把各小组的招聘信息综合起来，并对各学校的生源作一个对比，从而作出招聘人数的比例分配。其缺点是由于招聘面试的专家不同，标准不统一，招聘中可能会出现许多误差，比如某个学校的尖子学生比不上另外一所大学的二流学生造成的误差，面试考官不同造成的误差。

（4）确定招聘小组人员的成员。招聘小组应由三类人组成：人力资源部人员、人才需求部门的主管、了解学校情况的人。如果是招聘稀缺人才或更重要的储备人才，应有领导到场。前面已经提到，招聘小组的成员中最好有一个熟悉大学情况和校园生活，了解学生思想动态和心理状况的人，这个人离开校园的时间不能太久，对学校仍有相当准确的了解和相当多的信息渠道。如果要招聘硕士和博士，招聘小组中应有高学历的人，以对人才作出较准确的判断。

（二）面试考题的准备

校园招聘通常只进行面试，不安排其他的测试，因此在进入校园招聘时，应准备好几组面试考题。因为大学生从校园进入企业，通常必须从基层做起，所以面试要达到的目标也比较简单，只测试学生的知识面、应变能力、素质和潜力，对于社会阅历、工作经验、组织和领导能力等可以暂不考察。

1. 第一组面试考题——开放式的简单问题

（1）你目前正在看什么书？说出你案头上放的五本书的书名。

（2）你最喜欢历史上哪个人物？说说理由。

（3）你最喜欢的格言是什么？请分析这个格言给了你怎样的人生启迪。

（4）你认为你的学习成绩在班上处于哪一个层次？（上、中、下）

你认为你的实际学习能力在班上处于哪一个层次？（上、中、下）

你认为你的实际工作能力在班上处于哪一个层次？（上、中、下）

（5）你最喜欢和哪些人交朋友，是年龄比你大的、比你小的还是和你年龄相近的？

（6）在大学学习的课程中，你最喜欢哪一门课？你最有心得的理论是什么？

（7）讲述一件你最满意的事。

（8）讲述一件令你受挫折的事。

（9）你愤怒时用哪些方法排解？你快乐时用哪些方式表达？

（10）琴、棋、书、画，你喜欢哪一样？

（11）你的业余爱好是什么？

（12）你在假期常回家看望父母吗？你最喜欢如何度过大学期间的寒暑假？

2. 第二组面试考题——开放式的深层问题

（1）你是如何设定目标并完成这个目标的？请举例说明。

（2）在某次班级活动中，如果老师请你担任领导的角色，你会如何组织你的团队，并表现出自己最优秀的品质？

（3）你对中国的"重然诺"怎么理解？请举例说明自己是如何兑现承诺的。

（4）你喜欢安静独处还是参加集体活动？请你解读"以处己之心处世，以处世之心处己"的含义。

（5）你在校期间曾经对你的同学提出过对他本人最有价值的建议或者曾帮助他人渡过某个难关吗？请举例说明。

（6）你来参加面试时，曾做过哪些准备？在你看来，你如何才能向我们展示你最优秀的一面？

（7）为完成某项任务，你是如何与上下级有效沟通并获得支持的？请举例说明。

（8）当宿舍的同学发生矛盾时，你会采取什么方式帮助他们化解矛盾？当你和同学发生矛盾时，会用一些什么语言来化解矛盾？请举例说明。

以上面试考题仅供参考，大多数企业已经积累了自己的考题库，可以根据不同专业、不同岗位提出不同的问题。

（三）向学校相关部门的领导、老师了解应聘学生的在校表现

在了解学生的过程中，对于学校较极端的褒贬要给予重视，如"这个人很优秀，是个难得的人才"，"该学生很难管教，十分偏激"。此时，企业作为招聘方应及时与学校沟通，了解极端评语产生的背景和原因。这样做不仅能对这些学生有更充分的了解，而且可避免犯简单的错误，即尽信人言而失去判断，以免因某些可能存在的偏见影响了自己的选择。如果不这样做，既可能失去人才，也可能误用人才。

（四）初步筛选，与初步入选者确定联系方式

可以考虑安排进一步测试，如公文筐处理、头脑风暴法、无领导小组讨论等，也可以安排体检和其他进一步的开放式对话，以便为初步决策做准备。

（五）初步决策

如果招聘小组中包括有权决定录用的领导，也可以与某些特别中意的学生签约，以免他们在急于求职时由于缺乏耐心而与企业失之交臂，进入别的企业。

三、校园招聘的误区[①]

（一）企业招聘观念的误区

1. 企业领导不重视

许多企业仅把招聘会当成收集简历等应聘材料的一个场所，往往一开场作自我介绍，然后等待学生投简历。学生根本无从了解企业，很有可能转向其他企业的招聘会或招聘点。

2. 招聘人员观念错误

不少企业的招聘人员认为，在招聘过程中，应聘方（学生）处于求职求人的劣势，而自己处于考人、挑人、用人的优势，因此，从一开始就缺少平等待人、善意待人、尊重人才的观念。有的以给人"下马威"的心态出题；有的持"非考倒你不可"的居高临下的态度。最终，这些观念上的错误不仅可能导致失去优秀人才，而且可能有损企业形象，必须加以纠正。

3. 派出的招聘人员是原高校的毕业生

由于领导对招聘在认识上有误区，对派出人员的选择缺少谨慎的思考。如果派到上海交通大学招聘的人员两年前毕业于该校，应聘者很可能是他当年在校时的师弟、师妹或者熟悉的人。如果应聘者与代表企业来招聘的原校友关系好，则可能一路绿灯，很快就被录用；如果关系不好，则可能红灯多于绿灯，受到的阻碍比较多。在这种情形下，不仅优秀的人才可能流失，而且可能影响企业的形象。

---

① 摘自左慧玲：《企业校园招聘的误区》，载《中国人力资源开发》，2001（2）。

（二）筛选应聘材料的误区

1. 淘汰太多投简历者

许多企业为了减小后续的工作量，在收到的数百份简历中只筛选出几十名应聘者参加笔试或面谈。企业严格挑选员工固然没有错，然而简历只是企业的初步甄选工具，不可能仅通过它就对应聘者有充分的了解。如果在筛选应聘材料时就剔除许多应聘者，那么，不可避免地会使一些优秀的毕业生丧失应聘的机会。

2. 过分看重专业、分数及学历

很多企业认为，该学生学的是某一专业，在这一领域就一定会做得比非本专业的人出色。这种认识是错误的。要做好一份工作，最重要的是他对工作的兴趣、对基本知识的掌握程度、基本的素质、敬业的精神和人格素养。

有些招聘单位的用人宗旨是宁可录用成绩中下等的本科生，也不录用成绩优秀的本科生或研究生，原因是前者比后者更稳定。有些企业根据学校的排名录用学生，或者根据导师的名气对学生进行排序，这样做虽然不无道理，但大海里有小虾，小河里有大鱼，过分看重学历、分数、门第都会导致招聘失误。

3. 其他方面存在歧视现象

主要存在性别歧视、生源歧视等现象。当国外的反性别歧视法、反年龄歧视法等多项公平就业机会法越来越规范的时候，国内的种种歧视现象却有增无减。例如，据报载，目前女研究生就业难已形成了一个怪圈：本科毕业时就业难，就考研，硕士毕业时就业难，就考博。学历层次越高，女生就业反而越困难。

此外，户籍歧视依然存在，如北京的企业对持有北京户籍的学生优先录用，上海的企业对持有上海户籍的学生优先录用等。

上述所有误区都不利于企业的可持续发展。

（三）笔试的误区

1. 把笔试成绩单独作为甄选依据

目前，很多企业使用的笔试题大同小异，与标准化的心理测试模拟题比较相似。有的学生专门研究过心理测试软件或题目，其笔试分数必然会较高，但很有可能"高分低能"。因此，企业在决定取舍时不应简单地依据笔试成绩，还应结合面谈时应聘者的表现。沃尔玛公司在进行校园招聘时，笔试之后马上进行面谈，然后根据综合成绩来确定最后一轮面谈的人选。

2. 对笔试题的难度把握不当

有的企业试题太容易，所有的考生均获得高分，企业对成绩相近者难以取舍；有的企业则为了拉开应聘者之间的成绩差距，特别设计了一些考察记忆力的难题。考察记忆力的题目是非开放式的，以记忆力的好坏确定成绩高低，无法判断考生真实的分析能力、判断能力和创新能力，结果导致许多优秀的应聘者被淘汰。笔试题应根据职位需要来设计，记忆力在工作中并不是最重要的。笔试应考一些常识性的题目，常识不仅是一个人工作中用到的最基本的知识，而且是一个人最重要的本领。

因此，不要出太难的题目，而应该注重常识题。

（四）面试的误区

面试是企业所有招聘甄选工作中效率最高、使用最频繁，同时也是误区最多的一个环节。

1. 招聘面试者无法胜任

与其他招聘方式相比，校园招聘有其独特之处。首先，招聘者必须在比较短的时间里与大量的毕业生进行面谈，而这些学生在学历、经历、资历方面都差别不大，要从中鉴别出适合企业所需岗位、有利于企业发展的人才是比较困难的。其次，招聘人员在其他招聘工作中积累的经验在校园招聘中并没有太多的用处。在其他招聘中，招聘人员常常能够依据申请者的工作经历作出判断，而参加校园招聘的毕业生往往没有任何工作经验。因此，招聘人员在与毕业生进行面谈时，常常要依靠主观判断。此时许多招聘人员往往无法胜任面试工作。有的招聘人员在五分钟之内就面试一个学生，可想而知其效度有多低；有的招聘人员随心所欲地提问，最终无法分辨出应聘者的优劣；有的招聘人员想考察学生的英语口语能力，自己却说得不太流利，根本没有能力去评判别人。

2. 面谈内容不明确

现在大学生的应聘材料制作得越来越精美，内容越来越详细、完备，因此，许多招聘者在面试时不由自主地依据应聘材料所提供的信息（例如有关应聘者的自我评价、专业及技术知识、实践经验及曾参与的活动描述等）进行提问。实际上，在制作简历等应聘材料时，应聘者就已准备好了相应问题的答案。此时，招聘面试者应根据职位的资格要求多提一些有关行为描述的问题。例如：请举例说明你曾经发起并成功地组织的一项活动。招聘者可问及每个细节，以达到面试的预期效果。此外，招聘者也可虚拟一些场景提出相关问题，来考察学生的分析判断能力，例如前面提到的"你如何成功地成为某次组织活动的领导者"等。

3. 滥用压力式面试

有的企业为了考察大学生的心理承受能力，故意把面试气氛营造得很紧张，采取追问法提问。这种压力式面试确实可以考倒很多学生，但对于校园招聘却没有必要。因为学生初入职场，心理承受能力较弱，其阅历、经历大多是通过他人或者书本获得的。因此，压力式面试往往会得到适得其反的效果。压力式面试适合在招聘企业高层管理者时使用。在招聘毕业生时，最好使用非压力式面试，使学生能正常发挥，展现他们的能力。

4. 不切实际地夸大企业和职位的美誉度

招聘人员在招聘中的一个作用就是为应聘者提供关于企业和所应聘职位的正确的真实的信息，让应聘者了解自己在企业中和职位上能够获得什么。但在校园招聘中，为了使招聘成功，招聘人员常常利用应届毕业生对企业不甚了解的弱点，夸大企业和职位的优点，而不是提供真实的信息。这样做的结果是带来比较低的职业满足感和比较高的流失率。

5. 其他误区

许多书中都介绍了面试过程中的常见错误，如"光环效应"、"前松后紧或前紧后松"、"眼缘、心缘、灵缘"的三缘效应，等等，在此不再赘述。企业在校园招聘的面试过程中要注意避开这些误区。

（五）招聘结果反馈的误区

层层筛选之后，企业应该作出录用决定，并及时把招聘结果反馈给应聘者。绝大多数企业的人力资源部门只将录用通知书发送到应聘成功者手中或电话通知签约，却往往忽视了对未被聘用者的辞谢，结果既没有给予未被聘用者应有的尊重，也有损公司的形象。一份得体的辞谢通知能表现公司待人的诚意，也让学生有足够的信心和时间去参加另外的招聘。

四、校园招聘的优点

校园招聘的优点主要有：

（1）针对性强。可以根据企业的需要，选择企业所需的专业，选择该专业人才汇集的学校，选择企业需要的各种学历层次，也可根据将来的发展规划选择特殊的专才，为战略性人力资源规划做准备。

（2）选择面广。学校是培养人才的基地，专业多，具备各种专长的人也较多，因此，选择的机会要比其他招聘方式多得多。

（3）选择层次是立体的。校园招聘可选择较低层次的中专生、大专生，也可选择中等层次的本科生，还可选择较高层次的硕士和博士，这种立体选择的特点只有校园招聘才具备。

（4）适宜进行战略性人才选择和部分优秀人才的储备。由于校园人才的层次多，可供挑选的机会多，便于企业选择战略性人才，如高科技人才、某些特殊专业的人才、某些小语种的外语人才、某些双学位的复合型人才、某些具备特殊天赋的人才等，所有上述人才均可根据企业的需要，按图索骥。

（5）校园招聘中录用的人才比较单纯，像一块纯洁美丽的玉石，可以雕琢成各种精美的玉器。这些学生的社会阅历一般较浅，大部分人思想比较单纯，没有太多因袭的重负和沉积的关系，接受能力强，思维敏捷，对职业成功的期望值高，不仅易于雕琢，而且能很好地服从管理。

（6）校园招聘的成功率高，失误率低。在校园招聘中，既容易确认学生证件的真实性，又有学校相关部门的领导、老师提供的在校表现的鉴定，还能通过与其本人或同学交流了解到更多的信息，获得的信息较全面、准确、可靠，因此失误率低。

（7）如果培养、任用得当，录用的人才可以作为企业各级领导的后备军。日本十分重视员工进入企业时的年龄，其原因之一是可以为企业服务更长的时间；原因之二是更容易与企业融合，接受企业的文化和价值观。日本的做法带有东方文化的特点，即忠诚度需要从年轻时开始培养。日本推行终身雇佣制，反对跳槽，主张"从一而终"。

五、校园招聘的缺点

校园招聘的缺点主要有：

（1）学生社会阅历浅，可塑性强，年轻且责任心较差，大部分是独生子女，从小比较娇生惯养。恰似台湾的"草莓族"，看上去鲜艳却碰不得，一碰就会破。多数学生成绩不错，知识面也比较广，但心理承受能力差，未吃过苦，一旦进入职场，就会有种种不适应。因此，不少企业喜欢录用有三年以上工作经验的人，就是因为他们已在其他企业度过了职场适应期。

（2）学生缺乏实践经验，企业投入的培训成本高。很多企业不喜欢招聘刚出校门的学生，主要原因是想节约培训成本。如果录用其他企业培养了3~5年的比较成熟的人员，无形中会节约本企业的人力资本的投入。

（3）由于学生具有眼高手低、对工作期望值过高的缺点，因此，在最初的三年内跳槽的几率最大，可能造成企业的人才重置成本增加。

（4）如果培养、任用不善，学生可能不认同企业的文化和价值观。认同企业的文化和价值观并融入企业十分重要。如果做不到这一点，不仅会使个人浪费成长的时间和机会，而且会影响企业的团队建设。

校园招聘是目前日益引起企业重视的招聘方式，当企业处于高速发展期时，大量的人才来源于校园。现在许多外资企业已经进入中国，它们有十分丰富的获取校园人才的经验，必然与我们争夺这些可雕琢成各种美丽玉器的纯洁的"玉石"。学校的毕业生不仅是企业未来发展的栋梁之才，而且是国家未来发展的栋梁之才。校园招聘一定要本着爱才、惜才之心去开发他们的智慧，不能伤害他们的自尊心和自信心，要鼓励他们去努力奋斗，去开拓，去进取，去创造财富，为社会、为企业、为自己贡献智慧和才干。

第 4 节　网络招聘

网络招聘与校园招聘一样，也是外部获取的一种方式，但由于这种招聘方式的特殊性，本书专门在此加以讨论。随着网络技术和其他高新技术的快速发展，网络招聘作为当代的一个新特征日益引起人们的注意，其成本低、覆盖面广、便捷快速等优点已经得到了人们的认同。在未来招聘方式的发展中，它占有不可或缺的重要地位。

一、网络招聘的方式

网络招聘是指招聘方通过网络发布信息，应聘方通过网络将个人信息提供给招聘方。网络招聘的方式主要有两种。一种是招聘方仅通过网络获得应聘方的信息并进行初步筛选，随后即进入初步获取的其他流程（包括各种测试与面试），网络仅仅起到发布信息、获取信息与初步筛选的作用。另一种是所有的招聘工作都在网络上完成，即通过网络筛选和网络面试来完成。网络面试又称 E 面试。E 面试代表未来的发展方向，是目前最新、最便捷的招聘方式。本节略过前一种方式，主要探讨 E 面试。

二、网络面试概述

1. 网络面试的界定

E 面试是借助网络和视频设备，招聘方和应聘方在特定场所进行的面试。E 面试作为网络招聘的一种方法，既可以是结构化面试，也可以是非结构化及半结构化面试；既可以是一对一面试，也可以是系列式面试和小组面试；既可以是情景化面试、职位追溯面试，也可以是行为描述面试及心理面试，具体参考表 5—1，表中未特别注明的均表示可被 E 面试所采用。

表 5—1　　　　　　　　　　　　与 E 面试匹配的面试形式表

与 E 面试匹配的面试形式			
根据面试结构划分	根据面试组织形式划分	根据面试目的划分	根据面试的内容划分
非结构化面试	一对一面试	压力式面试	情景化面试
结构化面试（很少采用）	系列式面试	非压力式面试	职位追溯面试
半结构化面试	小组面试		行为描述面试
	集体面试（不采用）		心理面试

2. 网络面试必须注意的若干问题

（1）需要有相应的网络及视频设备，视频的覆盖范围最好包括个人的整体及部分背景，这是基本的硬件条件，并且相应的网络及硬件越先进，越有可能促使面试成功完成。

（2）必须在特定场所进行面试，这是保证 E 面试有效性的前提。

（3）必须在特定场所配备专业服务人员，他们的作用是为面试服务，同时监督面试的公平性和诚实性。

E 面试目前在我国尚处于起步阶段，但将来会成为重要的网络招聘形式。在网络时代，网络招聘的巨大优势和潜力正逐步得到认可。

3. 网络招聘的适用范围

网络招聘作为招聘的重要形式，其优势愈来愈被社会所认可。网络面试的适用范围广，是深层次面试或其他测评的基础。这主要表现在：

（1）网络面试可以作为甄选普通员工的主要方法。因为录用普通员工一般数量较大，对普通员工的素质要求也较低，所以，仅仅通过 E 面试就可作出是否录用的决定。

（2）网络面试可作为甄选中层人员的前期和中期的工具。因为网络面试是重要的测评技术之一，但它只是基础手段，需要与其他方式相结合。

（3）网络面试可以作为甄选高层管理人员的基础。因为网络媒体比其他媒体传播速度快、覆盖面广，可以获得更多求职人员的信息。

三、网络面试的前期准备

（一）硬件的准备

在网络面试的过程中，为了保持真实性、缩短面试双方的时间差，网络运行要非常顺畅，只有网络速度达到一定的要求，传输的图像才不至于闪烁或者模糊不清；在网络运行保持顺畅的同时，电脑的配置必须跟上时代要求，满足网络面试的需要。值得一提的是，在硬件的配置中，对摄像头的要求比较高，摄像头要具有很高的像素，以便真实清晰地展现应聘者的图像，让主考官更准确地进行招聘选择。

仅仅拥有电脑和网络远远不能满足网络面试的需要，还要有专用场地。网络面试专用场地为用人单位及应聘者提供了一个平台，但要向使用者收取一定的服务费用。这样既能节约社会资源，又能极大地方便招聘方和广大应聘者，还可以让专用场地的所有者受益。因此，有必要设立 E 面试专用场地。E 面试专用场地可由人事部门或人才交流中心设立，该场所除了配备快速的网络、先进的视频设备、良好的空间环境外，还需配备专人负责服务和监督管理。只有在 E 面试专用场地广泛设立后，E 面试才有可能在全国大规模推行。

（二）各行为主体的准备

无论在国内还是国外，E 面试目前都不太发达，甚至在个别国家还没有开始使用，但它无疑是招聘的重要形式。为了适应新形势的要求，与 E 面试相关的行为主体都要做好相应的准备。

1. 政府及人事部门（主管部门）

政府尤其是人事部门要积极倡导建设 E 面试专用场地，并可派专人进行直接管理。E 面试场地的使用必须规范化、制度化。因此，须探索一套可行的 E 面试专用场地使用及管理办法。

2. E 面试场地的服务人员

E 面试专用场地的服务人员的本职工作就是保证 E 面试的顺利进行，这就要求其必须有很强的服务意识，有较高的使用网络技术及电脑硬件的水平，因此，在 E 面试专用场地建设的过程中，对场地服务人员一方面要加强服务意识的培养，另一方面要加强电脑操作技能的培训。

3. 人力资源专家（参与者）

人力资源专家不仅要做人力资源实践的先锋，而且要从理论方面探索新的人力资源管理知识。在 E 面试的推广过程中，人力资源专家要大力配合和支持政府开展相关工作，大力宣传这种新的面试形式，努力推动 E 面试顺利发展。

人力资源专家必须了解 E 面试的具体流程，不但要具备各种面试的专业知识，而且要具备网络技能，这样才能更好地指导企事业单位采用 E 面试方式。

4. 招聘方和应聘者

招聘方的首要任务是了解 E 面试的基本知识，掌握 E 面试的基本流程。应聘者要熟悉 E 面试的具体方法，在 E 面试现场要心态平和、冷静，努力展现真正的自我，充分利用好 E 面试这个工具。

四、网络招聘的优点

网络招聘的优点主要有：

1. 节约成本

与其他面试相比，由于 E 面试的双方（招聘方与应聘方）或三方（通常是主考官）不需要到指定的面试考场，既大大节省了往返的差旅费和食宿费，降低了招聘方的招聘成本，也节约了应聘者的相关成本。成本低是 E 面试最大的优势。

2. 节省精力和时间

无论选用何种交通工具，招聘过程都会在旅途中耗费大量时间和精力。E 面试可以让招聘过程的各参与方节省大量的时间和精力。

3. 使各方的沟通更为顺畅

应聘者无须日夜兼程赶到面试现场，可以使其紧张心理（尤其是怯场心理）得到很好的缓解。怯场通常是由于对环境不适应和对考官权威的畏惧而产生的。网络使应聘者在空间距离上远离产生畏惧心理的考官和考场，有利于应聘者更自如地发挥自己的知识和才能，使彼此之间的沟通更融洽和顺畅。

4. 提高工作效率

E 面试为面试三方提供了便捷的条件，减少了因为旅途、赶场、交通堵塞和其他各种不适应导致的时间浪费，从而使招聘的工作效率大大提高，工作时间的限制和工作疲劳大大减少。

5. 更具真实性

E 面试不仅可以通过先进的视频设备使招聘方与应聘方都能清晰地看到对方，而且在问答过程中招聘方对应聘方的表情、行为、动作都比现场观察得更清楚，因为在面对面的招聘情形下考官的观察可能受到桌椅和视线的影响。因此，E 面试尽管有空间的距离，却可使考官观察得更真切。

6. 有利于面试官快速作出决定

普通面试的一般程序是在面试结束之后一段时间内，用人单位告知应聘者面试结果，这段等待的时间对应聘者很不利。而 E 面试无论面试结果如何，面试官均须在面试结束时告诉应聘者。这种快速的决定无论对用人单位还是应聘者来说，都是一种有效的反馈。面试不合格者可以更快地参与其他单位的招聘，面试合格者则可以为参与其他测评或录用做好准备。

五、网络招聘的缺点

网络招聘的缺点主要有：

1. 受限于硬件条件

具体来说，E 面试需要先进的视频设备，否则根本无法进行；如果视频设备的像素较低，在视频中难以清楚地看到对方的举止言行，就会大大降低面试的效果；E 面试还要求网络运行流畅高速，如果网络速度很慢，则对方看到的视频中的场景会非常不流畅，造成长时间的时滞，必定会严重影响 E 面试的效果；E 面试还需要特定的场所，该特定场所必须是精心设计的，并且在面试的过程中不会受周围环境或者其他噪音的干扰。

2. 对相关人员的素质要求较高

E 面试要逐步推广，势必对参与 E 面试的相关人员提出更高的要求。以人力资源专家为例，以前的人力资源专家需要的核心知识是面试方面的专业知识，但是，如果参加 E 面试，还必须精通电脑网络知识，防止"网络视频症"。同样，被试者不仅要调整适应 E 面试，而且要利用这种新的面试形式更好地展现自我。

3. E 面试的普及需要全国乃至全世界的通力合作

E 面试最大的优势在于利用网络节约成本，但其前提是面试的双方在不同的地点均有特定的 E 面试场地。因此，E 面试的普及不仅要求某个地方设有 E 面试场地，而且要求全国乃至全世界各地都有这样的场地。E 面试真正得到普及还需要很长的一段时间，需要全国乃至全世界的通力合作。

4. E 面试不适宜作为录用中高层人员的核心方法

比如，某公司要录用一名副总经理，仅仅将 E 面试的结果作为录用依据是不够全面的，还要与其他测评方法相结合，只有这样，才能更好地发挥 E 面试的优势。

第 5 节　微招聘

微招聘包括微博招聘和微信招聘，是继网络招聘之后又一紧跟时代的新型的招聘方式，是最受 80 后、90 后青睐的招聘途径。人们发现，使用微博、微信来获取和分享信息已远远不够。现在，企业可以用微博、微信招聘所需要的人，应聘者可以利用微博、微信找到自己喜欢的企业和合适的岗位。

一、微招聘概述

1. 微招聘的定义

微招聘是一种新兴的招聘方式。招聘方与应聘方用简洁的文字把招聘/求职信息发布到微博/微信上，求职者在了解信息并有求职意向时即向招聘方申请职位，双方在微博/微信上进一步沟通后，可以约定面谈、面试的时间和地点，最后确定是否聘用以及试用期。这种以微博/微信完成招聘面试前的全部沟通，从而达到招聘/应聘目的的方式称为微招聘。微招聘凭借微博/微信的社会化优势为企业招聘到合适的人才，帮助求职者获取合适的工作机会。

2. 微招聘跃居主流的原因

微博/微信已经迅速地成为人们互相传递信息、交流情感，共享各种资源、体会、感想的平台。在以微博/微信为基础的虚拟"微社会"中，"微"是纽带，连接了人与人、人与组织、组织与组织、人与事物、人与历史、人与人文、人与兴趣、人与技术等。目前这种正在流行的社交网络逐渐成为招聘的主渠道。

二、微招聘的优点

微招聘的优点主要有：

1. 几乎是零成本

采用微招聘方式，开一个微博只需要注册一个账号，在积累大量的粉丝后，在大数据背景下，通过社交网络、行为网络、语义网络的持续挖掘，完善用户与职业画像，就可在短时间内被应聘者所熟悉和了解。

2. 信息简洁、明了，"微时代"造就了"快餐"和"简餐"

微博/微信上发布的信息的字数不能太多，这使发布信息的人——无论是企业还是求职者——都只能用简单明了的语言描述自己、介绍自己。企业和求职者都采用"快餐"和"简餐"方式，节约了大家获取信息、过滤信息、交换信息和咨询的时间。

3. 专业性强，招聘方和应聘方点对点对接，十分方便

微博/微信都讲究"群"的概念，所以，加入一些专业的人才网微博/微信可使专业网微博/微信发布的信息发挥点对点的功效。微招聘的针对性比较强，因此，企业需要培养自己的"粉丝"，"粉丝"需要寻觅关注点。

4. 快速及时的回应

在微招聘中，企业和求职者的距离最短，加上具有简单明了的特点，能快速且及时地作出回应，给双方更多的机会，取得较好的效果。

5. 受众广且信息更新快

微博/微信的受众广，可拥有上亿粉丝，在大数据背景下使招聘变得容易，企业和求职者的新信息可以以最快的速度更新。

6. 交流和互动快速又简单

招聘职位（关键职位）的推荐、雇主品牌的推广、大规模的招聘项目，只需扫描二维码就可快速获得信息。通过语义和语音识别，就可实现高效互动。招聘方和应聘者通过微信直接交流，快速又简单。

三、微招聘的缺点

微招聘的缺点主要有：

1. 有可能漏掉部分优秀人才

某些专业人才或高级管理人才因执著于自己的专业研究或受制于繁忙的工作，既不注册微博号和微信号，也不关注"微世界"。因此，当企业展开微招聘时，这部分人才可能会被漏掉。而这部分人才通常是企业十分急需的，必须花大力气去关注、去挖掘。

2. 信息的真实性值得推敲

为了吸引人才，企业（特别是中小企业、民营企业）提交的介绍中许多信息未必是真实的，而应聘者提交的简历也不都是真实的。新浪网站上某知名企业对 1 800 多个应聘者做了背景调查，其中，有 41％的被调查者存在诚信问题，70％涉及简历造假。触目惊心的数字很容易让企业对应聘者的诚信产生怀疑。

3. 管理者要深入"微世界"比较难

"微社会"把人群分为许多小单元，这些小单元由网络联结。如果你不进入这些微社会，就会很难发现你要找的人，在"微社会"里，信息量非常大，人们都成了微信、微博控。而管理者因为工作忙，很难抽出时间去"微世界"寻找人才，这使人才与企业失之交臂的可能性增大。

四、案例：华为公司利用微信营销"招兵买马"①

1. 简单注册，预约参加宣讲会

在大学毕业季来临之际，华为携手微信海创建的"华为招聘"微信公众平台正式上线。微信海的工作小组经过一个多月的研发、测试、修改，最后设计出实用性极强的"华为招聘"微网站。半个月内，通过微网站华为收到 3 586 份工作申请，果然是门庭若市。

微信海为华为研发了预约宣讲会系统，毕业生只需填写基本信息就可以注册，参加宣讲会并预约见面。华为招聘小组的负责人和成员都亲临了招聘现场。

2. 进入"岗位查询"，在线申请工作

在华为招聘的微信海中，其工作小组设计了"岗位查询"栏目，毕业生只要进入该栏目，即可查询到华为的招聘职位，如技术族、财经族、管理族、通讯族、公关族……只要选择适合你的一族，点击链接，即可进入在线申请。

3. 加入讨论区，结识华为同仁

根据公司的要求，微信海的工作小组开发了华为圈讨论区平台。在该平台上，有全国各区域的讨论板块，有求职者的交流帖，也有华为前辈给新人的指导帖。华

---

① 根据中国软件网相关资料整理。

为圈讨论区十分活跃，提升了华为招聘在业内的知名度，也加大了华为在毕业生心中的分量。

第6节　跨文化招聘

从今天往前倒推二三十年，在中国研究跨文化问题，几乎就等同于研究跨国问题。随着中国许多知名企业走出国门，国外全球500强企业争相到中国争地盘，跨文化招聘成为全球经济战略的排头兵，必须予以密切关注。此外，中国地域广阔、民族众多，地区之间、各民族之间也存在一些文化和价值观的差异。为此，我们在这里研究的跨文化招聘，既涉及国与国之间的招聘，也涉及同一母国不同地区之间的招聘。

一、跨文化招聘的途径和方法[①]

1. 签发居留证，为跨文化招聘提供便利条件

发达国家（如美国）利用移民把发展中国家杰出的人才吸引到自己国家，为其科研机构和大公司服务。随着世界经济的全球化和中国经济的快速发展，也有大量国外的优秀人才涌入中国。中国的一线、二线城市是外籍人员首选居住地，签发居留证为跨文化招聘提供了最直接、最方便的条件。如厦门大学的美国人潘维廉教授，获得了厦门市为他签发的永久居留证，还获得了"厦门荣誉市民"称号。

2. 吸引和留住外国留学生，使之成为各企业招聘的优质候选人

外国留学生留在我国求职，很自然地成为各企业招聘外籍人员的优质人选。这些留学生既能满足企业的国际化要求，又有中文水平，对中国文化也有一定的了解，在国内也有老师、同学、朋友这样的社交网络，便于融入当地文化，开展工作。

3. 国内若干大企业联手，由政府搭建统一的专业招聘平台

由一家企业单独到海外招聘人才会有一定的困难，可以联合国内若干家企业，整合资源，统一作战，以减少招聘成本。例如，上海市国资委搭建了一个平台，上海中气、上海汽车、上海医药、上海现代建筑设计等九家大型国企联合到海外招聘。

4. 发展猎头公司和中介公司，建立人才网络，便于招聘到合格的专业人才

据不完全统计，世界上有70％的顶级和高级人才通过猎头公司流动。例如，我国各地方航空公司就利用IAC、PARC等大型专业中介公司招聘到了大量合格的机师。

5. 到国外办学，直接培养外籍企业管理人才

到国外办学可为国内企业招聘外籍人才大开方便之门，这些经国内办学机构培养的外籍人才，到中国来求职的欲望强烈，同时又较熟悉中国文化和习俗。比如，福建新华都商学院到瑞士苏黎世开办了新华都商学院分校，专门为中国的跨国公司

---

① 参见鄢圣文：《国外人才引进政策的主要做法与经验借鉴》，国研网，2012年10月25日。

（如中国移动、中石油、中石化、华为等）培养外籍中高层管理人员，帮助他们取得 EMBA、MBA 学位。正如新华都商学院副院长何志毅教授所说，今天这些人才是为中国海外跨国公司培养的，明天这些人就可以应聘到中国的任何地方、任何企业担任中高层管理者。这一方式不仅为中国招聘外籍人才提供了方便，而且大大节省了招聘企业的培训费用。

6. 海外校园招聘

海外校园招聘和国内校园招聘一样，可以帮助一些企业获得比较稀缺的人才。外国的一些大学是培养稀缺人才（如机械、电子、医药等领域的专业人才）的摇篮，企业到这些学校去招聘，针对性强，既可以近距离接触可能的求职者，又可宣传企业形象，对世界各国认识中国有很大帮助。

7. 利用学术交流和科技合作吸引适合企业的人才

学术交流是吸引高端人才和稀缺人才的最好方式。在学术交流的平台上，通过沟通、谈判可以达成许多在商业场所难以达到的目的，人才会因为某个亮点而愿意与企业更多地合作。例如，福建新华都商学院就聘请了 2006 年经济学诺贝尔奖获得者菲尔普斯（Edmond. S. Phelps）来担任院长。

8. 通过"美丽中国"招聘平台获取人才

美丽中国 2013—2015 项目招聘外籍老师 2 000 名，每位外籍老师有两年的工作时间。正如美丽中国合作伙伴长江商学院所言，美丽中国招聘的是有道德、有好奇心和领导力的青年，他们能够为推进社会发展作出贡献。美丽中国项目能够吸引许多外籍人士来到中国，通过这个窗口，会有更多的外籍青年来中国当老师，也可以经招聘进入企业工作。

二、跨国招聘要解决的问题[①]

1. 外籍人士来华工作必须具备的基本条件

跨国招聘首先必须了解哪些人是可以来华工作的。外籍人员来华工作的基本条件是：年满 18 周岁，身体健康；具有从事其工作所必需的专业技能和相应的工作经历；无犯罪记录；有确定的聘用单位；持有有效护照或能替代护照的其他国际旅行证件。在中国就业的外国人应持职业签证入境，入境后应取得《外国人就业证》。

2. 企业必须努力规避各种风险，尽可能降低成本

外籍员工的薪酬通常比本土员工高 40％左右，目前，企业正努力将外籍员工薪酬本土化，另一方面，企业也应将外籍员工工作之外的贡献视为成本的节约。企业应快速了解国际市场信息，努力提高企业本土员工的外语能力，对企业即将拓展的海外市场有更直观的认识以规避各种风险。当然，从企业长期利益着眼，有时成本的小幅提高也是物有所值的。

---

① 参见鄢圣文：《国外人才引进政策的主要做法与经验借鉴》。

3. 团队建设中的沟通问题

外籍员工来到中国企业，往往不能很快地适应，通常需要一段缓冲的时间。中国公司和外国公司的最大差别体现在劳动保障程度、工作强度、工作时间、节假日与加班方面，这需要加强沟通，否则会影响团队的建设。

4. 文化冲突的背景分析

IBM 公司曾对遍布全球 50 多个国家的 2 万多员工进行深入研究，提出了与工作关联的四个典型的文化冲突，即权力距离（power distance）；不确定性规避（uncertainty avoidance）；个人主义与集体主义（individualism/collectivism）；阳刚与阴柔（masculinity /femininity）。在我国，本土员工与外籍员工最大的文化冲突是后两项，即个人主义与集体主义、阳刚与阴柔。中国比较崇尚集体主义，大多数外籍员工尊崇个人主义。

5. 有人才缺口，无人才接口

一方面是用人单位找不到合适的外籍人才，另一方面是外籍人才在中国不能从事适合自己的工作。

6. 跨文化招聘的法律问题

目前在我国就业的外籍人员主要有两类，一类是在国外通过某个渠道找到我国的一份工作的外国人；另一类是在我国学习的留学生。无论是哪一类，外籍人员必须有就业许叫证；用人单位也必须符合相应的要求，方可聘用外国人。要努力营造良好的法律环境，使外国人在中国工作既有安全感，又身心愉快，能为企业、为我国作出应有的贡献。

三、我国港、澳、台、大陆四地的人才招聘

由于存在文化差异和价值观差异，四地在人才招聘中也遇到了一些跨文化问题。随着经济、教育的进一步开放和交流，四地的文化和价值观必将更具包容性。特别是福建，和台湾仅隔着一湾海峡，在地缘、血缘、语缘、文缘、人缘等方面都是相通的。

具体的人才招聘表现出以下特点：

（1）为了促进海峡两岸的经济、贸易往来，促进福建和台湾共同繁荣和进步，福建特地把整个平潭岛辟为"平潭综合试验区"，在该试验区内，对台湾有全新的政策。

在综合试验区，可全面引入台湾人才，让台湾人才也在政府机关任职。[1] 平潭管委会拿出 20 个公务员职位面向台湾招聘人才，其中包括管委会副主任这样较高级别的职位。这是我国首次对台招聘公务员。受聘的台湾人才可享受租房购房、个税补贴、社保医保等方面的福利。

（2）台湾学生和企业管理人才除了到大陆的台资企业求职外，也到大陆尤其是福建的国有企业、民营企业求职，不少制造业人才进入福建民营企业担任高级管理职务。

---

[1] 参见松岩：《平潭综合试验区 2012 年引进海内外高层次人才（团队）》，载《福建日报》，2012 - 02 - 15。

（3）福建平潭还实施了"台湾人才工程"，推出了"四个一千人才工程"。[①] 加大"台湾专才"招聘力度，对带项目来创业的台湾大学生给予全面的支持。

（4）利用台协会到台湾招聘应届毕业生。上海台协会会长叶惠德指出，在海基会文教处的协助下，上海台协青年工作部将与台湾的实践、元智、静宜、大同等大学联合，鼓励上海企业到台招收应届毕业生，提供工作机会，提升两岸关系的正面认知。[②]

（5）香港和广东比邻，广东毕业生到香港就业，香港毕业生到广东就业已经很普遍了。两地的语言相通，习俗相近，这两地的招聘更多地是通过网络和中介机构进行的。澳门和珠海的人才流动与之相似。

□ 关键术语

内部获取　外部获取　校园招聘　网络招聘　微招聘　跨文化招聘

□ 复习与思考

1. 内部获取有哪些优点和缺点？你认为何种情况以内部获取为宜？
2. 外部招聘有哪些优点和缺点？你认为何种情况以外部获取为宜？
3. 你认为哪一类企业更适合采取校园招聘的方式？
4. 网络招聘的未来前景如何？
5. 微招聘给新时代求职者带来了哪些方便？
6. 目前跨文化招聘存在哪些问题？
7. 请结合个人体会，谈谈你最希望参加哪一种形式的招聘。

[①]　资料来源：《平潭时报》，2014 - 04 - 18。

[②]　根据台湾网（微博）信息整理。

第三篇　甄选测试

为了对应聘者的知识水平、能力、专业兴趣和个性特征等多方面的情况有比较全面深入的了解，大多数企业会借助不同的方法来甄选适合工作岗位要求的最佳人选，甄选已成为企业招聘过程中最重要的环节。发达国家在长期的人力资源实践过程中，开发出了许多实用的甄选方法，包括面谈、甄选测试、背景调查、推荐信核查、诚实性测验、笔迹分析等。

随着社会的进步，人们逐步认识到面试在甄选过程中的特殊作用。因此，本书把对人员的甄选分为两部分。一部分为甄选测试，主要在第6、第7章介绍，另一部分为甄选面试，主要在第8、第9章介绍。甄选测试部分包括一些较传统的测试，但也提出了一些更具挑战性、更前沿的测试，即管理能力测试、诚实与潜能测试、基本知识测试。目前使用较多的是笔试，这是许多教材和专著研究得相当成熟的一部分，本书对这部分内容不再赘述。

第 **6** 章

管理能力测试

本 章 重 点

1. 管理能力
2. 无领导小组讨论
3. 公文筐处理
4. 案例分析和公开演讲

第1节　管理能力测试概述

　　管理能力测试的方法有很多种，比如心理测验法、评价中心法、观察判断法、纸笔测评法和面试法。这些测试的测评思想是从"自己写自己是什么样的"到"自己说自己是怎么做的"，再向"别人看自己实际上是怎么做的"发展的。测评技术发展到今天，特别重视被试者在特定情景下的具体行为，并依据具体行为评判其素质。在这些针对管理能力的测试方法中，信度和效度最高的是评价中心法，本章将予以重点介绍。

一、管理能力概述

1. 管理能力的定义

　　当我们需要对某人的管理能力进行测试时，先了解什么是管理能力是很有必要的。20 世纪 30 年代以来，有关管理学的书籍层出不穷，不同的作者从不同视角去理解管理，给出了不同的定义，其中有两种定义是简洁而凸显价值的。一种是："管理就是决策，管理过程就是一系列决策的过程。"另一种是："管理是一门艺术，每一个人对管理的理解和实施都是一个创造的过程。"但是最近美籍学者罗叶明教授在《第八个管理》一书中给出了一个最耐人寻味的定义："21世纪的管理就是驱动智力工作者的动机和责任心，协调智力工作者的沟通和合作来增强他们的脑力及生产的可扩大性，公正地记录承诺兑现及管理后果。"①

在罗叶明对管理的定义中，有两个在过去的有关诠释中从未出现过的词，就是"承诺兑现"和"管理后果"。中国历来非常"重然诺"，把重视承诺作为为人处世极其重要的准则。到21世纪，《第八个管理》一书中提出了现代管理学未曾提到的承诺兑现及对管理结果的跟踪，这是一个螺旋式的前进和飞跃。

既然管理在过去表现为"驱动力和机器"，在未来将表现为"驱动智力工作者的动机和责任心"，那么连接着过去与未来的现代管理就是"驱动智力工作者、体力工作者与一切资源之间的协调并有效地达到组织和人类目标的过程"。

在认识了什么是管理之后，我们就能快速而准确地认识管理能力了。管理能力表现为：管理和协调资源的动力；组织一个团队并创造出最适宜这个团队达到组织目标的环境和氛围的能力；有效地消除影响目标实现的障碍并使效率最大化的能力。如果将管理能力进行分解，它应该包括战略能力、计划能力、组织能力、分析能力、表达能力、指挥能力与执行能力等。

2. 管理者的活动层面

所有管理者的活动都可以分为两个层面，即业务层面和人员层面（见图6—1）。从运营的角度讲，任何公司都有一条从公司使命到公司内部分担职责，再到管理者职责的逻辑链。这条逻辑链构成了管理者工作的业务层面。管理者工作的另一个层面是人员层面。它要求每一位管理者设计并保持一种良好环境，想方设法赢得下属对自己的信任，激发他们的工作积极性，并对他们的思想观念进行改造，最终创造出一个生机勃勃的工作环境。

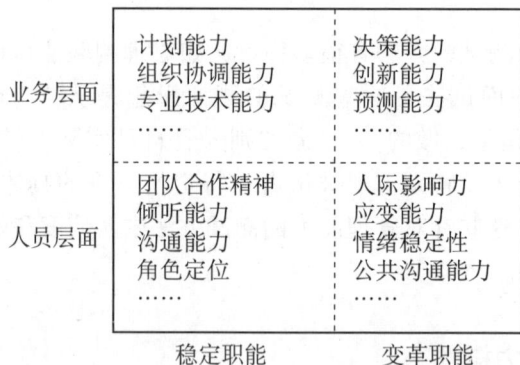

	稳定职能	变革职能
业务层面	计划能力 组织协调能力 专业技术能力 ……	决策能力 创新能力 预测能力 ……
人员层面	团队合作精神 倾听能力 沟通能力 角色定位	人际影响力 应变能力 情绪稳定性 公共沟通能力 ……

图6—1 管理者的活动层面和职能及其所需能力

3. 管理者的职能

管理者的职能可分为稳定职能和变革职能，稳定是基，变革是本（见图6—1）。稳

---

① 罗叶明：《第八个管理》，北京，清华大学出版社，2006。

定职能指的是：在业务层面，按照业绩目标井然有序地开展工作；在人员层面，尽量保持一种良好的能够让下属安心、专注地工作的环境，并努力创造出更好的环境，让大家有成就感，避免优秀人才的流失。与此相反，变革职能指的是：在业务层面，提出新的设想和方案，通过对所负责的业务进行改革使部门产生新的效益；在人员层面，则努力改变部门内成员的思想观念和工作方法，或通过对核心成员进行有效的指导和培养等措施来改变现有的人才结构。

按照管理者活动的业务层面和人员层面以及管理者的稳定职能和变革职能，可以相应地归纳出管理者所需的能力。当然，这种对应只是在各个层面和职能上有所偏重而已，这些能力对于成功的管理者来说都是不可或缺的。

二、评价中心法简介

评价中心法，又称情景模拟法，是创设一个模拟的管理系统或工作场景，将被试者纳入该系统，采用多种评价技术和手段，观察和分析被试者在模拟的工作情境压力下的心理和行为，以测量其管理能力的评价方法。下面简要介绍几种常用的测评工具。

1. 无领导小组讨论

无领导小组讨论是一种无角色群体自由讨论的测评形式。它是将被试者按一定的人数（一般为 5～10 人）编为一组，不确定会议主持人，不指定重点发言，不安排会议议程，不提出具体要求，根据考官提供的真实或假设的材料（如有关文件、资料、会议记录、统计报表等材料），就某一个指定的题目（如业务问题、财务问题、社会热点问题等）进行自由讨论，这种讨论可以形成较一致的意见，也可以不形成一致意见。在不指定主持人的情况下，讨论一般难以形成一致意见。

无领导小组自由讨论时，考官通常可以在现场旁观。如有条件，考官可以在电视屏幕前进行观察和讨论。随着视频技术的发展，还可以进行录像并反复回放。参与评价这些被试者的"考官小组"也可临时变更，以便更深入地分析考生的情况。

在无领导小组讨论中，考官可以根据被试者的表现来评价其综合素质和管理才能：（1）发言的次数和发言的质量如何，能否抓住问题的关键并提出合理的见解和方案；（2）能否倾听别人的意见，尊重他人的不同看法，是否具有语言表达技巧，特别是沟通的技巧；（3）是否敢于坚持自己的正确意见，是否敢于发表不同意见，是否支持或肯定别人的合理建议；（4）是否善于消除紧张气氛，并说服他人，创造积极融洽的气氛；（5）是否具有分析判断能力、反应能力、自控能力等能力以及宽容、真诚等良好品质；（6）最重要的是能否脱颖而出，成为无领导小组的"领导"，引导讨论顺利进行。这种领导角色的表现凭借的是默默地让人感受到他的领导才能，还是强势的大呼小叫；是以理服人，还是以势服人；等等。以上所有的观察都能帮助考官获得较正确的评价。

2. 公文筐处理

它是一种具有较高信度和效度的测评手段，可以为企业高级管理人才的选拔、聘用、考核提供科学可靠的信息。在这项测试中，设计了管理者在真实环境中需要处理的各类公文，这些公文可能涉及财务、人事备忘录、市场信息、政府法令、客户关系等。这些公文通常放在公文筐中，"公文筐处理"由此得名。该测试模拟一个公司发生的实际业务、管理环境，要求被试者以管理者的身份在规定的条件（通常是较紧迫困难的条件，如时间与信息有限，独立无援，初履新任等）下，对各类公文材料进行处理，形成公文处理报告，从而对被试者的计划、组织、分析、判断、决策、文字等能力进行评价。

考官可以根据被试者的工作表现和处理结果来评价其管理才能。评价的内容包括：（1）是抓住了主要矛盾和关键问题，有条不紊、分类合理、果断灵活，该请示的请示，该处理的处理，该授权或批转的予以授权或批转，还是不加区分，一人包揽，甚至不知所措，杂乱无章地处理，拘泥于细节问题等；（2）是快速发现问题，分出轻重缓急，给予恰当的处置，用简洁明了的语言或文字明确无误地表达出来，以便于下属执行，还是不分青红皂白，眉毛胡子一把抓，没有头绪，处理方法不恰当，处理结果也不理想；（3）处理公文依据的原则和理由是否正确，考虑问题是否全面；（4）是能够发现更深层次、更重要的问题或找出问题的内在联系，并加以全面解决，还是就事论事，只注意解决表面问题。

3. 案例分析和公开演讲

案例分析和公开演讲是给被试者提供一些实际工作中出现的问题的背景资料，要求他们解答案例中的问题，在小组讨论会上做口头发言、讨论并进行公开演讲。这种测评方式的优点是操作相当简便易行。它不但可以用于测评一般能力（如组织一个生产活动），而且可以用于测评被试者某一方面的特殊才能（如处理一些财务问题等），还能够测评被试者多方面的甚至全面的管理才能。

考官可以根据被试者的表现来评价其综合素质和管理才能：（1）对案例的思考和背景推测是否全面合理，问题分析是否精准到位；（2）解决措施是否切实可行，能否从多方位考虑实施的障碍，并提出实施的阶段性建议和保障性措施；（3）分析和解决问题的思路是否反映了全面的管理思路和成熟的管理技巧以及专业技术技能；（4）公开演讲是否情绪稳定、措辞得当、角色定位准确、逻辑思路清晰、富有感染力和影响力等。

结合评价中心法中三种常用测评工具的特点以及图6—1，可以制成管理能力与测评工具的双项细目表（见表6—1）。

表6—1　　　　　　　　　　管理能力与测评工具双项细目表

测评工具 胜任力	无领导小组讨论	公文筐处理	案例分析和公开演讲
分析能力	√	√	√
沟通能力	√	√	√
应变能力	√		
团队合作精神	√		
情绪稳定性	√		√

续前表

测评工具 胜任力	无领导小组讨论	公文筐处理	案例分析和公开演讲
倾听能力	√		√
人际影响力	√		√
计划能力		√	
组织协调能力		√	
决策能力		√	√
预测能力		√	√
公共沟通能力			√
创新能力	√	√	√
归纳提炼能力	√		
角色定位		√	√
专业技术能力	√	√	√

第 2 节　无领导小组讨论的操作

在无领导小组讨论（leadless group discussion，LGD）中，将被试者组成一个临时工作小组，让他们讨论一些精心设计的管理活动中比较复杂棘手的问题。由于这个小组是临时组建的，并不指定谁是负责人。在这种情况下，通过对被试者在讨论中所展现的语言表达能力、独立分析问题的能力、概括能力、应变能力、团队合作能力、感染力、建议的价值性、措施的可行性、方案的创意性等划分等级，进行评价。其目的就在于考察被试者的表现，尤其是看谁会脱颖而出，成为自发的领导者。

一、无领导小组讨论考察的管理能力

无领导小组讨论主要比较和评价被试者在下列管理能力方面的差异。

1. 领导能力

可从以下方面考察领导能力：

（1）在讨论中，能否在经意和不经意间引导小组讨论的进行。若能做到，就具有一定的领导能力。

（2）在讨论中，用什么方式和态度引导会议的讨论。如果能够不显山露水地指导和掌控全局，就是一个天生的领导者，具备领导者的魅力。

（3）在讨论中，态度强硬，如自己发言时不让别人插嘴，或用更大的声音去压倒不同的声音。这种人看似引导了讨论，实际上缺乏真正的领导能力，缺乏把握大局、左右他人的内在潜质。

（4）在讨论中，其发言始终无法引起他人的注意，或更多地附和强势的一方，这种人通常缺乏领导能力。

2. 沟通能力

可从以下方面考察沟通能力：

（1）能否倾听他人的意见，特别是与自己不同的意见，能否耐心地听完。能倾听并善于倾听的人沟通能力强。

（2）能在他人与自己意见完全不同，并严厉反驳自己的意见时，态度温和，不骄不躁，准确地表达自己的意见与他人的意见之分歧所在。能分析产生不同意见的原因和背景，或者分析这两种意见在深层次及本质上有无共同点，并由此引导大家继续讨论。有这种表现的人沟通能力强。

（3）能在小组其他人之间产生争论时，准确把握他们的分歧点，帮助分析他们各自意见中的正确和不够合理之处。能缓和气氛，准确表达，态度恰到好处，其意见能为他人所接受。有这种表现的人沟通能力强。

（4）如果一遇到矛盾就动怒，无法控制自己的情绪，或者不能耐心倾听他人的意见，在争论开始时无法主动、平和地积极参与，则沟通能力较弱。

3. 应变能力

可从以下方面考察应变能力：

（1）当讨论出现激烈争吵和矛盾时，表现稳重自信，能准确抓住产生冲突的原因，说服双方，缓和气氛。有这种表现的人应变能力强。

（2）当个人的发言被粗暴打断或听到他人反驳自己的意见时，能稳定情绪，面露笑容，静候他人粗暴无礼地讲完意见，然后及时调整自己的态度和讨论问题的方式，缓和会议气氛。有这种表现的人应变能力强。

（3）如果在出现某些突发状况，如其他小组喧哗、提前结束讨论或其他未预料的情况时，能镇定自若，有那种"泰山崩于前而色不变，麋鹿兴于左而目不瞬"的风度，从而使小组的讨论得以继续。有这种表现的人应变能力强。

（4）对于任何一件意料之外事情的发生或环境的变化均不知所措者，应变能力弱。

4. 团队精神

可从以下方面考察团体精神：

（1）尊重他人、顾全大局、不以小乱大者，具备团队精神。

（2）遇事稳重、谦让、谈吐得体、态度谦和、主次分明、缓急有序者，具备团队精神。

（3）对于临时组成的小组成员均能态度友善、善于妥协和让步、能快速了解他人的性格和需求、愿意先己后人、不出风头者，具备团队精神。

（4）说话尖刻、态度骄横、出语不逊、不懂礼让者，不具备团队精神。

二、无领导小组讨论的试题编制

无领导小组讨论的试题一般都是智能性的题目，这类题目应该符合三个条件：

首先，题目必须是大家关心的热点问题，容易引发大家的兴趣、关注和讨论；其次，题目的内容应该浅显易懂，属于常识性问题，不要将试题变成考"状元"的难题；最后，试题的答案是开放式的，无标准答案，便于激发每个人的想象力，同时话头多、视角多、争议多，难以形成一致意见。从形式上看，试题可以分为以下五种（见表6—2）。

表6—2 　　　　　　　　　　　　　　无领导小组讨论试题一览表

问题类型	定义	考察要点	举例	特点
开放式问题	答案的范围可以很宽、很广，没有固定答案	全面性、针对性、思路清晰、新见解	你认为什么样的领导是好领导？	容易出题，不太容易引起争辩
两难问题	在两种各有利弊的答案中选择一种	分析能力、语言表达能力以及说服能力	你认为以工作为导向的领导是好领导，还是以人为导向的领导是好领导？	编制试题比较方便，可以引起争辩，两个答案要保持均衡
多项选择问题	每一种选择都有自己的分析和判断，只要能自圆其说，就是一个好的回答	分析问题实质，抓住问题本质的能力	有四个人掉入井中，一个是军人，一个是妇女，一个是官员，一个是商人，请问你先救哪一个？	可以有多种答案，每一个答案均包含多种个性倾向和能力特征，便于考察
操作性问题	给被试者提供一些材料、道具和工具，要求制作出考官指定的一个或一些物品	主动性、合作能力以及在实际操作任务中充当的角色	给被试者提供一些材料，要求他们相互配合构造出一种建筑物的模型。	主要考察操作能力，不太容易引起争辩，对考官和题目的要求较高
资源争夺问题	给某个小组成员提供有限的资源，要求在指定的时间里完成各自的任务，谁先获取资源取决于其进度	反应能力、敏感性、整合资源的能力、快速反应能力	给一个4人小组提供一定数量的积木，这些积木可以搭建4座房子，但大小可能不一，看谁能在最短时间内搭建最大的房子。	可以快速观察被试者的行动能力，但是对讨论题的要求较高，要保证案例之间的均衡性

1. 开放式问题

开放式问题是指其答案的范围可以很广、很宽的一种问题，主要考察被试者考虑问题是否全面，是否有针对性，思路是否清晰，是否有新的观点和见解。对于考官来说，开放式问题容易编制，但是不容易对被试者进行评价，因为此类问题不太容易引起被试者之间的争辩，所考察的被试者的能力比较有限。

2. 两难问题

两难问题要求被试者在两种各有利弊的答案中选择其中之一，主要考察被试者的分析能力、语言表达能力以及说服能力等。对于被试者而言，此类问题不但通俗易懂，而且能够引起充分的辩论；对于考官而言，不但试题的编制比较方便，而且在评价被试者方面也比较有效。编制此种类型的试题需要注意的是：两种备选答案一定要有同等程度的利弊，不能显示出其中一个答案比另一个答案有很明显的选择性优势。

3. 多项选择问题

此类问题要求被试者在多种备选答案中选择有效的几种或对备选答案的重要性进行排序，主要考察被试者分析问题实质、抓住问题本质方面的能力。对于考官来说，此类试题的编制较难，但对于评价被试者各个方面的能力和人格特点比较有利。

4. 操作性问题

操作性问题要求被试者利用提供的一些材料、工具或者道具制作出一个或一些由考官指定的物体，主要考察被试者的主动性、合作能力以及在实际操作任务中扮演的角色。比如，给被试者提供一些材料，要求他们相互配合，搭建一座楼房的模型。此类问题对被试者操作行为方面的考察较多，更像是一种情景模拟，但对语言能力方面的考察较少。由于需要考官准备好所需用到的一切材料，因此对考官和试题的要求都比较高。

5. 资源争夺问题

此类问题适用于指定角色的无领导小组讨论，要求处于同等地位的被试者就有限的资源进行分配，从而考察被试者的分析问题能力、概括或总结能力、行动能力、反应能力和竞争意识等。比如，让被试者担任公司各部门的经理，并就有限数量的资金进行分配，或就有限的资源进行实际操作，有利于就近考察他们的反应速度，但试题中角色的地位必须平等，准备的材料也必须充分。

三、无领导小组讨论的操作说明

无领导小组讨论的实际操作可分为准备、实施和结果处理三个阶段。

（一）准备阶段

无领导小组讨论的有效性主要取决于讨论题的编制和评分表的设计，此阶段是整个过程的主要环节。

1. 编制讨论题

讨论题的编制一般按照以下几个步骤进行：（1）进行工作分析。进行工作分析是为了了解拟任岗位所需人员应该具备的特点、技能，根据这些特点和技能来进行有关试题的收集和编制。（2）收集案例。收集的拟任岗位的相关案例应该能充分地反映拟任岗位的特点，并且被试者在处理时会感到有一定的难度。（3）案例筛选。对收集的所有原始案例进行甄别、筛选，选出难度适中、内容合适、典型性和现实性均较好的案例。（4）编制讨论题。为符合无领导小组讨论的要求，对筛选出的案例进行加工和整理，主要包括剔除那些不宜公开讨论的部分或者过于琐碎的细节，根据所要考察的目的，相应地补充所需的内容，尤其是要设定一些与岗位工作相关且符合特点的情况或者问题，使讨论题真正具备科学性、实用性、可评性、易评性等特点，既新颖凝练又具有典型性。在拟定讨论题时，应考虑测评目的、性质及对象的特点，注意以下几点：第一，讨论题内容应该大众化，即选择被试者都熟悉的话题，避免过于冷僻或专业化，以使每个被试者都有发言的机会。第二，讨论题最好呈中性，即没有绝对的对或错，这样就容易引起辩论，以便被试者有机会更充分地展示自己的才华，应尽量避免出现观点一边倒的讨论题。第三，讨论题最好能让被试者有自由发挥的余地。（5）试测讨论题。讨论题编制完成后可以对相关的一组任职者（不是被试者）进行试测，来检查该讨论题的优劣，以及能否达到预期的目的。（6）修正讨论题。检验完成后，对于那些效果好的讨论题便可以直接使用，对于那些效果欠佳的讨论题则要进行修正，直至讨论题达到预期的效果。

2. 设计评分表

评分表包括评分标准及评分范围。评分标准是对各测评能力指标的表述，评分范围给出各测评能力指标在总分中的权重和具体分值，及该能力优、良、中、差等级的评分区间。在设计评分表时，要注意以下两个方面：

（1）应从岗位分析中提取特定的评价指标。不同的岗位对员工的要求是不同的，比如，对基层岗位的员工主要考察其业务技能，而不是人际技能和领导技能；对营销岗位或高层管理岗位主要考察其人际技能、团队意识、洞察力。即使是同一层级的岗位，不同的部门对岗位的要求也是不同的，因此，对测评的管理能力指标不能强求一致。针对不同部门的不同岗位要分别设计其特定的评价指标。

通过无领导小组讨论可以了解三方面的能力：一是被试者在团队工作中与他人发生关系时表现出来的能力，主要包括语言和非语言的沟通能力、说服能力、组织协调能力、合作能力、影响力、人际交往的意识与技巧、团队精神等；二是被试者在处理一个实际问题时的分析思维能力，主要包括理解能力、分析能力、综合能力、推理能力、想象能力、创新能力、对信息的探索和利用能力；三是被试者的个性特征和行为风格，主要包括动机特征、自信心、独立性、灵活性、决断性、创新性、情绪的稳定性等。根据招聘岗位对各能力要求的不同，确定各能力指标在整个能力指标中的权重及其所占分数，然后根据优、良、中、差各等级分配分值（示例见表6—3）。

表6—3　　　　　　　　　　　无领导小组讨论的评价要素表示例

评价项目	行为观察要点	权重系数	评价分数（满分为10分）			
			优 9～10	良 7～8	中 5～6	差 0～4
沟通能力	语言表达清晰、流畅 善于运用语音、语调、目光和手势增强表达的效果 态度诚恳，目光温和，有亲和力 语言生动简练，有深度 善于倾听意见，倾听意见时耐心、目光专注、神情专一、态度谦和	15%				

续前表

评价项目	行为观察要点	权重系数	评价分数（满分为10分）			
			优 9~10	良 7~8	中 5~6	差 0~4
分析能力	能综合信息，透过现象抓住本质 解决问题的思路比较清晰，角度新颖 能够分辨出每个人发言中反映问题的轻重缓急，准确掌握关键所在 对小组成员提出的不同方案有清晰的判断	20%				
应变能力	在遇到压力和矛盾时能积极寻求解决办法 在遇到挫折时能积极客观地面对 在难题面前能够多角度地思考问题 在小组出现争吵局面时，能稳定成员的情绪	15%				
团队精神	能迅速融入小组讨论之中 能从小组利益出发思考和行动 有独立的观点，但必要时善于妥协，善于换位思考，能从他人的立场、背景思考和分析问题 愿意并能适时、准确地为他人提供帮助 尊重他人，善于倾听他人意见	20%				
情绪稳定性	在处理争执时有良好的自制力，不意气用事 在讨论过程中表现出一贯的语言风格	10%				
倾听能力	能快速抓住他人说话的要点 积极关注讨论中每个人的发言 能够赞同他人的合理建议	10%				
人际影响力	观点得到小组成员的认同 小组成员愿意按照其建议行动 善于把他人的意见引向一致 积极发言，敢于发表不同意见 强调自己的观点时思维缜密、具有说服力	10%				

（2）应确立统一的评分标准。评分标准应该具体到项目的行为水平，不能太抽象，以免考官不得要领，或产生不同的理解，仅凭印象给分（示例见表6—4）。

表 6—4　　　　　　　　　　　无领导小组讨论的评分标准示例

无领导小组讨论行为标尺——团队精神

被试者编号/姓名：　　　　　　　　　　　　　　　　　　　日期：

考官：　　　　　　　　　　　　　　　　　　　　　　　　时间：

　　团队合作行为表现

差等表现　　　　　　　　　　　　　　　　　　　　　　　低分

（　　）将表现自己而不是达成团队目标放在首位。

（　　）在听取他人发言时显得不耐烦、不专注。

（　　）未听完他人的意见就表示反对。

（　　）态度生硬地指责别人。

（　　）不愿意接受他人善意的批评。

（　　）在讨论中不主动、不投入。

（　　）思考问题和发表意见时脱离会议进程。

（　　）固执地坚持自己观点。

中等表现　　　　　　　　　　　　　　　　　　　　　　　中等

（　　）在发现别人发言的错误时主动更正。

（　　）不管讨论本部门还是其他部门的问题，都显得比较投入。

（　　）在讨论本部门问题时起主导作用。

（　　）更重视团队的利益而不是自己的表现。

（　　）认真听取他人的观点。

（　　）吸取他人观点中的有益部分。

（　　）以探讨问题的态度去理解他人的观点。

（　　）充分信任他人，不轻易怀疑他人的观点。

（　　）注意捍卫本部门利益。

优等表现　　　　　　　　　　　　　　　　　　　　　　　高分

（　　）综合不同发言的观点，形成自己的观点。

（　　）欢迎他人质疑自己的观点，愿意被说服。

（　　）对于他人意见中正确的部分予以肯定和接受。

（　　）根据自己能力的特点，主动要求承担适合自己的任务。

（　　）将团队利益置于局部利益之上。

（　　）把握不同的成员的特点，选择相应的交流方式。

总体评价：

□	□	□	□	□	□
0	1	2	3	4	5
未显露	欠缺	偏弱	尚可	较好	出众

　　3. 人员准备

　　（1）选择和培训考官。考官是决定被试者能否顺利进入下一轮的重要因素，因而有必要对他们进行培训，以提高他们对评分表中各项指标的判断力。培训内容主要包括：准确理解测评指标的含义，包括各指标的考量重点及对实际工作的意义；学会观察并准确记录被试者的行为，考官要记录被试者的表达或行为特点，而不是对这些观点或行为作出主观判断。

（2）培训工作人员。除了培训考官之外，还应对参与无领导小组讨论的工作人员进行培训。培训的内容包括：无领导小组讨论的工作规程；工作人员的职责；熟悉被试者的情况。

4. 场地准备

无领导小组讨论的测试环境要安静、宽敞、明亮等。如果有条件，要对无领导小组讨论的整个过程进行监测、录像，以便在几位考官发生争议时回顾讨论实况；如果没有条件录像，考官必须坐在小组讨论场地的旁边，其方位必须能观察到各讨论者的表情，并能清晰地听到他们的谈话。讨论中需要用计时器来掌握被试者的发言时间，作为评分的依据，并掌控讨论进程。图 6—2 是讨论场景的一个简单示意图。

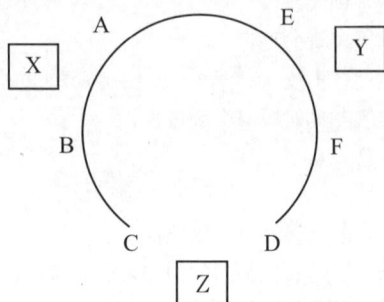

图 6—2　无领导小组讨论参与人员空间位置示意图

说明：图中，考官 X 观察 A 和 B；考官 Z 观察 C 和 D；考官 Y 观察 E 和 F。

（二）实施阶段

1. 将被试者分组

适当控制小组的人数，以 5～7 人为宜，在性别、年龄方面相对均衡。适当的比例搭配有助于营造讨论的气氛，使考官更容易作出全面的评价。

2. 宣读指导语

指导语是在测评过程中说明测评方式以及如何回答问题的指导性文字。主考官向被试者宣读无领导小组讨论测试的指导语，介绍讨论题的背景资料、讨论步骤和讨论要求。指导语应力求清晰、简明，使被试者能很快明白应该做什么。

3. 开展具体讨论

被试者明白讨论规则后，进入正式讨论阶段。测试时间根据需要而定，与招聘的级别、层次、专业等因素有关，也与小组的人数有关，通常在 60～120 分钟。在正式讨论阶段，被试者先轮流阐述自己的观点，然后在被试者之间进行交叉辩论，在"无领导"的状态中展开辩论并发表意见，多数情况下会很快产生一个"主持人"。

（三）结果处理阶段

在结束无领导小组讨论后，所有考官结合被试者在活动过程中的表现进行沟通。沟通内容包括被试者的态度、各种能力、优缺点以及性格特征是否适合岗位的需要。应对被试者的综合评价进行排序。

无领导小组讨论的实施程序见图 6—3。

起始阶段	轮流发言阶段	交叉讨论阶段	结束
被评价者 熟悉规则 准备发言提纲 评价者 熟悉评价规则 统一评分标准	被评价者 每人发言一次 阐述自己观点 评价者 观察记录被评价者 的观点以及临场的 各种表现	被评价者 交叉辩论 评价者 观察记录被评价者的 言行，重点是一些有 特征的表现	被评价者 讨论心得、体会、 收获 评价者 测评打分 撰写评语

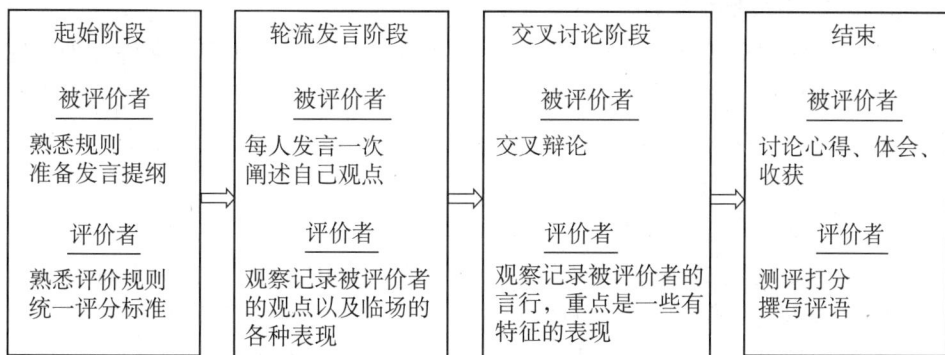

图 6—3　无领导小组讨论的实施程序

第 3 节　公文筐处理的操作

公文筐处理常常设计一个管理者非常熟悉的、具有代表性的职业工作情景，将各类有关信息和有待处理的问题形成十几份乃至几十份书面材料（这些文件可能是信函、备忘录、报表、账单、投诉信、电话记录、命令、请示、汇报、通知，等等）放在被试者办公桌上的公文筐内。公文中包括许多棘手的问题，而且许多问题之间相互影响，关系错综复杂，被试者只有经过认真分析和统筹考虑方能有效应对。由于时间有限，可利用的资源有限，现有信息又不全面，被试者必须借助个人拥有的知识进行分析、推理、比较、判断才能作出决定。被试者必须在孤立无援的情况下对所有问题迅速理出思路，对公文筐中的材料一一形成文字处理意见或报告。

公文筐处理高度仿真并接近管理实践，非常有利于激发被试者的积极性和创造性，对于在很短的时间内较全面、系统、准确地了解被试者的管理能力具有不可替代的作用。

一、公文筐处理考察的管理能力

公文筐处理所要测试的管理能力主要包括对组织中人、财、物、时间、信息等多方面的控制、理解和把握等能力。具体来说，主要考察以下几方面的管理能力。

1. 分析能力

被试者若能理清众多公文中存在的问题的轻重缓急，了解问题产生的根源、背景，快速抓住关键性问题，则分析能力强。

2. 计划能力

面对浩繁的公文信息，被试者若能有条不紊地对公文进行分类，急事急办，在处理文件的过程中表现沉稳，工作有序，清晰了解各类文件的处理过程，将办公桌上的文件经分类后归档，能准确排序并有序处理，则计划能力强。

3. 资源整合能力

在时间和资源有限的情况下，要将公文筐内必须处理的文件都处理完毕，必须充分利用纸、笔、电话、电脑、复印机、打印机等资源（如有助手还应学会如何使用助手）。有些公文须通过电话请他人处理，有些公文必须亲自处理。能将手边的各种资源充分利用者的资源整合能力强。

4. 协调与授权能力

在处理公文筐内的公文时，在完全仿真模拟的环境中，应有部分文件的处理须与其他部门、单位或个人进行协调。被试者若协调沟通得当，语言表达清晰准确，授权干脆利落，协作氛围好，工作效率高，能快速解决问题，则协调与授权能力强。

5. 决策能力

在处理公文筐内的公文时，被试者应能快速作出判断和决策，把所有处理好的公文归为一类，将尚需调集其他信息或需要作进一步分析的公文放在手边。如果无法获得处理公文的进一步资源，应根据现有信息作出果断的判断和决策。有这种表现的人决策能力强。

6. 创新能力

在处理公文的过程中，被试者应能够立即发现问题（如工作中的问题、公文交接的问题、资源整合的问题、工作程序的问题），并对所发现的问题进行思考，提出一些极富建设性的意见。有这种表现的人创新能力强，常能在工作中提出一些新颖的工作思路和工作方法。

二、公文筐处理试题的设计

有效的工作分析是公文筐处理的最核心的基础工作，工作分析的关键内容准备得越规范、越全面、越深入、越细致，公文筐处理的题目设计就越容易，测评结果的信度和效度也就越高。但仅有系统的工作分析还远远不够，对行业特点、企业内外部环境、企业文化和测评目标的分析也是设计公文筐处理试题时需要考虑的重要内容。公文筐处理试题设计的主要依据为：

（1）企业所在行业的特点及内部和外部环境状况；

（2）企业文化和核心价值观；

（3）管理职务设置的目的和工作职责；

（4）管理者工作活动的内容、各项工作活动占全部工作活动时间的比例、各项工作活动的执行权限和执行依据、工作活动结果的预期标准（每一管理者的工作活动都包括团队维系、信息传递和决策制定三大类）；

（5）管理者每一工作活动的主导业务流程；

（6）管理者的工作关系，包括管理者的直接上级和间接上级、直接下级和间接下级、管理者的同级、管理者的企业内部客户和企业外部客户；

（7）管理者可调遣或协调的工作资源，包括人力资源、物力资源、财力资源和信息资源。

　　公文筐处理的优势在于其情景模拟的特性，因此，必须进入一线管理部门收集管理者的日常公文，以确定其遇到的典型公文以及在工作中出现的关键事件和典型事件。收集公文素材的最好方式就是邀请一批比较优秀的任职者或者他们的直接上级召开交流会，运用关键事件法，获取重要的仿真公文原型，一般要按所需文件数量的2～3倍来征集。在进行公文搜集时，电话记录、请示报告、上级管理者的指示、待审批的文件、各种函件、建议等多种形式的文件都要占一定比例。此外，还要根据多项细目表逐项设计公文筐试题，在这个过程中要考虑的首先是公文设计的管理能力要素，然后是公文的重要性和紧迫性的比例，最后是公文的形式和内容的比例。在充分掌握相关信息的前提下，一般用2～3个工作日即可完成一个重要管理职务的公文筐处理的题目设计。

三、公文筐处理的操作说明

　　公文筐处理的实际操作可分为准备、实施和结果处理三个阶段（见图6—4）。

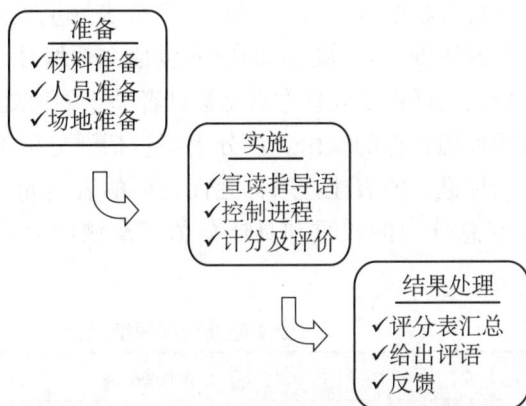

图6—4　公文筐处理的操作流程

（一）准备阶段

1. 材料准备

　　公文筐题目的设计在前面已作相应阐述，具体的题目编制步骤为：（1）收集文件。收集拟任岗位的日常文件，所收集的相关公文材料应该能充分地反映拟任岗位的特点，并且让被试者处理时有一定的难度。（2）文件筛选。对收集的所有原始案例进行甄别、筛选，选出内容合适、形式各异、轻重缓急各不相同的文件约20份。（3）编制文件。对所筛选出的文件进行加工和整理，使其符合公文筐测试的要求，各种公文的内容及难易程度，都是围绕目标职位可能遇到的状况进行设计的。公文筐处理试题示例见表6—5。

表 6—5   **公文筐处理试题示例**

> 背景：某医院是一家私立医院，有 600 名员工，是由现任董事会成员康永创建的。你是人力资源部经理，在 6 个月之前上任。有传言说前任人力资源部经理出了问题，但大家在公开场合闭口不谈，你直到最近才让部门氛围有所改变并使部门平稳运行。但是，这时你必须到外地开会，这是你上任后第一次出差，出差前，你只有一个小时去处理公文筐里的各种文件。今天是 1 月 30 日（星期五），你一个星期之后才能回来。
>
> 文件一：
> 送交：王经理（假设你姓王）
> 来自：张恒，办公室主任
> 日期：1 月 26 日
> 有一个叫李梅莉的电话接线员，已经在公司工作了 7 年，向我们抱怨另外一个刚被录用的接线员的工资与她相差无几。我告诉她，跟你商量之后再给她答复，请在今天给我电话。谢谢！

对所有公文应该有一个总体情景的介绍，内容包括：（1）日期、时间；（2）事件背景；（3）公司概况（组织结构图）；（4）被试者所在职位及职责权限。

为了得到尽可能多的与拟聘职位有关的公文材料，在编制题目的过程中需要得到人才需求部门主管的支持，因为只有他们能够提供第一手、最翔实的各种文档。此外，还需要准备答题纸（见表 6—6）和评分表（见表 6—7）。被试者对文件的处理意见应填写在答题纸上，答题纸的内容包括文件编号、重要程度、紧急程度、处理意见、处理依据或理由。处理意见是被试者关于如何处置文件中具体事宜的指示，处理依据应表明处理意见的缘由。评分表则包括评分标准及评分范围。评分标准是对各测评能力指标进行的表述，来自胜任特征的表述和行为样本；评分范围给出各测评能力指标在总分中的权重和具体分值，及该能力优、良、中、差等级的评分区间。

表 6—6   **公文筐处理答题纸示例**

考生编号		文件编号		
重要程度	很重要□	重要□	一般□	不重要□
紧急程度	很紧急□	紧急□	一般□	不紧急□

处理意见：

处理人签名：
年   月   日

处理理由：

表 6—7 公文筐处理评分表示例

目标职位：

被试者姓名：

年　　龄：

卷　　号：

性　　别：

评价项目	得分（满分为 10 分）	权重	备注
分析能力		20%	
计划能力		15%	
组织协调能力		10%	
决策能力		20%	
预测能力		15%	
表达和沟通能力		10%	
创新能力		10%	
评　语：		总得分：	
		考官签名：	

2. 人员准备——考官的选择与培训

为确保公文筐处理的测试效果，主考官原则上应由咨询顾问、测评专家或心理学家担任，企业的高管或人力资源管理人员作为辅助考官。企业高级管理人员对企业现状有着更为深刻、切实的感受，在通过标准化的培训以及专业人员的即时指导后，能够与具有专业背景的主考官形成有益的互补。公文筐处理要求考官具备以下素质：

（1）了解企业基本情况，对目标职位的内涵理解深刻；

（2）具备相关基础知识，了解公文筐处理的理论和实践依据；

（3）熟知测试题的各种可能答案及题目之间的内在联系；

（4）明确题目的评分标准及测试要素的定义，并与其他主考官达成一致；

（5）善于观察被试者的行为表观，准确记录并形成判断；

（6）具备较强的沟通能力，能恰如其分地进行深度问询；

（7）能够对被试者进行独立、客观公正、审慎的评价。

考官的培训一般包括以下方面：第一，接受公文筐处理模拟测试。进行一次模拟测试，可以让考官了解测试内容、答题方式、考试的组织程序。第二，让考官对模拟测试的结果进行自评，通过这一过程可以了解测试的评价内容和评价标准。

3. 场地准备

依据预定的参加测试的人数选择合适的测试地点，布置考场。考场环境应整洁、安静、无干扰，采光照明良好。由于要处理大量公文，因此桌面要足够大，如有多人参加，相互之间的距离要远一些，以免相互干扰。可以在测试地点准备一台摄像机，以便考官回顾被试者的表现。

准备好测试所用的如下材料：测试用文件、答题册、铅笔、橡皮，保证每位被试者有以上所有的测试材料和工具。

（二）实施阶段

1. 宣读标准化的指导语

指导语是在测评过程中说明测评方式以及如何回答问题的指导性文字。主考官向被试者宣读公文筐测试的指导语，介绍测试材料、测试步骤和测试要求。指导语应力求清晰、简明，使被试者能很快明白应该做什么以及如何对文件作出处理。测试材料指导语示例见表6—8。

表6—8 测试材料指导语示例

测试材料指导语
本文件袋内的材料反映了××职位典型的一天的工作，本练习需要你处理一些通过信件、备忘录、便条和其他文件带给你的工作，这些材料都已置于文件袋中。 　　本练习提供了展示大量管理技能和领导技能的机会，练习设置的情境有严格的时间限制和资源限制，这与你在××职位上实际面临的情境是一致的。 　　你将有一小时阅读背景材料并完成练习，建议你最好在阅读完所有材料的基础上再采取行动。你所在的职位是××，你应尽量根据该职位实际的情境来处理事务。 　　写下你将如何处理每件事情。如答题册上与下你的处理意见，请附上你所写的所有指示。 　　当你完成公文筐测试或者时间截止时，将所有材料放回本文件袋。

2. 控制进程

工作人员宣读完指导语之后，可以留一点时间让被试者就不解之处提问，然后开始正式测试。在测试过程中，应保持考场安静，被试者不得交头接耳，工作人员也不应对被试者的问题作答。考官应仔细观察测试者的行为、情绪并记下观察点，借助摄像机记录测试者的表现。

3. 计分及评价

首先，考官要对被试者的文件处理书面结果和他在测验过程中的行为表现独立作出判断和评价，然后由工作人员进行汇总。其次，对考官的评分结果进行比较，如果某些项目上的评分差距较大，就必须进行讨论，然后就该项目分别重新打分，若仍有争议，则继续讨论，继续打分，直到意见较为一致为止。最后，通过深度询问了解被试者处理文件过程中表现出来的各项管理能力（见表6—9）。

表6—9 公文筐处理考察管理能力的操作定义、行为样本和提问方式

评价项目	操作定义	行为样本	提问方式
计划能力	追求事务的清晰、有序和准确。	根据材料的主要内容对材料进行分类；根据材料的重要性和紧迫性，确定材料的优先级，即优先（材料极其重要，立即处理）、重要（可稍后处理）、不重要（搁置处理）。	这份文件应归入哪一类？在解决文件中的某个问题时，你将采取什么步骤？请按先后顺序列出。

续前表

评价项目	操作定义	行为样本	提问方式
表达和沟通能力	准确地分析并把握他人话语背后的想法和情感，清晰地表达自己的想法。	处理人际沟通问题的意见条理清晰、措辞恰当（有效、清楚、正确、全面、符合逻辑）。能够建立和保持有效的人际关系。	如何以适当的措辞处理人际关系问题？在处理文件和执行某项任务的过程中需要涉及与哪些有关人员的直接沟通和间接沟通？
组织协调能力	坚持自己的主张，有指挥他人的个人意愿，利用职权使他人遵照执行。	提供详细的指导，分配任务以使他人完成工作，并使自己有精力去做更重要的工作。	如何在职权范围内要求有关部门和人员完成工作？如何对任务的实施提供详细指导？
分析能力、决策能力、预测能力	通过将问题分解，确定问题的内在原因，找出复杂情况中已有或潜在的问题。	找出事情的可能原因或行为的可能结果；预测困难并事先考虑接下来的步骤；运用不同的分析方法确定不同的解决方案，并权衡每一方案的价值；考察决策背后的理性成分（考虑决策正确与否、各种方案的优缺点、采取各种决策的理由）。	处理文件优先等级的依据是什么？这份文件最关键的问题是什么？你这样处理文件的理由是什么？
解决问题能力、创新能力	收集解释并评估信息，制定合理的决策，促使组织目标实现。	根据已有的信息来确定问题，采取恰当的行动解决有关问题。	你将采取哪些有效的行动（措施）来解决这个问题？（不必阐述理由）

资料来源：徐晓锋、车宏生：《文件筐测验的计分研究和应用》，载《中国人力资源开发》，2003（8）。

（三）结果处理阶段

在结束测试后，所有考官结合被试者在活动过程中的具体表现进行沟通。沟通内容包括被试者的总体表现、出现的问题、解决问题的方式、优缺点。之后应给出一份评定报告，主要说明每个被试者的具体表现，并给出是否录用的建议。然后结合具体的测评维度权重系数，计算得出被试者的综合得分。

评分工作结束后，应给出评语，并将结果反馈给被试者。

第 4 节　案例分析与公开演讲的操作

在实际操作中，很多企业将案例分析与公开演讲结合起来进行，一般将最后一个案例分析题作为公开演讲来考核。

案例分析最早出现在哈佛商学院的 MBA 课程中，是一种针对职业经理人的学习和综合训练方法，而非人员遴选方法，随后逐步引入评价中心技术并得到广泛应用。在案例分析这种形式的测试活动中，先让被试者阅读一些案例，了解并研究某个组织或个人面临的问题，然后要求其根据所提出的问题进行分析报告、小组讨论或公开演讲。在案例分析中一般选择内容翔实、信息复杂、有待决策的案例让被试者进行分析，案例中的问题一般是财务问题、制度问题或管理过程分析问题。

案例分析能够考察被试者的综合分析能力、归纳提炼能力、创新能力、判断决策能力、接受他人观点的能力和总结问题的能力等。既可以考察一些一般的技能，也可以考察某些特殊的技能。公开演讲主要用于了解被试者的快速思维反应能力、理解能力、语言表达能力、言谈举止和风度气质、角色定位、压力承受能力等方面的素质。

一、案例分析题的编制

1. 收集案例

案例必须具有真实性和针对性，所以应重点进行实际案例收集，从而为设计与编制做好准备。实际案例收集可以通过关键事件法进行，即对欲测评职位的相关专家（具有丰富实践经验，对该职位相当了解的专家）进行关键事件访谈或调查。在访谈过程中，请部门主管描述一个工作中遇到的典型案例或关键事件，包括事件发生的背景、事件发生的时间、遇到的问题、解决的办法、解决的效果等，集中关注此案例中体现了哪些能力要素和人格品质。这样，当事人心目中的典型案例或关键事件便完整地呈现了出来，这便是第一手的案例素材。

当然，如果企业内部有撰写工作日志的习惯，那么可以通过收集生动的工作日志作为案例编制的基础性材料。

2. 选择案例

对于收集的第一手案例素材，还需要进行筛选、组合、修订、提炼等，将实际案例事件与考察素质相结合，并针对案例中遇到的一些实际问题编制问题项目。

最终确定的案例应具备三个特点：（1）每个案例都是一个独立的决策问题。它们通常具有非确定型决策问题的性质，使被试者在进行案例分析和提供决策方案时无法依靠一种固定不变的程序来解决，而主要依靠被试者本身的知识、经验、决断能力等。（2）一题多义，一题多解。每个案例的分析与判断都有多种可供选择的方案，每种方案都有利弊，被试者只有运用多学科的知识，综合自己各方面的才能，进行周密详细的分析，方能作出合理的选择。（3）案例来自实际工作，使案例阐述的情境条件和分析要求与指定的社会角色的实际工作十分相近，给人以亲切实用之感。

3. 编制案例的注意事项

在进行案例的设计与编制时应注意以下问题：

（1）案例中的事件尽量具体、明确。编制案例时最好选择具体、明确的事件进行设计，因为事件越具体、越明确，被试者的回答范围就越可能有界限，评分标准就越容易界定，从而避免空洞、笼统的答案，以利于评分的标准化。

（2）案例内容不能对问题项目有直接提示。在编制案例时，虽然要给被试者足够的背景信息，但切忌出现对问题项目有直接提示作用的内容。可设置一些悬念，以利于案例后的问题项目设计。

（3）案例的篇幅要适度。案例的长短要适度，500～1 000 字较为合适。

（4）对案例的通用性与专业性要予以考虑。如果遴选人才的目的是上岗后立即工作，那么需要编制和使用专业性的案例，使被试者的工作经验与相关岗位工作技能成为决定分数的一个重要因素。如果遴选人才的目的是培养后备管理者，那么需要编制和使用通用案例，主要考察其综合素质、发展潜力等。

（5）案例要兼顾数据和人际关系。案例既要注重企业理性的问题（比如财务数据、市场营销数据的分析等），并据此从战略角度规划发展思路，也应兼顾企业中人的非理性、情商、心理契约以及非正式组织对企业的影响。尤其要注意案例中涉及的企业内部的制度问题、人际关系问题、道德伦理问题、发展背景问题、历史因袭文化等问题。

案例分析题示例见表 6—10。

表 6—10 　　　　　　　　　　　　　　**案例分析题示例**

建达公司在建材行业一直处于领先地位。但是前两年，公司管理混乱，很多销售人员浑水摸鱼，中饱私囊，扰乱了市场的价格体系，损害了建达公司的声誉。 　　基于此，公司董事会于 2013 年底聘用了史峰，希望依靠新的总经理扭转公司的颓势。史峰原本是一家全球领先的建材设备租赁公司中国区的 CFO，他不但有令人折服的财务经验，而且是一个成熟老练的管理者。这样的人才对于管理稍显混乱的建达来说，是上佳人选。 　　史峰上任后，采取了一系列收权的措施，主要是从人事和财务上加强公司管理。虽然对公司进行了整顿，但史峰仍然忙得焦头烂额，而且各部门仍然屡屡发生违规现象。"我不管，事情就做不好。"他认为建达的员工能力有问题，所以才需要事无巨细一一过问。 　　但建达的员工不这样认为。公司上下，从部门总监到一般员工，都觉得自己在公司里做不了主，没有工作积极性。比如，对秘书写的文稿，无论重要与否，史峰都亲自过目甚至动笔修改；在招聘方面，按照公司规定，部门经理以下的职务的薪资由其直接主管和人力资源总监共同决定，可是有好几次，史峰突然过问这几类人员的薪资，而且不与人力资源总监打招呼就将人力资源总监和有关部门经理共同商定的薪资重新进行了调整。 　　史峰的新政策对公司的销售影响最大。尤其是从今年开始，总公司给各个分公司都下达了严格且有所上调的财务指标；除了销售额要达标以外，毛利率必须达到销售额的 25%，税前利润必须达到销售额的 10%。此前，分公司只需要完成销售额这一项指标。与此同时，公司新的授权政策规定，销售经理的价格浮动权不能超过 3%，大区经理的价格浮动权至多达到 5%。如果超越权限，必须上报审批。而原来销售经理的价格浮动权为 7%。 　　对此，销售人员颇有微词：新的合同审批流程复杂、时间长；对标准销售合同的任何一点修改都需要到总部审核盖章；搞定内部比搞定客户还难……公司的销售人员士气低落，销售形势令人担忧。 　　正在这时，建达华东分公司的明星销售经理高飞拿下了一份 2 000 多万元的大单。高飞虽然拿下大单，但由于在签订合同的关键时刻未能联系上史峰，情急之下，他不得已把价格调低了 5.5%，从而违反了销售经理的价格浮动权不能超过 3% 的规定。看到员工违反自己刚刚制定的销售流程，史峰非常生气，决定开除高飞。 　　但是华东区总经理丁衡远不同意史峰的做法，并且通过公司人力资源总监许信华告诉史峰：如果史峰坚持要开除高飞，他也准备走人。更让史峰没有想到的是，许信华也站在丁衡远这边。

问题：

1. 请你系统分析一下目前建达公司存在哪些问题，应该从何处入手进行解决，具体步骤是什么。

2. 在这种情况下，如果你是史峰，该怎么办？为什么？

3. 你认为为什么公司人力资源总监许信华会支持丁衡远？如果你是人力资源总监，会如何处理这件事？

4. 请你对史峰的领导方式作出评价。你认为他的领导方式符合建达公司目前的现状吗？

评价项目：

分析能力　决策能力　应变能力　预测能力　情商　领导能力　战略思维　组织认知

二、案例分析与公开演讲的操作要点

案例分析与公开演讲的操作比较简单，其评分表设计、考官培训、考场选择等步骤与无领导小组讨论及公文筐处理大致相同，但特别要注意以下几点。

1. 测试过程

使用案例分析的时间一般以 90～120 分钟为宜。每个案例分析平均需要 30 分钟左右为宜，一次案例分析测试最好使用 3～4 个案例，从难度看最好包括低、中、高各个层次。比如，前两个案例以研讨的方式进行，先按顺序发言，然后交义讨论；最后一个案例给被试者 10 分钟左右的时间离开考场在休息室准备，并按照抽签的顺序依次走上演讲台进行演讲。

2. 考场的选择及布置

案例分析可用圆桌会议的方式安排 3～6 人进行案例研讨；公开演讲则需要有一个演讲台，演讲台的设计以及与考官的距离应以考官能全面观察到被试者的全身动作为基本原则。

3. 标准化施测程序的制定

由于案例分析和公开演讲涉及的内容非常宽泛，也给测评增加了难度，因此在考官培训和评分标准方面尤其需要注意。比如，在公开演讲这一环节判断被试者的表现可以有如下几个标准：思路清晰、观点鲜明、语言表达能力强、肢体语言表现为有修养、精神状态积极向上、态度谦恭有礼、知识面宽但不张扬、有自信且很从容镇静。以上这些标准可以在评价指标中体现。

▢ 关键术语

评价中心法　无领导小组讨论　公文筐处理　案例分析和公开演讲

▢ 复习与思考

1. 简述无领导小组讨论法，并说明如何操作。

2. 简述公文筐处理法，并说明如何操作。

3. 简述案例分析与公开演讲法，并说明如何操作。

4. 请综合无领导小组讨论、公文筐处理、案例分析与公开演讲等方法，设计一套管理能力测试的工具，如评分表、指导语、时间规划、考官培训材料、题目设计等。

5. 请结合自己的思考，谈谈还有哪些方法可以整合到评价中心技术中，无领导小组讨论、公文筐处理、案例分析与公开演讲今后在企业人才测评实践中将会出现哪些发展趋势，在技术上会有哪些改进。

第 7 章

诚信测试

本 章 重 点

1. 诚信测试的发展阶段
2. 诚信测试的理论基础及方法

第 1 节　诚信测试概述

　　诚信是指一个人的诚实和信用程度，体现在一个人的行为、态度、个性、价值取向中。传统的观点认为，诚信就是一个人的可靠程度和可信任程度，是人品的核心部分。人们对诚信的理解，以前主要局限于一个人的诚实程度，后来则扩展到可靠性、责任感、社会依从性和抗上性等方面。在员工的招聘、甄选、晋升等人力资源管理过程中，科学地考察员工的诚实性、可靠性、责任感等诚信特征具有重要意义。但是，诚信度的测定是一个公认的难题。本章的研究仅仅是抛砖引玉，希望今后诚信测试的研究能取得更大的进展。

一、诚信测试的概念及其历史

　　诚信测试是通过建立心理测试量表来辨别人们是否诚信的一种纸笔测试方式。诚信测试目前在美国应用得较为广泛，在 20 世纪初至 90 年代末，美国雇主主要通过测谎仪来选择诚信的员工。

　　测谎仪最早于 1921 年被美国警方人员用于问讯和调查，随即很快在美国商界流行开来，因为在商界，员工违规行为经常发生。测谎仪是一种测量人们血压、脉搏、皮肤电、脑电等电生理指标的仪器，与心理学专家开发的专门程序相结合，能够较准确地识别出罪犯，是一种较流行的谎言测试仪。20 世纪 60 年代初，测谎仪成为一种常见的选择员工的工具。私人企业主常使用测谎仪来筛选应聘者以及调查公司内的违规行为，尤其是偷窃行为。据研究者估计，到 1985 年，美国有一半以上的零售企业以及 30％以上的世界 500 强企业使用测谎仪。[①] 虽然测谎仪在谎言测试方面有一定的可信度，但由于受到人们的意志力、环境抗压力、体力、心态和其他各种因素的影响，测谎仪的测谎结论并非百分之百准确。滥用测谎仪作为招聘时甄选的工具显然是不合适的，因此许多应聘者对此表示强烈不满，他们以"滥用测谎仪，侵犯公民隐私权"为由，将相关雇主告上了法庭。当时越来越多的批评者认为，在非政府机构的掌控下，测谎仪在美国正成为一种侵犯个人隐私的危险工具。测谎仪在甄选录用中的最大问题就是对落选者的心理打击。一个人一旦没有通过谎言测试，便会被贴上"不诚实"、"不地道"的标签，这是所有应聘者都难以接受的评价。美国国会最终在 1988 年通过了具有标志性意义的《员工测谎仪保护法案》，对测谎仪的使用作出了严格限制，只有当员工在调查中受到怀疑时，雇主才可进行谎言测试。美国公司很快对此作出反应，转而采用心理测试（即诚信测试），这种情形持续至今。

谎言测试在甄选录用领域受到的近乎取缔的限制，导致了诚信测试的繁荣，诚信测试在甄选录用领域开始被大量使用。

二、诚信测试的发展阶段

诚信测试是从美国发展起来的。按照诚信测试在美国的发展历程，依据测试目的，可以将其分为以下三个阶段（见表 7—1）。

表 7—1　　　　　　　　　　　　诚信测试的发展阶段及其比较

年代	测评目的	可测试出的个性	测评方法	测谎题表现形式
20 世纪六七十年代	被试者的偷盗倾向	诚实度	外显性诚信测试	公开、具体地询问以往的违法和不诚实行为
20 世纪八九十年代	预测大量怠工行为的可能性	被试者个性中的相关成分测量，如可信度、责任意识等	以个性为基础的测试	人格导向和掩饰目的、伪装目的
20 世纪 90 年代至今	预测员工不诚信行为的可能性	被试者的责任心、长期工作承诺、一致性、工作伦理、对暴力的屈服、可靠性、抑郁、愤世嫉俗、冲动性等	以个性为基础的测试	更广泛的人格导向和隐蔽性

资料来源：[美] 爱德华·霍夫曼：《人才心理测评》。

1. 20 世纪六七十年代

诚信测试最早出现于 20 世纪 60 年代的美国，是一种评价应聘者或员工诚信度

[①]　参见 [美] 爱德华·霍夫曼：《人才心理测评》，北京，中国财政经济出版社，2003。

的纸笔测试。早期的诚信测试主要用于评估被试者的偷盗倾向。在 70 年代后期，诚信测试得到了广泛的试用，测试内容包括要求被试者公开承认偷窃行为和违规活动（如滥用公物等）。例如，被试者要求对下列问题回答"是"或"否"：

（1）我从我的老板那里偷过东西。

（2）我曾把办公室用品带回家私用。

（3）我曾篡改过记录或报告。

（4）我会无故缺勤。

（5）我曾经消极怠工。

上述测试用于直接探寻应聘者有关偷盗等不诚信行为的态度，称为外显性诚信测试。开始时可以通过这种测试甄别出被试者的诚信度，但雇主很快便发现这样的测试题已经不能区别被试者诚信与否，题目的社会化倾向越来越明显。于是专家又采取了另外一种方式，就是不直接询问被试者自己是否有不诚信行为，而是询问他对一些令人反感的行为和非法行为的意见。例如：

（1）你认为针对购物偷盗行为的法律是不是太苛刻了？

（2）如果你看到自己的同事正在盗取商品，会向你的上级报告吗？

（3）绝大多数年轻人没有从朋友或同学那里偷过东西。

（4）我所认识的许多在校的十几岁孩子至少干过一次顺手牵羊的事情。

一般来说，人们更愿意说明自己的价值观和态度，而不是自己的个人行为和错误。结果，像"你相信大多数人有过在商场偷窃的行为吗？"这样的问题比"你在商场偷过东西吗？"、"在过去的三年里，你在工作中偷过几次东西？"这样的问题更容易得到诚信的回答。当问题用来探测一个人的态度和价值观时，绝大多数应聘者的回答是可信的。所以，直到今天，询问价值观和态度类的测谎题目仍然被许多公司所采用。

2. 20 世纪八九十年代

在这一时期，诚信测试的理论和方法发生了很大变化。诚信的概念不断得到拓展，诚信测试不再仅仅针对不诚信行为，而是延伸到个性中的相关成分（如可信度、责任意识等），成了测试被试者诚信度、自律性和职业道德的工具。

这一时期的诚信测试量表更多地采用隐蔽性的方式。人格导向和掩饰目的、伪装目的的测试题一般用于人格测试，就是为了测量与诚信度相关的个性特征（如寻求刺激性、对权威的反抗、愤怒倾向、不可靠性、无责任感等）。下面就是相关的诚信测试量表中的五个题目。

（1）"我所做的每件事情对我来说都是有趣的"。注意这里所说的"每件事情"，在这个世界上没有一个人可以有资格说这样的话，也没有一家公司认为公司的工作对每一个员工而言都是有趣的。

（2）"我从不说谎"。注意"从不"这个词。不管是乔治·华盛顿还是林肯，都不可能说这样的话。对于一个应聘者来说，坚持自己从来没有说过谎话，显然是荒唐的。现在中国流行这样的说法，即"善意的谎言"，于人于己无害，但可能于人于己有益。例如，某人得了不治之症，医生、家人和朋友都会隐瞒实情，对病人说善意的谎言，目的是让病人不要有思想负担，配合医生治疗，从而对病人的身体有利。现在这种善意的谎言得到了越来越多专家的肯定。无害的谎言可以让他人心态平和、快乐生活，减少烦恼和不愉快。

（3）"实际上我从来没有发过脾气"。每个人都有偶尔发脾气的时候。如果一个被试者说自己从来没有发过脾气，这是不大可能的。其实一个人发脾气并非什么坏事。可是如果你固执地认为自己从不发脾气，相信你的人会很少，而认为你会发脾气的人更多。所以被试者尽可能不要说绝对的话，而应该多说留有余地和诚实的话。

（4）"我总会认为生活中最关键的是按照自己的想法行事"。这个题目用来考察被试者对权威和规则的反抗性。

（5）"我经常会觉得别人在很多方面都不如我，他们的很多言行都让我看不顺眼"。这个题目用来考察被试者对权威的反抗、自大倾向等。

对企业来讲，测谎的目的会被隐藏起来，测谎的题目也会被穿插到一般的个性测试题目中去。

3. 20 世纪 90 年代至今

目前，正式出版的各类诚信测试试题所检测的方面包括：责任心、长期工作承诺、一致性、职业道德、对暴力的屈服、可靠性、抑郁、愤世嫉俗、冲动性等。90年代以来的研究继续沿着上一时期的方向发展，从被试者个性的角度出发深入研究何种个性更有可能导致其不诚信行为。下面是几个例子。

（1）我喜欢井然有序。

（2）我所做的超出人们对我的期望。

（3）我喜欢工作顺利完成的感觉。

（4）根据我的观点，一项工作没有达到完美就是没有完成。

（5）我经常购买一些不需要的物品，只是因为当时看起来很好。

第 2 节　诚信测试的理论基础

一、泄露理论

泄露理论最早是由埃克曼（Ekman）于 1984 年提出的。他指出，当情绪伴随着谎言出现时，大多数人的谎言会被识破。由于撒谎而产生的情绪波动越强烈，暴露谎言的非言语行为线索越明显。这种情绪越强烈，就越难以隐藏和控制，因此这种真实的情绪就会泄露说谎的秘密。

撒谎者如果地位较高，或者属于上流社会，在撒谎时通常能控制所说的内容，使谎言变得更可信。如果仅依据其所说的内容会较难识别谎言，但是，他们也难以控制自己的面部表情、情绪、眼神、耸肩和其他的行为，这些非言语行为会泄露他们说谎的秘密。

虽然泄露理论逐步为人们所认识，但人们通过语言内容和非言语行为仍然很难判别说谎的人和不真实的事，所以识别谎言仍是当前招聘的难点。

为什么人们缺乏识别谎言的能力呢？究其原因大致有四点：第一，说谎者在表面上与诚实者并无任何区别。迄今为止，没有任何研究发现一系列非言语行为线索总是与说谎相联系的。第二，人们总是使用错误的线索来识别谎言。第三，人们很少获得自己关于谎言判断的反馈信息，没有反馈信息就意味着生活中缺少提高识别谎言能力的一个重要渠道。第四，当人们试图否定信息时会面临认知困境，对于任何信息，人们总是倾向于首先认为这些信息是真实可信的，在将这些信息标示为"谎言"之前，人们需要付出更多的认知努力。结果就导致人们经常错误地将谎言当成实话。

二、信息操控理论

信息操控理论将视角集中于沟通双方对信息的拥有状况，该理论体现的是一种应对复杂沟通情景下对于所提供信息的调整适应功能。[1]

信息操控理论认为，个体在人际沟通过程中会遇到自己需要权衡、对比、取舍的信息，还会遇到自己需要提供的某些信息，而提供这些信息要承担一定风险。这种风险有些是显性的，有些是隐性的。信息操控理论的核心观点是：凡被认为是谎言的信息，实际上违背了语言沟通的基本准则，信息发送者故意隐藏了信息的正确部分，把有偏差的、错误的信息以隐蔽的方式发送给他人。

该理论的缺陷在于对谎言实质的定义过于狭窄，由定义引出的谎言识别的指标较为模糊，限制了其在实践中的运用。很明显，该理论还需要更多实验数据的验证，尤其是其中有关"对信息的操控会对谎言识别产生影响，其影响的深度也较难把握"的论述。

三、真实监控理论

人们把记忆归为真实经验（外部来源）或想象经验（内部来源）的过程就叫做真实监控。[2]

真实监控主要处理关于感知到的和想象到的事件的记忆。真实监控的核心是基于真正体验到的记忆，而非虚构的记忆。真实监控与说谎无关，但与欺骗有关，毕竟想象的记忆与真实的记忆是不同的。

相对而言，利用真实监控指标来识别谎言是比较新的研究方向。事实上，不同的研究人员使用不同的指标。

可以认为，自我体验的经历意味着说实话，捏造出来的经历则意味着说谎，因

---

[1]　McCornack, S. A. , & Levine, T. R. When lovers become leery: The relationship between suspicion and accuracy in detecting deception [J] . *Communication Monographs*, 1990 (57): 219 – 230.

[2]　Johnson, M. K. & Raye, C. L. False memories and confabulation [J] . *Trends in Cognitive Sciences*, 1998, (2): 137 – 145.

此可以利用真实监控指标来识别谎言。大量研究表明，对真正经历过的事件的陈述比对想象出来的事件的陈述包括更多的知觉信息、空间信息、时间信息及认知操作。此外，在真实监控指标的基础上计算得到的识别谎言和实话的准确率为70%左右。

真实监控的理论基础是关于记忆和记忆过程的描述。很明显，欺骗也有很多记忆和记忆过程，但这些记忆并不真实。

真实监控也存在局限性，亲身经历过的事件与想象出来的事件在记忆质量方面的差异会随着时间的流逝而减少。为了方便回忆，人们会将推理加入亲身经历过的事件的记忆中。另一方面，如果人们尽量设想可能发生过什么，想象的事件会变得更生动、更具体。这可以用来解释为什么一些研究人员发现，当被试者立即作出反应时，说谎者与说实话者之间存在差异，如果给说谎者准备的时间，这种显著差异就会减小，甚至不存在。

真实监控理论更适宜阐述曾经经历的近期发生的事件，它对具体、丰富、细致的细节作出了限制。现实生活中的谎言却并非囿于亲身经历过的、具体的、细节丰富的事件。所以这一理论一方面更有针对性，另一方面，其在谎言识别中的应用范围受到限制。

四、人际欺骗理论

人际欺骗理论与泄露理论及信息操控理论最大的区别就是将说谎者与欺骗对象的交互作用作为研究方向。该理论强调说谎者与欺骗对象之间的人际互动以及说谎发生的心理过程。人际欺骗理论认为，人际互动式欺骗与非人际互动式欺骗是不同的。人际互动式欺骗的过程涉及双方的相互影响，而且这一过程受到说谎者的动机和社交技能的影响。[①] 该理论认为，某些个人特质会影响欺骗性沟通的过程及结果，这些个人特质主要包括社会技能、自我监控和激励程度。在沟通过程中也有四个因素决定说谎者是否欺骗成功以及被欺骗对象判断的准确度，这些因素是：焦虑、自我表现的常态、谎言的复杂程度、怀疑程度。

自该理论提出以来，研究人员进行了一系列的实验，收集实证数据来验证这一理论假设。首先，实验发现，具有较高社交技能的说谎者更擅长表达虚假信息，而且较难被识破。这一发现具有理论价值，它很好地解释了为什么有些人可以成为非常优秀的演员。[②]

人际欺骗理论主要研究在说谎者与被欺骗对象的人际互动过程中哪些因素会对说谎或者成功识别谎言产生影响。从理论价值上来看，该理论拓展了谎言的研究领域，从以前仅仅关注说谎者到关注双方在人际沟通过程中的影响因素，以及双方个体因素对于欺骗行为成败的影响。

---

① Buller，D. B.，Strzyzewski，K. D.，& Comstock，J. Interpersonal deception：Deceivers' reactions to receiver suspicions and probing [J]. *Communication Monographs*，1991（58）：1-24.

② Burgoon，J. K.，& Buller，D. B. Interpersonal deception：Effects of deceit on perceived communication and nonverbal behavior dynamics [J]. *Journal of Nonverbal Behavior*，1994，18：155-184.

第3节 诚信测试的方法

一、诚信测试的分类

诚信测试可分为三类：外显性诚信测试、以个性为基础的测试和陷阱式诚信测试。

1. 外显性诚信测试

外显性诚信测试，又称目的明确的测试，可直接测量被试者对不诚信行为的态度或具体地询问以往的违法及不诚信行为。外显性诚信测试主要考察被试者价值观和态度方面的诚信。

外显性诚信测试题通常非常直接地询问应聘者对一些令人反感的行为和非法行为的意见，以及他们对假设情景的反应。测试题一般设计成选择题和评分量表格式。这种测试的核心是个人的诚信度水平，而不是被测试者的人格特征的强度、缺点、技巧和兴趣。测试的假设前提是：不诚信的个体对待这些行为的态度与诚信的个体是不同的。研究发现，那些认可"每个人偶尔都会偷东西"、"人类具有偷窃本性"或"没有人真正诚信"的应聘者，大多数后来会出现工作偷盗行为。[①] 表7—2是一个外显性诚信测试样本，得分越高者诚信度越低。

表 7—2   外显性诚信测试样本示例

请用下面的代码指出每个句子所描述的行为和态度贴近你的程度：
A＝非常准确
B＝准确
C＝说不上准确还是不准确
D＝不准确
E＝非常不准确
1. 大多数人本性是不诚信的。
2. 如果知道自己偷盗不会被抓住，绝大多数人只要有机会就会偷盗商场里的小东西。
3. 几乎每个人在儿童期或十几岁时，都在商场里干过顺手牵羊的事情。
4. 如果能不被发现的话，公司里大部分员工都会早退。
5. 工作的时候，我会去拿一些自己想要的东西。
6. 父母亲应该非常关注自己的孩子是否从同学那里拿了东西。
7. 绝大多数年轻人没有从朋友或同学那里拿过东西。
8. 我所认识的许多在校的十几岁孩子至少干过一次偷窃的事情。
9. 父母亲不应对孩子在商场偷窃被抓表现出吃惊。
10. 员工如果不想上班就请病假，这是很平常的事情。
11. 我有时想抢劫一家银行或珠宝店，然后逃走。
12. 人类天生就喜欢从别人那里偷取东西。
13. 我在工作中经常受到诱惑想拿东西。

---

① 参见［美］爱德华·霍夫曼：《人才心理测评》。

14. 如果我知道自己不会被抓住，那么在商场里趁人不注意拿走一件漂亮的新衣服，我不会有罪恶感。

15. 我认为社会对于在商场中偷窃的法律处罚太严厉了。

16. 如果有人在商店里发现一个皮包或钱包，在交给商店经理之前取走里面的一些现金，这是错误的。

17. 员工之间相互忠诚超过对公司的忠诚是无可厚非的。

18. 未经过允许早退的被试者与从公司偷盗东西的被试者是不一样的。

19. 员工辛苦工作，受益的只是老板一个人。

20. 如果能确信不被抓到，大部分人都会从公司获得非法的利益。

21. 如果一位员工偶尔把单位的物品拿回家，不算是偷窃行为。

22. 如果一位员工看到自己的同事把单位的物品拿回家，不应该向上司报告。

23. 我的有些朋友在工作时偶尔会带些商品回家。

24. 如果一个被试者只是偷了一点物品被抓，不应该被开除。

25. 如果有人在餐馆结账时少给了钱，他没有必要告诉服务员。

26. 购买偷盗来的商品是可以接受的。

27. 如果一个员工在工资单中偶尔有多给的工资，那么不向公司报告就是一种偷盗行为。

28. 一个公司可以雇佣一个因为偷盗而被解雇的人。

29. 用公司电话打长途的人很多。

30. 我认识很多不诚信的人。

31. 每天都工作对我来说是困难的。

32. 如果我知道一个同事装病不来，把实情告诉老板是不对的。

33. 员工向顾客索要高价并私留差额的现象并不罕见。

34. 员工篡改他们的考勤卡是很平常的事情。

35. 员工将公司信用卡作为私人用途并不罕见。

36. 当人们得知辛勤工作只是老板受益的话，几乎没有人再愿意这么做。

37. 用员工内部折扣卖东西给朋友没有什么不对。

38. 只有尽可能地延长午餐和休息时间才是正常的。

说明：A＝5分；B＝4分；C＝3分；D＝2分；E＝1分。

资料来源：改编自秦子冰等：《爱情、职业、人格心理测试》，北京，中国轻工业出版社，2003；［美］爱德华·霍夫曼：《人才心理测评》。

2. 以个性为基础的测试

以个性为基础的测试，又称隐蔽性测试，其目的是预测大量怠工行为（如不守纪律、工作中使用暴力、过于分心和磨蹭、滥用药物及偷窃等）的可能性。通常这些测试使用了个性维度的混合测量，如可靠性、责任意识、值得信任度和社会性。

以个性为基础的诚信测试的假设是：诚信是人的某些性格综合作用的结果，人的行为是由性格决定的。目前已知的与不诚信相关的个性特征有：寻求刺激、对权威的反抗、愤怒倾向、不可靠、无责任感、抑郁、愤世嫉俗、冲动等。如果应聘者在诚信测试量表上的得分超过了预设分数，那么应聘者得到那个职位的可能性几乎马上会降为零。表7—3是一个以考察责任心为基础的诚信测试的样本，得分越高者诚信度越低。

表 7—3	以个性为基础的诚信测试样本示例

下面的句子描述的是人们的一些行为。用下列等级形容一下每句话在多大程度上接近你的实际情况：

A＝很不像，B＝有些不像，C＝说不上像还是不像，D＝有些像，E＝很像

1. 我经常准时赴约。
2. 我信守这样的格言：只要是自己必须做的事情，就要全力以赴地做到最好。
3. 我的朋友都认为我是一个值得信赖的人。
4. 我经常收到别人的请求，要我帮他们做一些事情。
5. 尽管有时承诺别人的事会给自己带来很多苦难，但我从不食言。
6. 我可以问心无愧地说我比大多数人要守信用。
7. 当需要在某个时间早起时，我经常定闹钟。

说明：A=5分；B=4分；C=3分；D=2分；E=1分。

资料来源：[日] 相场均：《谎言心理学》，沈阳，辽宁大学出版社，1988。

3. 陷阱式诚信测试

陷阱式诚信测试是在量表中加入竞争的因素，设计的题目内容一般是很难实现的。

陷阱式诚信测试的假设前提是：第一，人的真实性格只有通过一些"危急关头"的行为才能展示出来，所以有必要营造一种"危急"的情况来促使被试者的性格得以展现；第二，即便测试方在题目中加入了一些引导性的语言，当一个人的诚信度达到一定水平时，也可以抵抗得住一些诱惑和引导。表7—4是一个陷阱式诚信测试的样本。

表7—4　　　　　　　　　　　　陷阱式诚信测试样本示例

这是关于受教育程度和文化素养的测试。答案为"是"或"不是"。（回答"是"的数量多，表示受教育程度高和有较好的文化素养。）
1. 完整地读过马克思的《资本论》吗？
2. 知道法国总统的名字吗？
3. 听过约翰·施特劳斯的曲子吗？
4. 听说过多湖辉这个心理学家的名字吗？
5. 听过肖邦的曲子《悲哀的华尔兹》吗？
6. 读过《基督山伯爵》这本世界名著吗？
7. 完整地读过《鲁迅全集》吗？
8. 读过管理学家马新民的著作吗？
9. 读过著名法国学者蒙田的抒情随笔《飞鸟集》吗？
10. 你知道美国1948年实施的米—公制法吗？
11. 你知道一美元可以兑换多少人民币吗？
12. 你知道有位美国总统名叫艾森豪威尔的吗？
13. 你知道中国台湾最大的在野党是国民党吗？
14. 你知道联合国总部设在纽约吗？

得分说明：对1、4、7、8、9、10的回答是"是"的，各得1分，若得分超过4，就有理由怀疑其诚信度。

资料来源：[日] 相场均：《谎言心理学》。

解释：因为这些题目要么是常人难以做到的事情，要么是错误的内容，如第1题，能读完《资本论》的人很少；第8题中有意识地设计了一个根本就不存在的管理学家。若被试者想要炫耀其知识，则表明其撒谎倾向是很高的。

二、设计诚信测试量表

对于企业而言，招聘到诚信的员工是一件非常重要的工作，然而重新构建一套科学的诚信测试量表是非常困难的。若参考国外的诚信测试的方法，则会遇到两个问题：一是文化差异导致题目需要重新设计、常模也需要重新测量；二是由于国外的诚信测试往往是由以营利为目的的安全防卫企业研发出来的，从知识产权的角度来看，这些专业的诚信测试量表极难获取。所以，当企业面临这样的两难选择时，可以考虑自己建立一套简单易行的诚信测试量表。

对于我国企业而言，可行的建立诚信测试量表的方式有以下四种[①]：

1. 建立基于价值观和态度的诚信测试量表

企业要建立基于价值观和态度的诚信测试量表，需要做好以下工作：

（1）罗列企业员工的不诚信行为。例如，报销假发票、为竞争对手提供公司客户、卷款潜逃、偷窃、泄漏公司机密、上班无故迟到、消极怠工，等等。

（2）尽可能地寻找员工作出不诚信行为的原因，根据这些原因分别设计相应的问题。比如，为竞争对手提供公司客户信息的原因可能包括：1）竞争对手中的某位员工与他私交甚好；2）该员工对本企业感到不满意；3）该员工准备离职；4）该员工了解到自己即将被解雇；5）竞争对手为其提供了很大的诱惑；等等。具体的量表设计如表 7—5 所示。

表 7—5　　　　　　　　　　　　基于价值观和态度的诚信测试样本示例

下面的句子描述的是人们的一些行为。用下列等级指标形容一下每句话在多大程度上接近你的实际情况：

A＝很符合，B＝有些符合，C＝一般，D＝有些不符，E＝很不符

1. 如果不被发现，可以为了最好的朋友而向竞争对手提供公司的客户信息。

2. 当公司的行为引起员工不满时，员工可以通过向竞争对手提供有用的信息来对公司实施报复。

3. 我身边有些朋友在离职之前总会带走公司尽可能多的机密，以便自己寻找到更好的工作机会。

4. 当员工被公司辞退时，员工可以作出一些行为表达自己的不满，比如泄露公司某些客户的信息。

5. 人是经不起诱惑的。

说明：A＝5分；B＝4分；C＝3分；D＝2分；E＝1分。

（3）在实践中逐步建立常模并修改测谎题目。

建立这种诚信测试量表要注意题项的社会倾向性，如果被试者很容易从题项中看出题目的意向和答案倾向，那么测试结果往往不够真实。因此，建议主要使用隐蔽性的诚信度测试题目，并将这些题目分散在一般个性测试题目中。

2. 建立基于相关性的诚信测试量表

建立基于相关性的诚信测试量表，企业需要做好以下工作：

（1）罗列员工的不诚信行为。

（2）从诚信行为样本出发，寻找与诚信行为相关程度较高的线索，这个阶段的成果是决定量表水平的最重要的基础。线索可以从被试者身边人群的诚信状况、被试者对社会奖罚机制的看法、被试者对社会主流行为是否诚信的看法、被试者的人

性观、被试者的面子观、被试者的胆量、被试者是否冲动等七个方面考察。

（3）根据不同维度出题，每个维度的比重可以先依据理论或经验设定。

（4）建立常模，将每个被试者的得分与常模比较，确定他在人群中所处的位置并作为对其诚信度的评估结果。

3. 建立基于个性特征的诚信测试量表

建立基于个性特征的诚信测试量表，企业需要做好以下工作：

（1）了解何种个性特征会导致员工的不诚信行为，比如目前已知的原因有：寻求刺激、对权威的反抗、愤怒倾向、不可靠、无责任感、愤世嫉俗、冲动等。

（2）根据这些个性特征在成熟的性格测试量表中选择相关的题目，建立一套以个性为基础的诚信测试量表。

4. 建立陷阱式诚信测试量表

建立陷阱式诚信测试量表，需要注意以下几点：

（1）应针对不同的岗位对人员素质的要求的差异，设计不同的"陷阱"。

（2）需要结合实践不断修正常模。

（3）要绝对保密。

（4）建立这种量表时最好不附加引导语，比如："在这项测试中回答'是'越多就说明你的文化素养越高"，这种做法有引导别人撒谎的嫌疑。

在设计诚信测试量表时需要注意以下几点：

（1）对使用诚信测试量表的时间一定要有严格限制，让被试者在没有时间思考的情况下完成所有的测试。

（2）加入一些重复性的题目以判断被试者是否前后一致。

（3）总题量应该在100题以上，通过大量的题目来减少误差，减少表面效度受到的影响。

（4）在题项中穿插一定数量的内容有错的题目，以分散被试者的注意力。

第4节 谎言及其识别

一、谎言的分类和构成

（一）谎言的分类

谎言，按照说话者是否有说谎的意图可分为无意识谎言和有意识谎言；按照谎言的内容可分为直接的谎言、夸大的谎言和技巧的谎言；按照说谎的利益指向可分为自我导向式谎言和他人导向式谎言。

（二）谎言的构成要素

1. 谎言的第一构成要素

判断人们所说的是不是谎言，不应该以是否符合客观事实为衡量标准，而应该依据陈述者的叙述。因此，谎言仅与说话者的判断有关，而与听话者的判断无关。实际上，言语的诚实性与真实性有所不同。前者指的是说话态度，后者指的是说话内容。诚实是指陈述者作出与其认知一致的描述；虚伪是指陈述者明知为假，但故意作出相反的描述。真是指陈述与客观世界一致的真言，假是指陈述与客观世界不一致的假言。由此，可得出谎言的第一个构成要素，即陈述者故意作出与其认知相反的描述。

2. 谎言的第二构成要素

说谎包括两层含义，其一是谎言的内容，即说谎者明知事实而误导他人；其二是动机，即企图欺骗。通常满足以下三个条件才能称为谎言：陈述是虚假的；陈述者知道自己陈述的虚假性；陈述者故意误导或欺骗。

陈述与客观事实是否一致并非谎言的必要条件。根据谎言的三个条件，我们得出谎言的第二个构成要素：陈述者存在欺骗动机，即企图说谎。

二、非言语行为与谎言识别

（一）说谎三阶段假设

说谎者一般会经历三个不同的过程，即情绪化、内容复杂化和尝试控制。研究表明，说谎并不会影响个人的行为、声音特点和话语内容。尽管如此，与诚实者相比，说谎者更可能发生某些反应。

1. 情绪化假设

情绪体验理论认为，说谎能引起不同的情绪。与说谎有关的三类最经常出现的情绪是负罪感、恐惧和兴奋。[①] 说谎者可能会因为有违道德观念而产生负罪感，可能因为害怕谎言被识破而产生恐惧感，也可能因为可以愚弄别人而感到兴奋。按照情绪假设，负罪感、恐惧感和兴奋会增加说谎者的焦虑感，而这种焦虑感会与某些特定的非言语行为尤其是紧张的行为联系起来，这些行为包括适应性动作、腿部移动、姿势改变和避免目光接触。

2. 内容复杂化假设

说谎可能是一个复杂的认知任务。一个说谎者必须想出一个可信的答案，不能自相矛盾，应该与面谈对象知道的或可能发现的事情相一致，避免说漏嘴。而且，他们必须记得自己说过的内容，以便当有人要求他们重述时能够说得和以前一样。由于说谎需要耗费更多的脑力，个体需要把精力从控制非言语行为转移到思考谎言的内容上来，说谎者会表现出更少的说明性动作。认知的复杂性导致了手和手指运动的减少以及注视转移的增加。

3. 尝试控制假设

说谎者可能害怕某些线索会暴露谎言，因此努力压制这些线索以避免被识破。[②]

---

① Ekman, P. Telling lies: cues to deceit in the marketplace, politics and marriage [M]. New York: W. W. Norton, 1992.

② Zuckerman, M., DePaulo, B. M., & Rosenthal, R. Verbal and nonverbal communication in deception [J]. *Advances in Social Psychology*, 1981 (14): 1 - 57.

然而，这并非易事。他们必须很好地抑制自己的紧张情绪，掩盖他们不得不努力思考的证据，知道什么才是自然的行为，并能按照他们想要的方式来表现自己。而尝试控制稍微拿捏不准就会走向另一个极端——过度控制自己的行为，导致动作僵硬或过于流畅。

尝试控制的假设认为，无论说谎者多么努力，总有一些行为会暴露谎言。最难控制的行为最有可能暴露谎言。人们一般不太擅长控制自己的身体，说谎者可能相信某个动作会暴露他们的谎言，因此刻意避免不必要的动作。这将导致异常的动作僵硬和抑制。

上述三个过程可能同时发生，说谎者可能会同时出现感觉紧张、努力思考以及尝试控制自己等反应，而哪个过程在说谎时表现得最明显取决于谎言的类型。当谎言一旦被识破就会付出很高代价时，说谎者倾向于情绪紧张；当谎言的编造十分困难时，说谎者会努力思考，绞尽脑汁，满头大汗；当撒谎成功能获得很大收益时，说谎者会尝试控制自己的种种行为。谎言线索的三个理论基础并非意味着只要出现了与这三个过程相联系的线索就一定存在欺骗。只有当说谎者体验到情绪和内容复杂化并尝试控制时，相应的谎言线索才可能出现。

（二）瑞德模型

瑞德模型利用非言语行为来识别谎言，是西方第一个在实践中广泛应用的识别谎言的研究成果。瑞德模型假设说谎会导致紧张和焦虑，于是大脑和身体便互相协作以减轻这种紧张感。说谎者会用抗争、逃避和冻结等三种不同的方式来应对紧张。其中，抗争式和逃避式反应是通过面部表情、适应性动作、姿势变化来释放紧张和焦虑；冻结式反应则是大脑控制身体使之不能行动以便集中精力进行思考，并压抑正常的言语行为。

该模型包括五类非言语行为：姿势变化、手和手指动作、腿脚动作、目光接触和声音特点。[①] 这五类非言语行为与谎言之间的关系如表 7—6 所示。下文将对后四类非言语行为作进一步介绍。

表 7—6 瑞德模型

非言语行为	姿势变化	手和手指动作		腿脚动作	目光接触	声音特点			
		说明性动作	适应性动作			答问持续期	潜伏期	语速	音调
与谎言的关系	+	−	+	+	−	−	+	−	−

说明：＋表示谎言发生时行为增加；－表示谎言发生时行为减少。

1. 手和手指动作

手和手指动作可大致划分为说明性动作和适应性动作。说明性动作是指为了表达

---

① Inbau, F. E., Reid, J. E., Buckly, J. P., & Jayne, B. P. Criminal interrogations and confessions [M]. Gaitherburg, MD: Aspen, 2001.

某种情绪而将手离开身体的动作。说明性动作的出现与说实话相联系。适应性动作是将手和手指与身体其他部位相接触而形成的。瑞德模型界定了三类适应性动作：修饰性动作、个人化手势和保护性动作。修饰性动作发生在个体用手进行形象维护之时，如拨弄头发以使之有型、整理服饰、用手掌抚摸面颊使表情更自然等。个人化手势是指为了满足个人的某些生理需要而发生的手部动作，例如搔头、抓痒、扭动手指、搓压手臂、敲手指等。当手与面部接触时便会出现保护性动作，例如用手遮盖眼睛或嘴巴、搓揉鼻子、用胳膊支着头。瑞德模型认为，所有的适应性动作都与说谎相联系。

2. 腿脚动作

腿脚动作也能成为识别谎言的线索，如腿部的抖动。而且，腿脚动作也是姿势改变的一部分。如果在回答探查性问题的过程中个体总是伴随着姿势的改变，按照瑞德模型就可认定为谎言的线索之一。

3. 目光接触

瑞德模型中的另一类非言语行为是目光接触。诚实者在面谈中会与面谈对象保持正常的目光接触，即目光接触占面谈 30％～60％ 的时间。而说谎者要么避免目光接触，要么紧盯着面谈对象。产生这两种行为的原因分别为：害怕目光接触会带来更多的紧张和焦虑；个体因为意识到害怕目光接触是说谎的表现，就努力控制自己以保持与面谈对象的目光接触。

4. 声音特点

声音特点包括答问持续期、潜伏期、语速、音调。答问持续期是指回答完一个问题所持续的时间，潜伏期是指提问和回答之间的沉默期。瑞德模型认为，与诚实者相比，说谎者会有更短的答问持续期、更长的潜伏期。语速是指平均每分钟所说的字数，诚实者的语速远超过说谎者。说话时音调的变化表现为升高或降低。瑞德模型认为，当谈话中涉及感情的流露时，诚实者的音调会提高，说谎者则不会。

（三）进一步的说明

面试考官一般认为，目光接触减少、坐立不安等情绪紧张的行为是说谎的最明确征兆。但人们没有意识到，面部表情是最容易被控制的，手势、肢体语言则是比较值得信赖的。虽然面试考官可以根据非言语线索指导面试实践，但由于说谎的个体差异、情景差异非常大，不存在典型的谎言线索，因此仅仅通过非言语行为识别谎言还远远不够。

三、话语内容与谎言识别

（一）早期研究

尝试测量陈述真实性的言语技术出现于 20 世纪 80 年代。研究人员对说谎与消极陈述、似真答案、无关信息、过分概括的陈述、自我指涉、直接答案、反应长度之间的关系进行了大量实证调查研究，结果如表 7—7 所示。

表 7—7   与谎言相联系的言语特征

言语特征	描述	理论假设	与谎言的关系
消极陈述	表现对物、人或观念的厌恶情绪的陈述，例如否定的和藐视的陈述，以及表明消极心理的陈述	情绪化	＋
似真答案	有道理的和听起来合理可信的陈述	内容复杂化	—
无关信息	与上下文无关的、没有被要求的信息	尝试控制	Ns
过分概括的陈述	使用诸如"总是"、"从不"、"没有"、"每个人"这样的词汇	情绪化 内容复杂化	Ns
自我指涉	使用提及说话者自己的词语，例如"我"、"我的"，等等	情绪化	—
直接答案	中肯和直接的陈述	情绪化	—
反应长度	答案的长度或回答一个问题的字数	内容复杂化 尝试控制	—

　　说明：（1）Ns 表明该线索与谎言不存在显著相关关系；（2）＋表明该线索与谎言存在正相关关系；（3）—表明该线索与谎言存在负相关关系。

　　早期研究主要关注某些言语特征是否更明显地在谎言中表现出来，研究结论虽然相当一致，但研究者没有整合所有与谎言相联系的言语特征并形成一套评价模型，也没有针对该模型进行更深入的实证研究。

（二）标准基础内容分析

　　陈述有效性评价（statement validity assessment，SVA）是迄今为止测量言语陈述真实性的最常用的技术，是由德国法庭心理学家安乔吉（Undeutsch）根据多年的经验总结发展而来，主要用于在性侵犯案件中决定儿童的证词是否可信。

　　标准基础内容分析（criteria-based content analysis，CBCA）是陈述有效性评价的一个部分，通过 19 个项目系统地评价陈述的内容和质量。受过训练的评价者仔细检查陈述，并且一一判断 19 个项目是否出现，通常使用的是 3 分量表。项目如果没有出现就记为"0"，如果出现就记为"1"，如果明显出现就记为"2"。标准基础内容分析建立在"安乔吉假设"的基础上，即来自真实经验记忆的陈述与基于创造或幻想的陈述在内容和质量上是不同的。陈述中每出现一个项目就相应提高了陈述的质量，并且进一步证实了这样的假设——这份陈述是建立在真实的个人体验的基础上的。

　　自标准基础内容分析在 1983 年引入美国以来，研究人员并没有将研究范围局限在儿童的性侵犯案件中，而是拓展到成人犯罪和非犯罪领域。标准基础内容分析中的某些项目对于成人的谎言识别以及非犯罪情景也是非常有用的，摒弃专属于犯罪情景和儿童的 7 个项目（如罪行的细节特征、宽恕犯罪者等），其余的 12 个项目可以适用于对一般陈述的谎言识别分析（见表 7—8）。

表 7—8   适用于一般陈述的标准基础内容分析

一般特征
1. 逻辑结构
2. 无组织的陈述
3. 细节的质量

特殊内容
4. 语境铺垫
5. 话语重复
6. 异常的细节
7. 主观心理状态的描述
8. 对交互行为的描述
与动机相关的内容
9. 自行改正
10. 承认记忆的缺乏
11. 对自己的陈述有怀疑
12. 自我否定

资料来源：［英］阿德顿·维吉著，郑红丽译：《说谎心理学》，142 页，北京，中国轻工业出版社，2005。

（三）康纳利指标

由于现有的识别谎言的方法存在明显缺陷，因此开发新的谎言识别方法成为非常迫切的工作。康纳利（Connelly）及其同事在综述认知语言过程、防卫机制、情绪表达、语言学等六大领域研究成果的基础上，构建了说实话和撒谎的过程模型[①]，并总结了 196 项指标，试图识别谎言。

勒雷兹（Leritz）在一个模拟的招聘面试中利用这 196 项指标来评价被试者的表现，研究发现准确率为 70.2%～90.2%，平均准确率为 80%。这些指标中有 64 项能显著地区分真实陈述和谎言，从这些指标中选择 16 项出现频率最多、区分最显著的指标（8 项谎言标准及 8 项实话标准）[②]，就构成了康纳利指标（见表 7—9）。

表 7—9	康纳利指标
谎言标准	
1. 没有提供评价他人的理由	
2. 尽可能避免使用第一人称	
3. 对不符合常理的行为缺乏解释	
4. 缺乏细节描述	
5. 缺乏对过去行为的描述	
6. 夸夸其谈，罗列成就	
7. 对重要事件缺乏情绪描述	
8. 在成功案例中过于强调个人贡献	
实话标准	
1. 讨论目标或结果	
2. 提及不令人满意的结果	
3. 提及非同寻常的细节	
4. 讨论实现目标过程中的障碍	
5. 讨论完成任务的其他方法	
6. 讨论经验教训	
7. 讨论对团队核心成员的看法	
8. 提及与当权者的冲突	

① Connelly, J. T. , Mumford, M. D. , Leritz, L. E. , Ruark, G. , Allen, M. T. , & Waples, E. P. Exploring Content Coding Procedure for Assessing Truth and Deception in Verbal Statements [Z] . Norman OK: Final Technical Report for the Department of Defense Polygraph Institute, 2003.

② Lyle E. Leritz. Detecting deception during a structured interview [D] . University of Oklahoma Graduate College, 2004.

四、个体识别谎言的难点与应对

（一）个体识别谎言的难点

个体识别谎言的难点主要表现在以下几个方面：

1. 不存在典型的谎言线索

目前关于识别谎言的线索已有超过 150 项的实证研究，得出了一个令人震惊的结论：不存在典型的谎言行为。也就是说，没有任何一组言语、非言语或心理线索是所有说谎者都有的。[①] 很显然，不存在普遍适用的谎言指示器，导致观察者很难决定从何下手。不存在典型的谎言线索并不意味着诚实者和说谎者的行为反应都是一致的。事实上，他们的行为存在差异。这一差异本质上并非源于是否说谎，而源于说谎者经历了情绪化、内容复杂化和尝试控制这三个阶段中的至少一个。这三个阶段都会影响说谎者的行为，并侧重于谎言或谎言行为的某个不同的方面，可为观察者提供线索。

2. 差异细微

说谎者与说实话者之间的差异通常是非常小的。很显然，差异越小就越难以识别。然而，与谎言相联系的三个阶段都会影响说谎者的行为，并可能引出明显的非言语行为和话语内容方面的线索。说谎者感受到的强度越大，这些线索表现得就越明显，与正常行为的差异就越大，也就越容易识别。大量研究已经证实，说谎的风险和可能得到的激励越大，谎言就越容易被识破。

3. 惯性思维

人们可能不会主动、仔细地观察他人的行为，而是依赖相对不严谨的判断规则，这些规则通常被贴上惯性思维的标签。在时间和注意力资源有限的前提下，人们只能通过少数几个惯性的准则来应对复杂的环境。然而，这种判断方式常常会受到各种系统错误和偏差的影响。例如有效惯性思维，在现实生活中，人们更多地面对真实的而不是虚假的陈述，因此他们常常会假设自己观察到的行为是真实的。少数惯性思维的产生则是因为人们倾向于把那些奇怪的或少见的行为判定为欺骗行为，而不管它们实际上是不是欺骗行为。代表性惯性思维是指人们通常会将紧张行为或内容复杂化的表征与说谎联系起来，如人们倾向于寻找口吃口误、语速慢、长时间的停顿、较长的答问沉默期、较多的停顿、视线转移、过多的动作等线索，并将这些线索的出现与说谎联系起来。

4. 交谈规则的制约

交谈规则会阻碍谎言的识别。面谈者需要专注于面谈本身。他们必须决定问什么、他们的问题如何措辞以及在谈话中何时问这些问题。除此之外，他们必须努力进行自我表达，倾听被访谈者的话，对这些话语作出反应。这些都需要认知资源，

---

① Virj, A. Detecting lies and deceits: The psychology of lying and the implications for professional practice [M]. New York: Wiley, 2000.

因此这些资源不可能被用于识别谎言。

5. 错误的线索

人们对说谎者如何表现有着大量错误的观念。有两种不同的研究方法可用来分析人们如何看待说谎者的行为以及他们通过什么线索来识别谎言。第一种方法是要求人们填写一份关于如何看待与说谎相关的线索的问卷调查。第二种方法是让观察者观看录像或听录音，并且要求他们判断其中的每一个人是在说谎还是在说实话，然后让他们指出是依靠何种线索来支持这一判断的。

6. 对非言语行为线索过于重视

有三个理由可以说明为什么控制非言语行为比控制言语行为更困难。首先，非言语行为比话语内容更容易被注意到。其次，当交谈对象一言不发或者话语很少时，除了观察他的行为之外别无良策。人们在使用文字方面比使用行为更加熟练，所以一般来说人们控制自己的行为比控制自己的语言更难。

但是非言语行为与说谎之间的复杂关系使得仅仅基于个人行为作出他是否说谎的结论变得非常困难甚至几乎不可能。尤其在非言语行为方面主观与客观的谎言线索几乎没有相同之处时，仅仅依靠非言语行为线索来识别谎言获得成功的概率甚低。

7. 未考虑个体差异

不同的人在言谈、行为和心理反应等方面千差万别。一些人总是习惯性地作出某些动作，另一些人则不会。一些人非常健谈，另外一些人则不善言辞。一些人的自然表现看起来特别诚实，另一些人的正常行为却会给别人留下在说谎的印象。例如，善于自我表达的人，不管他们所说的是不是事实都会显得特别可信。有很强公众自我意识的人也容易给他人留下可信的印象，无论他们是否在说谎。个性内向、有社交焦虑的人给别人留下的印象是比较不可信。对于有社交焦虑的人而言，不善言辞、神情紧张或恐惧是自然的反应，但是会被观察者认为是说谎的指示器。

非言语行为还受到文化的调节。例如，谈话时看着对方的眼睛在西方文化中是礼貌的表现，而在其他许多文化中是无礼的表现。

8. 未考虑情景差异

在相同情景下所有说谎者的行为并不相同，不同的说谎情景下同一个人的行为也不尽相同。由于面临的情景差异导致说谎者的动机并不总是一样的，高动机说谎者（说谎成功可获得较高的利益，并且谎言被识破的可能性较小，被识破后的惩罚也在可接受范围内）在高动机情景下出现的头部运动和姿势变化比低动机情景下更少，语速更慢且音调较高，而且语义更混乱，口吃和口误也会增加。这可能是因为说谎者为了获得利益产生较强烈的担心被识破的恐惧心理，而且会更努力地思考。不同说谎情景下的风险也会影响说谎者的行为。与低风险情景相比，高风险情景（谎言被识破后将受到更加严重的惩罚，但一旦撒谎成功收益巨大，如犯罪审讯、商业欺诈、走私等）下，个体较少出现视线转移或坐立不安等行为，会减少腿脚动作及手和手指的细微动作，出现较多的停顿、口吃等。这些线索很可能出现在说谎者体验到恐惧、过度控制及说谎需要大量认知资源时。

（二）提高识谎能力的技巧

1. 学习识谎高手的方法

或许最有效的提高人们识谎能力的方法就是寻找到那些识谎能力较强的人并且学习他们所使用的方法和技巧。[①] 除了直接询问之外，还可以采取间接的方式，让识谎高手观看人们说谎或说实话的录像，然后询问他们作出的判断与什么样的行为或话语相联系，最后仔细研究这些线索，从而得出有规律的判断模式。但是，不一定能得出行之有效的规律，可能这些人是依靠潜能或直觉来进行判断的，也可能他们是天生的说谎高手。若果真如此，通过培训来提高识谎能力的希望就将成为泡影。

2. 摒弃错误的识谎线索

第一种方法就是总结出相对可靠的、客观的谎言线索，让人们熟悉并掌握，这一方法简单可行。第二种方法是让人们在实践中自己摸索总结出一套行之有效的规律，培训者让人们针对一些谎言的案例进行判断，然后给出反馈，人们结合这些反馈开发出自己的谎言识别策略。第三种方法是将观察的重点从具有误导性的视线转移、坐立不安等紧张行为线索上移开，将更多的注意力集中在手和手指动作、声音特点及话语内容上。第四种方法就是采用基于电脑技术的针对非言语行为及话语内容的客观的谎言识别软件来进行谎言识别。在不久的将来，基于电脑技术的谎言识别设备一定会出现，并得到广泛运用。

3. 采用基线访谈法

基线访谈法是指将某人在说实话时的自然表现与受到询问和调查情况下的表现进行对比，这两种表现如存在显著差异，就表明他在说谎。然而，必须牢记的是，存在差异并不必然意味着说谎。

如果人们比较熟悉某人在说实话时的惯常表现，就可以更准确地判断其是否在说谎。在采用该方法时，尤其要注意进行比较的两种表现的选择是否正确。

4. 借助面谈技巧

另外一种提高识谎能力的方法就是采取特定的面谈风格。第一，为交谈者创造一些需要较多认知资源的难题。说谎者会泄露谎言线索的原因之一就是他们发现说谎是件难事。虽然这些难题对诚实者及说谎者都会有影响，但对于说谎者而言影响会更大，必然导致说谎者与诚实者在表现上的明显差异，这就给谎言识别创造了更多机会。第二，采用信息搜集的方式进行交谈。在交谈时更多地采用探查性的问题进行询问。很显然，说谎者说得越多，给出的信息越多，就越有可能通过言语线索或非言语行为线索"犯错"，从而暴露谎言。第三，使交谈变得富有挑战性的方法是请交谈者针对他所说的话进行详细描述，询问大量细节信息。第四，让交谈者重复他刚才所说的话。说谎者有时会忘记先前所说的话，甚至故事的主要情节，这种状况通常出现在说谎者不得不临时编造谎言时。第五，要求交谈者按照逆时间顺序叙

---

① Virj, A. Why professionals fail to catch liars and how they can improve [J]．*Legal and Criminological Psychology*，2004（9）：159－181.

事。比如按照相反的顺序，首先询问在最后发生了什么事，然后再回到事件发生之初。与诚实者不同，说谎者倾向于按照事件发生的先后顺序进行记忆和阐述，颠倒顺序对他们而言就是一个挑战。

能有效地识别谎言对于许多人来说大有裨益，而这一非常关键的能力恰恰是绝大多数人都不具备的。虽然生活中人们每天都会用一些朴素的方式来识别谎言，会根据对方说话时的言语或非言语行为线索来区分谎言和真话，但成功的概率非常低。以上四种具体的技巧会对人们成功地识别各式各样的谎言起到积极作用。

☐ 关键术语

诚信测试　泄露理论　信息操控理论　真实监控理论

☐ 复习与思考

1. 请分析诚信的人才的特点。
2. 请描述身边最熟悉的某个人的行为与诚信的关系。
3. 你本人对谎言识别有哪些经验和教训？
4. 请阐述诚信在招聘中的地位和作用。

第 8 章

诊断性面试

本章重点

1. 诊断性面试概述
2. 面试的实际操作和实施
3. 特殊面试及技巧

第1节　诊断性面试概述

一、诊断性面试在招聘中的重要作用

诊断性面试在招聘中具有重要的作用，主要表现在以下几个方面：

1. 诊断性面试能够全方位地考察应聘者

诊断性面试能够帮助考官全方位地考察应聘者的表达能力、判断能力、分析能力和其他综合能力，直观了解应聘者的各种素质和潜能。

诊断性面试是考官与应聘者面对面的双向交流，这是一种博弈，有时就是面试考官与应聘者之间智慧的较量、知识的碰撞和心理素质的较量。这种考察不仅具有直观性，而且是全方位的，涉及气质、风度、修养、口头表达能力、形体表达能力、临场应变能力、从容应对能力等多个方面。这种直观、立体、全面的考察必须借助诊断性面试，才能取得比其他考察和测量更加准确的效果。

2. 诊断性面试能充分运用群体的智慧和结晶

诊断性面试小组通常由具备专业理论知识和实践经验的人员组成。在诊断性面试中，面试小组的每个人均从各自不同的视角来观察、分析、评价应聘者的知

识、能力、素质及其与应聘岗位的匹配程度。这些人员共同分析与判断取得的结果是群体智慧的结晶，准确度、公正性、可信度均较高，容易获得应聘者和企业员工的认可。

3. 诊断性面试能为企业一把手或高管的决策提供重要依据

诊断性面试有多种方式，对于重要的工作岗位，其中一种方式是企业的董事长或总裁与应聘者一对一的交谈。这种一对一面试时间不限，可以进行一次，也可以进行若干次。这通常是企业一把手作最后决策前采用的一种面试。

二、诊断性面试的特点

诊断性面试以面谈为主要沟通工具，它有以下几个特点。

（一）面试以观察和谈话为主要工具

心理科学与人员测评科学认为，一个人的气质、性格、能力往往是通过他的行为特征表现出来的。人的行为特征主要表现在一个人的言语行为和非言语行为方面。言语行为主要指一个人的言词表达行为，它包括言词运用的逻辑结构与层次，言词表达的感染力和影响力，言词表达的清晰性、准确性和动作配合性等。非言语行为则是指一个人在表达意识、情感和交流思想时的表情及身体动作，它主要包括一个人的仪表、风度、手势、体态、眼神、面部表情等。在面试过程中，面试考官应有目的、有计划地直接观察应聘者的言语行为和非言语行为，并对结果作系统的记录，进而分析其深层心理。在面试中，对应聘者的非言语行为的观察与分析主要包括以下两个方面：

1. 对面部表情的观察

人的面部表情是最丰富的，有关研究表明，从应聘者面部表情中获得的信息量可达 50% 以上。面试考官通过观察表情的变化，来判断应聘者的情绪、态度、修养、自信心、性格等素质特征。比如，若应聘者自信心不足，情绪紧张，往往会脸涨得通红，鼻尖出汗，目光不敢与面试考官对视等。因此，通过观察应聘者的面部表情，可判断其心理状态。

2. 对身体动作的观察

具有不同心理素质的人的身体动作的表现形式有所不同，而身体姿势的改变也是身体语汇中最有用的一种，在面试中可以通过观察应聘者身体动作的改变来获得从对方言语中得不到的东西。比如，面试时应聘者开始可能以某种自然的姿势坐在椅子上，但过了一会儿就改变了姿势，或双手交叉在腋下，或跷起一条腿等，这些貌似不经意的变化，有时可能反映了应聘者内心的冲突和斗争，这时应聘者嘴上说的和心里想的可能就不是一回事了。

为了在面试过程中熟练地识别应聘者的非言语行为，面试考官除了要通晓动作语言学的基本理论知识外，还要在面试实践中不断积累识别经验，以便增强观察力和判断力。当然，在面试过程中，面试考官除了要对应聘者非言语行为进行观察外，还应该认真倾听应聘者的陈述，对他们的回答进行适度的反应和引导，同时分析应聘者语言运用的准确性、语言表达的逻辑层次，以及对问题的回答是否把握住了关键，并根据应聘者讲话的腔调、声音的粗细程度及遣词造句等来判断应聘者的态度、性格等。比如，喜欢用流行、时髦词汇者多半虚荣心较强，处世不够成熟；声音粗犷、音量较大者一般性格直爽，比较外向。

（二）面试内容具有随机性

1. 面试内容因工作岗位的不同而不同

不同的工作岗位在工作性质、职责范围、任职资格条件等方面有很大差异，因此，在面试时对考察内容及考察形式不能作统一规定，应各有侧重。

2. 面试内容因应聘者学历、经历、背景、原工作职位等情况不同而不同

如两人同时应聘文秘岗位，一个有多年文秘工作经验，一个则是刚刚从文秘专业毕业的大学生，对前者主要询问他多年来的实践经验及有关工作情况，对后者则主要了解他的学习情况及专业知识掌握程度。

3. 面试内容因应聘者在面试中回答的情况不同而不同

面试考官一般会根据应聘者回答某一问题的情况来决定下一个问题该问什么、怎样问。

总之，面试内容既要事先拟定，做到有的放矢，又要因人而异，灵活掌握。在面试过程中，既要让应聘者充分发挥出自己的水平，又不能让他海阔天空，无限制地自由发挥，整个面试过程应在半控制、半开放的状态下有序推进。

（三）面试是一种双向沟通

在面试中，应聘者并不完全处于被试状态。面试考官可通过观察和答问来评价应聘者，应聘者也可通过面试考官的行为来判断其态度偏好、价值判断标准及对自己表现的满意度，从而调整自己的行为。同时，应聘者还可以借此机会了解所要应聘岗位的情况，决定是否接受这一职位。由于面试过程不仅是对应聘者的考察，而且是一种情感的交流、能力的较量，因此要求面试考官不仅要有丰富的知识，而且要掌握一定的面试技巧，才能出色地完成任务。

第2节　面试的种类

一、根据面试的结构划分

1. 非结构化面试

在这种面试中，面试考官可以随意地与应聘者讨论各种话题，所问的问题没有一个事先安排的需要遵守的框架。因此，面试可能根据不同的应聘者提出完全不同的问题，面试的话题也会围绕不同的方向展开。当然，问题必须是与招聘和录用有关的。

在非结构化面试中，面试考官可以根据应聘者对上一个问题的具体回答来决定下一个问题问什么，而且可以根据应聘者的回答对某些问题进行追问，以了解更深入的信息。

非结构化面试的优点在于：面试考官和应聘者在谈话过程中都比较自然。由于问题不是事先设计好的，因此提问不会显得前后没有联系和唐突。面试考官可以由此全面了解应聘者的情况，应聘者也感觉更自在，回答问题时也可能更容易敞开心扉。非结构化面试的缺点在于：由于对不同的应聘者问不同的问题，可能会影响面试的信度和效度，其中最大的问题在于，这种面试可能会漏掉最关键的问题。

2. 结构化面试

这种面试会提前准备好问题和各种可能的答案，要求应聘者在问卷上进行选择。结构化程度最高的面试方法是设计一个计算机化程序来提问，记录应聘者的回答，然后进行数据分析，给出录用决策的程序化结果。结构化面试在工作分析的基础上提出与工作有关的问题，设计出应聘者可能给出的各种答案。因此，面试人员可根据应聘者的回答迅速对应聘者作出不理想、一般、良好或优异等结论，所以说结构化面试是一种比较规范的面试形式。表8—1给出了一个结构化面试的实施程序。

表8—1　　　　　　　　　　　　　结构化面试的实施程序

1. 工作分析 根据工作职责、必备知识、技术和能力，拟订工作说明书。 2. 评估各项工作职责 根据完成各项工作职责所需的时间长短等因素评估各项职责的相对重要性，目的是发现最主要的工作职责。 3. 设计面试问题 根据各项工作职责的内容及其重要性设计面试问卷。问题包括工作常识问题、意愿问题和情景问题。 4. 设想每个问题可能的答案，并进行事先评分。 5. 确定面试小组，开展面试。 面试小组一般由3～6人组成，应包括参加工作分析和问卷设计的人员、人力资源部门的代表、招聘职位的直接上司和招聘职位的同仁。 6. 根据面试问卷上的项目进行评分，以此来评价应聘者。

结构化面试的优点在于：面试考官可以根据应聘者回答的情况进行评分，并对不同应聘者的回答进行比较。在结构化面试中，每一个应聘者都被问及相同的问题，一般不会发生漏掉重要问题的情况，面试的有效性和可靠性更高。结构化面试的缺点在于：不可能进行话题外的提问，限制了谈话的深入性；由于每个问题都是事先安排好的，提问时可能显得不自然或比较唐突。

在结构化面试中，问题大致应包括以下几类：第一类是与职位兴趣有关的问题；第二类是针对现有工作情况设计的问题；第三类是工作经历方面的问题；第四类是与教育相关的问题；第五类是业余爱好和活动方面的问题；第六类是关于工作职位安排的问题；第七类是关于应聘者的自我评价问题。

在结构化面试中，你可能会使用如表8—2所示的结构化面试表，按预先确定的问题的顺序提问。这张面试表仅提供一般性指导，如表中所示："所有项目可能并不都适用于每一种情形"。但有了这张表，所有面试考官在面试提问中便不易遗漏重要的问题。

表8—2　　　　　　　　　　　　　　结构化面试表

致面试考官：求职面试指导的目的是帮助进行员工的甄选和配置。若用于某一职位的全体应聘者，则可帮助你对应聘者进行比较，并且可能提供比非结构化面试更客观的信息。

因为这是一般性指导，所有项目可能并不都适用于每一种情形。请跳过不适用的项目，加入对特定职位适用的项目。在表格结尾处有增加额外问题的空间。

一、工作兴趣

姓名_____申请职位_____

你认为工作（职位）包含什么内容？ _____

你为什么申请这一工作（职位）？ _____

你为什么具备工作的资格条件？ _____

你的工资要求是多少？ _____

你对我们公司了解些什么？ _____

你为什么要为我们工作？ _____

二、当前工作状况

你现在有工作吗？是_____否_____。如果没工作，你失业多久了？你为什么失业？

_____

如果你有工作，为什么申请本职位？ _____

你什么时候能开始和我们一起工作？ _____

三、工作经历

（从应聘者的当前或最后职位开始往前推，所有时期都应计算。依据应聘者的年龄，至少追溯12年，服兵役也视为工作。对目前有工作者进行以下提问，否则跳过。）

当前雇主_____地址_____

就业日期：从_____到_____

你的职责是什么？ _____

你是否在该公司一直从事同样的工作？是_____否_____。如果不是，说明你从事的各种工作，每一工作的就职时间，及承担的主要责任_____

_____

你的起薪是多少？_____你现在的收入是多少？_____评语_____

你当前主管的姓名_____

对于那份工作你最喜欢的是什么方面？ _____

你最不喜欢的是什么方面？ _____

你为什么要离开？ _____

你为什么要立即离开？ _____

面试考官评语或观察_____

（继续提问。对目前无工作者直接进行以下提问。）

你曾经在哪里工作？ _____

地点_____工作名称_____职责_____

你在该公司一直从事同一工作吗？是_____否_____。如果不是，请描述你所从事的工作、时间及每一项工作承担的责任_____

你的起薪是多少？_____你离开时的工资是多少？_____

你曾经的主管的姓名_____

我们可以与公司联系吗？是_____否_____

你最喜欢在什么地方工作？ _____

你为什么离开？ _____

你考虑在其他公司工作吗？ _____

在那家公司工作前你做什么？ _____

你有什么其他的工作经历？简要地进行说明并描述每份工作的一般职责＿＿＿＿＿＿＿＿＿

＿＿＿＿＿＿＿＿＿＿＿＿＿＿＿＿＿＿＿＿＿＿＿＿＿＿＿＿＿＿＿＿＿＿＿＿＿＿＿

（如果各就业时期之间有间隔，应当向应聘者询问原因。）

面试考官评语和观察＿＿＿＿＿＿＿＿＿＿＿＿＿＿＿＿＿＿＿＿＿＿＿＿＿＿＿＿＿＿

在过去的五年里，你是否曾经失业？是＿＿＿＿＿＿否＿＿＿＿＿＿。为寻找工作你做了什么努力？

你具有其他能帮助你胜任本职位的经历和培训吗？说明你是在什么地方、怎样获得这一经历或培训的＿＿＿＿＿＿＿＿＿＿＿＿＿＿＿＿＿＿＿＿＿＿＿＿＿＿＿＿＿＿＿＿＿＿＿

＿＿＿＿＿＿＿＿＿＿＿＿＿＿＿＿＿＿＿＿＿＿＿＿＿＿＿＿＿＿＿＿＿＿＿＿＿＿＿

四、教育背景

你接受过哪些能够帮助你从事所申请工作的教育和训练？＿＿＿＿＿＿＿＿＿＿＿＿＿＿

＿＿＿＿＿＿＿＿＿＿＿＿＿＿＿＿＿＿＿＿＿＿＿＿＿＿＿＿＿＿＿＿＿＿＿＿＿＿＿

说明你接受的任何正规教育（如果相关，面试考官可用技术培训代替）＿＿＿＿＿＿＿＿＿

五、业余活动

业余时间你干什么？兼职工作＿＿＿＿＿＿竞技运动＿＿＿＿＿＿娱乐活动＿＿＿＿＿＿俱乐部＿＿＿＿＿＿

其他（请说明）＿＿＿＿＿＿＿＿＿＿＿＿＿＿＿＿＿＿＿＿＿＿＿＿＿＿＿＿＿＿＿＿

六、面试考官的特别问题

（补充面试中提出的其他问题，留出空间用于作答，注意避免可能被视为歧视的问题）

＿＿＿＿＿＿＿＿＿＿＿＿＿＿＿＿＿＿＿＿＿＿＿＿＿＿＿＿＿＿＿＿＿＿＿＿＿＿＿

七、个人问题

你愿意迁往新地方吗？是＿＿＿＿＿＿否＿＿＿＿＿＿

你愿意出差吗？是＿＿＿＿＿＿否＿＿＿＿＿＿

你愿意出差的最长时间是多少？＿＿＿＿＿＿＿＿＿＿＿＿＿＿＿＿＿＿＿＿＿＿＿＿＿

你能够加班吗？＿＿＿＿＿＿＿＿＿＿＿＿＿＿＿＿＿＿＿＿＿＿＿＿＿＿＿＿＿＿＿＿

你怎样看待周末上班？＿＿＿＿＿＿＿＿＿＿＿＿＿＿＿＿＿＿＿＿＿＿＿＿＿＿＿＿＿

自我评价＿＿＿＿＿＿＿＿＿＿＿＿＿＿＿＿＿＿＿＿＿＿＿＿＿＿＿＿＿＿＿＿＿＿＿

你认为自己的优点是什么？＿＿＿＿＿＿＿＿＿＿＿＿＿＿＿＿＿＿＿＿＿＿＿＿＿＿＿

你认为自己的缺点是什么？＿＿＿＿＿＿＿＿＿＿＿＿＿＿＿＿＿＿＿＿＿＿＿＿＿＿＿

（比较应聘者的回答和应聘者申请表提供的信息。澄清任何不一致的地方。）

在应聘者离开前，若面试考官尚未提供关于组织和职位的基本信息，则应当予以提供。应聘者应当得到关于工作地点、工作时数、工资或薪金、报酬类型（薪金或薪金加红利等），以及其他会影响应聘者对工作的兴趣的信息。

八、面试考官的印象

对每一特征按 1～4 级来评定，1 是最高评定，4 是最低评定。

	1	2	3	4	评语
个人特征					
外貌					
举止、姿态					
语言习惯					
与面试考官的合作					
工作关联特征					
工作经历					
工作知识					
人际关系					
有效性					

九、总体评定

1	2	3	4	5
很好	平均以上	平均	勉强	不令人满意
（很合格）	（合格）	（仅合格）		

评语_____

面试考官_____日期_____

3. 半结构化面试

顾名思义，半结构化面试是介于非结构化面试与结构化面试之间的一种面试方式。它包括两种含义：一种是面试考官提前准备重要的问题，但是不要求按照固定的次序提问，且可以讨论那些似乎需要进一步调查的问题；另一种是指面试人员依据事先设计的一系列问题来对应聘者进行提问，一般根据管理人员、业务人员和技术人员等不同的工作类型设计不同的问题表格。在表格上要留出空白以记录应聘者的反应以及面试人员的主要问题。这种半结构化面试可以帮助企业了解应聘者的技术能力、人格类型和对激励的态度等。最后，面试人员要在表格上作出评估并提出建议。

二、根据面试的组织方式划分

1. 一对一面试

这是一种运用得比较多的面试方式。在这种面试中，面试考官和应聘者单独进行面试，一个人进行口头询问，另一个人进行口头回答。

2. 系列式面试

又称顺序面试，指企业在作出录用决定前，由几个面试考官依次对应聘者进行面试。在非结构化系列式面试中，每一位面试考官从自己的角度观察应聘者，提出不同的问题，依据标准评价表对应聘者进行评定，然后对每位应聘者的评定结果进行综合比较分析，最后作出录用决策。假定这种方式针对的是取得令人满意的工作业绩所需的技能和个人特征，与非结构化系列式面试相比，结构化系列式面试能产生更可靠、更有效的结果。在结构化系列式面试中，每位应聘者被问及相同的问题，面试考官在相同的评分表上对他们进行评分，最后进行综合分析。

系列式面试可以避免一对一面试中由一个面试考官决定应聘者命运的缺点。因为由几个面试考官分别对应聘者进行面试，可以获得对应聘者的多种看法，在这些看法的基础上进行综合，可以得出更准确的结论。

3. 小组面试

小组面试即由几个面试考官（其中一人为主考官）同时对一个应聘者进行面试。

小组面试有几个优点。第一，小组面试允许每位面试考官从不同侧面提出问题，要求应聘者回答，这类似于记者在新闻发布会上的提问。因此，与系列式的一对一面试相比，小组面试能获得更深入、更有意义的回答。第二，小组面试由几位面试考官同时对一位应聘者进行综合考察，评价会更准确。小组面试的最大缺点在于：这种面试会给应聘者额外的压力，可能难以得到那些原本可以在一对一面试中得到的信息。

4. 集体面试

这是小组面试的一种变形，是由多个面试人员同时对多个应聘者进行面试。面试小组提出一个需解决的问题，然后不采取行动，而是观察哪位应聘者首先回答。

与一对一面试不同，在集体面试中，若干应聘者在面试考官面前会相互影响。这种方法有助于了解应聘者在参加集体活动时的人际关系能力。此外，该方法还可为工作繁忙的专业技术人员和管理人员节省时间。

5. 决策者综合面试

在挑选重要岗位人选时，有一种方法是由最高决策者进行综合面试。这种方法通常在有一定地位和阅历的人对具体的岗位推荐了人选时采用。最高决策者对其学历、经历、能力已有一定的了解，面试是为了对其能岗匹配程度、与企业文化的融合程度、本人的性格和领导风格等进行进一步的考察。面试的方法和手段可能是全方位的，如邀其一起品茶、喝酒、打高尔夫球、登山、游泳、打牌、下棋，等等。所有考察均在不经意中进行。这种面试常能获得意想不到的成功。

三、根据面试的目的划分

1. 压力式面试

压力式面试是用穷追不舍的方法对某一主题进行提问，问题逐步深入，详细彻底，直至应聘者无法回答。在这种面试中，应聘者会因一系列的追问而觉得很不舒服。这是为了测试应聘者如何应对工作中的压力，了解应聘者的机智和应变能力，控测应聘者在适度的批评下是否会恼怒和意气用事。如果应聘者对面试中的提问表现出愤怒或怀疑，则说明他容忍工作压力的能力有限。

在压力式面试中，面试考官可以一开始就从应聘者的背景中寻找弱点，如询问他离开原来的工作是不是由于出现了工作不积极、经常缺勤等问题，通过这样的问题使应聘者失去平静。又如，如果发现一个从事顾客关系管理工作的人在过去的两年内换了四次工作，就可以问应聘者是不是不负责任、行为不成熟或者经常与顾客发生矛盾等，如果应聘者能很平静地、有理有据地解释他多次换工作的原因，就说明应聘者有较强的应对压力的能力。如果应聘者之前还十分平静，听完这些问题后马上露出愤怒或者不信任的神色，就说明应聘者对压力的忍耐力比较差。

在面试中使用施加压力的方法有助于识别那些过于敏感的应聘者，这些应聘者对于即使是很温和的批评也会作出过激反应。而对于需要面对顾客的职业，这种个性的人是不合适的。

需要指出的是，由于压力式面试的特殊性，主持面试的考官必须具有运用这一方法的经验及一定的技巧和控制力。对应聘者施加的压力不宜过大，而应该是实际工作中真正存在的。

2. 非压力式面试

与压力式面试相反，在非压力式面试中，往往从考场的布置、考官的表情、提问题的语气和方式等各个方面减轻对面试者的压力，使应聘者能够在最小压力下回答问题，以获取录用所需的信息，但整个面试依然是很正规的，应聘者仍然会感受到压力。

事实上，除了那些需要真正在压力下工作的员工外，非压力式面试适用于绝大多数员工。目前有些人力资源专业人士认为，压力式面试不仅不够人性化，而且作用不大，在压力环境中获得的信息经常被扭曲、被误解，通过这种面试获得的资料不应作为录用决策的依据。

3. 宽松型面试

与上面两种面试不同，宽松型面试不需要正规的考场，考官的人数通常为 2～3 人，环境十分宽松。在这种面试中，应聘者也可以向考官提出一些极想了解的问题，如企业发展的状况、企业领导团队的风格和方式、自己所应聘岗位的职责、工作方式和报酬等，在交谈中双方可以获得充分的了解。无论被拒绝还是被录用，应聘者的自我感觉都会比较好。在中层领导岗位招聘时，常采用此种方法，但此种方法最大的难点是对进入面试程序人员的筛选。因为宽松型面试容易跑题，要求考官有足够的时间和充分的耐心，而这二者恰恰是企业指定或聘请的考官所缺少的。

四、根据面试的内容划分

1. 情景化面试

情景化面试是指通过询问应聘者一系列的问题来预测他在一个给定情景下的行为能力的面试形式。例如，一个应聘主管职位的人可能被问及，面对一个三天没有按时上班的下属，他会作出什么反应？这是结构化的问题，即问题是事先安排好的，面试考官根据应聘者对每一个问题的回答情况进行评分。如对于上述假设的情景，有的应聘者可能会询问下属是什么原因缺勤这么长时间，然后给予记过处分；有的应聘者可能直接给予记过处分，有的应聘者可能对下属作出开除的决定；等等。根据不同的回答，面试考官可以认定那个作出最佳处理的人就是该职位最合适的人选。

2. 职位能力面试

这种面试侧重于询问与应聘职位相关的信息。应聘者会被问及一系列与目前所申请职位相关的过去的情况，侧重于他过去的学历和经历。如果招聘刚毕业的应届生，应重点询问他所学的专业以及本人对专业的了解程度、实践技能及潜质等。如果招聘基层与中层领导，应特别重视其工作经历。工作经历可以最直接地反映其职业能力，也是招聘成功与否的一个重要因素。

3. 行为描述面试

这是情景化面试与职位能力面试相结合的一种形式，目前运用得越来越广泛。在这种面试中，同样为应聘者设计一种情景，然后询问他们过去在该职位工作时是如何处理的。行为描述面试与情景化面试的不同之处在于，情景化面试关注的是应聘者对某一情景将会作出什么反应，行为描述面试关注的是应聘者曾经怎样处理这种情景。著名跨国企业宝洁公司就经常使用行为描述面试。例如："请举例说明你曾经遇到了一个很大的困难并最终克服了它"，"请举例说明你的一个想法曾经对团队的成功起到至关重要的作用"，"请举例说明你是如何学到一门新技术并把它运用到实践中去的"，等等。

4. 心理面试

这种面试是由心理学家或人力资源专家主持的，目的在于评价应聘者的某种心理素质（如独立性、责任心）。当某种心理素质对于一个职位特别重要时，会采用这种面试方法。不过，这种方法一般只有在选择高级人才时才使用。

一般来说，情景化面试、职位能力面试、行为描述面试既可以是结构化的，也可以是非结构化的，心理面试则更倾向于设计成非结构化的。

第 3 节　面试考官的选择与面试考场的布置

一、面试考官的选择

面试考官的选择是面试成败的重要因素，因为面试考官的素质、性格特征、工作能力等直接影响面试的质量。

（一）面试考官必须具备的条件

面试考官必须具备以下条件：

（1）具备良好的个人品格和修养，为人正直、公正。因为在面试过程中，面试考官代表着公司，是公司文化的象征，应使每位应聘者在与他们的接触中感受到彼此的价值。

（2）具备相关的专业知识，至少在面试的小组中，面试考官的知识组合不应有缺口。同时，由于在面试评价过程中定性评价往往多于定量评价，因此要求面试考官具有丰富的社会工作经验，能借助工作经验的直觉判断来正确把握应聘者的特征。

（3）了解组织状况及职位要求，这样才能帮助公司选出真正需要的人才。

（4）面对各类应聘者，能熟练运用各种面试技巧，控制面试的进程。在面试过程中，面试考官应能了解和感受应聘者心理上的恐惧和焦虑，缓解应聘者的紧张情绪，营造轻松的气氛，同时应具备某种驾驭能力，使面试过程免受干扰，顺利达到面试目的。

（5）能公正、客观地评价应聘者，不受应聘者的外表、性格等主观因素的影响，因此要求面试考官有良好的自我认识能力。心理学研究表明，人们总是习惯以自我为标准去评价他人，作为面试考官，如果不能对自我有一个全面、正确的认识，就无法正确地评价他人。

（6）要求面试考官掌握相关的人员测评技术，能对岗位与能力的匹配度作出判断与估计，对应聘者的能力、素质、潜能、经验及各种能力作出较为正确的判断。

（二）面试主考官的选择

面试主考官的选择是面试成败的关键。由于时间的限制，面试通常通过主考官与应聘者的双向语言交流和智慧交锋来完成，其他面试考官通常更多地倾听、分析、观察、判断，从而获得自己的结论。面试主考官必须集中注意力，与应聘者直面交流，这种交流不仅应该使主考官本人获取应聘者的知识、能力、经验、风度、气质、成长背景、心理特征、应聘动机、未来发展前景、优点和缺点等各方面的信息，而且要让其他面试考官也能从中获取自己所需的信息。因此，面试主考官的选择至关重要。

选择面试主考官需要注意以下几点：

（1）面试主考官应由资深的人力资源专家担任，他必须同时具备理论和实践两方面的知识，有相当深厚的理论和实践积累。

（2）面试主考官个人应有较丰富的人生阅历，经历过捶打，拥有失败与成功、挫折与顺利、荣辱甘苦、委屈贫穷等人生多种体验，了解人性的优点和弱点，体味过人生的酸甜苦辣，从而具有一颗仁爱之心。

（3）面试主考官应该有相当广博的知识修养和文化底蕴，对古今中外的重要典故和人文知识应相当了解，从而能对应聘者的知识深度和广度作出较准确的判断。

（4）面试主考官应具有洞察力。面试考官应具有去伪存真、去虚存实的能力，能洞悉不同人员在这一环境中的心理特征，独具慧眼，以识别真假人才。

（5）面试主考官应有爱才惜才之心，具备宽广的胸怀和良好的心理素质。对不同的应聘者均应予以爱护：选拔优秀的真正的成熟人才，对不够成熟的人才予以鼓励，对一些不符合要求的应聘者也应给予尊重。

（6）面试主考官应有宏观驾驭能力，善于把握其他面试考官和应聘者的情绪，善于掌控考场的气氛，面对任何可能突发的场景均能从容应对。

（7）面试主考官应该公正正直、品德高尚，绝不徇私情而丧失原则，一般不接受应聘者面试前的个别访问或给予其个别辅导，也不因某些个人私利而放弃公正性。

（三）面试考官小组的组成

面试考官小组的人数以 5～7 人为宜，通常由人力资源专家、董事会代表、公司分管领导、部门主管、工会代表等组成。也有企业根据不同的岗位选择不同的考官小组。岗位层次越高，考官小组的人数有可能越少，以便于了解更深层次的问题。

无论考官小组如何组成，有两方面人才是必不可少的。一是具备人力资源面试技巧的专家；二是对招聘岗位的职责、知识、技能、经验都比较熟悉的专家。前者考察的是应聘者的综合素质、潜在素质以及职业发展轨迹；后者考察的是应聘者立即上岗的胜任能力问题。这两方面专家组成的考官小组能比较准确地把握面试的主题及达到面试的目标。

（四）面试考官的培训

面试考官的培训主要包括以下方面：

（1）培训面试考官的询问能力。

（2）培训面试考官的判断能力。

（3）培训面试考官的临场应变能力，对于面试主考官还应培训其对面试过程的控制能力。

（4）培训面试考官的观察能力和评分能力。

（5）培训面试考官必备的道德修养，如公正、公平、无私、有较强的自制能力等。

（五）面试考官必须规避的错误

1. "眼缘"产生的错误判断

应聘者一进入考场，面试考官的第一印象是从"眼缘"开始的，有的面试考官第一眼觉得顺眼，就会产生好感，甚至十分喜欢应聘者，那么之后的判断就可能出现偏差，因此必须规避由"眼缘"导致的连锁反应。

2. "心缘"产生的错误判断

面试一开始，面试考官可能在兴趣、爱好、价值观等方面与应聘者"心有灵犀一点通"，这种"心缘"会导致面试考官与应聘者"息息相通"，甚至有"知己"的感觉，这种感觉一旦产生，就可能使面试考官的判断有失公正。

3. 评分时"前紧后松"或"前松后紧"

由于经验不足和对应聘者的整体素质不了解，面试考官给应聘者打分可能前后尺度不一致，出现"前紧后松"或"前松后紧"的情况。因此，面试考官应该认真做记录，用同一尺度去衡量各位应聘者，力求公平。

4. "近期效应"或"重要事件效应"产生的判断偏差

因为竞聘上岗是内部获取人力资源的重要途径，大部分面试考官均与应聘者认识，所以，应聘者的近期表现可能会对面试考官产生重大的影响，使面试考官以偏概全。有时一些"意外"事件也会产生效应，影响面试考官的判断，如在某一次企业歌咏比赛中，某应聘者得了第一名；在某一次重要球赛中，某应聘者表现得特别突出等。

面试考官必须规避的错误还有其他方面，如涟漪效应等，但最主要的是上述四点，在面试考官的培训中必须予以指出。

二、面试前的资料准备

1. 报名表

报名表主要包括以下内容：

（1）基本信息。如年龄、性别、身体状况等。

（2）教育背景。包括学历、毕业学校、毕业专业、在校成绩及所受的奖惩。

（3）培训经历。包括接受过哪些培训，培训的时间、内容和地点，培训时间长度，培训者等。

（4）工作经验。包括曾任职务、时间、服务单位、担任职责、薪资以及离职原因等。

（5）过去最突出的成就。

（6）已经发表的论文等。

（7）具备的特殊知识。

有时报名表还包括应聘者的技术专长、性格特征以及兴趣爱好等内容。此外，报名表填写得完整与否，通常可反映出该应聘者是否乐于遵守公司的规定或要求。若填写完整，一般表明该应聘者循规蹈矩，做事认真，否则可能是一位抱着"姑妄试之"心态的应聘者。有时应聘者会附上一份简历，但要注意，简历虽然是有用的资料，但只能作为补充文件，不能取代报名表。

2. 面试前的几轮测试的成绩和演讲稿

面试前需要掌握以下信息和材料：

（1）笔试成绩。

（2）人—机对话的成绩和评价。

（3）模拟考试成绩。

（4）外语考试成绩。

（5）竞聘演说的演讲稿。

（6）收集的其他信息。

面试主考官在面试前要详细阅读应聘人的报名表、竞聘演讲稿。通过审阅报名表，面试主考官不难判断应聘者是否确有应聘的诚意，也不难确定某些应聘者是否根本不用面试就可淘汰。确定符合应聘条件的面试人选后，有时还可增加一些有关知识、能力和技巧的考试和测验，主要是为了更多地掌握应聘者的情况。

3. 设计面试评价量表和面试问话提纲

面试评价量表由若干评价要素构成，是面试过程中面试考官现场评价和记录应聘者各方面能力优劣程度的工具，应能反映出工作岗位对人员素质的要求。在设计此表时，要注意这些评价要素必须是可以通过面试进行评价的。由于面试没有标准答案，评分往往带有一定的主观性，为了使面试评分尽量客观，在设计评价量表时，应该有一个确定的计分幅度及评价标准。

面试问话提纲要根据所选择的评价要素以及从不同侧面了解的应聘者的背景信息来设计，它由两部分构成：一是通用问话提纲；二是重点问话提纲。

三、面试场所的选取与布置

1. 面试场所的选取原则

选择面试场所时应注意以下方面：

（1）根据招聘职位的高低选择场所的大小。较高职位的面试通常选择面积较小的场所，便于长时间和深入的交流，也可以兼顾应聘高职位的人原先的工作环境来作出选择。

（2）根据招聘岗位面试的人数选择场所的大小。通常面试人数较多时应该选择较大的面试场所。

（3）根据招聘岗位的不同选择场所的大小。不同的工作岗位对面试场所大小的要求有所不同，如需要展示表达能力，场所应大一些。

（4）根据是否需要听众和听众人数来选择场所的大小。听众多则场所要大。

（5）面试考场必须安静，与其他公共场所隔开。

2. 面试场所的布置

不少专家认为，面试考场必须是融洽温馨的，这对于竞聘上岗而言是正确的。但一般意义上的面试考场的布置必须根据面试的目的要求而定。对于大企业的一把手或重要岗位的竞聘，有时需要特意将考场布置得严肃而有压力，以测试应聘者的心理承受能力。竞聘上岗是内部人才的选拔方式，是一种开发人力资源、提高能岗匹配度的重要的人事制度改革，考场应既严肃又有人情味，既紧张又不失温馨。考场的布置应注意以下几点：

（1）应聘者席与面试考官席的距离不宜太远，便于面试考官观察应聘者的面部表情和身体语言。

（2）应聘者席与面试考官席的桌面布置应基本相同，如有相同颜色的台布、饮料和茶杯、纸、笔等。

（3）应聘者席的周边或桌上最好有鲜花。

（4）场记应安排在面试考官席的右边或左边。

（5）如有听众席，应与面试考官席有一定距离，位于考官席的后面，不要摆在面试考官席左右两侧，形成 U 形包围应聘者席，这样会使应聘者感受到过大的压力。

（6）应有共同的计时钟。

（7）要对面试主考官席、应聘者席和场记席作出明确标记。

（8）面试考场的不远处应有应聘者的休息、准备、等候场所。

□ 关键术语

诊断性面试　结构化面试　半结构化面试　非结构化面试

□ 复习与思考

1. 请分析诊断性面试在招聘过程中的作用和地位。

2. 请分析面试考官的能力和品德在招聘过程中的权重应如何分配。为什么？

3. 请分析怎样的考场布置会使应聘者失去信心或影响临场发挥，怎样的考场布置会使应聘者的能力得到充分发挥。

4. 请你根据自己的体会，描述一个你最喜欢的面试考官的形象。

5. 画一张你最理想的考场的布置图。

第 9 章

面试的实施技巧与案例分析

本章重点

1. 定型面试题的制作技巧
2. 随机型面试题的制作技巧
3. 评价指标体系和招聘表格的设计
4. 面试考官的工作技巧

第1节　定型面试题的制作技巧和案例

一、结构化面试

1. 结构化面试的定义

结构化面试是指按预定的程序和步骤进行的面试过程。结构化面试要求同一应聘岗位有一道针对所有应聘者的共同考题。这道试题也称定型面试题。

2. 结构化面试的方式

$$I=A+B+C+D$$

式中，I——结构化面试；

　　A——应聘者对所应聘岗位进行应聘演说；

　　B——应聘者简要介绍自己；

　　C——第一个应聘者从预先准备的若干考题中任意抽选一道面试题，而后同一个岗位的应聘者均回答这同一道面试题，应聘者之间在面试未完成前应相互隔离；

　　D——根据应聘者对这一道面试题的回答提出一些随机的问题，但一般不宜多。

3. 结构化面试的优点

（1）能使所有应聘者感觉公平。

（2）能让面试考官就同一问题对比不同应聘者的答案，从而以较统一的标准去评价不同的应聘者。

（3）如果是竞聘上岗，群众会感受到竞聘的公开、公正、公平。

（4）结构化面试便于掌握，操作较简单，只要有科学和规范的面试题，均能使招聘面试顺利进行。

（5）较少出现意外情况。

4. 结构化面试的缺点

（1）不能充分利用面试考官的智慧、知识和能力。

（2）不能给应聘者更大的展示才华的空间。

（3）缺少面试考官与应聘者之间充分的双向沟通。

（4）缺少面试考官与应聘者之间在知识、智慧、心理素质等方面的交锋，难以对不同的应聘者作出较准确的评价。

（5）不能根据应聘者的特点提出不同的问题。

二、定型面试题的制作技巧

定型面试题的制作是一个难点，本书把笔者多年积累的经验概括为定型面试题制作的几个要点：

（1）必须有一定的情景或背景资料。

（2）没有统一答案，给每一个面试者留有充分的回答问题的空间。

（3）每一种答案都能反映应聘者某一方面的能力或特征。

（4）应聘者无须事先准备，均可从过去的知识和经验中获得自己的答案。

（5）应能给面试考官留出继续提问的线索。

定型面试题设计示例如表9—1所示。

表 9—1　　　　　　　　　　定型面试题设计示例

要素	观察内容	提问项目	评价要点
礼仪、风度	1. 仪容、衣着 2. 行为、举止 3. 敲门、走路、站立、坐下的仪态 4. 口语（礼貌用语）		1. 穿着整齐、得体、无明显失误 2. 沉着、稳重、大方 3. 走路、敲门、站立、坐下的仪态符合礼节 4. 口语文雅、礼貌
求职动机、愿望		1. 你选择本公司的原因是什么？ 2. 你选择本公司最重视什么？ 3. 你对本公司有何了解？ 4. 你希望公司如何安排你的工作、待遇？ 5. 对将要从事的工作有何认识？	1. 是否以企业发展为目标，兼顾个人利益 2. 回答完整、全面、适当 3. 说服力

续前表

要素	观察内容	提问项目	评价要点
表现力、语言表达能力	1. 将自己的表达内容有条理地、准确地传给对方 2. 引例、用语贴切 3. 语气、发言合乎要求 4. 谈话时的姿态表情	1. 请谈谈（描绘）自己。 2. 谈谈你的优缺点。 3. 你的兴趣、爱好是什么？ 4. 据你自我分析，最适合你的工作是什么？	1. 谈话的前后连续性 2. 主题、语言简洁明了 3. 逻辑清楚 4. 说服力 5. 遣词用句准确
社交能力和人际关系、社会关系		1. 请介绍你的家庭。 2. 你的朋友如何看待你？ 3. 你希望在什么样的领导手下工作？ 4. 你交友时最注重什么？	1. 自我认识 2. 交往能力
判断力、情绪稳定性		1. 假如 A 公司与 B 公司同时录用你，你将怎样做？ 2. 公司工作条件非常艰苦，你将如何对待？ 3. 你怎么连这样的问题也不懂？ 4. 你好像不太适合本公司工作。	1. 对礼节性问题的回答是否准确、迅速 2. 自我判断力 3. 是逻辑判断还是感性判断 4. 有自己的独立见解

三、定型面试题的案例

案例 9—1

有一位电脑人才在参加面试时背着一个硕大的背包，一般的考官都认为他背的一定是电脑。主考官就问他：你介意让我们看看你包里的东西吗？这位应聘者很轻松地说：当然可以。于是，他马上取出包中之物。考官们看完之后就问他：你为什么带这些东西呢？应聘者一时词穷，十分为难地说，我一会儿要出差。可是这些东西无一件与出差有关。结果，这位应聘者落选了。

问题：

（1）根据你的经验，你不妨估计一下这位应聘者带的是什么东西？为什么他会落选？

（2）如果这位应聘者带的确实是与出差相关的东西，你认为他是否也会落选？请分析原因。

（3）如果这位应聘者带的是电脑，你认为他的目的是什么？他会落选吗？请分析原因。

分析：

（1）本面试题的背景是面试现场，应聘者带了一个硕大的背包，引起了考官的注意，特别是激发了考官的好奇心。

（2）本面试题没有固定的答案，你可以分析他带着大背包与落选有何关系。

（3）应聘者的落选与背包中放置的东西有多大关系？什么样的东西才会使考官对他予以认可？你可以在分析问题时发挥自己的才智和想象。

（4）如果背包中的电脑不能使考官对该考生予以认可，你认为放置什么东西是最合适的？

案例9—2

某民政局新建一座现代化大型养老院，拟招聘一批高素质的工作人员。在第一轮的笔试中，考官把考生了解父母的生日和身体状况作为其进入面试的先决条件，对于笔试成绩却不太看重。

问题：

（1）你认为民政局的这种遴选条件正确吗？为什么？

（2）为什么记住父母的生日与应聘养老院的工作有关系？你能否举出两者无关的例子？

（3）能否列出三种与学历及成绩无关的工作？这三种工作与其他何种能力有关？

分析：

（1）这道面试题的背景是某养老院要招聘一批高素质的工作人员，对学历有一定要求，但面试题是一个非常简单的问题。这些问题与素质有关吗？如果无关，又与什么有关？

（2）你能否列出相反的例子，说明不记得父母生日的人照样可以把工作做得很好，并分析这几个要素间的关系。

（3）记住父母的生日、了解父母的身体状况是有爱心的表现，但也有一些特殊家庭的孩子无法正确回答这些问题，同样具有爱心。我们应该如何看待代沟问题？

案例9—3

一层到十层的每层电梯门口都放着一颗钻石，你乘坐电梯从一层到十层，电梯在每一层都会开门。钻石大小不一，你可以但只能拿走一颗。

问题：

（1）你会在什么时间取一颗钻石？

（2）你用什么方法可以拿到其中最大的一颗？

（3）有人说，前五层楼只看不拿，看看从第一层到第五层最大的一颗究竟有多大，然后从第六层开始看到与前五层最大的一颗差不多大的就拿走。你认为这种思考方式正确吗？

分析：

（1）这一题目的背景是你可以从十颗钻石中取一颗，但你想要随机取一颗还是执意要取最大的，会使你的选择方法有很大差别。

（2）要想从中取最大的一颗，实际上几乎是不可能的，也没有什么科学的方法可以采用。最大的一颗可能就在第一层，也可能在第十层。因此，在前几层只看不拿，比较之后再从之后的几层楼中取一颗，至少不会取到最小的。

（3）最大的钻石不是凭借某种劳动可以换取的，也不是凭借智力可以换取的。因此，以一种研究的心态或淡泊的心态去取其中的一颗可能会使自己获益最大。

案例9—4

某民营企业A公司是某国外品牌在中国的总经销，公司老板急于寻找一位合适的总经理。经朋友介绍，他从其他公司挖来一位营销能力很强的人才林某担任总经理。林总来公司两周后，带领员工张某到外地参加一个展会。张某把预支的差旅费提前用完了，无钱买回程票，便向林总求援，林总认为张某与主办展览的单位可能有黑幕交易而予以拒绝。林总回公司后，劝老板不必汇款给张某。张某在外地滞留了三天，直到向朋友借款后才回到公司。此事在公司里传开，大大影响了林总的威信。

问题：

（1）老板录用林总的决策依据了哪一条重要信息？你认为这一信息对于老板作出录用决策是否充分？

（2）录用主管人员应做哪些方面的调查？

（3）你觉得张某在处理问题上有没有失误？如果你是林总，会如何处理？

分析：

（1）录用林总时仅依据销售业绩是不够的，还应该依据有关其组织能力、沟通能力、协调能力等方面的信息。

（2）张某应坦诚地把预支的旅差费用超支的原因告诉林总，求得林总的理解。

（3）事情发生后，林总应主动向张某询问事情经过，如果张某无任何劣迹，应主动向张某道歉。

（4）必要时召开员工大会，由林总对此事件进行说明并作自我批评。

案例9—5

美国有一任宇航局局长在任时工作十分出色，而且实现了人类登上月球的愿望。《纽约时报》的一位记者去采访这位宇航局局长，问他："你是如何开展工作的，怎么能完成这么多艰巨的任务？"局长说："很简单，我不让同一专业的人坐在同一张桌子上吃饭。"

问题：

（1）如果你是一位企业家，会从这位局长的回答中获得怎样的启示？

（2）如果你是一个政府部门的领导，将如何选择你的领导班子？

（3）你认为这个案例中揭示的用人方法和第二次世界大战时美国兰德公司的用人方法有什么异同？

（4）你认为战国时期信陵君的用人方法和这位美国宇航局局长的方法有何相同点？

分析：

（1）这位美国宇航局局长是一个有创新意识的领导，他幽默的回答是指不同专业的科学家在一起会产生思想碰撞的火花，更容易激发创造力。

（2）企业家必须善于使用各种人才，这些人才不仅专业知识应各有所长，而且性格特点、处世风格也应有所不同。

（3）我国战国时期的信陵君善于用人所长，避人所短。他门下每一个看似不起眼的人均能为他办成意想不到的大事。

案例 9—6

在一个风雨交加的夜晚，一位汽车司机因自己所驾驶汽车的一个轮胎爆裂而不得不换用备用轮胎。此时，因风大雨大，司机不小心把固定轮胎的螺帽滚落到下水道里。正当这位司机一筹莫展之时，有一位智者走过来，在没有求助任何机构的情况下，告诉司机一个方法：把其他三个轮胎上的螺帽各卸下一个来固定备用轮胎。司机用此方法把汽车安全开到了目的地。

问题：

（1）如果你是某公司的领导，可从这个故事中获得何种有益的启示？

（2）如果你是某公司的领导，可从这个故事中获得何种重要的教训？

（3）请谈谈这个故事对于人力资源管理方面的启示。

分析：

（1）本面试题的背景是风雨交加的夜晚，司机遇到了困难。

（2）本面试题无须应聘者回答如何克服这个困难，而是强调解决难题的方法。

（3）应聘者可以获得的启示是多方面的，有人力资源管理方面的启示，如 A 角、B 角，轮岗问题等；有管理方面的启示，如工作之前要做好准备，检查所需的资料、材料和零件等。

（4）面试考官可根据应聘者的回答，随机地选择话题展开讨论。

（5）面试考官可从应聘者的回答中了解应聘者的工作经验和临场应变能力等。

案例 9—7

某公司旗下的一个子公司去年的业绩非常突出，公司总经理给予了表扬。今年上半年以来，所有的职能部门都反映该子公司的领导态度骄横，出言不逊。总经理在调查核实后对其中几个主要领导人予以撤职，并说："在效益与稳定之间，我更看重稳定。"

问题：

你同意总经理的做法吗？请说明理由。如果你是总经理，将采取何种办法解决骄兵悍将的问题？

分析：

（1）本面试题的背景资料是真实的，反映的是某总经理对部下的业绩和态度的处理方式。

（2）应聘者对这个问题的回答可以不一致，也无须事先准备。

（3）应聘者的回答既可以反映出他的领导工作经验，也可以反映出他的领导方式倾向。

案例9—8

某公司总经理出国考察出了车祸，必须在国外治疗较长时间，在总经理出国期间负责行使总经理职权的周某，恰在此时向领导递交了辞呈，决定辞去副总经理的职务，离开公司另谋他就。

问题：

（1）请你分析主持公司的副总经理辞职的原因。

（2）如果你是这个公司的三把手，会采取什么态度？

（3）如果你是该公司董事会的董事长，面对这种情况会采用何种决策？请简述你的工作思路和工作方法。

分析：

（1）副总经理辞职的原因可能有很多种，任何一种回答都可以被认为是有根据的。

（2）本面试题能比较充分地考察应聘者的工作经验和人际关系方面的经验。

（3）应聘者在本面试题中必须面对三个角色。

案例9—9

某移动通信集团公司领导决定从下属分公司和子公司中选拔一位干部充实集团总部领导班子，担任分管经营的副总经理，公司总部将此意向通知了各分公司和子公司领导。

问题：

（1）如果你是某分公司或子公司的一把手，请列出你将推荐的干部具备的素质和条件。

（2）如果你是集团总部领导，请提出全面的选拔计划和选拔方案。

（3）如果你是集团总部领导，请说说你对选拔该副总经理在性别、年龄、经验、专业、知识方面的偏好。

分析：

（1）这是一个人力资源管理方面的面试题，能考察应聘者的人力资源管理方面的经验和知识。

（2）两个矛盾角色的冲突会使应聘者在全局与局部之间作出强迫性选择。

（3）面试考官能从应聘者的回答中了解应聘者人事决策的能力、处理全局和局部关系的能力、识人和用人的能力等。

案例9—10

这是一道没有标准答案的面试题，题目是这样的：有四个人掉到一口枯井里，这四个人的身份分别是妇女、军人、官员、商人，现在请你去搭救他们。

问题：

（1）请给出搭救这四个人的先后次序，并说明你这样做的理由。

（2）请你提出三种不同的搭救顺序，并分析这三种搭救顺序反映出决策者怎样的性格。

（3）如果你是总经理，要选一个人力资源部经理，会选哪一种性格的人？你对他选择哪种搭救次序感到满意？为什么？

分析：

（1）本面试题主要是关于"首先搭救谁"的问题，其余的方面可以不多加讨论。

（2）本题考察应聘者的临场决断能力和价值判断能力，比如，从谁能帮助我完成任务的角度出发，先搭救军人，这反映出临场的组织能力；从保全四个落井人生命的角度出发，即谁的抵抗力弱就先搭救谁，从而可能选择先搭救妇女。

（3）对本题的回答，在不同的时期人们的观点可能不同。

案例 9—11

华为认为一次招聘是否有效，应体现在合适、胜任和离职率低等方面。在招聘与录用中，招聘人员最注重应聘者的素质、潜能、品格、学历，而经验却放在其次。有一次在招聘过程中，用人部门经理现身考场，有 A 考生是某名牌大学的应届生，B 考生是普通大学已毕业三年并有三年工作经验的往届生。很明显，B 表现了更强的对工作的适应性。在现场某一考官杨选择了 A，认为他更具备潜能；用人部门经理王则认为 B 更合适。

问题：

（1）如果你是这场面试的主考官，你对 A 和 B 的选择有最后发言权，请问你会选择 A 还是 B？为什么？

（2）你认为考官杨的选择依据主要是什么？名牌大学是否预示了更大的发展潜力？你会补充怎样的问题来帮助你确定 A 的潜力？

（3）你认为用人部门经理王的选择依据主要是什么？考官杨是华为人事部门的专职考官，王是用人部门经理，你认为专职考官和用人部门领导发生矛盾的主要原因是什么？你能否用一种方法让他们的意见趋于一致，或让其中一方信服另一方？

分析：

（1）这是一个招聘现场经常发生的问题，用人部门领导更倾向于有一定经验、可以立即投入使用的人才，以节省培训的精力和时间；人事部门的考官则希望为企业获取更优质、更有潜力的人才。

（2）人事部门和用人部门的出发点虽然略有差异，但最终目的显然是一致的，这就需要考官们对 A 和 B 作进一步的考察，也许 B 不仅有工作经验，同时在发展潜力和素质上并不比 A 逊色。这样，不仅可以解决矛盾，而且为公司招到一位合适的人才。关键在于，考官能提供更合适的考题，从而对人才有一个正确的识别和鉴定。

（3）华为非常重视让招聘来的人才留得住，安度"危险期"（进公司的头六个月为危险期）。B可能会比A更留得住，因为三年的工作经历使他能更快适应跳槽带来的一些问题；而A从学校到企业，从学生到员工，角色转换会更大，因此安度"危险期"的困难也更大。

案例9—12

90后员工以新的面貌快速进入企业，他们关注工作的趣味性、挑战性、自我成就感，个性比较张扬。有一位90后的职场新人张三进入了一家大型的著名企业，他喜欢热闹，喜欢交朋友。有一次在该企业的员工聚会上，他遇到了中学同学李四和马五。交换名片后，他发现李四的职位比他高，而马五和他是平级，他心中不悦。李四上的大学是名牌大学，马五就读的大学比自己的差很多。一个月后，张三选择了离职。

问题：

(1) 你认为该企业将新入职的学生中毕业于名牌大学的安排高一级职位的做法正确吗？是否同届的学生都安排在同一级别才是正确的做法？

(2) 你认为张三离职的原因是觉得李四比自己高一级没面子，还是觉得马五和自己平级不公平？是谁对他的离职起了关键作用？

(3) 如果你是人力资源部经理，会对90后的新员工安排怎样的培训？你认为什么形式的聚会可以帮助他们更健康地成长，更快地成熟？

分析：

(1) 90后的新员工除了兴趣广泛、个性独立等特点外，实际上也继承了他们父辈最不应该传承下来的"爱面子"、"爱虚荣"的思想。由于年轻不经事，这些不好的思想观念会对他们产生负面影响。张三的离职实际上就是源于"爱面子"，觉得职位比李四低又不比马五高"很没面子"，不如换个单位。

(2) 人力资源部应对入职的新员工做系列培训，其中包含不同岗位、不同级别录用的依据，各个岗位的职位分析以及他们各自的职责。特别需要培养他们热爱本职工作，并消除一些影响他们后继发展的"攀比"、"抱怨"等错误行为。

(3) 90后的新员工进入企业是企业领导必须关注的，为新员工组织一些聚会、一些活动时，也要注意对他们做一些"正能量"的辅导，使他们对企业的未来有信心，对自己的发展有期望，爱企业、爱岗位，并认真地做好每件工作。

案例9—13

万科王石发起"007"招聘计划，旨在招聘一批优秀的管理干部，毛大庆就是实施该计划选到的精英。毛大庆出任万科北京公司的总经理，进而成为万科集团副总裁、北京区域首席执行官。2015年3月9日，毛大庆离职新闻发布会在万科北京中心召开。毛大庆到万科之前在新加坡著名的凯德集团任高管，万科用了一年多的时间，以王石个人的魅力和执著挖来了毛大庆，但仅仅6年，毛大庆又离开了万科。

问题：

(1) 毛大庆先是离开他工作了15年的凯德，6年后又离开了万科准备自己创业，是否可以据此认为毛大庆不属于企业的忠诚员工？你认为谋求个人发展和忠诚企业相矛盾吗？为什么？

（2）毛大庆离开万科后开始关注一个更富挑战性的课题，即 2030 年后的老年社会问题。你认为毛大庆选择做一个创业者和之前做一个职业经理人在职业通道上有无矛盾？你如何评估职业经理人的创业决策？

分析：

（1）只要企业招聘的高级管理者在岗位上作出了杰出的贡献，即使几年后他选择离开企业，也是成功的招聘。因为一个优秀的、杰出的管理者所作出的贡献决非他人所可以替代的，毛大庆就是如此。

（2）企业评价忠诚员工的标准并不是从一而终，而是他在职在任期间的所作所为，只要是站在公司的立场，为公司的利益竭尽全力者，就是忠诚员工。一个人在其职业生涯中服务于几个企业是正常的，这不仅是个人发展所需要的，也是企业发展所需要的。

（3）毛大庆作为一个职业经理人，积累了知识、积累了经验，也积累了人脉，较年轻时更加成熟。对于一个有理想、有思想、有目标的职业经理人，选择一个对社会、对未来都十分有意义的领域去奋斗，谋求自己创业是一件好事。正如毛大庆自己所说，生命不能再等待了，"把北京万科从 43 亿元带到 200 亿元，这个数字的变化确实让我达到了一定的高度。但仅仅是数字的变化和叠加，已经不再带给我新的刺激和追求了"。因此，对毛大庆跳出万科谋求新的发展应该予以鼓励。

案例 9—14

有一个企业要招聘营销总监，经过几轮筛选后，招聘主管老严要面试王明，老严认为他是筛选出的佼佼者。他问了一个问题：你担任某企业营销经理多年，如果要你请一桌该企业客户的营销部经理或分管营销的副总，你能请得动吗？王明犹豫了一下，回答说，当然可以。老严说，今晚我做东，你负责把他们请来。王明没有料到老严面试会出奇招，只好答应。且不说这些副总、经理有些可能因公出差没有时间，纵然都在本地，他又有何德何能可以请动他们这一大拨人呢？万般无奈，他想了一个办法。把他的同学、朋友请了来，一个个冒充他分配给他们的角色。老严误认为这一桌客人都是他希望请的人，认为王明的人际关系真广，公关能力不可低估，正符合老严急于寻找的营销总监的要求。很快王明获得了营销总监的岗位，并顺利入职。三个月后，老严辞退了王明。

问题：

（1）王明撒了谎，犯了错误，之后又用第二个错误来掩盖第一个错误。你认为王明最终被辞退的原因是什么？如果你是招聘专员，你有没有什么招能在宴会中就发现问题？

（2）老严既然做东邀请了王明的客人，目的是要考察王明的社交能力和公关能力，但在酒席上，你认为是什么原因使老严没有看出破绽而录用了王明？招聘过程中，有哪些招数可以考核应聘者的人际交往能力和公关能力？

（3）如果你是招聘专员，在录用王明后发现了他的欺骗行为，但王明的能力确实可担此任。你会选择辞退王明，还是加以教育后留用王明？说说你的理由。

分析：

（1）王明作为某企业的营销部经理与他的销售客户必然会有接触，但要同时请多位营销部经理或分管营销的副总吃饭一定是有难度的。应聘时的诚信十分重要，他如果如实回答，告诉老严自己最多能请动个别人，而不是很多人，老严未必就不录用他。所以，应聘者的诚信始终是第一位的。

（2）王明夸下海口，已然有错。第二个错误是为掩盖第一个错误而产生的，但第二个错误比第一个错误严重得多。这不仅让王明的诸多朋友对他的诚信有腹诽，而且让这些朋友会对老严所在企业、老严本人的声誉有所质疑。所以如果第一个错误可以容忍，第二个错误就是不可容忍的。

（3）老严在了解到王明的两个错误后，绝对不可留用王明，而必须立即辞退他。因为这与王明的个人能力无关，而与他的诚信、人品有关。无论招聘何种人，能力只能是第二位的，人品始终是第一位的。

案例 9—15

某集团公司要招聘一位董事长助理，集团子公司分布于苏州、重庆、深圳、福州等地，集团总部设于厦门，因为各子公司的总经理均为男性，小性偏刚直、少柔性，因此董事长助理拟招一位女性。不久，猎头公司推荐来一位女性应聘者陈艳。陈艳 1984 年出生，厦门大学本科毕业，面目姣好，未婚，性格活泼。为了确定她能否胜任该岗位，最后一轮面试请来了一位人力资源招聘专家，面试小组由董事长、人力资源专家、人力资源部经理组成。面试时，陈艳表现得伶牙俐齿，回答问题头头是道，并把现在任职的企业宣传董事长的专刊带来，称董事长的包装、企业的造势、对外的公关都是由她一人完成的。当问到为何要离开该公司时，陈艳说因为集团投资失误，已有 8 个月无法支付员工薪酬，集团所属子公司已倒闭若干家，她坚持了 8 个月，不得已只好另觅工作了。从她的回答来看确实天衣无缝，并且显得十分乖巧可人。董事长也频频点头称赞，唯问到学历时她一语带过。面试结束时，人力资源专家嘱咐负责招聘的人力资源部经理小董，请他查验其学历。经查，陈艳并非厦门大学本科毕业，而是厦门大学成人教育大专毕业。猎头公司希望能网开一面，因为陈艳目前就任企业的董事长是某市商会会长，很有名气，陈艳本人也确实能干。陈艳请求小董再让她见见董事长和人力资源专家，面陈造假始末，被人力资源专家和董事长坚决予以拒绝。陈艳落选。

问题：

（1）你认为学历造假与个人能力的尖锐矛盾可采取什么方法解决？董事长和人力资源专家坚决拒绝的态度是否正确？

（2）推荐陈艳的猎头公司发现她学历造假时，不但没有批评，反而替她求情，希望招聘企业能网开一面，以能力取人，你认为该猎头公司有错吗？如有，错在哪里？

（3）陈艳的学历造假被发现后，陈艳本人并未表现出惧怕的态度，反而与猎头公司和招聘企业的人事负责人多次沟通，希望面见领导再细细陈述，以改变该企业对她的态度，挽回她的应聘失败。你认为陈艳的这种态度对不对？你认为她依仗什么敢于"逆流而上"？你认为她今后的职业走向如何？

分析：

（1）陈艳学历造假，之前已成功地在某知名企业任董事长助理，该企业即将倒闭时，经猎头公司推荐，应聘另一公司相同的岗位，可以想见，她的学历造假已然蒙混过关至少一次，所以她的内心并无悔改之意，并对继续蒙混过关很有把握。这说明不少中小企业在招聘时操作流程不规范，连对学历和经历的基本核实都未做到，这是企业招聘失败应引以为戒的。因为招聘成本的浪费、董事长等人的时间浪费都是企业的损失，所以小董有明显的工作失误。

（2）董事长和人力资源专家对陈艳的处理是正确的，因为董事长虽然对助理这一岗位的需求比较迫切，在一般情况下，陈艳似乎还可担当此任，但对于一个企业的长期发展而言，董事长助理仅有大专学历是不够的，更重要的是，造假已属品行问题。她在造假被发现后还执意要面见董事长陈述，就有点厚颜无耻了。虽然我们认同学历和能力不能完全画等号的看法，但绝不能同意品德问题可以姑息。所以学历造假已经是诚信问题，涉及人的品德，坚决拒绝是正确的选择。

（3）猎头公司把一个学历造假的应聘者推荐给企业，本身就是必须承担责任的极其错误的行为。当拟招聘员工的企业发现学历造假并知会猎头公司时，猎头公司仍以陈艳曾经是一个著名企业（尽管该企业已面临倒闭）的董事长助理为由，要求招聘企业接纳她。这是猎头公司的一错再错，并且也会因此失去立足的基本诚信。

案例 9—16

我国著名现代派诗人卞之琳（1910—2000）曾经写过一首长诗。长诗中有四句被卞之琳本人摘出，取名"断章"，其中有两句是："你站在桥上看风景，看风景的人在楼上看你。"

问题：

（1）请你用这两句诗勾画出一幅画面，并把你想象的人物置于画中，要说明这些人物的性别、年龄、人数以及他们彼此的关系。

（2）你可以想象一下卞之琳的画中应是一位少男、一位少女，但如果你的画中"楼上"或"桥上"的人不止一人，例如母女、父子或两名少女等，那么你认为另一处的人应是一人或两人方能表达诗中的寓意？

（3）古代诗画中常常"画中有诗，诗中有画"，因此诗情画意常常脍炙人口。请你说说这两句诗中最让你难忘的是什么。

分析：

（1）"断章"中的这两句诗，被许多文人骚客不断引用。虽然字数不多，却隐含着十分丰富的想象。卞之琳的这两句诗描绘的应该是古代的才子佳人，画中有亭台楼阁、鸟语花香、小桥流水、郎才女貌、情意绵绵。

（2）如果看诗的人是另一种心境，也可以是另一番景象。桥上的母女哀愁地看着楼上的丈夫，此时风卷残柳、落红无数，男女掩袖而泣，道不尽的生离死别，这也许是被恶婆婆拆散的一家人。

（3）这类结构面试题可用于测试办公室工作人员和总经理助理、文秘等岗位的应聘者。可以从中了解他们的文学功底、想象能力和分析能力，不适用于企业生产类、营销类管理人员的招聘。

案例 9—17

我是某集团人力资源部的招聘主管，今天要为集团的下属子公司招聘一位人力资源部经理，经过多轮测试，最后挑选了三位比较合适的人进入面试。面试主考官是集团负责人力资源的副总裁，我作为考官参加面试并做记录。其中有一位应聘者刘伟是我最看好的，我郑重地推荐给了主考官。令我想象不到的事发生了，刘伟多年前曾与副总裁服务于同一家企业。当时刘伟是副总裁的部下并被副总裁批评辞退过，今日相见，真是"冤家路窄"。刘伟对主考官的任何问题都反应激烈，主考官希望他提交相应的学历学位复印件（刘伟比几年前多了一个硕士学位，主考官希望他提交学位复印件），刘伟火冒三丈，出言不逊。最后面试不欢而散，刘伟当然也不会被录用。

问题：

（1）刘伟反应激烈是由于自己命运多舛（第二次落入副总裁的掌握中）而情绪激动，还是因为主考官的问题让他难以回答而激动？刘伟作为一个应聘子公司 HR 经理的人选，应该有些阅历，他的性格中有何致命的弱点？

（2）负责主考官的副总裁应如何平复考生刘伟的激动情绪？如果你是主考官，有何良法可以使气氛缓和下来？

（3）我发现面试现场的气氛不对头，作为集团总部招聘主管应该做哪些事挽回僵局？当面试不欢而散后，我又应采取哪些补救措施来避免公司形象受损？

分析：

（1）这是招聘面试现场经常发生的场景：应聘者和坐在考官席上的主考官或考官曾经共事或是上下级关系；他们在共事期间可能发生过这样或那样的矛盾。考官和应聘者在相当严肃的氛围下见面，不便公开寒暄，互道安好。此时，你作为主考官的一方，可以有一定的暗示，让对方感受到友好，放松紧张的情绪。

（2）当应聘者一方对所提问题反应强烈，对出示相关学历学位复印件十分排斥时，主考官必须主动安抚，放弃出示复印件的要求，并把询问转化为更为轻松的互问互答。主动要求对方提一些问题让自己回答，营造良好的气氛，这是所有主考官必须具备的素质。

（3）一旦面试现场陷入僵局，考官与应聘者不欢而散，作为招聘主管的我必须在会后作一些补救，也许刘伟正是最合适的人选。应安排刘伟与主考官单独面谈，既让他们叙旧以冰释前嫌，又让主考官更详细地了解刘伟现在所具备的能力与所招聘职位的匹配程度。如果刘伟合适，就应该录用他。

案例9—18

　　某电子公司急需招聘一位财务总监，公司两年内要在新三板上市，对财务总监提出了以下要求：（1）注册会计师；（2）本科以上学历，最好是厦门大学的毕业生；（3）能规范企业财务运作，最好有财务管理和审计管理两方面的经历和经验。老板提出厦门大学会计本科的资格条件，原因有两方面：一是厦门大学的会计专业毕业生确实有实力；二是在厦门当地有许多同学、同乡和朋友，办事比较方便。公司的人力资源总监老沈按图索骥，找到了一个符合要求的候选人苏某。经面试，公司老板对苏某很满意，但在薪酬上双方未达成共识，公司老板对对方要求的薪资不予认同，认为比市场价值高出不少，双方不欢而散。人力资源总监老沈劝老板，你的企业马上就要在新三板上市，不如给些股份以留住这位人才。老沈又劝苏某，公司要在新三板上市，你来做财务总监，让老板给你一些原始股岂不比多些薪资更划算。双方都表示同意。苏某走上财务总监的岗位后工作努力，表现突出，与公司上下关系融洽。

　　问题：

　　（1）你是否同意老板指定招聘对象的毕业院校的做法，这种指定是否对完成岗位职责有所帮助？你认为完成岗位职责有哪些因素最重要？

　　（2）当招聘方与应聘方就薪酬发生矛盾时，你认为谁应主动提出调解方案？有哪些方法可以调解双方的矛盾？

　　（3）民营企业在招聘企业主管时，薪酬矛盾常常是最突出的矛盾。请你描述你在应聘过程中或你在过去的工作中发现哪些薪酬矛盾是难以调和的，哪些薪酬矛盾是可以解决的？

　　分析：

　　（1）当招聘方和应聘方在人才需求与岗位职责上达成共识，只在薪酬上发生矛盾时，招聘方应主动提出调解方案，方案可以包括股权激励、奖金激励和其他激励，以弥补对方对薪酬的要求。

　　（2）如果应聘方执意要求达到某薪酬水平，通常可能有其他因素在起作用，例如应聘诚意（应聘方可能同时应聘几家公司，正在挑选中）、有其他选择（应聘方可能有进一步深造的意愿）、对公司的某一方面不太满意（如上班路途比较远、无工作用车）等。此时，招聘方应与应聘方多沟通，了解他内心真实的想法，有的放矢地消除其心头的疑虑。

　　（3）在招聘企业主管时，最好能对两方面进行充分了解：一是主要候选人原先的薪酬状况，二是当地相同行业相当职务的薪酬水平。在充分了解这两方面信息后，就能有效地与应聘方平心静气地谈判，必要时作一些小的让步通常就可能成功。

第 2 节　随机型面试题的制作技巧和案例

一、随机型面试

1. 随机型面试的定义

随机型面试通常是指面试考官事先未制作统一的面试题，根据应聘者的学历、经历以及见面时的感觉提出一些有针对性的面试题，这些面试题对每一个应聘者都可能是不同的，题型是随机的，试题是随机的，先后次序也是随机的。

2. 宜采用随机型面试的情形

（1）招聘高层管理者。

（2）对应聘者的基本情况比较了解。

（3）诊断性面试后对 2～3 个应聘者难以抉择。

（4）民营企业老板本人要求参与面试。

3. 随机型面试的优点

（1）针对性强，能够准确了解不同应聘者的不同情况。

（2）面试考官可以与应聘者充分地交流和交锋，从而更全面地考察应聘者的优点和缺点。

（3）能考察应聘者的知识面、兴趣、爱好和受教育情况。

（4）能让应聘者有紧张感，从而便于考察应聘者的应变能力和心理素质。

4. 随机型面试的缺点

（1）应聘者容易感到不公平，当他们认为自己被提问的问题较难时，会怀疑招聘的公正性。

（2）容易让人猜疑领导已事先作出不公正的安排，从而影响领导的诚信度。

（3）没有经验的面试考官很难把握随机型试题的难易程度，有的面试考官提问的针对性差，难以达到预期的效果。

（4）面试过程中容易出现应聘者反应较强烈的情况，有的考官难以控制局面，使操作过程存在一定的风险。

二、随机型面试题的制作技巧

（1）随机型面试题虽然是随机产生的，但有经验的面试考官一定要根据应聘者的学历、专业、原来的职位和性格特征等制作有针对性的考题。

（2）随机型面试题可以采用连环式，即一题紧扣一题，形成一个问题链条。

（3）随机型面试题的第一个问题可以从最平常的生活问题入手，然后根据其回答引出"问题串"来。

（4）随机型面试题不能涉及他人的隐私。

三、随机型面试题的案例

1. 考题 1（对中层管理岗位的应聘者提问）

（1）你在原来的公司工作时，喜欢下属常来向你汇报工作吗？

（2）如果你的上司对你发脾气，把你写的报告扔到地上，你将如何处理？

（3）你通常如何与同性同事沟通？如何与异性同事沟通？

（4）你能经常出差吗？你过去的工作中出差的时间有多少？

（5）你常向你的领导做工作汇报吗？你喜欢正式的工作汇报还是随意的工作汇报？

（6）如果有两个工作，一个能赚钱，一个有权力，你会选择哪一个？

2. 考题 2（对一个职业女性提问）

（1）你如何凝聚你的下属和团队？

（2）有人说现代企业管理的六字方针是"学习、沟通、激励"，请谈谈你的看法。

（3）非物质激励包括哪几种？

（4）假设你要交普通异性朋友，有四种类型的人可供选择：（A）野心勃勃的；（B）淡泊且与世无争的；（C）温柔体贴的；（D）刚毅而好为人师的。你会首先选择哪一类？

（5）你喜欢过轰轰烈烈但十分艰苦的生活，还是平淡而轻松的生活？

（6）你认为职业女性在工作和生活中遇到的最大难题是什么？

（7）你喜欢在空间大的环境中工作，还是在小巧精致的环境中工作？

3. 考题 3（对一个自认为有很好的人脉资源的应聘者提问）

（1）你现有的人脉资源是如何获取的？今后如何继续拓展？

（2）你较之他人拥有哪些特别的气质？

（3）非正式组织的核心或权威人物是如何产生的？

（4）以人为本的核心是什么？

（5）有四个词：责任、忠诚、爱护、捍卫，请选一个词分别表示你对工作、家庭、爱人和朋友的态度。如果只能选一个词，你会选哪一个？

4. 考题 4（对 IT 界技术岗位的应聘者提问）

（1）列举你经常访问的技术网站。

（2）请谈谈你对软件开发过程的理解。

（3）如何写一个主板的 BIOS？

（4）如果有一个报酬更高的管理岗位，你会放弃技术岗位去应聘管理岗位吗？

（5）你在闲暇时间喜欢做什么？

（6）如果经常有人问你计算机方面的问题，你会感到厌烦吗？

5. 考题 5（对 IT 界准备跳槽去管理岗位的应聘者提问）

（1）IT 界员工是最不稳定的群体，人员流动频繁、躁动不安，你觉得为什么会这样？你是否会加入这种流动的队伍？

（2）你认为自己目前没有得到足够的重用，请问你所认为的重用是指高官、高薪还是发展空间？

（3）你的长处是 IT 知识丰富，不足是营销能力较弱，可这次应聘的岗位是市场部经理，你用自己的短处去比别人的长处，是否会事倍功半？

（4）如果技术人员的报酬升高，有特殊贡献的技术人才的报酬甚至可能比总经理还高，在这种情形下，你还会应聘市场部经理吗？

（5）你有很好的教育背景，工作也得到肯定，如果这次应聘不成功，你接下来会有其他的行动吗？会不会跳槽，或者自己创业？

6. 考题 6（对行政部副经理的应聘者提问）

（1）你会不会因心情不好而去旅行？

（2）你的管理理念主要是什么，可否概括出几条告诉大家？

（3）你曾经十分希望达到某个目标，但经过努力之后，仍然未能达到目标，此时你通常会怎么做？

（4）请谈谈行政部的工作内容有哪些。

（5）结合自己的能力，谈谈应聘该岗位（行政部副经理）的优势与劣势。

（6）"凡金子都会闪光"是你在应聘演说中提出的，请问你对"凡金子都会闪光"、"闪光的不一定是金子"这两句话怎么理解？有没有不会闪光的金子？为什么？

（7）你的职业目标是什么？你是如何为实现自己的职业规划而努力的？

（8）请对自己的心理健康状况进行评价，你认为自己的心理健康水平在同龄人中处于哪个层次（高、中、低）？

（9）如果用"服从"、"支持"、"理解"三个词来表示你和领导的关系，你将选择哪一个？

7. 考题 7（对高层管理岗位的应聘者提问）

（1）请问你对于坏情绪的发泄方法有哪些？请举例说明。

（2）你要选择一个财务部主任，有三个人分别具有"铁公鸡"、"慷慨大方"、"铁面无私"三种风格，你将选择何种风格的人担任这个职务？如果要选择的是一个办公室主任，你又将挑选何种风格的人？

（3）你的前任因对其下属的考核分过高而引起上级领导不满，你认为前任为何会出现这种情况？你将采取何种措施来消除上级领导的不满？

（4）你在某展销会上买了一套价值 1 500 元的西装，回家后发现新西装有质量问题，于是你决定第二天去换。可当你到现场时，展台已撤销了，这时你将按照怎样的步骤解决这个问题？你会不会不想为解决这个问题花费精力？

8. 考题 8（对应聘办公室主任的中文系毕业生提问）

（1）你发表的文章主要有哪些？

（2）你是否喜欢看书？请说出你最爱看的五本书。

（3）你是中文系毕业生，看过《基督山伯爵》这本书吧？这本书中你最难忘的句子有哪些？

（4）你最喜欢的格言是什么？

（5）你在竞聘演说中反复提到要加强企业员工的培训工作，请问你最愿意采用的培训方法是什么？

（6）假设你已到岗位就职，如何做到"到位而不逾位"？

（7）你认为沟通最重要的技巧是什么？如何才能学会倾听？

9. 考题 9（对高层管理岗位的应聘者提问）

（1）假设你参加总经理办公会议，会上要决定人力资源部经理的人选。共有三个候选人：第一个有亲和力，沟通能力强，善于与人相处；第二个原则性强，对企业忠诚，对领导绝对服从；第三个有人力资源专业知识，是一位专家型人才，但工作方式较古板。你会选择谁？请说明你的选择理由。

（2）你觉得什么样的企业文化适合你应聘的这个公司？请简要概述。

（3）你觉得自己应聘该岗位的主要劣势是什么？

（4）你通常如何度过你的业余生活？你喜欢旅游吗？如果你现在要去旅游，首选的三个地方是什么？

（5）你选择部下时对"才"与"德"的权重是怎样分配的？

（6）你喜欢与"有才能的人"、"能给你帮助的人"还是"品德良好的人"交往？

（7）对于与家人关系的处理，你喜欢用"责任"一词还是用"爱心"一词来描述？

10. 考题 10（对职业女性提问）

（1）你的职业目标是什么？

（2）你觉得职业女性在发展中的最大困难是什么？请结合多年的工作经历谈谈你的体会。

（3）有两类人：一类人主张"走自己的路，让别人说去吧"，另一类人主张"重视他人意见，因为他人的毁誉会影响自己的前途"。假如你是领导，会希望自己成为哪类人？

（4）经理委托你去挑选一名女孩担任本部门（行政部）的工作人员。有五位女孩，她们的特点分别是："美丽"、"活泼、热情"、"端庄"、"严肃"、"善于言辞"，你将挑选哪一位？

11. 考题 11（对中层管理岗位的应聘者提问）

（1）你与人沟通最常用的方式是什么？

（2）"高薪酬"、"高职位"、"工作轻松"、"发展前景好"、"领导优秀"、"同事间关系很融洽"、"离家近，上下班方便"，如果你有权对具有以上七个特点的单位进行挑选，会首选哪一个？请谈谈你的挑选理由。

（3）日本企业主张"终身雇佣制"，美国主张"能力主义"，你个人赞同何种主张？

（4）谈谈你梦想成为怎样的人。你的期望目标与现实目标差距大吗？你是否曾经想过付出终身的努力去追求一个目标？

（5）复合型人才应具备何种素质？结合自身实际，谈谈自己在此方面的优势与劣势。

（6）你对情商是否有所了解？如果有，请你谈谈情商包括哪些内容。

（7）请谈谈你在处理与下级关系时失败的例子。

12. 考题 12（对中层管理岗位的应聘者提问）

（1）你觉得"就业"、"职业"、"事业"三者有何相同点和不同点？

（2）假设你应聘来到一个大厅，厅里有五扇门，这五扇门分别标有"高官"、"财富"、"称心如意的生活"、"艰苦有收获的生活"、"你可以得到自己想要的工作和生活"。你可以随便推开其中一扇门，而且每扇门上标示的许诺都是真实的，你会推开哪扇门？

（3）毕业于清华大学光华管理学院的某经理是一位优秀的经理，却对人本管理感到困惑与痛苦。请问当大家都在十分轻松地谈论人本管理时，这位拥有高学历且已获得成功的企业经理为什么会感到痛苦？

（4）成功的职业生涯与成功的人生有何异同？

13. 考题 13（对中层管理岗位的应聘者提问）

（1）大家一起出海游玩，突然船进水了，原来船体上有一个洞。从发现这个洞开始，你会做哪些事？请按顺序说明你的工作流程。

（2）有三种职位：总经理、人力资源部经理、办公室主任。请你就"管理能力"、"战略能力"、"决策能力"、"协调能力"、"应变能力"、"表达能力"这六种能力对于三种不同职位的重要性进行排序。

（3）在"业绩突出"、"员工福利高"、"口碑好"这三种领导者中，你愿意成为哪种领导者？

14. 考题 14（对中层管理岗位的应聘者提问）

（1）随着经济全球化的发展，人才竞争日益激烈，假如你是业务经理，将采取何种措施留住优秀人才？

（2）"小公司的一把手"与"大公司的中层领导"即通常所说的"鸡头凤尾"，请问你根据自己的价值观将作何选择？

（3）如何消除组织中存在的偏见与误解？

（4）通常可以用"教师"、"管家"、"家长"、"闲人"、"朋友"等五个名词来形容五种不同企业领导者扮演的角色，假如你是企业领导，希望自己是哪一种角色？说明你的理由。

（5）你是某公司的一把手，有一次在公司会议上与其他领导在某一问题上出现了严重的分歧，由于当时情况比较紧急，你个人在现场有一些失态的行为，后来发现这些行为不妥，请问你会采取哪些补救措施？

（6）你觉得一个人的哪些能力可以通过后天来培养？试举例说明。

（7）如果你是人力资源部经理，领导要求你对本公司的员工进行年终考评，并写出一份完整的年终考评计划书，请问你将选择哪些指标作为考核指标？

15. 考题 15（对一个希望改变现有职位的中层领导提问）

（1）你通常如何设定你的工作目标？

（2）你如何理解团队协作的重要性和困难性？

（3）在某项团队活动中，你会不会主动承担其中较困难的工作？你是否希望自己在其中成为领导者？

（4）当你的某个有创意的建议被上级领导否定时，你将如何自处？你会继续坚持自己的建议吗？

（5）请举一个例子，说明你在工作和生活中学到的重要知识。

（6）请你对过去工作的环境进行评估，并对你希望进入的新环境作一个描述。

16. 考题 16（对高层管理岗位的应聘者提问）

（1）如果老板请你吃了一顿饭，你会不会找机会回请他？

（2）如果老板让你去参加有员工参加的酒会，你在这个酒会上会做哪些事？

（3）老板在你试用期间请你去参加公司组织的篮球赛，你会在这场球赛中特别注意什么问题？为什么？

（4）老板希望你帮他在公司内物色一个新的人力资源部经理，你打算如何着手去完成这一工作？

（5）老板希望你做一个薪酬计划，对于你个人职位的薪酬那一栏，你将会空着不填，还是会写上你期望的数字？

（6）你喜欢和老板一起旅行还是跟下属一起旅行？

17. 考题 17（对一个应聘人力资源经理的应聘者提问）

（1）请你组织一场面试，事前你将做哪些工作来规避考官评分的主观色彩？

（2）错误的选才会浪费招聘的成本，你会用几种方法来避免这种浪费？

（3）你认为人力资源部的经理最需要具备的是哪些气质和能力？

（4）你如何营造本公司融洽的人际关系？

（5）用何种方法能使员工与企业文化相融合？

（6）你认为员工的学历和工作经验哪一方面更重要？为什么？

18. 考题 18（对一个应聘高层管理岗位的女性提问）

（1）在你的各种期望中，最期望实现的是什么？

（2）在"高级经理"与"贤妻良母"两个角色出现矛盾时，你通常会如何处理？

（3）如果你的上级主管是一个对你颇有好感的男性，你会如何处理好自己与他的关系？如果你的上级是一个对你颇为反感的女性，你会如何处理好与她的关系？

（4）当你发现你的丈夫和孩子都不再需要你时，会采取哪些方式使他们重新需要你？

（5）你对比你优秀的女下属会竭尽全力去培养和提拔她吗？你通常采用的培养方式是什么？

（6）你发泄愤怒的方式是什么？当你觉得孤单时最想做的事是什么？

19. 考题 19（对一个曾是其他公司的高管，被解雇后来应聘主管的应聘者提问）

（1）你觉得在某公司受到的冷遇对你公平吗？你觉得你在人际关系处理方面最失败的是什么？

（2）我让你把原公司的规章制度拷贝一份给我，你会这样做吗？如果这是你进入敝公司的先决条件，你会做吗？

（3）离开原公司，你最舍不得的是你的上级、同事、工作班子、公司的工作氛围，还是公司的企业文化？为什么？

（4）给你的选项是荣誉、尊敬、爱护、支持、金钱和位置，在上述所有的需求中，你将什么排在第一位？为什么？

（5）你如果被聘用到敝公司做主管，你首先要做哪几件事，其次要做哪几件事？

（6）如果敝公司老板又和你发生矛盾，你将再次面临被解雇的境况，你会做些什么？

20. 考题20（对一个曾经被公司解雇又回头应聘高管职位的应聘者提问）

（1）你从上次离职至今，有什么新的收获、体会和教训？

（2）你希望重新回到敝公司是基于怎样的考虑？敝公司最吸引你的是什么？

（3）你考虑过这次应聘失败的可能吗？对此你作何打算？

（4）中国有一句话叫做"好马不吃回头草"，你觉得这句话对不对？请说明理由。

（5）如果你应聘成功，回到你的原岗位，会有哪些新举措？与你的原老板和同事如何相处？

（6）老板准备为你开一个酒会，让你在酒会上做一个简短的发言，请问你这个发言的要点是什么？

四、典型案例的分析

案例 9—19

你被通知到了面试大厅，一进大厅就看到三道门，除此之外什么都没有。这三道门上分别写着"富"、"贵"、"雅"。你被告知可以选择一扇门推开。当你推开其中一扇门后，又会见到两扇门。这两扇门上写的字让你难以作出选择，此时你可以选择退出，获得再抽取一个问题的机会。如果你再次推开两扇门中的一扇，会看到又一扇门。如果这扇门上的字就是你最初选择的那扇门上的字，那么你将可以选择与这个字相关的一些职业。如：你选择"富"，第二道门上写着的是"贵"与"雅"，当你推开这两扇门中的任意一扇时，只会看到一扇门，如果写的还是"富"，你就可以选择与"致富"相关的某些职业。

1. 问题的提出

请问：你会作何选择？对每个选择的结果你会有怎样的情绪？

2. 应聘者的回答

甲：我会先选择"富"，如果推开写着"富"的门，看到"贵"和"雅"，我会选择退出，争取第二次机会追求"富"。

乙：我会先选择"贵"，如果推开写着"贵"的门，看到"富"和"雅"，我会选择"富"，再推开写着"富"的门，如果看到的又是"贵"，我会有些失望。

丙：我会先选择"雅"，如果推开写着"雅"的门，看到"富"与"贵"，我会选择"贵"，再推开写着"贵"的门，如果又看到了"雅"，我会十分开心。

　　3. 主考官的简单点评

　　这是笔者出的一个未曾面世的考题。第一道门的三个选择都是非常有诱惑的职业，都能达到人生的某一阶段容易达到的追求。应聘者甲是一个很执著的希望"致富"的人。他宁愿放弃对"贵"和"雅"的追求，也不放过第二个可能致富的追求，因此，宁可选择退出，去争取第二个机会。应聘者乙是一个在"贵"与"富"之间徘徊的人，他认为这二者都是他努力追求的，因此，他推开写着"富"的门时心中喜悦，再次看到"贵"时颇感失望。这说明他心中的欲望是比较多的，失去"富"或"贵"都会不开心。应聘者丙也是执著的。他追求的是"雅"，当另一个选择到来时，他认为"贵"与"雅"似乎近一些，毅然选择了"贵"，当最终获得了"雅"时，他的愿望达到了，十分欣喜。

　　综上所述，应聘者甲和应聘者丙都属于有执著追求的人，而应聘者乙有些举棋不定，对自己想要什么并不清楚。

第 3 节　指标体系和招聘表格的设计技巧

一、指标体系与权重体系的概念

（一）指标体系的定义

　　评价指标又称评价因子。一组既独立又相关的并能较完整地表达评价要求的评价因子组成了评价的指标体系。

　　评价指标体系的确定需具备三个要素。其一，指标之间是相互独立的，不能相互涵盖或包容，每个指标有独立的界定、独立的内涵，如德与智，"德"所包含的事业心、奉献精神、协作精神、组织纪律等内容是"智"这一指标所不能涵盖的，而"智"这一指标也有其独特的内容，如知识总量、智商、分析能力、推理能力、创造能力、经验能力等。其二，指标之间是相关的，即所有指标对于评价对象而言，均属总体评价中必不可少的。如评价机器的性能指标不可用于评价人，评价工程师的绘图能力和识图能力的指标不可用于评价行政领导干部。其三，一组评价指标应能较全面地对评价对象进行评估，能较完整地表达评价要求。如选拔企业高层领导只看一个效益指标，而对他的品德和战略眼光等均未予考虑，这样的指标就不能全面考核进而选拔出合适的人选。如选拔军事指挥官只考核他的勇敢，同样会选错人。评价体系的三要素可归纳为：独立、相关、较完整地表达评价要求。

（二）权重体系的定义

　　权重是一个针对某一指标的相对概念。某一指标的权重是指该指标在整体评价中的相对重要程度，例如德、智、体、美、劳是评价优秀学生的一组指标，但三者的重要性是不完全一样的。又如德、能、勤、绩、体是评价干部的一组指标，但对领导干部而言，"德"的指标可能更重要；对一般领导而言，"能"、"绩"的指标更重要；而对一般员工而言，"勤"的指标可能更重要。总之，权重是要从若干评价指标中分出轻重，一组评价指标相对应的权重组成了权重体系。

任何一组权重体系 $\{w_i \mid i=1, 2, \cdots, m\}$ 都必须满足两个条件：（1）$0<w_i<1$（$i=1, 2, \cdots, m$）；（2）$\sum_{i=1}^{m} w_i = 1$。

每一个权重均只能在一个开区间（0，1）内选择，既不能是 0 也不能是 1，0 意味着该指标不存在，1 意味着只有一个指标，不成为一个体系。为了明确表示各指标重要性的区别，它们的和必须是 1，当然，有时为了计算上的方便，也可以是 10、100、1 000，但单项的评分应有相应的改变。

二、面试表格的制作

面试表格必须根据评价指标体系、权重体系及招聘单位的具体情况来制作，下面给出一套笔者本人制作的面试表格（见表 9—2 至表 9—7）。

表 9—2　　　　　　　　　　　　**面试评价表（Ⅰ）**

（面试考官均须填写）

应聘者姓名：＿＿＿＿＿＿＿＿＿　年龄：＿＿＿＿＿＿＿　性别：＿＿＿＿＿＿＿

最后学历、学位：＿＿＿＿＿＿＿＿＿　何时毕业于何学校：＿＿＿＿＿＿＿＿＿＿

应聘岗位：＿＿＿＿＿＿＿＿＿＿＿　原工作岗位及职务：＿＿＿＿＿＿＿＿＿＿

施政演说评价表

评价指标	权重	单项评分
衣着得体与行为举止	0.15	
语言组织与文字表达能力	0.25	
文明礼貌与修养	0.15	
知识面与文化素养	0.20	
对应聘岗位的认知	0.25	
加权平均分 （由记分员计算、填写）		

面试考官签名：＿＿＿＿＿＿

日期：＿＿＿＿＿＿＿＿

表 9—3　　　　　　　　　　　　**面试评价表（Ⅱ）**

（面试考官均须填写）

应聘者姓名：＿＿＿＿＿＿＿＿＿　年龄：＿＿＿＿＿＿＿　性别：＿＿＿＿＿＿＿

最后学历、学位：＿＿＿＿＿＿＿＿＿　何时毕业于何学校：＿＿＿＿＿＿＿＿＿＿

应聘岗位：＿＿＿＿＿＿＿＿＿＿＿　原工作岗位及职务：＿＿＿＿＿＿＿＿＿＿

定型问题与随机型问题回答评价表

评价指标	权重	单项评分
组织领导与指导下属工作能力	0.20	
分析能力及与时俱进能力	0.15	
事业心与职业道德	0.25	
判断能力与决策能力	0.20	
协调能力与应变能力	0.20	
加权平均分 （由记分员计算、填写）		

面试考官签名：_____

日期：_____

表 9—4　　　　　　　　　　　面试评价表（Ⅲ）

（面试考官均须填写）

应聘者姓名：_____ 年龄：_____ 性别：_____

最后学历、学位：_____ 何时毕业于何学校：_____

应聘岗位：_____ 原工作岗位及职务：_____

考官评语：

面试考官签名：_____

日期：_____

表 9—5　　　　　　　　　　　面试成绩统计表

（记分人员均须填写）

应聘者姓名：_____ 年龄：_____ 性别：_____

最后学历、学位：_____ 何时毕业于何学校：_____

应聘岗位：_____ 原工作岗位及职务：_____

考官	分项分数		综合分数
	施政演说 （权重：0.35）	定型问题与随机型问题 的回答（权重：0.65）	
平均分数			

记分员签名：_____

日期：_____

表 9—6 面试主考官评语表

（面试考官填写）

应聘者姓名：_____ 年龄：_____ 性别：_____

最后学历、学位：_____ 何时毕业于何学校：_____

应聘岗位：_____ 原工作岗位及职务：_____

总体评价	
匹配度分析	
推荐排名	
建议	

面试考官签名：_____

日期：_____

表 9—7 面试成绩一览表

（记分人员填写）

应聘岗位：_____

应聘者姓名	最后分数	名次排序

记分员签名：_____

日期：_____

第 4 节　面试考官与应聘者的沟通

一、友好地以平常心进行初期的对话

有的应聘者进入面试室时，频频点头或搓双手，或将眼镜取下来，不久又戴上去，这表明他情绪紧张。面试考官这时不宜立刻开始提问，可找一些轻松的话题作为开场白，使应聘者平静下来。比如问："你是骑车还是坐公共汽车来的？""你是某某大学毕业的，某某教授教过你吗？"除此之外，不妨对应聘者的某些方面赞美几句，也可能有助于缓解应聘者紧张的心情。在面试开始时，面试主考官应尽量避免提出可能会让对方难以回答，甚至可能让对方认为是故意向他挑战的问题，比如："你自认为具备什么条件足以胜任所应聘的职位？"面试考官如果认为非问这样的问题不可，至少也应在面试的后一阶段提问。在面试中，若应聘者对一些问题回答不上来，可能会产生紧张情绪，这时面试考官应适当加以诱导，或转向别的问题，而不能使其处于尴尬境地，此外还应尽量避免"冷场"局面。当然在面试过程中，面试主考官也可适当制造一些紧张气氛以观察应聘者承受压力的能力。

二、实现面试中的良好交流

面试中的交流不仅指面试主考官对应聘者直接提问，应聘者当面回答，更重要的是精神上的互相感染。而要做到这一点，面试主考官要尽量创造轻松、愉快的面试气氛，这就需要面试主考官在面试中以平等对待应聘者的态度，诚恳地与应聘者对话，尊重其个性与人格，使应聘者对面试主考官产生信任感，这样应聘者才能畅所欲言。切忌在面试中对应聘者故意刁难，或当其回答有误时，采取讽刺挖苦的态度。在面试中，面试主考官还应尽量避免发表个人观点，否则往往会引导应聘者投其所好，转向面试主考官所期望的观点。

三、向应聘者介绍本公司情况及应聘职位的要求

在面试过程中，一方面要了解应聘者的情况，判断其是否符合公司需要，作为录用与否的依据；另一方面要让应聘者对公司及应聘职位有所了解，作为是否应聘的参考。但是，在向应聘者介绍公司情况时，要把握好分寸，不要操之过急，一开始就毫无保留地将公司情况及职位要求全部介绍给应聘者，这会使应聘者根据这些情况投面试主考官所好，片面夸大自己在某方面的经验和背景，结果就背离了面试的原意。

当然，关于职位的基本资料和公司的一般情况不妨提早告诉对方，以便应聘者尽早衡量自己是否适合应聘的职位，而面试主考官也可以根据双方沟通的情况，将

详细的情况陆续予以提供。如果面试主考官认为应聘者十分理想，是值得争取的对象，就应该向其"推销"本公司。但要注意，在推销中要实事求是，据实相告，若过分推销，给应聘者一些夸大不实的承诺，反而会引起应聘者怀疑，产生负面效果，令一些原本有意应聘的人转而投进其他公司的怀抱。同时，公司自身若有什么缺点，也不宜相瞒，因为应聘者如果发现公司的问题，必定会感到失望和不满，甚至会拒绝公司的录用，即使已成为公司一员，不满情绪也可能会日益增加。因此，当公司的确有困难时，面试主考官最好事先说明，如"本公司最近几个月财务上有些困难，但我们相信经过努力，不久将克服这些困难，公司运转会一切如常"。

四、全面深入地了解应聘者

这是面试过程中最重要的一环。面试是根据组织的人员需求，选拔录用适合组织不同岗位需要的各类人员。不同类型的人员的录用要求不同，相应的面试内容也有所不同。一般是从以下几个方面对应聘者进行观察：

（1）了解应聘人的背景资料。如应聘者过去曾从事过什么工作，担任过什么职务。虽然可以通过应聘人员登记表了解一些情况，但为了更全面、深入地了解应聘者的背景，还需在面试过程中适当地提问。

（2）询问应聘人的受教育程度和有关工作成就的情况，以及是否具有专业特长。这主要是为了判断应聘者是否满足应聘职位的要求。

1）你认为要承担相应的任务，需要具备"什么"技能？（what）

2）你说的这项工作，是在"什么时候"完成的？（when）

3）你指出的这层道理，能应用在"什么地方"？（where）

4）应该由"谁"负责？（who）

5）你"为什么"会那样决定？（why）

6）你后来是"怎样"解决那个难题的？（how）

应聘者的工作经验是面试过程中所要考察的重点内容，可以通过了解应聘者的工作经历来询问其过去工作的有关情况，以考察其所具有的实践经验和水平。同时，通过询问工作经验，还可以考察应聘者的责任感、主动精神、思维能力以及遇到紧急情况的处理能力。面试中的问题主要是根据应聘者所填的报名表和简历提出的，也可以根据有关职位的各项书面资料提出，还可以依据面试主考官自身对该职位知识的了解提出。

（3）了解应聘者的个人特性、行为特征和兴趣爱好，对应聘者的个人特性与工作是否相宜作出评价。每个人都有自己的个性，而每个职位对应聘者的个性要求是不同的，因此在面试中，面试主考官应该注意发掘应聘者的个性。比较重要的个人特性主要包括智力、体力、成熟度、表达能力、反应能力等。

（4）了解应聘者的求职动机与工作期望。在面试中，面试主考官要了解应聘者为何希望来本公司工作，对哪种职位最感兴趣，追求的目标是什么，以判断本公司提供的职位或工作条件能否满足应聘者的期望。

（5）推断应聘者是否适合本公司。在面试过程中，面试主考官应设法推断应聘者是否适合本公司，是否适应某一职位。

五、与应聘者讨论职位本身的问题，回答应聘者提出的各类问题

在面试进入最后阶段后，双方可以就职位本身的问题进行讨论，这时面试考官可以给应聘者一份职位说明，回答应聘者的疑问。这些疑问包括：该职位的职能，有关组织的隶属关系，工作时间，是否需要加班，工作责任，等等。如果这个职位是通往公司高层职位的一个重要阶梯，更应明确地作出回答。

进行关于职位的讨论是为了让应聘者切实地了解该职位。要达到这个目的，最可靠的办法当然是让应聘者实际工作一段时间，然而这通常不容易做到。但若面试主考官认为该应聘者确实比较理想，不妨让他与公司其他人员见面，或亲眼看看有关人员的实际作业，然后再安排适当的机会，让他与有关主管、同事相互交换意见，讨论工作上的重要细节。

六、了解应聘者对工资、福利和待遇方面的要求

这虽然是一个敏感的问题，但也是每个人内心真正关心的问题，对这个问题进行无拘无束的讨论会使彼此的戒备减少，同时也便于观察对方对问题的思考。

□ 关键术语

定型面试题　随机型面试题

□ 复习与思考

1. 定型面试题的制作技巧有哪些？请制作一道定型面试题。

2. 在随机型面试题的制作中很重要的一点是对应聘者学历、身份、经历有所了解。你能制作一道针对应聘总监的随机型面试题吗？

3. 你最喜欢的面试气氛是温和的还是严肃的？你觉得自己适合在怎样的团队里工作？

4. 你个人缓解压力的方法有哪些？你认为最有效的方法是什么？

第四篇 录 用

录用是企业与个体之间的契约，既是企业经过招聘甄选之后的决定，是组织的行为，也是个体经过思考对比之后的个体决策。录用是一条纽带，把企业与个人紧密地联结起来。对企业而言，录用一个人不是行为的终结，而是对个体负责的开始，作出录用决策之后，就要引导新员工上岗，安排新员工参加技能培训、企业文化和价值观的培训、参与管理和忠诚于企业的培训，使其对企业有更深入的认识了解。对个体而言，被录用不仅意味着自己找到了一个职业，找到了一个谋生的地方，而且意味着自己职业生涯的开始或中间站，是自己事业发展的希望，它紧密联系着自己的未来，因此要十分努力地工作，充分展示自己的才华。本篇重点探讨录用决策、员工的培训，并对一些典型案例展开研究。

第 **10** 章

录用决策

> **本 章 重 点**
>
> 1. 录用决策的要素、录用决策者和录用决策的程序
> 2. 录用决策某些特殊问题的处理
> 3. 录用决策的误区
> 4. 纠偏的方法和措施
> 5. 录用决策的效益分析

第 1 节 录用决策的过程

一、录用决策的要求

前面谈到的能岗匹配理论提出了招聘的黄金法则，最适合的就是最好的，而最好的并不一定是最合适的，这个黄金法则直接关系到录用的决策，录用决策要达到以下五个方面的要求。

（一）信息准确可靠

这里的信息包括应聘人员的全部原始信息和全部招聘过程中的现实信息。

（1）应聘人员的年龄、性别、毕业学校、专业、在校的学习成绩。

（2）应聘人员的工作经历、原工作岗位的业绩、收集的背景资料，工作过程中领导和群众的评价、信誉度、美誉度等。

（3）应聘过程中各种测试（包括笔试、情景模拟、心理测试、人—机对话测试、

面试等测试）的成绩和面试评语等，所有这些信息都必须是准确的、可靠的、真实的。

（二）资料分析方法正确

1. 注意对能力的分析

信息和资料可能相当繁杂，在众多的资料中，要注意对应聘者的能力（包括沟通能力、应变能力、组织能力、协调能力等）进行分析。

2. 注意对职业道德和品格的分析

在市场竞争日益激烈的今天，有能力却缺少操守的人似乎多了起来，这些人能适应市场的变化，却缺少内核的坚强，缺少对个人品行的修炼，缺少对事业执著的追求，缺少职业道德的训练。因此，在作出录用决策时，要注重品学兼优，关注应聘者在以往的工作过程中表现出来的职业道德和品格。

3. 注意对特长和潜力的分析

特长带有一定的先天气质并经过有倾向性的后天培养，某些特长可能对企业发展起到至关重要的作用，为此，对具备某些特长的人要特别予以关注。潜力是一种尚未被开发的能力和素质，或者说，潜力不是显而易见的能力和水平，但预示着一个人未来可能达到的高度，也预示着他未来的行为可能对企业产生的重大影响和贡献。因此，就像未被开发的处女地会被优秀的房地产商一眼看中一样，考官必须对应聘者的潜力独具慧眼。

4. 注意对个人的社会资源的分析

个人的社会资源包括个人与家庭、朋友、老师长期积累起来的良好的社会关系、诚信度和社会基础，这些社会资源对某些特殊的企业来说无疑是一笔财富，在作出录用决策时应加以重视。

5. 注意对个人的学历背景和成长背景的分析

一流的大学具备一流的教师资源和设备、图书等硬件资源，因此对个人的学历背景也应给予一定的重视。另外，成长的背景、家庭的背景对一个人心理健康也是至关重要的，人的一生必然需要四种教育：家庭教育、学校教育、自我教育、社会教育。融洽和谐的家庭中成长起来的孩子比较乐观，无忧无虑，单亲家庭中成长起来的孩子容易忧郁，经过名师指点的学生有很好的知识底蕴。

6. 注意面试中的现场表现

面试是一个人综合能力和综合素质的体现。面试中的现场表现会反映出应聘者的语言表达能力和形体表达能力、控制自身情绪的能力、分析问题的能力和判断能力等，以及个人的素质、风度、教养和心理健康水平。

（三）招聘程序科学

招聘一定要讲究层次，程序上不能颠倒，但是每个企业的规模、效益、文化、价值观等都有自己的特点，因此在招聘的程序上可以有所差别。例如，摩托罗拉公司在招聘时通常进行三轮面试：第一轮是人力资源部的初步甄选；第二轮由业务部门进行相关业务的考察和测试，此时提问均集中在相关的业务知识方面；第三轮由招聘职位的最高层经理和人事招聘专员负责面试。每轮均有被淘汰者，最后进行匹配度分析。

如果招聘一开始就由总裁面谈，后面的许多工作就很难做了。有一位企业集团的董事长借到北京出差之便，物色了三位 CEO 的人选。董事长未经任何甄选程序，也未对背景资料进行核实，就亲自直接面谈并选取了其中一位担任 CEO。结果这位董事长选中的人员到岗后，能岗匹配度差，与企业的文化难以融合。人力资源部调查后发现，他的文凭和学习成绩都是假的。如果事先按照步骤进行甄选，或由可靠的人推荐，结果就不会是这样的，错误也就可以避免了。

（四）主考官和其他考官素质高

公正公平是主考官必备的第一要素，但主考官的能力和素质也至关重要。如果在录用决策时有一位优秀的主考官，就可以充分地利用他的知识、智慧、经验、信息、判断力和分析力作出相对正确的录用决策。主考官的素质越高，招聘录用的成功率就越高。其他考官也应具有高素质和一定的招聘经验。

（五）能力与岗位匹配

前面对能力与岗位的匹配已有专门的研究，匹配度是招聘中一个十分重要的要素，如果把一个人放在一个不适合他的岗位上，将会给企业造成巨大的损失。

录用决策是对甄选评价过程中产生的信息进行综合评价与分析，确定每一个应聘者的素质和能力特点，根据预先设计的人员录用标准进行挑选，从而选择出最合适的人员的过程。

录用资料数据的综合分析是经专门的评价小组或专家委员会讨论完成的。评价小组对各个测评指标的评价标准进行讨论，得出某一应聘者有关这方面信息的一致性评价意见。在对每个指标都进行类似的评价后，归结出该应聘者在所有指标上的优缺点，对照职位的要求作出判断。在这个过程中，关键是把握好数据的客观性，也就是说，所有的陈述均要以客观事实为基础。评价小组将评价意见进行综合后，作出最终的录用决策。

二、录用决策者

录用决策者必须根据该录用职位的性质、层次、在企业中的重要程度及地位而定。有的录用决策是由人力资源部作出的；有的是由企业的高管和顾问集体讨论作出的；有的则直接由企业最高领导即董事长作出。当录用人选由人力资源管理部门决定时，常常会为部门经理提供经过筛选的应聘者名单，由人才需求部门主管会同人力资源部经理作出最终决策。但是，一些小型企业由于没有成立独立的人力资源管理部门，往往把录用决策直接交给人才需求部门的主管，由他们独立完成整个招聘过程。

对企业普通员工或最基层的管理者的招聘，通常会面对由谁对录用负最终责任的问题。随着企业中的职位越来越复杂和企业规模不断扩大，如果由人才需求部门的主管负责，在未经过专门训练的情况下，他们承担的责任将越来越大。现在，企业的录用工作一般是由人力资源管理部门具体完成的，人力资源管理部门在整个过程中扮演着不可替代的参谋和信息收集者角色。如何充分发挥人力资源管理部门和人才需求部门主管在录用决策中的作用，已经成为许多企业关心的问题。

对企业中层管理者的录用决策越来越多地由工作团队共同作出。为了便于协调工作，有的老板在录用决策中也让员工有一定的发言权。例如，在公开竞聘中，民主评议在总体评价中占有较大的权重。让员工与应聘者进行面谈，员工可以表达他们的选择意愿。这些尝试无疑给招聘工作带来了新的挑战。

对企业高管的录用决策，大多由人力资源高级顾问和董事长共同对应聘者进行多轮面试，并经过多次讨论而作出。可见，企业高管和董事长在经营理念上的相互认可、性格和人品上的相互尊重都是至关重要的。

三、录用决策的程序

在招聘过程中，甄选的目的就是有效地对应聘者作出判断，正确作出接受或拒绝应聘者的决定。为了保证评价应聘者过程中的信息完整，还需要一系列的信息整理和分析的过程。具体的录用决策程序见图 10—1。

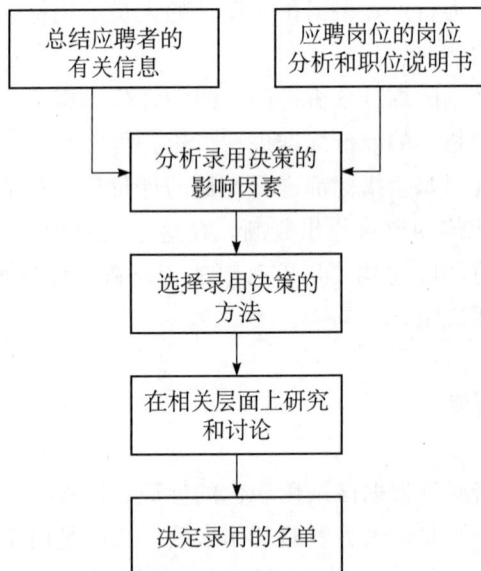

图 10—1 录用决策程序图

（一）总结应聘者的有关信息

评价小组或专家委员关注每位应聘者"现在能做什么"、"愿意做什么"、"将来可能做什么"、"志向是什么"等方面的信息。根据企业发展和职位需要，专家最终把注意力集中在"能做"与"愿做"两个方面。其中，"能做"指的是知识和技能以及获得新的知识和技能的能力（或潜力），"愿做"则指工作动机、兴趣和其他个人特性。这两个因素是良好的工作表现所不可或缺的，简单的图示见图 10—2。在图中，两个圆相交的面积越大，工作表现就越好（如图 10—2（b）所示）。

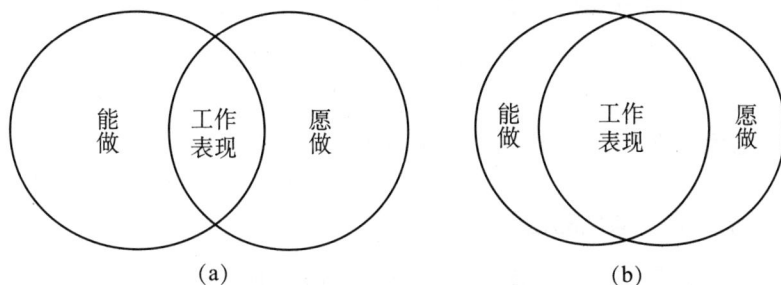

图 10—2 工作表现的关系图

（二）分析录用决策的影响因素

根据能级对应原理，不同的权级职位配置不同能级的人员，因此相应的录用决策也会表现出差异。例如，对高级管理人员的决策方法就不同于一般的职能部门人员和技术人员。在作出录用决策时，一般要考虑以下几个因素：

（1）是根据应聘者最大的潜能，还是根据组织的现有需要？

（2）企业现有的薪酬水平与应聘者的期望值的差距。

（3）是以目前对工作的适应度为依据，还是以将来发展的高度、可发挥的潜能为依据？

（4）对于合格的标准是否有特殊要求？

（5）对才华高于职位要求的人才是否予以考虑？

（三）选择录用决策的方法

1. 诊断法

这种方法主要根据决策者对某项工作和承担者资格的理解，在分析应聘者所有资料的基础上，凭主观印象作出决策。这样，每个评价者会对应聘者作出不同的评价，因而不同的人可能会作出不同的决策。这样，确定谁是最终的决定者就显得非常重要了。只要确定了最终决策者，他的决定就是企业最终的录用决策。这种方法较为简单，成本较低，已得到广泛运用。但是，这种方法的主观性强，因此评价者的素质和经验在科学合理的判断中起着重要的作用。

2. 统计法

使用统计法所做的决定比使用诊断法所做的决定显得更客观。这种方法首先要区分评价指标的重要性，赋予权重，然后根据评分的结果，用统计方法进行加权运算，分数高者即获得录用。使用统计法选择应聘者时，可以采用三种不同的模式：

（1）补偿模式。某些指标的高分可以替代另一些指标的低分，即使用并联指标。（2）多切点模式。要求应聘者达到所有指标的最低标准。（3）跨栏模式。采用串联指标，只有在每次测试中获得通过，方可进入下个阶段的挑选和评判。这种评价方法对指标体系设计的要求较高。

（四）在相关层面上研究和讨论

在选择好录用决策的方法后，必须决定在哪一个层面上决策，如董事会、总裁办公会、人力资源部与人才需求部门领导联席会、人才需求部门办公会等。在这些相关层面上进行研究和讨论，有利于比较各位应聘者的优点和缺点。

（五）决定录用的名单

让最有潜力的应聘者与人才需求部门主管进行诊断性面谈，最后由用人主管（或专家小组）作出决定，并反馈给人力资源管理部门，由人力资源管理部门对应聘者发出录用通知，办理各种录用手续。

第 2 节　录用背景调查

录用背景调查是指通过从应聘者提供的证明人或以前工作过的单位那里收集信息，来核实应聘者的个人资料。这是一种能直接证明应聘者背景资料的有效方法。通过录用背景调查，可以证实应聘者的学历和工作经历、个人品质、交往能力、工作能力、工作业绩等信息。因此，录用背景调查也是国外企业在招聘过程中对企业外部应聘者进行甄选的最基本、最常用的方法。

在目前我国人才流动性大、个人档案和信用体系尚不健全的情况下，录用背景调查对企业招聘的作用显得尤为重要。然而，由于难以得到应聘者原单位的配合以及难以保证所收集资料的准确性，用人单位对应聘者的背景调查基本上还是采取个人提供材料与测评相结合的方法。随着网络系统的建立、健全和广泛应用，学历教育和学历管理的日益规范，目前，可直接从网上按编号查出学历的真伪以及与学历、学习有关的全部真实信息。在同行中获得有关个人的经历、能力和业绩的准确资料也越来越容易。电脑、网络使人与人之间的距离变小了，相互了解也更容易了。

一、录用背景调查的程序

录用背景调查的程序为：

（1）确定统一的指导方针。企业人力资源部门的负责人应全程监督录用背景调查工作，使录用背景调查保持客观、一致和公正，避免就业歧视行为的发生。

（2）用人单位应该首先根据单位的规模、实力决定录用背景调查的强度。另外，不同的职位对录用背景调查的要求是不同的。录用背景调查的强度取决于招聘岗位本身承担的职责，对于责任较大的岗位要进行准确、详细的调查，这在聘用管理人员、承担重要职责及从事关键岗位工作的人员时尤为重要。

（3）通过工作分析确定对某个岗位的调查内容。对于不同的工作岗位，要根据其性质确定调查重点。比如，招聘财务人员就要重点核查应聘者过去的信用度、美誉度、可靠度、忠诚度和个人品质。录用背景调查的一般内容有：工作证明，以前工作的地点、任职的时间、职务、薪资水平、教育背景等。上述内容有的可以直接从网上获得，有的可以与应聘者原单位联系获得。对于特别重要的岗位，可以直接走访应聘者原单位的人力资源部门。

（4）调查之前，企业应要求被调查者以书面的形式签名同意企业对其进行录用背景调查。建议他们每人提交 3～5 名证明人或推荐人的名单及其联系方式，并将此书面声明与该应聘者的其他申请材料一起存档。

（5）选择适当的调查方式。企业采用的调查方式越多样化，联系的证明人越多，被蒙蔽的可能性就越小。在合理计量其经济负担能力的条件下，企业应至少选择两种以上的调查方式。

（6）培训调查员。当企业选择电话调查和当面访问时，对调查员的培训至关重要。调查员应该仅仅询问与工作有关的问题，要求对方尽可能使用更加客观的公开记录来评价员工的工作情况和个人品行，并且以书面形式记录整个调查过程，然后把这些材料整理归档。

（7）核对应聘者提交的材料与企业录用背景调查得到的信息，如有不符，在负面信息被使用之前一定要用其他的调查方式证实其准确无误，并且可以证明这是工作能否成功的关键。最后，在作出不录用的决定时，告诉应聘者原因。

（8）网络调查可以作为重要的辅助工具。比如，关于学历、发表的文章、获得的奖励等，通过网络调查都能获得较为可靠的信息。

二、录用背景调查的主要方法[①]

1. 档案查询

新中国建立以来，我国建立了系统、严格的人事档案管理制度，档案中的个人基本资料、教育与就业等情况的记录比较翔实。然而，现实中许多档案管理部门的工作已跟不上时代的要求：首先是查询档案的审批权限严格，其次是档案材料内容存在陈旧、雷同、空洞、单一等缺陷。

2. 电话调查

首先设计好电话调查的问卷表，培训调查员，再选择被访问者方便的时间。根据调查问卷的内容进行询问，同时记录下被访者的回答，被访者的语调、停顿等的变化也可能会暴露其某些真实的想法，所以此种方法对调查员的要求较高。由于电

---

① 参见毛海强、姚丽萍：《员工招聘中背景调查的技巧》，载《人才开发》，2005（8）。

话调查法具有简便易行、省时价廉等优点，是目前使用最多的一种方法。

3. 当面访问

组织的人力资源部门先选择和培训一组访问员，由他们携带着调查问卷分赴各个调查点，按照调查方案的要求对所选择的被访者进行访问，并记录下被访者的回答与反应。这种方法会与被访者正面接触，往往能得到一些很有价值的信息，如有关应聘者品质的评论。因此，它的主要优点是调查资料的质量较高，而且调查的回答率较高，缺点是时间长，费用高，需要对访问员进行培训。

4. 发函调查

包括填写调查问卷和证明人写评论信两种方式。组织人力资源部门的调查员把问卷或者恳请对应聘者给予评论的书面材料邮寄给证明人或推荐人，待其填写问卷或写完评论信之后寄回组织的人力资源部门。调查问卷的优点是填写方便，省时省力，资料便于做统计分析，缺点是资料失去了自发性和表现力，而证明人写评论信恰好可以弥补这个缺点。写评论信这种方式是指请求对方按照既定的问题或者自由发挥写一封关于应聘者的评论信，尽管大部分的回信都是正面的评价，且主观性强，组织仍可从中窥出应聘者过往业绩的真实信息，例如：若评论篇幅较长，或者评论中与应聘者智力有关的褒扬比关于礼貌、团结等方面的夸赞多，可能说明应聘者过去的工作业绩确实较突出。总体上说，发函调查法系统性强，效率较高，然而其最大的缺点是回复率较低。

5. 委托调查公司调查

组织人力资源部门选定一家调查公司，向其提出调查纲要和具体要求，双方签订合同，调查公司在约定日期交付调查信息。方便快捷是这种方式的优点，但是我国目前有大大小小的此类调查公司、咨询公司逾千家，良莠不齐，普遍存在人才匮乏的现象，其中规模较大且实际运行良好的不过几百家，所以此种方式成功的关键是选择一家优秀的调查公司。

6. 从资信评估公司购买信息

资信公司数据库收录的个人资料一般分为三大类：一是个人基本资料，二是个人的银行信用，三是个人的社会信用和特别记录（包括曾经受到经济、行政、刑事处罚等方面的信息）。组织中的某些工作对员工有一些特殊的要求，如要求财务工作者个人信用良好，售货员无偷窃史，等等。当前在我国，一般组织接触不到个人的社会信用以及某些特别记录，而这正是资信评估公司的强项。理论上讲，资产信用是个人信用的主体，而我国个人收入的分配以按劳分配为主体，由此推导，个人信用良好的应聘者的劳动能力也可能较强，因此，个人信用也具备预测功能。但目前我国能提供个人信用查询服务的公司只有为数不多的几家。

三、进行录用背景调查应该注意的问题

进行录用背景调查应该注意以下问题：

（1）对应聘者的隐私要注意保密，调查不要侵犯个人隐私。

（2）应注意调查的对象，如果是应聘者原来所在的公司或同事，态度要友好亲切、温和。

（3）力求客观、公正，不偏听偏信，不只听一面之词。

（4）有些事情的背景较复杂，应对调查结果进行核对，有时可向本人侧面求证。

（5）录用背景调查的目的绝不是想探听应聘者的不足，而是希望更多地获得有关其能力、技能、特长和工作特点的信息。

（6）在录用背景调查的过程中始终保持对应聘者充分的尊重，要本着爱惜人才的原则，多收集正面信息。

第 3 节　录用决策的特殊问题与处理

一、对优秀人才的吸引

在整个招聘过程中，要吸引优秀的应聘者，应注意两个环节。一是建立申请池时，要吸引尽量多的优秀的应聘者加入甄选的队伍。二是在录用阶段，应该吸引甄选出的合格人员决定加盟企业。这是企业经常忽略的一个环节。许多企业常常认为，只要发出录用通知，应聘者就会来企业就职。实际情况并非如此。由于当今社会对于熟练的、具有高素质的人才的竞争越来越激烈，一些类型人才的供需状况不是供给大于需求，而是供给极为匮乏。企业的录用决定绝不代表该应聘者就一定愿意加入企业。在决策阶段消极对待应聘者，就有可能把企业所需的人才拱手让给竞争对手。因此，企业应注意以下几个方面：

（1）让优秀的应聘者尽可能多地了解企业的信息。一方面，让应聘者了解企业的发展前景，增强他们的信心。另一方面，也让他们知道企业面临的挑战，鼓舞他们的斗志。真实的信息无论对企业还是应聘者都是有益的。

（2）在优秀的应聘者与企业之间建立共同点。追求上进、具有工作激情的员工都有自己的愿望、目标和抱负，而企业是他们施展抱负的场所。如何搭建一座"桥梁"，把优秀人才从桥的一端引到另一端，就显得十分重要。

（3）提前拟定企业给应聘者的薪酬待遇。尤其对于重要的职位，如果想吸引优秀的人才，就必须事前考虑好该职位的薪酬和待遇，同时，与应聘者讨论所要承担的工作。除了薪酬因素外，更多地强调非薪酬性因素的吸引力，对事业心强的应聘者可能会有更好的宣传效果。若无法满足应聘者的要求，也不能因为担心失去他而加以隐瞒。

（4）如果在录用阶段判定某应聘者比较优秀，但在一些方面还存有疑惑，就要在决策之前对疑惑点进行调查研究，予以排除。不要在疑问尚未弄清楚的情况下作出决策。

（5）要吸引优秀的应聘者，必须行动迅速，不能让应聘者等待过久。大多数的优秀应聘者也在挑选企业，如果企业的录用决策时间过长，则可能使他们转移注意力。迅速及时地作出决策向应聘者传递的信息是：企业对他很重视，这样可以增强他对职位的兴趣。

（6）录用之后要让应聘者感觉到企业对他的尊重。在工作安排方面，可以事先征求他的意见，使他充分感受到尊重与重视。这样，有利于心理契约的进一步建立。

二、对应聘者的通知

在招聘实践中，匹配性高且求职意愿强烈的应聘者只占小部分。更常见的情形是：要么应聘者素质优秀，但求职动机不够强，稳定性存在风险；要么稳定性好，但在胜任素质上与岗位要求存在一定的偏差。因此，录用通知的发放也需要分门别类、具有一定的针对性。

1. 录用通知

针对招聘遴选过程中应聘者的综合表现，录用通知书可以分为三类：（1）岗位匹配性好且稳定性较佳的应聘者，可以发出正式的录用通知书（见表10—1）；（2）岗位匹配性好但稳定性一般的应聘者，可以发出 Conditional Offer 即有条件的录用通知书（见表10—2）；（3）稳定性好但岗位胜任力一般的应聘者，可以发出 Waiting List 即候补录用通知书（见表10—3）。

表10—1　　　　　　　　　　　　人员录用通知书示例

录用通知书
_____先生/女士：
上周五与您的会面是很愉快的。我们现在很高兴地通知您，我们企业向您提供_____职位。
接受该职位的工作意味着您应该完成下列工作职责_____，您的工资按照我们商谈的结果支付。
我们很希望您能够接受该职位的工作。我们会为您提供难得的发展机会、良好的工作环境。
我们很希望在_____年_____月_____日之前获得您是否接受该职位的信息。如果您有什么问题，请尽快与我联系。我的联系电话是_____。期望尽快得到您的答复。
此致
人力资源部经理：_____
2014 年 6 月 19 日

表10—2　　　　　　　　　　　　有条件性的录用通知书示例

录用通知书
_____先生/女士：
恭喜您获得我司此次招聘 Conditional Offer 名额（职位：_____）。您在应聘过程中表现出的优秀特质，给我们留下了非常深刻的印象！
但是基于岗位匹配性的考虑，公司希望给您再一次思考的机会，同时也是公司再一次的考察环节：人力资源部将根据您的应聘及本岗位的实际情况安排三天岗位实习体验（具体实习时

间请等待进一步通知）。

请您在实习结束之后，对以下问题做更深入的思考和探索：

为什么本岗位会是您的最佳选择？

应聘的职位方向是否符合您的长期职业生涯规划？

您的职业兴趣和能力是否能够在所应聘的职位上有长期发展？

请在岗位实习之后两天之内，将您的思考过程及结果以邮件的形式回复至此邮箱，人力资源部将结合您的综合评分、实习表现及思考结果，最终确认正式的录用结果。

此致

人力资源部经理：_____

2014 年 9 月 20 日

表 10—3　　　　　　　　　　候补录用通知书示例

候补录用通知书

_____先生/女士：

感谢您对我们公司的认可并投入时间参与此次应聘。您在应聘过程中表现出各种优秀特质，给我们留下了非常深刻的印象！

但此次招聘有非常多优秀的应聘者，但我们的录用名额却非常有限。您通过了我们所有的遴选测试环节，但综合评分略为靠后。因此，我们只是先给您发出一份候补录用通知书，有效期至 2015 年 3 月 1 日。

请您继续关注我们公司，我们人力资源部的同事会与您保持沟通。一旦有录用扩编的名额，我们将第一时间告知您并确定录用。

此致

人力资源部经理：_____

2014 年 9 月 20 日

为了不失去合格的录用者，录用通知要及时送出。现实中，许多官僚作风较严重的企业，因通知不及时而损失了重要的人才，并影响了企业的形象。

在录用通知书中，应说明报到的起止时间、报到的地点以及报到的程序等内容，在附件中详细说明如何抵达报到的地点，并包括其他应该说明的信息。当然不要忘记欢迎新员工加入企业。

在录用通知书中，要让被录用的人员了解他们的到来对于企业发展的重要意义。应该说，这是企业吸引人才的一种手段，表明企业对人才的尊重。另外还要注意，对被录用的人员要一视同仁，以相同的方式通知被录用者。一般以正式文本的方式加盖公章较为严谨。随着网络的发展，辅之以 E-mail 和电话通知会更好、更快捷。

2. 辞谢通知

许多企业都忽视了辞谢的程序。周到的辞谢除了有利于树立良好的企业形象外，还可能对今后的招聘产生有利的、良好的影响。因为每一次的招聘过程也是企业为自己做广告的过程，企业的行为会通过每一位应聘者的亲人、朋友而传播甚远。因此，应该用同样礼貌的方式通知未被录用的人员。可以通过电话用委婉的语言通知对方，也可以用正规的函件告知对方，但切忌用明信片。表10—4为辞谢通知书的示例。

表 10—4 　　　　　　　　　　　　　　辞谢通知书示例

辞谢通知书

尊敬的_____先生/女士：

　　十分感谢您对我们企业的_____职位感兴趣。您对我们企业的支持，我们不胜感激。您在应聘该岗位时的良好表现，给我们留下了深刻的印象。但是由于我们名额有限，这次只能割爱。我们已经将您的有关资料备案，并会保留半年，如果有了新的空缺，我们会优先考虑您。

　　感谢您能够理解我们的决定。祝您早日找到理想的职业。

　　对您热诚应聘本企业，我们再次表示感谢！

　　此致

　　　　　　　　　　　　　　　　　　　　　　　　　　人力资源部经理：_____

　　　　　　　　　　　　　　　　　　　　　　　　　　2014 年 6 月 19 日

三、协商待遇条件

　　发出录用通知后，很多应聘者会毫不犹豫地接受企业提供的待遇条件，但是有些应聘者会认真考虑企业的待遇条件，并将它与其他公司提出的条件对比，对此，企业应努力将相关信息传递到位，提供满足应聘者要求的待遇条件，提出待遇的方式要能够吸引应聘者的注意力，要有随时改变待遇条件的准备。关注每一位应聘者的期望值，然后根据他们的期望值作出调整和改变，不要担心应聘者"漫天要价"。一个优秀的人才会给企业带来很好的效益。一旦发现了合适的人选，要有目的地继续做工作，不要拖延时间，不要总想等更好的人才。如果应聘者达到了企业的要求，就应该考虑录用他们，更好的人才也许不会来应聘，也许对企业给出的待遇不感兴趣，因此，企业可能因等更好的人才而失去一个优秀的、合格的人才。

　　通过协商，可以达成对双方都有利的待遇条件。下面几种方法将教会招聘者如何提出既有吸引力又合情合理的待遇条件。

　　（1）了解市场行情。首先要搞清楚自己想招聘的这个工作岗位的市场价值是多少。招聘者可以通过网络或行业协会获取相关资料。如果招聘者给出的薪酬高于市场价格，与应聘者在待遇方面达成共识就比较容易；如果招聘者给出的薪酬比市场价格低，那么招聘者需要做以下三件事中的至少一件：降低招聘的标准；提高待遇；提高非货币化的额外津贴。

　　（2）了解自己可以提供的待遇极限。一旦知道了符合企业技术要求的员工目前的市场价格，招聘者就需要知道自己的协商范围有多大，经济上的限度是多少。在与应聘者协商待遇问题时，要清楚自己能出的价码上限是多少、下限是多少。

　　（3）清晰了解应聘者的各种期望值。应聘者的期望值可能各不相同。有的应聘者会觉得基于自己的经验和专长享受的待遇应高于市场平均值；有的应聘者会在薪酬方面让步，但可能会在其他方面（如工作环境、工作设备、工作时间、休假等）

提出条件。对这些各不相同的要求，企业应予以关注，尽可能予以满足。

（4）确定谁占优势。如果招聘者与应聘者达成一致仍然存在许多困难，那么招聘者需要搞清楚谁占优势。如果在应聘者中还有其他符合条件的人选，招聘者占优势；但是如果应聘者占优势，招聘者应该立刻决定究竟是作出让步还是放弃。

（5）明确重点。大多数协商谈判都围绕某些特定的事情进行。招聘者应该明确这些事情是什么。如果是与薪酬相关的问题，那么招聘者应该采取谈判策略，使自己不至于在今后付出高昂的代价。例如，可以提供奖励，而不是提高基本工资。

（6）知道什么时候放弃。如果招聘者已经作了好几次努力，但应聘者仍然不接受招聘者提出的待遇，那么应考虑：应聘者可能另有选择，也可能已经怯场，认为自己的能力难以胜任。无论什么原因，该放弃时就要放弃。

值得注意的是，在协商讨论工作待遇问题时要记住以下要点：

第一，不要承诺你做不到的事情。对应聘者要坦率，以诚相待。如实地向应聘者介绍有关工作的情况，清楚地说明企业期望他做什么，以及企业不需要他承担的义务。

第二，不要过分吹嘘。过分吹嘘有两种表现：一是提出过多的货币化或非货币化的奖励；二是让应聘者有很多权利。不管是哪种情况，都会使员工的工作动力和挑战精神随之减弱。它所导致的另一个问题是企业一方会因为员工得到了许多优厚的待遇而对其寄予不切实际的期望。而且，其他员工可能会感受到不公平而影响当前的工作。

第三，不要一味等待。如果招聘者向应聘者提出待遇条件后，两三天之内仍没有得到答复，就应该主动与他联系，问问他是否还有什么问题需要解决。但如果应聘者在反复权衡各个公司提出的待遇条件以期从中选择最好的，招聘者就应该自问："这样的人是我需要的吗?"

四、签订劳动合同

劳动合同的签订双方是作为法人的企业和择优录用的应聘者。签订劳动合同的一般程序是从录用报到之时或报到之后开始，到办理公证为止。

签订劳动合同的程序为：

（1）双方议定合同的具体条款。属于法定和通用条款的可提前形成合同内容，需要与对方商议的条款在签订合同时必须达成一致。

（2）正式签订招聘合同，双方签字盖章。

（3）办理合同公证。

聘用合同的内容一般包括：

（1）被聘任者的职位、责任、权限、工作规范等。

（2）被聘任者的基本薪酬、福利待遇、社会保障、工作条件等。

（3）试用期、聘用期限以及试用期的待遇。

（4）聘用合同变更的条件及违反合同时各方应承担的责任。

（5）双方认为需要约定的其他事项。

同时，还需要注意劳动法中规定的以下内容：劳动合同的形式和正式文本的内容；劳动合同订立的程序；劳动合同期限的确定；劳动合同的变更、解除与终止。

五、对拒聘的处理

企业经常会遇到接到录用通知的人员不来就职的情况，这就是拒聘。如果拒聘的人员正是企业所需的优秀人员，则企业的人力资源管理部门甚至最高层主管应该主动与之取得联系，采取积极的争取态度。如果在招聘活动中，企业被许多应聘者拒聘，就应该反思招聘过程可能存在的问题。因此，企业从拒聘的调查中也可以获得一些对今后的招聘有用的信息。企业在遇到拒聘后采取的行为依然与企业形象紧密相关。优秀的企业领导和优秀的人力资源部经理，可以以个人名义与拒聘者保持朋友关系，不谈工作，只谈友谊；可以保持亲密的朋友关系而不涉及双方的公司以及与工作、业务有关的信息。可能在某个时候，这个拒聘者会吃"回头草"，来到他当时没有选择的企业。

六、规避录用中的法律风险

在招聘和录用实践中，存在较多不规范甚至"弄虚作假"的行为。从用人单位的角度来讲，需要规范录用中的一系列行为，规避法律风险，尽量减少损失。在录用之前加以防范十分必要。

1. 录用未与原单位解除劳动合同人员的法律风险

有些应聘者在应聘时是在职的，或者虽已离开原工作单位，但并未解除劳动合同，参加其他公司的面试是为了寻求更多的发展机会，在应聘成功、与新单位签订劳动合同后，并未及时与原单位解除劳动合同。根据《劳动合同法》的规定，用人单位招用与其他用人单位尚未解除或者终止劳动合同的劳动者，给其他用人单位造成损失的，应当承担连带赔偿责任。因此，在正式录用之前，应聘者必须提供与原单位解除劳动合同的书面证明，如原单位盖章的《离职证明》，否则不予录用。

2. 用人单位未履行告知义务的法律风险

用人单位必须将涉及劳动者切身利益的事项告知劳动者。在招聘工作实践中，部分用人单位存在侥幸心理，尤其对于特定事项，采取隐瞒甚至欺骗行为，先把劳动者"骗进来"再说，继而埋下劳动纠纷的隐患。根据《劳动合同法》的规定，用人单位未能如实履行告知义务，以欺诈、胁迫的手段或者乘人之危，在违背真实意思的情况下订立的劳动合同是无效的，给劳动者造成损害的，应当承担赔偿责任。在录用前，用人单位应以书面方式或正式邮件的方式明确告知应聘者关于本岗位工作的重要事项：工作内容、工作条件、工作地点、职业危害、安全生产状况、劳动报酬，以及劳动者要求了解的其他情况。

3. 应聘者故意隐瞒伪造相关信息的风险

法律赋予用人单位对于被录用者具有一定的知情权,其中包括劳动者的技能、工作经历、学历、健康状况等。但在企业实践中,许多用人单位招聘录用过程简单化、形式化,不注重入职审查,在正式录用后才发现被录用者的学历或身体情况等方面不符合岗位的基本要求,此时用人单位轻则需要重新招聘合适的员工,提高用人成本,重则还需承担解除劳动合同的相应法律责任,甚至赔偿损失等。员工入职前需要调查核实以下信息:(1)教育信息:审查包括毕业证书、学位证书、专业资格证书的真伪等;(2)工作经验及资历信息:审查拟录用的员工的工作经营、岗位职责、工作成绩、薪资待遇等,尤其注意职位名称与工作职责之间往往没有直接关系,对于某些管理岗位需要了解其在职期间与本岗位相关的组织架构图、直接管理员工的数量质量、履行的岗位职责、工作权限等;(3)健康信息:审查拟录用员工的身体情况是否符合应聘岗位的要求,要求提供区县级医院的体检报告等。

第4节 录用决策的误区与纠偏

一、案例描述①

普顿斯化学有限公司是一家跨国公司,以研制、生产、销售药品和农药等为主。露秋公司是普顿斯化学有限公司在中国的子公司,主要生产、销售医疗药品,随着生产业务的扩大,为了对生产部门的人力资源进行更有效的管理、开发,公司希望在生产部设立一个处理人事事务的职位,主要工作是负责生产部与人力资源部的协调。人力资源部经理王量对应聘者做了初步的甄选,留下了五人交由生产部经理李初再次进行甄选,李初进行选择后留下了两人。最终由生产部经理与人力资源部经理协商确定人选。这两个人的简历及具体情况如下:

赵安:男,32岁,企业管理硕士,有8年一般人事管理和生产经验,在此之前的两份工作均有良好的表现。

面谈结果:可录用。

钱力:男,32岁,有企业管理学士学位,有7年人事管理和生产经验,以前曾在两个单位工作过,第一位主管评价很好,没有第二位主管的评价资料。

面谈结果:可录用。

看过上述资料并进行面谈后,生产部经理李初来到人力资源部经理室,与王量商谈何人可被录用。王量说:"两位应聘者看来似乎都不错,你认为哪一位更合适呢?"

李初说:"两位应聘者的资格审查都合格了,唯一存在的问题是,钱力的第二位

---

① 该案例摘自孙健敏:《中国人民大学工商管理案例:人力资源开发与管理卷》,107页,北京,中国人民大学出版社,1999。

主管给的资料太少，但是尽管如此，我也看不出他有什么不好的情况，你的意见呢?"

王量说:"很好，李经理，显然你我对钱力的面谈表现都有很好的印象，人嘛，有点圆滑，但我想我会很容易与他共事，相信在以后的工作中不会出现大的问题。"

李初说:"既然他将与你共事，当然由你作出决定更好，明天就可以通知他来上班。"

于是，钱力被公司录用了，进入公司工作 6 个月以后，他的工作不如期望的那样好，经常不能按时完成指定的工作，有时甚至表现出不胜任其工作的行为，所以引起了管理层的抱怨。显然，钱力不适合此职位，公司必须采取对策。

二、案例分析：录用决策存在的误区

显然，该案例中录用决策出现了失误。现实中，这种情况并不少见。问题可能就出在决策的某个环节。

1. 最终录用决策不当

录用决策的最终决定权在于该职位的直接主管。主管可以在人力资源部门的参谋下，独立作出判断。该案例中，王量明显地诱导了李初的选择，而不是真正由李初独立地作出判断。

2. 决策小组成员之间不协调

录用决策的关键点在于录用决策小组成员之间有一致的判定标准，使评价的结果尽量客观、真实。在本案例中，两位主管分别对钱力进行面试，导致判定的差异。我们可以推断，生产部之所以需要设立这么一个职位，本身就说明这两个部门在协调方面存在问题，现在又分别对从事协调工作的人员进行评价，必然出现矛盾的结果。

3. 决策之前未对甄选过程中模糊的细节进行澄清

对甄选中存在疑惑之处，必须先澄清，然后才能作出决策。在该案例中没有对钱力的第二次工作经历进行调查，在尚存疑点的情况下就作出最后决策，从而加大了失误的可能性。

4. 评价标准不清晰

为了防止决策时依据的标准不统一，造成用人失误，在人力资源管理部门与人才需求部门之间应该建立相同的评价指标。而该案例中，两个部门的评价标准相对笼统，结果造成一方诱导另一方的现象。

5. 录用前的面试不规范、不科学

人力资源部经理王量经初步筛选后，留下 5 人交李初再次进行甄选，此时的甄选应属于诊断性面试。但李初并未组织面试考官小组对 5 人进行科学规范的面试，只经个人的选择留下 2 人，这样的甄选缺乏一个较科学的比较鉴别过程，导致后来的决策不当。

三、纠偏措施

为减少录用决策中的失误，应注意以下方面：

1. 事先形成统一的评价标准

录用决策最重要的依据是人与岗位的匹配。在招聘之前，应在工作分析的基础上，由人力资源管理部门协调各部门统一评价指标，并对相关人员进行培训。进行录用决策的人，应该能够很清楚地解释自己所作出的录用决策。

2. 明确招聘中人力资源管理部门与人才需求部门的责任

招聘中，人力资源管理部门利用其专业技术和信息的优势，承担决策中专业性工作，培训和帮助各部门管理者挑选合适的人选；人才需求部门则对岗位角色更熟悉，了解岗位对人员的资格要求。双方必须密切配合，共同完成招聘任务。

3. 对录用决策结果进行控制

招聘不同层次的人员，最终的决定权会有所不同。对于部门职能办事人员和一线工人，只要一个人进行决策就足够了，这个人就是应聘者未来的直接上级。而对于管理岗位，至少需要三个人一起讨论，进行最后的决策。当然，这个小组必须有应聘者未来的直接主管参加。

第5节　录用决策的成本效益分析

一、录用成本分析

1. 录用付出的人力成本

无论是否招聘到合适的人才，招聘前的准备、招聘中的测试、录用前的决策、上岗的引导和培训等所有环节都将发生一些直接费用，包括办公费用、广告费用、考官费用以及因制作各种各样的表格、参加一些大型的人才交流会、进行应聘者的背景调查和体检等产生的费用。这些直接费用在不少相关文献中都有细致的描述和计算。

在录用过程中，最难计算的还是付出的人力资本。在录用一位高管的过程中，董事长必须多次与之面谈，了解其教育背景、经历、阅历、过往的工作中的经验和教训，以及其性格、品质、气质、办事风格、人生信条、经营理念、处世方式、兴趣爱好、工作方式、文化取向等，还要深入了解其与企业文化可能的融合程度，他们之间要以何种方式进行合作。为此，公司董事长必须耗费时间，付出人力资本。

人力资源部也要在许多方面付出人力资本，包括录用前的谈话、录用中的引导、上岗前的工作交接、上岗的培训、上岗初期的跟踪和辅导、各种工作关系的协调等。

2. 录用付出的风险成本

如果录用的人才不能胜任自己的工作，最大的风险在于辞退带来的成本、人才重置带来的成本以及生产效率下降带来的损失等。

如果录用的人才与原单位出现了劳动合同纠纷、财务纠纷、工作责任纠纷和其他纠纷，必须诉诸法律方能解决，则公司会承担不少连带责任，这种风险成本的费用之高是难以事先预计的。

二、录用效益分析

招聘效益的量化指标和量化分析在近五年出版的相关文献中已有详细的研究，这里只作一个定性的分析。

1. 招聘过程可以提高企业的知名度

在招聘过程中，企业发布广告、开展宣传、进行人员的甄选和面试等，使企业被更多的人所了解，知名度大大提高。笔者曾到漳州一家企业担任招聘面试主考官，考场设在漳州宾馆最大的会议室，由于力求做到公开、公正、公平，因此，诊断性面试对外公开，前来参加面试旁听的超过 300 人，竞聘公司副总裁并经过各种测试入围的有 7 人，其中有 4 位是博士，好几人是其他公司的副总经理以上的高管。在这次面试中，应聘者的精彩发言，考官与应聘者之间知识、智慧的博弈，赢得了几百名听众的喝彩。这次公开招聘面试大大提高了企业的知名度，并使社会上许多不了解企业性质、对企业经营战略有误解的人对企业有了更正确的认识。

2. 正确的选聘可以给企业带来新的活力、新的思想，使企业的竞争力上一个大台阶

企业通过外部招聘可以引进具有新思想、新观念、新技术等有创新能力的高层管理人员和中层管理人员，这些进入企业的新生力量会快速地创造新的工作氛围，营造敢于改革的新的企业文化。正确的招聘选才会给企业带来新的活力，从而增强企业的竞争力。

3. 正确的选聘可以提升企业的生产率，使企业快速壮大

前面谈到的漳州某公司在公开招聘中最终选择了一名企业管理专业的博士。他有相当丰富的企业工作经验，在担任公司的副总裁后，分管了几个子公司，凭借他的出色管理，这几个子公司第二年就扭亏为盈，同时他把先进、适用的绩效考评方法带进企业，使这个公司在五年内快速发展，成为当地一家著名的公司。

□ 关键术语

录用决策　录用背景调查　法律风险　拒聘

□ 复习与思考

1. 你认为录用决策与哪些因素有关？决定性的因素是什么？
2. 招聘、录用过程也是企业树立形象的过程。你个人认为其中哪一个环节更能展示良

好的企业形象？

3. 如果你遭到企业的"辞谢"，将会用什么方式来解决你与企业在招聘过程中存在的分歧？

4. 如何规避录用中的法律风险？

5. 如果你是老板，遭到你将聘用员工的拒聘，会如何处理接下来的事情？谈谈你处理这一事件的先后顺序。

第 11 章

新员工录用面谈与培训

本 章 重 点

1. 新员工录用面谈的技巧与误区
2. 潜在合同对新员工的激励
3. 新员工的上岗培训
4. 新员工的适岗培训

第1节　新员工录用面谈概述

新录用的员工可分为两部分，一部分是通过外部招聘获得的新员工，一部分是通过内部竞争上岗录用到新岗位的老员工。为便于论述，我们把新录用的员工统称为新员工。

（一）录用面谈的重要性

录用面谈的重要性主要体现在以下方面：

1. 增进企业对新员工的进一步了解

新录用的员工虽然经过企业的层层筛选，但由于筛选过程中的人数较多，考察的内容也较多，对员工更深层次的信息获取较少，通过谈话，可以了解新员工的家庭、婚姻、兴趣、爱好以及思想上有无负担、生活上有无困难等更多的在招聘面试中无法涉及的信息。另外，招聘面试必须规避一些涉及隐私的内容，因此有些可以更深入交谈的话题在面试交谈中被略去。录用面谈由于通常在两个人之间进行，话题可以较深入，某些即使涉及隐私的问题，只要对方没有意见也可以进行探讨，如对爱情和婚姻的看法，对纪律和自由的看法，对父母和子女的看法，对代沟的看法，对领导与下属相处艺术的看法等。

2. 增进新员工对企业的了解

新录用的员工虽然在应聘时已对企业有一些了解，但这些了解仍然是十分有限的。录用面谈时，通常气氛比较融洽，新员工可以问一些自己关心的问题，如薪酬、福利、发薪日，各级领导的姓名、性格、为人，自己所在部门的概况等。对于这些与自己切身利益相关的问题，由于应聘时心情紧张，并且当时以能被录用为主要目的，不便直接询问。通过录用面谈，新员工将对自己即将工作的硬环境和软环境有更深入的了解，有利于形成更清晰的认识。

3. 使新员工愉快地上岗、快速地入岗和适岗

无论是新员工还是中层管理者，被自己应聘的单位录用后，都会对新单位有双重感觉，一是感到快乐，二是感到不安。快乐是因为实现了自己的求职欲望，不安是因为对新单位硬环境及软环境的陌生感。这种陌生感使自己心中忐忑不安。录用面谈一般是单位主管或人力资源部门经理与录用的新员工一对一面谈，面谈可以拉近彼此的距离，让新员工消除不安的感觉，愉快地上岗。

通过录用面谈，主管或人力资源部经理可以向新员工介绍岗位工作的详细情况，包括工作流程、工作设备、周边的工作关系、工作职责、工作责任、工作中注意事项、工作难点和工作重点等，使新员工快速入岗，即进入工作角色。

录用面谈是新员工首次真实地了解企业、认识工作的过程。通过这个过程，新员工能判断自己适应岗位的程度，并自觉地做好主观和客观的调整，适岗能给个体带来工作胜任的愉快，能给企业带来效益的提高，快速适岗是企业和新员工共同的要求。

4. 为新升迁的老员工排除由于岗位变动带来的新矛盾

通过竞聘获取升迁机会的老员工，虽然自己的才华和智慧得到了认可，但工作变动依然会带来一系列的思想问题。笔者曾与一位升迁到副总岗位的员工进行录用面谈，他向我提出了一个自己最担忧的问题："老板（指总经理）虽然赏识我的营销才干，但他容易耳根软，如果有人说我坏话，老板可能会突然拒绝与我沟通，届时我怎么办？"笔者介绍了几种与老板沟通的方法，使这位副总消除了心理负担。笔者还和他谈到竞聘中落选的两个竞争对手的问题。这两个竞争对手是本企业的部门经理，今后如何与他们处好关系也是他很担心的问题。经过沟通，他了解了这两个竞争对手的很多优点，尤其是两个人都心胸宽广，于是内心的焦虑和担忧得到了排解。

（二）录用面谈的执行者

由谁来执行录用面谈取决于录用岗位权级的高低。通常，被录用的如果是经营管理层的高级管理人员，由董事长、总经理或人力资源专家顾问来执行；如果是中层管理人员，由分管的公司领导（副职）来执行；如果是基层管理人员，由部门主管或分管领导来执行；如果是普通员工，则由人力资源部主管来执行。

录用面谈的执行者一定要心胸宽广，关心爱护录用的人员，具有换位思考的意识和良好的沟通能力，能理解他人的困难，并努力帮助他们克服困难。

（三）录用面谈的场所

通常可在面谈执行者的办公室进行，也可根据录用者的层次，选择在其他更加休闲的地点进行，如到咖啡馆一起喝咖啡，也可到公园一起散步交谈，还可以有许多更丰富的选择，如一道划船、登山等。

（四）录用面谈的内容和方法

录用面谈一定要在相当轻松的氛围中进行，通常负责面谈的主动方要表现出大度和风范，同时要以师长、领导、同事等多种角色坦率地说出自己的想法，耐心地解答被录用者提出的问题。如果没有特别的问题要互相交流，可以就今后的工作职责、工作思维、工作方法、企业目标、企业文化、价值观等展开讨论，也可以谈一些轻松的家庭琐事。总之，尽量让彼此互相了解，为今后协同工作打下一个良好的基础。

第 2 节　录用面谈的技巧与误区

一、录用面谈的技巧

（1）录用面谈的氛围必须是温馨的，应使新员工有家的感觉。新员工像在家中工作一般，心情一定十分愉悦。

（2）录用面谈应让新员工多问、多谈，使新员工有主人翁的感觉。新员工希望对新企业、新岗位了解得更多，应允许他们多发问、多了解、多提建议，使新员工觉得这是一个温暖的家。

（3）录用面谈应让新员工对新岗位有切实的了解。除了耐心地倾听外，他们还应得到确切的信息，这是热炉原则和安全原则的体现。

热炉原则告诉每个新员工哪些事是不能做的。热炉从外表上看不出温度，但热炉前面会有警示牌告诉你，一旦碰到热炉，你就会被烫伤。热炉原则告诉你要遵守一定的法则。安全原则告诉新员工哪些事件是在安全线内的。在安全线内你可以自由行动，只要不出线外，就不会受到任何伤害。

二、录用面谈的误区

录用面谈中出现的误区主要表现在以下方面：

1. 抱有居高临下的态度

主管在与新员工面谈时，最忌抱有居高临下的态度，不要以为自己可以指挥他人，"新来的"永远都要尊重"先到的"。这种态度拒人于千里之外，无法真正沟通，让新员工没有归属感，一开始就难以与企业和睦相处。

2. 滔滔不绝地演说

录用面谈的第一个技巧就是倾听。如果主管不善于倾听，而是滔滔不绝地演说，就会进入录用面谈的另一个误区。主管把演说作为面谈的主要内容，而不是倾听、再倾听，就容易使新员工感到陌生，感觉到距离，无法把自己和企业紧密联系在一起。

3. 角色定位不明确

录用面谈的主管必须抱着一片爱心和对工作负责的态度，帮助新员工了解他的工作和环境，消除他的紧张和畏惧情绪，让新员工有归属感，有发挥自己才华的愿望。如果主管角色不明确，就容易把面谈作为自夸的讲台和警示新员工的机会，把自己的权威无限夸大。

三、录用面谈的潜在合同

除正式合同之外，雇主与员工之间还存在有默契的、潜在的、非正式且未形成文字的合同，这就是潜在合同。潜在合同是为了留住有创新能力的前瞻性人才，或者具有特殊智慧和特殊技能的特殊人才。潜在合同的内容随时间的推移而变化，在一定时期后，这些人才将获得比普通人才多出几倍的报酬，交换条件是其创造力、忠诚和长期合作。

一般来说，员工的薪酬与其评估等级及年资存在显著的正相关关系。一些颇具潜力的新员工可能由于进入公司时间短，绩效未能充分体现其能力而流失。潜在合同就是要以一种薪酬默契的方式留住那些潜力大、有发展前途的新员工，潜在合同条件下的薪酬曲线如图 11—1 所示。

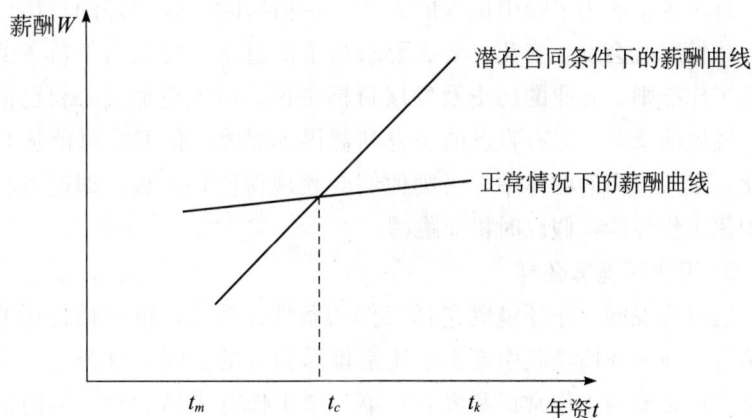

图 11—1　潜在合同薪酬与现实薪酬

从图 11—1 中可以看出：

（1）t_c 是两种薪酬曲线的交点；

（2）年资低于 t_c 者，潜在合同薪酬低于正常薪酬；

（3）年资高于 t_c 者，潜在合同薪酬高于正常薪酬；

（4）随年资升高，有潜在合同的员工薪酬升高的幅度增大；

（5）可延长试用期，使有价值的员工把眼光放长远。

潜在合同的双方必须承诺的内容是：

（1）公司方：公司稳定发展，当员工的工龄大于 t_c 时，薪酬大幅增长。

（2）员工方：工作令人满意；必须有稳定、良好的工作表现；对企业忠诚；认同公司的文化和价值观。

第3节　新员工的上岗培训

一、新员工面临的困惑

新员工面临的困惑主要表现在以下几个方面：

1. 是否会被群体接纳

每个人都会有这样的担忧：进入一个新环境，是否会被这个小群体接纳？曾经有一个性格比较内向的女孩子在进入企业之初说："在学校时同学们都说，工作中的人们比较难以相处，不少杂志上的文章也描绘了工作中复杂的人际关系。我现在也很担心，不知道同事们会不会喜欢我，我是否会被别人说闲话，我的私人生活会不会被别人过多地干扰。听说工作之初有不少同学都因为难以与同事相处而换工作。但愿我能幸运一点！"不难发现，这个女孩只有在上述疑虑完全烟消云散之后，才能以一种愉快的心情来充分展示她的才华。

2. 公司当初的承诺是否会兑现

有不少企业为了吸引优秀的人才，在招聘时许以美好的承诺，而一旦员工进入公司，情况就会发生变化，要么要求员工的过多，要么给予员工的过少。相对于员工的工作准则、企业的历史及发展目标来说，员工更加关心自己的工资、福利、休假、发展前景等。只有自己的切身利益得到保障，他们才可能从心理上接受企业的文化、融入公司的群体中，否则他们会表现得比较消极，即使有积极的表现，也是在积累工作经验，假以时机而跳槽。

3. 工作环境怎么样

这里所说的工作环境既包括工作的条件、地点，也包括公司的人际关系、工作风格等。新的环境是吸引新人的还是排斥新人的？同事是否会主动与新员工交往并告诉他们必要的工作常识和经验？第一项工作有人指导吗？他们是否完全明白自己的工作职责？为了完成工作，他们得到了必要的工作设备或条件吗？上述环境因素直接关系到新员工对企业的评价和印象。

二、新员工的职业新开端

新员工要为自己走上新的岗位创造良好的开端，应该做到以下几点：

1. 尊重上级并服从上级的领导

一个进入新岗位的员工，必须对自己说的第一句话就是"我要尊重上级并服从上级的领导"。成功的职业生涯，首先源于领导对你的信任和给你上进的机会，一个不尊重领导的新员工很难有所进步。

尊重你的领导，服从你的领导，一定会使自己获得一个崭新的开始。

2. 与同事和睦相处

进入自己的新职业后，应与身边的"左邻右舍"友好相处。美国人见面说"Hello"，日本人见面说"请多关照"，中国人见面说"您好"，这些都是十分必要的友好语言。"我要和同事和睦相处"应该有语言和行动上的表示，如使用文明礼貌用语，主动关心和帮助他人，主动配合他人的工作，在与他人共事的过程中，把困难留给自己，把重担尽量挑起来，让同事感受到与你相处很容易、很愉快，从而获得同事对你的信任，并回报你的友好和关心。一个让他人快乐的人自己也快乐，一个爱他人的人也受人爱，一个容易相处的人会受到大家的欢迎。

进入企业，要让大家喜欢你，你首先要喜欢别人。

3. 让自己表现出色

新录用的员工进入新职业是一个新开端，对自己严格要求会使这个开端顺畅，"我要使自己表现出色"是新员工应该对自己说的话。假如自己过去有些坏习惯（如懒散、纪律松懈、爱睡懒觉、容易迟到等），应该和这些坏习惯告别。表现出色具体表现为：遵纪守法，工作勤勉，工作效率高，思维活跃，既不保守，也不爱出风头。

4. 开一个家庭会议，与家人亲切沟通

寻找一个恰当的机会，把自己走上新岗位的情况向家人作一次详细的汇报，同时表达自己积极上进的决心，希望家人给予理解和支持。可以提出一些比较具体的困难，如离家较远，下班时可能会到家较晚；企业最近比较忙，自己作为新录用的员工，应该多工作少休息，家里的事自己帮不上忙，请家人多包涵等。在与家人沟通后，会得到家人的大力支持。这样，工作氛围和家庭氛围都会十分融洽和快乐。家庭中自己的父母兄姐工作经验多，也能提供一些重要的指导。

三、新员工上岗培训的重要性

新员工上岗培训具有重要的意义，表现在以下几个方面：

（1）通过上岗培训，可以让新员工熟悉工作场所，了解企业的规章制度和晋升、加薪的标准，清楚企业的组织结构和发展目标，从而较快地适应新的环境。

（2）有助于新员工明确工作职责，适应新的职业运作程序，掌握一定的操作技能，逐步胜任工作。通过员工手册、职位说明书、必要的参观活动和一定的技能培训，可以让新员工明确自己的工作任务、职责权限和上下级汇报关系，熟悉新的工作流程，对自己要从事的工作不再感到陌生，从而更快地胜任自己的工作。

（3）有助于新员工建立良好的人际关系，逐渐被团体接纳，增强团队意识与合作精神。通过参加初级的沟通培训、团队协作课程等，可使新员工树立起团队意识，

也使老员工与新员工充分磨合、相互交流，形成良好的人际关系。

（4）通过一定的态度改变和行为整合活动，促使新员工转变角色，从一个局外人转变为企业人。新员工对职业、领导、职业的"游戏规则"等有着不同的理解。为了使企业的使命得到贯彻，使企业的行动目标和品牌得到维持，企业有必要将自己的经营理念和企业文化等融入员工的行为与观念体系，从而使员工真正成为本企业的一员。

（5）可为招聘、甄选、录用和职业生涯管理等提供信息反馈。通过上岗培训，新员工在招聘与甄选活动中制造的假象会暴露，招聘负责人的错误认知和主观偏见会得到显现，而且新员工也会全面地展示自己的形象，从而加深企业对员工的了解。将上述信息反馈给招聘员工链条的各个环节，可以给招聘、甄选和职业生涯管理等提供重要的资料，部分信息将成为珍贵的财富，以供下次招聘时参考、借鉴。

四、新员工上岗培训的内容

新员工上岗培训的内容主要包括以下几个方面：

1. 公司的地理位置和工作环境

新员工进入企业，首先需要了解的是公司的概况，因此应对公司的方位、地理环境和工作环境作详尽的介绍，内容包括：

（1）公司在所在城市的地理位置、公司的平面图。

（2）如公司已有结构模型和宣传图片，应由专人负责引导新员工参观，并向他们作解说，使他们对公司的地理位置和环境有一个大致的了解。

（3）员工的工作环境，包括办公室的设施、工作的流水线以及其他工作的辅助措施（如电脑、复印机、传真机等）。对每位新员工工作的大环境和小环境、硬件和软件均需作详细的介绍。

2. 企业的标识及由来

新员工需了解企业的视觉识别系统（VIS）及由来。如麦当劳的颜色主要由金黄色和红色构成，其标识"M"既是"麦当劳"一词的首字母，又形似凯旋门，象征着吉利和成功。又如，厦门航空公司的标识是一只飞翔的白鹭，由于设计奇巧，含义深远，深受大家的喜爱。每个企业的VIS都是企业的骄傲，每位员工都要能识别并了解它的特殊含义。

3. 企业的发展历史和阶段性的英雄人物

每个企业都在创建之初历经挫折，在发展过程中书写了自己不平凡的历史。企业的发展史往往与几个阶段性的标志性人物紧密联系在一起，他们都是企业的英雄人物。如名扬世界的法国酒白兰地系列，就有马爹利老爹和马爹利老屋的传奇故事，有关于甜美葡萄的传说，有关于橡木桶功能的传说。可以将企业发展过程中的英雄人物、传奇经历等写成故事，讲给新员工听，促使他们更热爱自己的企业，更有归属感。

4. 企业的标志性纪念品

美国有一个企业，它的大厅里有一个标志性的纪念品——用大玻璃的罩着一根金色的香蕉。这里有一个能让每个新员工感动的故事：很久以前，有一个员工拿着一份改进工艺的建议书走进董事长的办公室，董事长看完这个员工的建议书后深受感动，认为这不仅仅是非常出色的建议，最难能可贵的是这个员工对企业的关心和热爱。这个董事长很想立刻奖励这个年轻的小伙子，但此时身边没有合适的奖品，于是拿起桌子上的一根香蕉，奖励了这位提出合理化建议的员工。从此以后，这个公司提合理化建议蔚然成风。这个故事也广为流传。要使新员工对企业有归属感，这是一个很好的方法。

5. 企业的产品和服务

应让新员工了解企业产品的名称、性能、原材料和原材料的来源，产品生产的流程，产品的售后服务等。有些企业（如旅游企业）的"产品"就是服务，因此该企业的新员工必须了解企业出售的服务包含哪些内容、服务的性质、服务的对象、服务质量的检验以及服务错误的纠正等。

6. 企业的品牌地位和市场占有率

企业应努力创造属于自己的品牌，并为之长期奋斗。有的企业只有一个品牌产品；有的企业只有一个品牌但有系列产品；有的企业的品牌是由一个产品延伸到其他领域的，从而创造出系列品牌，如"七匹狼"从制衣业扩展到烟草业及装饰品领域。企业的品牌地位还与竞争对手有关，如 TCL 电视和长虹电视两个品牌的竞争，苹果手机和三星手机两个品牌的竞争均呈此消彼长的状态，它们的竞争有一个重要的衡量指标，即市场占有率。因此，新员工必须了解企业的品牌，品牌在社会上的认知度，品牌定位在哪个层次，本企业有哪些竞争对手，各自的市场占有率是多少等。这些都是新员工培训中不可或缺的内容。

7. 企业的组织结构及主要领导

应该有一张组织结构图及主要领导的名录和联系方式，有的企业领导设有员工接待日。随着办公自动化和互联网的普及，可以针对员工的合理化建议专门设立信箱，也可以让员工通过一定的渠道与总经理对话。

8. 企业文化和企业的经营理念

每个企业的经营理念都不相同，有的企业认为"酒香不怕巷子深"，忽略广告的宣传作用，只重视产品的质量；有的企业认为"宣传最重要"，广告宣传能达到家喻户晓的效果，于是在广告宣传方面很舍得花钱。因此，在新员工刚进入企业时，就应把本企业正确的经营理念传递给员工，让员工主动与企业保持协调。

企业文化是一个企业长期发展过程中形成的价值观以及其他有形与无形的内外影响力。价值观是企业文化之核心，新员工进入企业，首先会感受到企业的文化氛围，在此基础上认可企业的价值观，融入这一团队。

9. 企业的战略和企业的发展前景

企业现时的战略定位和企业战略的发展阶段、发展目标、发展前景也是新员工十分关心的问题，因为只有企业发展了，才能给个体带来发展空间，也才能激发新员工内在的工作热情和创造激情，激励新员工为企业奉献自己的智慧和才干。

10. 科学规范的职位说明书

每一位员工必须获得自己所在职位的科学规范的职位说明书并熟悉它。

11. 企业的规章制度和相关的法律文件

每一位员工必须熟悉企业的规章制度，了解规章制度的运作程序等。

12. 团队的协作和团队的建设

团队成员相互认可、相互尊重，团队成员间相互协作、相互支持，能使团队效益最高，并共同攻克诸多难关。

第4节 新员工的差异化培训

由于员工的岗位有差异，培训的内容、深度会有所不同；由于员工的性格、文化背景、教育背景、阅历经历有差异，培训的方法也会有所不同。所以，对新员工应该实施差异化培训。

随着经济全球化的不断发展，企业的新员工除了存在上述差异外，还可能存在国别、种族、文化等更大的差异。我国企业将招聘外国籍的新员工，我国的大中专毕业生也将进入他国工作，因此，新员工培训将在很大程度上涉及跨国员工培训、他国新员工的培训和本土化新员工的培训。

一、普通新员工的培训

对普通新员工的要求可概括为 4H：手（hand），意指技能、技巧、业务工作的熟练程度；头（head），意指知识学问；心（heart），意指团队精神，诚实、有上进心、责任心；体（health），意指健康的身体和健康的心理。其中，对一般员工最主要的要求是纪律性、协调性和责任感。对骨干员工除上述要求外，还要加上判断力和社交能力，要理解企业的经营过程及企业生产效率与个人作用的关系。

因此，普通新员工的培训重点首先是生产技能，通过工作指导、现场案例的专题讨论、历史典型案例分析研究、适岗培训等，培养并提升员工的动手能力、操作能力和应变能力。其次是技术理论知识，因为高效的生产技能必须基于对基础的技术理论知识的掌握。技术理论知识培训的有效方法是：部分知识集中学，常用知识讨论学，疑难问题重点学，基础知识反复学。

对于骨干员工，还应讲授管理原理，并进行经营案例分析与演练，通过演练来帮助他们理解企业的经营内容和信息、计划的重要性、资金流向及决策过程；讲解骨干员工的任务与责任、必备的工作能力、如何处理人际关系及现场解决问题等；介绍本企业提高生产效率的途径和成果以及面临的各种问题。

二、专业技术人员的培训

专业技术人员应掌握本专业的知识和技能，扩展相关学科的基本知识和技能，追踪本专业领域新的知识和技能，具有较强的研究攻关能力，能现场指导员工解决遇到的各种技术问题。

对专业技术人员的培训的特点是：新——反映现代科技成果，包括新理论、新技术、新方法、新数据等；实——理论密切联系实际，实用性强，解决实际问题；思——培养创造发明的思维过程和方法，提高创新能力；精——让专业技术人员在有限的时间内把握培训的重点、难点；快——培训内容更新快，适应快速变化的科技发展要求。

专业技术人员的培训重点在于：本专业的新理论、新技术和新方法；相关技术知识；外语、电脑技术、结合本专业的编程技术等。此外，还要增加一些经营管理知识、组织领导知识，帮助他们提高沟通能力和协调能力。

三、现场管理者的培训

对现场管理者（班组长、车间主任等监督指导人员）的培训旨在提高他们指导下属工作的能力、评价下属和激励下属的能力、现场指挥和解决问题的能力、正确分配工作和协调各岗位工作的能力。

应让现场管理者熟悉本企业的现场组织与劳务管理的劳动法律法规，掌握作业标准等，并学会有效地组织推动工作。

四、中层管理人员的培训

中层管理人员包括部门经理和业务主管等。管理人员应具有对下属的培养和指导能力、解决问题的能力、人事组织管理能力、经营方针及战略的判断力、完成任务的自主性和创造性。

因此，培训的方向是：培养中层管理人员掌握企业经营知识；提高他们的决策与策划能力；加深他们对经营活动中开发人的潜力的了解，提高他们评价员工及调动其积极性的能力。

设计的培训内容包括：本企业的现状和存在的问题，企业对中层管理人员的期望；世界经济的动向与中国经济的发展趋势；本企业的发展与同行的比较；本企业与上下游企业的关系；经营活动中的人际关系；中层管理人员的职责及自我能力的开发；自身洞察能力及理解他人的技巧。

五、高层管理人员的培训

企业对高层管理人员（董事、总经理、财务总监、人力资源总监等）的要求是具有判断力、决策力、创新力和对下属的识别、培养、使用能力。

培训的目的是：使他们能把握影响公司经营方针制定的社会、经济及政治因素；提高制定公司各部门的经营方针以及从整体上评价其经营活动的能力；把握与企业经营效益有关的社会及国际的影响因素；加强对制定增强企业凝聚力政策的认识；培养对经营活动的指导能力；提高制定战略的前瞻性。

设计的培训内容可以包括：企业经营环境的研究（国内外形势）；经营的基本理念；政策研究，涉及社会责任、产业体制、与政府及地方关系等方面；法律法规研究，特别是熟悉劳动法和劳动合同法，美国的人力资源管理法律较全面，应组织学习，以免在国际经营中作出错误的决策；经营计划与统计，如经营计划、预算统计、经营比较等；发现问题、解决问题及评价问题的能力；人际关系，如劳资关系、领导方式、管理心理等。

六、来自母国的管理人员的培训

从母国挑选的管理人员一般在国内工作较为出色，对他们的培训除了要让他们获得国际经营管理的知识和经验外，主要进行的是文化敏感性培训（cultural sensitivity training）。文化敏感性是跨文化管理能力的一项主要内容，对此进行培训的目的是使母公司的管理人员了解他们将赴任国家的文化氛围，充分理解东道国国民的价值观与行为观，迅速提高对东道国工作和生活环境的适应能力，充当两种不同文化的桥梁。

1. 文化差异的培训和文化敏感性培训

来自母国的管理人员要在东道国陌生的环境中重新建立自己的工作关系和社会关系，必须了解东道国特有的文化以及不同文化造成的管理人员行为的差异。研究表明，在不同的文化背景下，管理人员的行为具有不同的特征。例如，在管理风格上，美国企业的管理人员较民主，鼓励员工参与管理，日本企业的管理人员则习惯于集权，要求员工绝对服从；在财务决策上，发达国家的管理人员偏爱高风险、高收益的策略，发展中国家的管理则奉行较为保守稳妥的原则等。因此，培训来自母国的管理人员尽快适应东道国的文化环境，才能与当地管理人员建立良好的工作关系，保证管理工作的顺利开展。

文化敏感性培训主要有两项内容：一是系统培训有关母国文化背景、文化本质有别于东道国文化的主要特点；二是培训外派管理人员对东道国文化特征的理性和感性分析能力，掌握东道国文化的精髓。实践证明，较完善的文化敏感性培训能使员工对自己的文化属性和环境做到自觉和自知，能提高管理人员对异国文化在知识和情感上的反应能力。它能在较大程度上代替实际的国外生活体验，使母公司管理人员充分理解东道国国民的价值观和行为准则，在心理上为接受来自不同文化的冲击做好准备，减轻他们在东道国不同文化环境中的苦恼、不适或挫折感，迅速提高对东道国工作和生活环境的适应能力。

2. 外部培训、内部培训和在职培训

外部培训的计划不是由某个跨国公司制定的，而是由独立的培训机构针对跨国公司的某一类管理人员设计的，例如工商管理学院开设的国际管理课程，专业化培训公司提供的沟通技能和人际关系技能培训，等等。这类培训计划往往邀请有经验的专家或某个领域的著名专家授课，让学员从别人的经验中得到借鉴，或了解某些领域的最新发展。许多跨国公司喜欢把管理人员送到东道国接受培训，这样做可以使管理人员在承受工作压力之前，先亲身体验文化差异的影响。

内部培训的计划一般是根据跨国公司的需要制定的。这种培训的效果通常比较直接和明显。培训计划的内容可以根据公司遇到的不同问题灵活安排。现在许多知名的跨国公司都设有自己的公司大学，培训计划也可以根据受训人员的需要设计，如在出国前准备阶段，可请熟悉两国文化的人担任培训人员，介绍所在区域的环境因素，并对当地特有的管理问题进行探讨，为受训人员到岗后有效地建立工作关系打下良好基础。

在职培训也是跨国公司内部设置的一种培训，培训对象是具有特殊工作需要的个别管理者。在职培训强调实践性，由有经验的上级或前任监督指导受训者工作。由于在职培训可以在工作中进行，受时间的约束小，更适合文化差异的调节。

在培训中值得注意的是：第一，教育外派管理人员学会以尊重和接受的态度对待他国文化。切忌以本国文化标准随意批评他国文化，更不能把本国文化标准强加给他国，即应努力克服自我参照习惯的干扰。在遇到挫折时，要善于忍耐和克制自己，把自己当作东道国文化的接受者，灵活地处理因文化差异产生的各种摩擦和冲突，在建立良好工作关系和社会关系的过程中增强对不同文化的适应能力。第二，家庭对东道国文化环境的适应能力会影响管理人员的工作。一项对跨国公司外派人员的调查表明，男性员工对在国外工作的满意度很大程度上取决于家庭成员是否适应国外生活。因此，有实力的公司的培训计划应适当考虑对外派管理人员家属的培训。第三，公司为了留住人才，让有能力的人安心工作，还应在外派管理人员海外离任回国时进行回国培训，以帮助他们减轻反向文化冲击，重新适应母国的企业文化，寻求进一步的发展。

七、来自东道国的管理人员的培训

随着跨国经营规模的扩大和对高素质人力资源需求的增加，以及管理人员本土化策略的优越性的显现，许多大型跨国公司从管理人员母国化策略向管理人员本土化策略转换。这一转换使对东道国管理人员的培训得到重视。来自东道国的管理人员对母公司的跨国经营战略、企业文化、管理风格和程序缺乏深入的了解，因此这种培训主要针对管理方法、管理技能、技术和有关公司文化等方面。

培训内容包括：（1）有关管理技能的培训，通常按管理的职能进行分类。对营销部门管理人员的培训侧重于各种营销、分销、广告和市场调查的管理技能。对财会部门的管理人员的培训侧重于母国和东道国会计准则的差异、会计电算化方法、财务报表分析和外汇风险分析等。（2）有关生产技术的培训，一般侧重于从母国转移到东道国的生产技术的培训。培训对象大多数是生产部门和质量控制部门的管理人员。（3）有关企业文化的培训。此类培训中文化敏感性培训通常不是重点。

在大多数大型跨国公司中，培训与管理人员的晋升联系在一起。不同等级的管理人员接受不同类型的培训。所以，管理人员晋升到新岗位时，往往要通过新的培训计划增加所需的技能。

培训形式根据所在地不同主要分为两种：（1）东道国管理人员受雇在母国工作，通常被送进跨国公司总部接受政策培训，学习公司特殊的经营方法、管理程序，并在一些职能部门（如财务、营销或生产部门）中进行在职培训。（2）东道国管理人员受雇在东道国工作，通常在东道国子公司参加培训；或者被送到东道国大学里学习管理和业务课程；或者被送到母公司总部或其他子公司参观学习，以使他们熟悉各种企业经营业务，并与其他管理人员交流经验。

在培训中值得注意的是：在培训东道国管理人员时，需要考虑到他们由于受到所接受的教育、个人经历和民族文化的影响，在管理活动中容易偏向民族利益，应努力使他们提高思想境界，站在较公正的立场去考虑与决策公司事务，使公司能实现跨国经营活动整体利益最大化的目标。

第 5 节　新员工进入学习型组织的培训

工作本身就是一个持续的学习过程，而学习是各种培训的核心。学习型组织已经被越来越多的企业所重视，如北京、上海、厦门等地的一些大型企业都以建设学习型组织为目标。新员工培训也应该注重对自觉学习能力的培训，促使新员工积极参与建设学习型组织。

一、新员工学习模型的确定

新员工学习与以往学校中的学习不同，它是由企业的战略规划决定的，是为企业经营目标服务的，必须与思想、理念、行为的改变结合起来。新员工学习模型主要有以下两种。

1. 人才立方体模型

在人才立方体三位坐标模型（见图11—2）中，X 轴代表智能综合性，Y 轴代表实践技能导向性，Z 轴代表等级层次（初级或者高级），于是八个小方块组成了一个大的人才立方体。每个小方块代表某一类型的人。如以接近原点的小方块为111，离原点最远的小方块为222，则可类推出八个小方块的坐标。

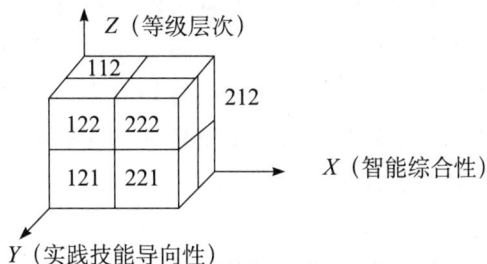

图 11—2　人才立方体模型

若我们将整个立方体分为前后两大块，则发现，面向我们的四个小方块（121、122、221、222）对实践技能导向性要求都较高，即偏重于实践，这些正是企业急需的人才。面向里面的四个小方块（111、112、211、212）则偏重于理论。由此可见，新员工培训不再需要课堂的授课式培训，而应该注重实践技能导向型和综合型发展培训。要建成学习型组织，不是通过更多的课堂授课就能实现的。

2. 学习立方体模型

如图11—3所示，从实践性、交流性与自主性三方面分析，寻找有效的管理教学方法。图中，X 轴代表学习（培训）内容的实践性，即越接近原点（A），所学内容越理论化，越远离原点越实践化。Y 轴代表学习过程的交流性，即越远离原点，学习中的交流、讨论就越多。Z 轴代表学习的自主性，距原点近则学习中以教师讲授为主，距原点远则主要依靠个人自学。

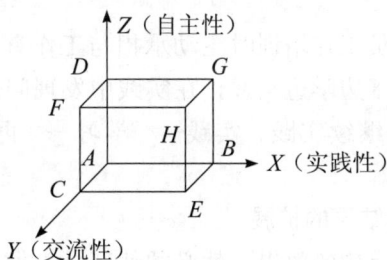

图 11—3　学习立方体模型

立方体的八个顶点分别代表八种不同的学习模式。在企业开展的培训活动中，以 H 点学习模型为主。新员工往往已经有较强的自主性，因此在培训过程中应让新员工有更多的参与机会。另外，企业对新员工工作的具体要求使得企业培训必须强调实践性，以便新员工在接受培训后能较快地将所学的知识、技能运用到工作中。

二、新员工学习的特点

新员工学习呈现出以下特点：

1. 整体性学习

新员工培训开始时，让他们对所从事的工作有一个总体的了解，通常比让他们立即从事具体工作的效果更好。这种学习方法被称为整体性学习方法。将这一方法运用于新员工培训时，会要求将培训内容划分为一个个组成部分，此时应先使新员工了解这些组成部分是怎样成为一个整体的。此外，在培训开始时以及培训的各个关键时点，应告知培训者学习的目标。

2. 强化性学习

强化性学习就是使学习的时间更集中，学习频率更快，即集中时间、集中精力、集中优秀教师、集中企业各种资本，用于新员工的培训。每位新员工受到正向的激励，也受到某些刚性指标的约束。这种强化学习使他们能在较短的时间内掌握必须掌握的知识。刚性约束包括未参加培训者不能上岗，今后的提薪、提职均与培训的成绩挂钩。

3. 学习效果须及时反馈

不知道行为的后果，员工就很难改进其行为方式。反馈的重点应该是：告诉新员工在何时何地以何种正确的方式完成何种工作。反馈有三个作用：其一，在学习期间让新员工了解什么行为是正确的，使他们能够主动调整以后的行为。其二，立即获得认可会增强新员工的学习愿望。被认可是指在培训过程中，越早给予受训者正面鼓励，新员工的学习效果越好。其三，反馈应及时，以防新员工将实际的行为和被评价的行为相混淆。在培训中应以鼓励为主，惩罚常会引起培训对象严重的挫折感。

4. 主动实践

主动实践指新员工在培训时主动承担与工作有关的任务和职责。这种做法比单向指导有效，新员工边学边实践，在实践中发现问题再来请教更有经验的老员工和部门主管，而后再继续实践。实践——学习——再实践——再学习，越主动实践，越能收到好的效果。

5. 新员工培训结果的扩展

培训要想产生有用的效果，就必须使新员工做到两点：掌握在培训中所学到的东西，并将其及时运用于实际工作；在工作岗位上长期坚持运用所学的内容。一般来说，培训内容与以后工作的相似成分越多，就越容易获得知识的扩展。这里所指的相似成分包括物质相似和心理相似。其中，物质相似是指训练器材的结构、材料与工作中实际操作的机器相似；心理相似是指人在培训情境中操作时的心理状态和行为反应与工作中的相似。许多研究已证明，当心理相似度相当高时，物质相似度必然很高，可以产生令人满意的积极扩展；而物质相似度高并不能保证心理相似度也很高。

三、新员工技能形成的一般规律

在培训过程中，新员工的知识或技能的提高过程分为四个阶段。

1. 不熟悉阶段

在开始学习时，新员工对操作活动或其他技能极不熟悉，出现手、眼、腿不协调现象，有大量的多余动作，反应速度慢，注意范围窄，出现的错误多。

2. 提高阶段

由于他人的指导和自己的反复练习，新员工逐步熟悉了操作活动，技术水平逐步提高，手、眼、腿趋于协调，多余动作减少，操作速度加快，错误率下降。但这个阶段的学习曲线并非直线上升，而是曲线式提高，这是因为受到疲劳、兴趣、工作条件改变等因素的影响。

3. 高原现象阶段

新员工经过一段时期的培训后，技术水平呈现出稳定状态，这在心理学中称为高原现象（见图 11—4）。

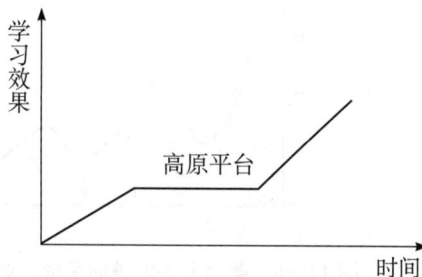

图 11—4　学习效果曲线

产生高原现象的原因是多方面的。有人认为主要是由于生理性原因，因为这时已达到了人的体力与反应器官的生理极限；有人则认为主要是由于心理性原因，因为这时人们已下意识地松了一口气；有人认为主要是由于学习材料的原因，新员工在经历一个将各种技能结合在一起的一体化过程，操作较复杂。不管人们如何解释，高原现象都只是人在学习过程中的暂时停顿，这种停顿并不是学习的终止，而是创造活动的间歇，是新的飞跃的起点。因此，当新员工出现高原现象时，管理者要对员工作出必要的解释，要设法帮助他们消除消极、急躁的情绪，并寻求新的训练方法，改进训练措施，使新员工能尽快地越过学习"高原"。

4. 第二次提高阶段

新员工越过"高原"之后，技术水平又会有所提高。这时操作活动日趋准确和协调，眼的注视度下降，有些动作可以自动进行，心理紧张感消除，从而达到了熟练操作的水平。

注意，在复杂的技能训练中，新员工往往多次出现高原现象，多次突破高原现象，使技术水平不断提高。

图 11—5 为某印刷厂新员工的训练成绩曲线图。这些工人大约在训练 5 周后出

现高原现象，9 周后突破高原现象产生第二次上升。图 11—6 和图 11—7 为进行圆筒磨头训练时随着练习次数的增加，事故和停顿减少的曲线图。从这两幅图的曲线形态中可以看出四个阶段的特点。

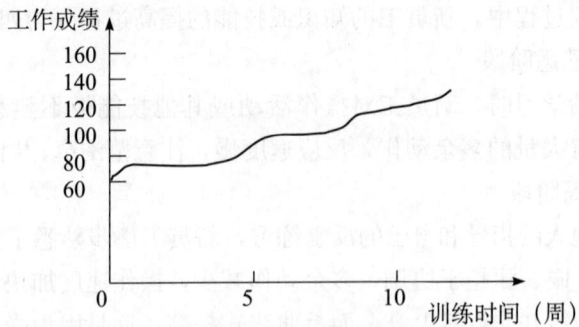

图 11—5　某印刷厂新员工训练成绩曲线

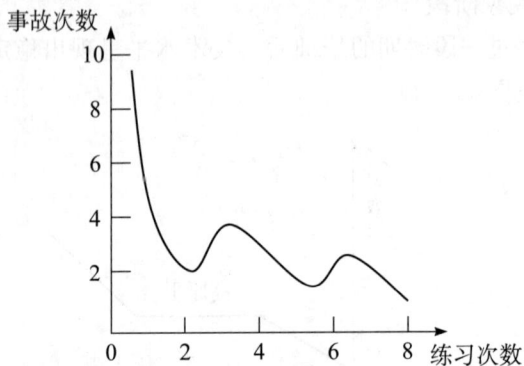

图 11—6　圆筒磨头训练时事故次数下降曲线

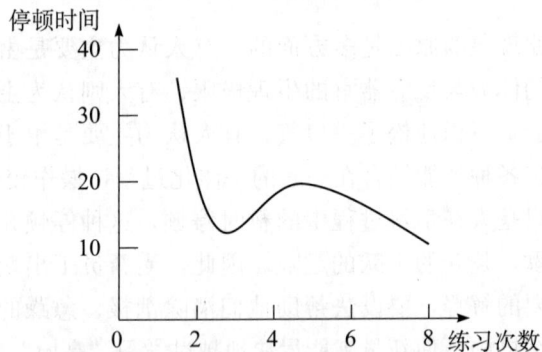

图 11—7　圆筒磨头训练时停顿时间下降曲线

□ 关键术语

　　录用面谈　潜在合同　上岗培训

□ 复习与思考

　　1. 新员工录用面谈必须规避的误区是什么？

2. 潜在合同能否留住最优秀的员工?

3. 新员工面临的最大困惑是什么?

4. 你认为日本对新员工的超越体能极限的训练有何不妥之处?

第**12**章

招聘录用与能岗匹配的案例分析

案例1：被迫提前退休的总裁①

（一）案例研究目的

能力与岗位匹配研究。

（二）案例描述

美国一家久负盛名的兄弟银行公司总裁乔治，8个月前亲手把公司负责内部管理的查理提拔到副总裁的位置上。这一天，乔治在银行大楼11层宽敞的总裁办公室得意地点燃香烟：再过3年他就要退休了，那时的查理业已培养成熟，可以很好地接替他的位置了，他对查理的干练十分满意。桌上的电话铃响了，乔治的一位朋友、某著名企业家，邀请乔治晚上一起用餐，乔治立刻想到应该把他的副手介绍给企业界的朋友认识，于是约请查理一同前往。查理是银行内部管理的行家里手，但对外交和应酬不太在行。当晚，乔治的朋友对乔治的工作业绩百般称赞，而对乔治的副手查理十分冷漠甚至有些排斥。从宴会回到居所后，查理失眠了：凭什么上下劳累辛苦的是我查理，获名获利的却是你乔治？查理不仅未答谢乔治的提拔之恩，反而从心里对自己的能力和贡献十分肯定。第二天上午，查理从自己位于9层的副总裁

---

① 本案例是笔者多年前偶然从美国的一本书上看到的，目前这本书已无从查证，故事细节和人名均已作修改。

办公室来到了 11 层的总裁办公室，单刀直入向总裁"逼宫"。下面是他们之间的谈话：

　　查理："小时候，我很喜欢划船当舵手，发誓长大后要当一名优秀的舵手。现在，我希望这个意愿能够在这个企业里实现。"

　　乔治："请问你希望在什么时候实现这个愿望？"

　　查理："现在。"

　　乔治："'现在'是什么概念，你本来是很快就可以接替我的位置的，再过三年我就要退休了。"

　　查理："'现在'的概念就是立刻，三个月以内。"

　　乔治："你既然这么急迫，那么让我想想吧！"

　　乔治深深感受到一股浊浪向自己涌来，自己亲手提拔的副手要逼自己提前退休，以便让出总裁的位置。乔治不希望公司失去一个干练的领导，而且公司内部管理长期授权给查理，现在要收回也很难了。乔治决定提前退休，董事会同意了乔治的请求。3 个月后，查理坐上了银行大楼 11 层的总裁的位子。

　　由于查理个人的品行未能得到银行界同行的认可和企业界朋友的尊重，同时由于查理个人的出身限制和外事工作能力的缺乏，一年后，公司破产，查理从 11 层的总裁办公室跳楼自尽了。

　　提前退休的乔治陷入了深深的思考中。

（三）案例引发的问题

　　（1）乔治的识人、用人失误在哪里？

　　（2）为什么宴会后的第二天会发生"逼宫"？如果第二天发生一些特殊情况：如乔治出差、生病或查理生病、出小车祸等，这种"逼宫"还会出现吗？

　　（3）为什么公司会在一年后经营失败？

　　（4）请分析乔治和查理职业失败的原因。

（四）案例分析

　　（1）这是一个晋升失误的案例，公司的总裁乔治（录用的主动者）和公司的副总裁查理（被录用的对象）双方因这种录用失败而两败俱伤。

　　（2）乔治第一次主动晋升查理为副总裁，是第一次晋升失败，这次的失败导致乔治第二次的被迫让位，因此，乔治必须对第一次晋升查理负全部责任。查理的能力是适宜担任副总裁职位的，但其品德不好，不应获得提升。

　　（3）乔治被迫让位之后，查理得到第二次晋升机会，但这个机会是自己抢来的。查理作为一把手经营企业失败的原因是查理的能力与岗位不匹配。

　　（4）查理的能力与总裁岗位不匹配主要表现在以下几个方面：

　　1）查理的能力主要是内务管理，适宜担任副手一职。

　　2）查理缺少社会基础，当晚宴会主人的冷淡和排斥态度表明乔治的社会背景和个人能力的社会认可度都较低。让缺少社会基础的人去担任企业一把手是不合适的。

3）查理个人能力有严重的不足，几乎不善应酬，没有良好的沟通能力，缺少战略能力和睿智的决策能力。

4）查理的个人素质中缺乏控制情绪的能力。查理在前一晚受到宴会主人的冷落，自尊心受到伤害，自信心也受到挑战，一夜未眠导致了他过激的行为。如果他具备控制自己情绪的能力，就会有更冷静的思考、分析和反思。

5）查理的个人品质中有忘恩负义、不知感恩的劣根。8个月前是乔治亲手提拔他为副总裁的，他既不能够记住乔治对自己的知遇之恩，也不能够用加倍的努力工作去辅佐乔治完成他最后三年成功的职业生涯，反而"逼宫"使自己的恩人蒙羞。

6）查理缺乏了解他人优点和自己缺点的能力。乔治是一位具有很好的社会基础、广泛的社会关系和练达的处事能力的好总裁，他使企业的发展顺利而平稳。但查理不能了解他的这些优点，同时，他对自己能力的估计也发生了重大错误，他的眼光短浅，心胸狭隘，难成大业。

案例2：一位优秀人才的流失①

（一）案例研究目的

职位分析在招聘录用中的重要作用。

（二）案例描述

某公司要招聘一个成本分析研究员，要求是：女性，拥有 MBA 学位，有3年以上工作经验。公司最终录用的应聘者叫克莱尔·麦洛得斯，其基本情况为：曾经在华尔街某公司当过经纪人，拥有 MBA 学位，研究论文的评价很高。

克莱尔工作半年后离开该公司，使公司失去了一位优秀的成本分析研究员。究其原因，是因为该公司设置的成本分析研究员的岗位没有经过科学规范的职位分析，所以无法对克莱尔进行公正的考核，其工作未得到认可，导致克莱尔最终在完成了重要的研究报告后离开了公司。

事情的经过是这样的：克莱尔的工作是着手研究"成本分析系统"，但没有人告诉她具体的职责任务、工作内容和工作规范。克莱尔初期负责收集信息并进行调查，在此基础上进行研究，而后提出研究报告。但由于没有明确完成工作的时间要求，因此，克莱尔每周参加老板召开的例会时，从未在会上汇报过工作内容和进度，老板认为她工作不得力。在某次会议上，专职秘书因事请假，老板请克莱尔代理秘书作会议记录，克莱尔认为自己是一个中层管理人员，和所有参加例会的其他人员是同一层次的，不应该去做会议记录。她认为自己受到了轻视。

克莱尔的岗位曾有过三位前任，但均未把"成本分析系统"研究出来，因此均

① 资料来源：Herbert J. Chruden, Arthur W. Sherman. Personnel Management, pp. 703 – 705, South – Western Pub. Co., 1972，本书对案例描述作了少量修改。

被解聘。克莱尔经过努力，成功地完成了这项工作，但由于老板设置该岗位时未进行科学的职位分析，也没有正确的考核方法，因此，克莱尔的重要成果未获重视，年终只得到了很少的奖金。在失望之余，克莱尔离开了公司。

（三）案例引发的问题

（1）克莱尔为什么要离开公司？

（2）公司如何设计特殊岗位人员的职位分析、评估指标，如何对某些特殊岗位进行评估管理？

（3）克莱尔的挫折感来自何方？

（4）克莱尔在中层管理人员例会上不发言是对还是错？请分析原因。

（5）克莱尔今后的职业道路会顺利吗？

（四）案例分析

（1）克莱尔是一位具有特殊才能的女性，这种女性特别需要受到尊重，其工作应受到老板的特别认可，但该公司老板对克莱尔不仅不够尊重，还当众使其难堪，让她担任会议临时秘书。这伤害了她的自尊心，是她离开公司的原因之一。

（2）"成本分析研究员"是一个相当独立的特殊的职位，该公司未对这个职位作科学规范的描述，使克莱尔对自己的工作职责、完成任务的时间和工作的规范不是十分清楚，因此在每周的例会上均未发言，也未汇报自己的工作情况。

（3）老板个人对所设的"成本分析研究员"的工作职责也不太清楚，因此在克莱尔之前已有三位前任离职而去。克莱尔是具有特殊才华的优秀人才，本来能够很好地完成任务，但由于她对该岗位的工作职责不是很清楚，老板把她在例会上的表现视为工作不得力，从而使克莱尔的工作未得到应有的认可。

（4）对于一个企业而言，考核的依据之一是职务分析。因为缺少对该岗位准确科学的描述，所以考核的结果不准确、不科学，致使克莱尔优秀的工作成果和工作质量未获得应有的回报，这是导致克莱尔离开的另一原因。

（5）克莱尔离开该企业，使这个企业流失了一位优秀人才，给企业带来损失。

（6）克莱尔颇具才华，但沟通能力较弱，这对于她个人的职业发展是一个重要的障碍。

案例3：德国汉莎航空公司新员工的录用与培训[①]

（一）案例研究目的

研究上岗前培训对工作质量的重要性。

---

① 资料来源：《德国汉莎航空公司新员工的录用与培训》，载《环球时报》，2002-06-06。

（二）案例描述

1926 年 1 月成立的德国汉莎航空公司（Lufthansa）是当今世界三大航空公司之一，曾多次被权威杂志评选为"世界十佳航空公司"。该公司目前拥有各种型号的飞机 300 多架，航班可飞往世界 89 个国家和地区的 327 个目的地，形成了一个从德国法兰克福向世界各地辐射的网络。2001 年，汉莎公司旅客运送量达 4 600 万人次，其客、货运输量在国际航空运输协会公布的最新排行榜中均名列前茅。

2002 年的连续几起空难再次引起人们对飞行安全的强烈关注。世界许多大航空公司大都发生过空难，但有这样一家公司，在其 75 年的飞行历史上从未发生过机毁人亡的恶性事故，它就是德国汉莎航空公司。这源于经营有方、管理科学，还是偶然与巧合？

汉莎公司始终认为，人在保障飞行安全方面的作用非常重要。本着"安全以人为本"的原则，多年来公司逐步形成了一整套较为完善的飞行员和空乘人员招聘、培训上岗制度。在招聘方面，首先，汉莎公司委托权威机构——德国航空航天中心对所有应聘者的基本知识和技能进行测试，除了考核应聘者是否拥有必要的相关技术和物理学方面的基础知识、是否有能力掌握飞机上基本系统和技术设备的性能外，还要测试应聘者的计算及逻辑思维能力、专注力和观察能力、反应速度和辨别能力、感觉运动机能的协调能力、在错综复杂局面下的重复工作能力以及其他重要的性格特征，以确认其是否具有从事飞行的基本素质。其次，汉莎公司挑选拥有丰富实践经验的机长，对通过初步测试的应聘者在模拟驾驶舱内的实际操作情况进行观察，再对其进行一次筛选。随后，汉莎公司将对应聘者在高强度工作情况下的团队工作能力及其在集体和单独工作情况下的行为方式进行测试。最后，在与公司签订合同、开始正式学习之前，应聘者还须通过由公司医疗保障部门实施的身体以及心理素质方面的检查。由于挑选程序相当严格，应聘者在每道程序只有一次机会，通不过即被淘汰，因此，据说只有 10% 的应聘者能够通过最后的考核。在培训方面，汉莎所有飞行人员登机前，都必须在公司位于不来梅的飞行学校内接受为期约 6 周的标准化培训，重点学习该公司所特有的标准和规定以及如何落实《飞行人员操作手册》中的有关规定。

为不断提高飞行员的技术，使他们保持良好的状态，公司还经常组织飞行员进行模拟飞行训练，通常每年 4 次。此外，公司还聘请心理学专家，对机组人员进行有针对性的心理培训，提高他们的心理素质，使他们在遇到危及飞行安全的各种突发事件时，能够临危不乱，镇定处置。

（三）案例引发的问题

（1）汉莎公司的招聘程序有哪几条较之其他航空公司更好，从而保证了汉莎 75 年无事故的良好记录？

（2）汉莎公司如何培训新上岗的飞行员？

（3）汉莎公司如何提高飞行员的技术？

（4）汉莎公司如何提高飞行员的心理素质，使他们能临危不惧，镇定地排除各种可能发生的事故？

（四）案例分析

（1）汉莎公司委托德国航空航天中心对所有应聘者的基本知识和技能进行测试，权威机构的严格把关使过了第一关的人被确认具有从事飞行的基本素质。

（2）汉莎公司招聘的第二次筛选是情景模拟测试，对飞行员在模拟驾驶舱内的实际表现作进一步的观察和分析。

（3）严格的招聘程序和专业权威的考官使汉莎公司录用了一批各方面素质、能力均合格的飞行员和空乘人员，科学规范的招聘是正确录用的基础，也是公司今后工作质量和创立品牌的保证。

（4）汉莎公司重视新员工培训和适应性培训，新的飞行人员登机前，必须接受为期约6周的标准化培训；为提高飞行员的技术，每年还有4次模拟飞行训练。重视新员工上岗培训和不断进行适应性培训，是汉莎获得75年无事故佳绩的重要原因。

（5）特殊工作应有一些特殊培训，汉莎公司对飞行员的心理素质培训十分重视，这使他们面对突发事件能够临危不惧，镇定处置。

案例 4：糟糕的第一周工作①

（一）案例研究目的
要重视新员工培训。

（二）案例描述
一想到明天就要正式到公司报到上班，李阳心里别提多高兴了。这家公司是业内很有实力的新兴企业，名牌大学毕业的他要到该公司网络中心开始自己人生的第一次工作。虽然他的专业不是计算机方面的，而是市场营销，但他的计算机玩得很棒，大三时就开始帮一些公司编程和开发应用软件系统。想到在最后一轮面试时总经理对他的欣赏，李阳认为明天公司肯定会为他们几个新招来的大学毕业生安排一些"精彩节目"，比如高层管理者的接见与祝贺，同事的欢迎，人事部对公司各种情况的详细介绍，领取完整的员工手册等。李阳的同学中有人已经到别的公司上班半个多月了，不少同学都欣喜地告诉他自己的公司是如何热情地接纳新员工的……

然而，第一天令他感到失望。

他首先来到人事部，人事部确认李阳已经来到公司，就打电话给网络中心的王

---

① 资料来源：《为什么要重视新员工培训？》，百度人才，www.baidujob.net，2005年12月13日。本案例作了较多的修改。

经理，让他带李阳到自己的工作岗位。过了一会儿，王经理才派自己的助手小陈来，小陈客气地伸出手，说："欢迎你加入我们的公司！王经理有急事不能来，我会安排你有关工作的事情的。"来到网络中心，小陈指着一个堆满纸张和办公用品的桌子对他说："你的前任前些天辞职走了，我们还没来得及收拾桌子，你自己先整理一下吧！"说完，小陈自顾自忙了起来。到中午，小陈带李阳去餐厅用餐，并让李阳下午自己去相关部门办一些手续、领一些办公用品。吃饭时，李阳从小陈那里了解了公司的一些情况，午休时与办公室里的一些同事又谈了一会儿，但他感到很失望，公司并没有像他想象的那样热情地接待他、重视他。

第二天，王经理见到李阳，把他叫到自己的办公室开始分派他的任务。当王经理说完之后，李阳刚想就自己的一些想法同他谈一谈，一个电话来了，王经理立刻接听电话，为不影响王经理的工作，李阳只好回到自己的电脑前开始思考他的工作。他的工作是网络制作与维护，需要与不少人打交道，但他还不清楚每个人的工作，内心十分沮丧，心想，只能靠自己去打开局面了。第三天，王经理让李阳送一份材料到楼上的财务部，李阳送去之后，就又继续自己的工作了。过了一会儿，王经理走了过来，问他："材料交给财务部了吗？是谁接过去的？"李阳回答："交去了，是一位女士接的，她告诉我放那儿好了。"王经理一脸不悦地说："交给你工作，你一定要向我汇报结果，知道吗？"李阳虽然嘴上说"知道了"，脸上却露出了不满的神情。王经理便问他有什么意见，李阳忙掩饰说："王经理教导得很对，希望你以后多多指导！"李阳认为，这些细节也太多余了，自己把工作完成就行了，无非是王经理想显示一下自己是领导。这几天里，让李阳感到好受一点的是另外两个同事对自己还算热情。一个女同事是自己前两届的校友，另一个男同事是那种爱开玩笑、颇能营造和谐气氛的人。李阳曾经问过他俩："难道公司总是这样对待新员工？"校友对他说："公司就是这种风格，让员工自己慢慢适应，逐渐融入公司。""公司的创始人是几个工程方面的博士，他们认为过多的花样没多大用处，适应的就留下来，不适应的就走人。不少人留下来是因为公司的待遇还不错！"

到了周末，李阳约了同学出来吃饭，谈起自己的第一周工作，李阳望着窗外明媚的阳光、川流不息的车辆，茫然地说："糟糕极了！"……

（三）案例引发的问题

（1）为什么说新员工培训很重要？

（2）初次进入职场的大学生面临的主要困惑有哪些？

（3）王经理"教训"李阳是对还是错？你认为应该怎样做更好？

（四）案例分析

（1）新员工培训确实十分重要。李阳是一个名牌大学的毕业生，被一个有实力的新兴企业录用了，但是未接受新员工上岗的任何培训，这使李阳工作的第一周相当茫然无措。

（2）王经理未与新员工李阳作一次录用前谈话，彼此十分陌生。李阳不了解王经理的工作方式，因此，王经理的"教训"并未能使李阳信服，这使王经理与李阳之间的沟通会遇到困难。

（3）该公司的人力资源部没有在新员工的录用和培训方面发挥作用，这样会导致公司的后劲不足。该公司是一个高新技术企业，面对的员工素质高，如果人力资源部不进行规范科学的人力资源管理，则人员的保留一定会遇到困难。员工的流失不仅会使企业浪费招聘成本，而且让留下来的员工自信不足，对企业的团队精神建设也十分不利。

（4）一个简单的欢迎仪式会让新员工终生难忘，特别是对一个刚刚踏上工作岗位的毕业生，王经理无论多忙，都应该把引导新员工作为自己工作的一部分，给李阳以真正热情的欢迎。

（5）李阳刚刚走上工作岗位，对工作充满热情，希望工作获得认可。此时，王经理一定要少批评，多指导，即使工作中出错，也应以自我批评为宜，这样不但不会影响王经理的威信，相反会提高王经理的威信。

案例 5：肯塔基大学医院招聘实践[①]

（一）案例研究目的
使用多样化的招聘方法。

（二）案例描述
肯塔基大学医院受到人员不足的制约，面临着规模扩张的决策。在某年前 4 个月它需要雇用 200 名护士，在一个已经充满竞争的市场上，如何能够招聘到如此多的护士呢？为此，医院组织了一个特别工作组来研究该问题并提出一个解决方法。特别工作组开发了"肯塔基蓝色"员工举荐活动。这项活动将向那些举荐的人员已被录用的员工颁发一些奖品，奖品的范围从沙滩毛巾和免费晚餐到可去世界上任何岛屿免费度假的巨奖，巨奖的获得者将通过抽签产生。

为了宣传这项活动，医院创作了一个一大群海豚在清澈湛蓝的水中游泳的标识。这个标识出现在徽章、小册子、海报上。推广这项活动的首次集会在医院的自助餐厅举行，员工们一面享受着海岛风情的甜点和免费的午餐，一面聆听着活动计划介绍。

这项活动的开展使得该医院的人员需求得到了满足，医院人力资源总监称，"这是我们曾做过的最有效的招聘活动"。而且这项活动也是十分划算的，以前的招聘方案每雇用一个人要花费 2 400 美元，而"肯塔基蓝色"计划每招聘一个人只花 837 美元，总共节省312 600多美元。因为该方案如此成功，所以医院决定来年再实行。

---

① 资料来源：［美］劳伦斯•S•克雷曼：《人力资源管理：获取竞争优势的工具》，109 页，北京，机械工业出版社，1999。

（三）案例引发的问题

（1）肯塔基大学医院发动层层参与的举荐活动为什么会获得极大的成功，并提升了医院的竞争优势？

（2）你认为以员工举荐为中心的招聘活动有何优缺点？

（3）这种员工举荐活动通常适合哪些类型的企业？

（4）你能介绍多样化的招聘方法吗？包括哪些方法？

（四）案例分析

（1）招聘的形式应该是多样化的，除了内部晋升、外部公开招聘之外，还有其他许多渠道，如猎头公司、中介公司、熟人朋友介绍、员工举荐、评价中心推荐等。本案例是关于员工举荐的案例，肯塔基大学医院发动员工举荐取得了极大的成功，说明不同的企业、不同的产品、不同的层次应可以采取不同的渠道去获取企业所需的人力资源。

（2）员工举荐的方式成功率高，因为每个员工都会顾及个人的声誉、信用，以及个人在企业内的形象，所以会竭尽全力，从自己和家人的朋友圈子里，以及同学和自己的俱乐部朋友中，选择最合适的人推荐给自己的企业，以不辜负企业的期望。

（3）员工举荐不但节省了费用，而且提高了员工的满意度。"肯塔基蓝色"计划招聘一个人只花 837 美元，在此之前的招聘方案每雇用一个人则需花费 2 400 美元，共节省费用 312 600 多美元，对于肯塔基大学医院而言，节省的这笔费用无疑是相当可观的。员工们通过抽奖，有的可以获得到世界上任何岛屿免费度假的巨奖，有的可以得到免费晚餐，虽然奖品大小不一，可是满意度都是一样的，因为举荐活动不仅是对员工的信任，也是对员工的激励。

（4）这种员工举荐方式也反映出企业以人为本的管理思想。企业把困难告诉每个员工，也把员工每个友爱的行为和对企业的忠诚记录在企业的发展史上，不仅新员工的获取更便捷、费用更节省，而且老员工也更加精神焕发，团队比以往更具凝聚力，员工的归属感也更强。

案例 6：招聘跨文化人才先从招聘"文化混血儿"经理开始①

（一）案例研究目的

跨国企业的人员招聘与配置策略。

（二）案例描述

法国美妆巨擘欧莱雅无可争议地占据着护肤品、彩妆产品和染发市场的头把交

---

① 资料来源：该案例改编自《哈佛商业评论》中文官方网站上的两篇文章，一篇是洪海荣和伊夫·多兹的《跨文化解决之道》（2013 年 6 月），另一篇是贝瀚青、高明和李茂的《如何寻找"文化混血儿"》（2013 年 9 月）。

椅，在护发产品市场上也紧随宝洁之后。它的业务遍及 130 多个国家，2012 年净利润增长率高达 17.6%，其中超过一半的销售收入来自欧洲和北美以外的市场，大部分是新兴经济体。面对日益显著的全球化—本土化张力，欧莱雅的应对之策是为新产品开发配置跨文化背景人才，管理层认为，这种战略的实施是公司在新兴市场成绩斐然的主要原因。随着欧莱雅从一个非常法国化的美妆公司成功地转变为全球领军者，跨文化背景的高管们不仅在巴黎，而且在纽约、东京、上海、里约热内卢和孟买的新产品研发中扮演着关键角色。

传统方法无法解决欧莱雅面临的全球化—本土化的巨大张力问题。如何招聘到合格的国际化人才以解决全球化战略发展需求，欧莱雅想到一个方法。那就是先招聘（或提拔）一个"文化混血儿"经理，再以他为核心组建团队。这些被挑选出来的经理，有着较多元的教育背景和工作经验，他们能迅速理解不同文化的规范和行为方式，并能对所发生的问题迅速作出恰当的反应和处理。例如品牌国际发展部产品组的经理谢汶静，她在加拿大出生，在香港长大并就读小学，之后分别在新加坡、加拿大就读中学和大学，大学毕业后回到香港，之后加入欧莱雅。她作为经理被派到中国内地工作，招聘了三位员工，其中有一位负责研发的台湾女生、一位负责市场营销的泰国男生，还有一位到香港上过大学的本土人才。他们在一起容易接受不同的文化和观点，同时容易在头脑风暴法中迸发出各种各样的灵感。

从 20 世纪 90 年代后期开始，欧莱雅就把重点放在招聘或培养"文化混血儿"经理上，这些"文化混血儿"经理来自三个人才储备库。一部分来自全球分公司，有丰富的实战经验；一部分来自招聘的有背景的跨国公司人才；还有一部分是顶尖国际商学院的毕业生。这三部分人才会接受在世界各地组织的培训项目，并加入法国人才发展中心的高管培训联盟。欧莱雅以这些经理为核心，组织多元化的小团队到世界各地实践总公司的全球化战略。

越来越多的跨文化人才晋升到更高管理层，这说明上述人才招聘和配置策略是正确的。储备多元化人才、建立多元化文化，是欧莱雅实施"全球普及化战略"，把握全球经济转型机遇的重要保障。

（三）案例引发的问题

（1）欧莱雅的招聘与配置策略为跨国企业提供了什么重要的信息？

（2）你认为招聘人才时先招聘经理的策略是否有普遍性？

（3）"文化混血儿"在当今社会里有着怎样特殊的位置？他们带来了什么样的新革命？

（4）你认为中国走出国门的跨国企业应从中学到怎样的招聘与配置方法？中国是否应到国外去办商学院？

（四）案例分析

（1）多元化人才结构更易于发现新产品。欧莱雅发现跨文化人才善于比较和发现不同文化群体的异同。与跨文化人才共事过五年的一位主管说："他们的文化背景让他们能管理多项任务，考虑问题也是多方位的。他们想问题的方式就像有多个分身，同时置身于法国、美国或中国。"多元化的视角会带来意想不到的产品创意。比如，一位具有法国、爱尔兰、柬埔寨文化背景的经理在研发护肤品时发现，很多销往亚洲的面霜要兼有紧致肌肤、除皱的功效。而销往欧洲的面霜要么具有彩妆的遮瑕功效，要么有紧致功效，二者不兼备。利用对亚洲美妆趋势的了解和欧洲人喜好的把握，他和他的团队为法国市场研发出一款同时具有改善肤色和紧致肌肤作用的产品，结果大受欢迎。只有一种文化底蕴的人当然也能发现一些机会，但跨文化人才更具潜质，而且能够更敏锐地发现一些机会，因为他们从童年起就要学会处理复杂的文化情景。一位有印度、美国、法国文化背景的经理带领团队在东南亚推出了一系列男性护肤品，他解释道："我之所以能做成此事，是因为我搜集了多种语言——英语、印地语、法语的参考资料。我读的书是由不同语言文字书写的，我见的人也来自不同国家，连我的饮食也是如此，所以我无法'单线条'思考。"

（2）"人才混血儿"可以避免语言差异造成的不必要误会。尽管世界上存在一些普适的语法和语言，比如数学公式或者化学反应式，但跨文化的语义差异还是会造成误解。听的人不一定能获取说的人传递的全部信息。这个问题就变成了谁来解读什么内容、精确到什么程度——这在新产品研发中是非常关键的问题。例如，一位法国经理让德国同事将一些发质特征的描述翻译成法语，结果导致了产品的测试失败。这位法国经理与一位有英国、法国、德国文化背景的经理对话之后，才发现他表达的意思与德国同事理解的意思之间有差距，虽然只是很微妙的差异——同样的词，但意思不同。代价惨重，他只能重新测试。在那之后，这位发现问题的跨文化经理就经常被叫去翻译和"解码"总部与德国办公室之间的对话。

（3）"文化混血儿"的团队能让新人更快地融入集体。单一文化背景的团队成员很难接受行事风格不同、交流模式迥异的新人，在某些情况下更是如此：比如团队已经形成了自己的规范或者团队成员大多来自同一文化背景。考虑到团队内部交流的频繁程度，老员工立刻会对新人产生成见，这种情况非常可怕。而跨文化的成员能防止这种风气成为主流。一位有香港、英国、法国文化背景的主管有这样的经历："一位新人来到我们的上海办公室之后，老员工就抱怨她'非常没礼貌'。我说，'我们给她一点时间来调适，有可能她并非无礼，只是表达方式不同。你也试着适应她一下，如何？'当我到了上海办公室之后，我与她进行了一次会面，发现她表达的方式非常直接，但没有恶意。我没有告诉她那些投诉意见，只是教了她一些处事之道，如何与不同文化背景的人更好地共事。回到总部，我把我的经历与自己的团队分享，结果，团队的气氛好了许多。"如果一位新人因个人风格和个性问题破坏团队，那么可能无法有效改变现状。而通常情况下，这样的问题是由文化差异引起的，那么"文化混血儿"可以让外来者更好地融入团队。他们可以起到此种作用，是因为他们深谙文化融合之道。他们就是这样长大的，在父母之间、学校和家庭之间切换思维方式。

（4）这种多元文化可构筑子公司与总部之间的纽带。跨文化经理通常可以平息子公司与巴黎总部之间的纷争。例如，驻巴黎的产品研发团队为欧洲市场开发一款全天然洗发水，他们要印度团队帮忙寻找当地一种稀有的植物作为产品的核心成分。

印度的团队告诉巴黎团队会"尽力而为"，实际上却坐视不理。一位有印度、美国、法国文化背景的团队领导告诉我们："最后，印度的经理说，'我们需要确认这种成分真的会获得消费者的青睐'。"

这时，这位领导才意识到，原来最开始那句"尽力而为"，被法国人理解为明确的"没问题"。而事实上，这只是印度人表达"并不会做什么"的礼貌说法而已。之后的"需要确认"说明法国方面的要求很难满足，印度团队并不会直接答应，以防最终未能兑现承诺。团队领导意识到，如果他告诉总部，印度团队不会提供原料，那么很可能引起一场公开的冲突。于是，他与双方分别沟通，促成共识，寻找不那么难觅的植物原料。

团队领导发现，双方的合作和交流仍没有让他们充分理解对方表达的意愿。他也预见了这样的误解可能会摧毁信任的基石，让以后更重要的任务变得更加难以完成。最终他找到了一种替代成分，解决了棘手的问题。这位团队领导起到了文化桥梁的作用，因为他深谙印度人和法国人表达承诺的语言方式，具备很好的沟通能力和文化敏感度，同时办事方法也十分灵活——这些素养很难在单一文化背景的经理身上找到。

（5）培养和发展跨文化人才应量身打造培训项目。对希望战略性地配置跨文化人才的跨国公司而言，人力资源部门应该指定一位经理设立相关的项目，以培养和发展跨文化人才。该经理应该了解这些人才的素质和能力，了解他们的与众不同之处。鉴于跨文化人才也各有不同，这位经理需要为每一位跨文化人才量身定制培训项目。跨文化的经理将产生巨大的特殊作用，通过对文化差异性的学习，他们可以平衡全球化与本土化的要求，否则公司将面对二者之间拉扯的张力。当然，这需要具备三个方面的条件：相应的支持、高管对该项目的认同，以及准许跨文化人才的工作有一定的自主性。

随着业务向新兴地区进行战略转移，市场和所需的能力愈发分散而细化，公司需要扭转传统的信息流向——从公司母国到相距遥远的子公司。如今要学会从边缘市场反向学习。从文化上来讲，这极具挑战性。它要求跳出原来的民族中心论的思维方式，转向真正的全球网络。欧莱雅战略性地利用跨文化人才的优势为公司提供了一条捷径：这些经理能够整合不同国家和地区的文化，研发出成功的新产品，并减少子公司高管与总部高管的冲突与误解。这种方法可以很容易地用于亟须协同和分享多文化复杂知识的其他行业和领域。

案例 7："007 行动"挖来了顶尖人才①

（一）案例研究目的

招聘高层次管理人才必须出奇招。

---

① 资料来源：王石：《大道当然——我与万科 2000—2013》，北京，中信出版社，2014。

（二）案例描述

万科作为中国最大的房地产企业，曾经几次采取寻找高层次管理人才的大行动。2000年之前的"海盗行动"引进了一批高素质的项目管理人才，2000年之后，万科掌门人王石发起了"007行动"。"007"意指有国际化视野的跨国社会精英，这次行动的最大成功是招聘了两位已经"名花有主"的顶尖人才孙嘉和毛大庆。

孙嘉被麦肯锡送到美国麻省理工学院学习，万科分管人力资源的高管解冻在麻省理工学院与孙嘉不期而遇。孙嘉以其敏锐的思维和过人的才气获得了解冻的青睐，解冻把孙嘉作为"007行动"的一个重要目标。解冻明白，招聘高层次管理人才不能按常规出牌，对孙嘉的成功招聘经历了三个回合。第一个回合是解冻邀请，孙嘉拒绝；第二个回合是解冻邀请孙嘉在学成后到麦肯锡报到之前的间隙来万科进行考察并实习；第三个回合是孙嘉说服了自己加盟万科，成为万科战投部总经理，2012年调任万科上海公司总经理，现任万科副总裁。

毛大庆是万科"007行动"的最后一个目标。毛大庆到万科之前任职于新加坡知名房地产凯德置业，并作为凯德置业的忠诚员工待了15年，与凯德感情深厚。毛大庆作为房地产业界的优秀人才早就对万科、中海、龙湖、保利等发展比较稳健的国内房地产企业给予了关注，当王石约见他时，他的第一句话就是"万科终于来找我了"。毛大庆说，闯荡这么多年，冥冥之中就是觉得与万科契合。此前解冻关注毛大庆已经两年多了。解冻以他独具的对人才的敏感性，几十次邀约毛大庆，王石、郁亮等万科高层领导也多次约毛大庆交流恳谈，此行动持续了近一年，坚冰终破。毛大庆终于在2008年加入万科并出任万科北京公司总经理，并于2014年出任万科北京区域首席执行官兼北京公司董事长。2015年3月，毛大庆离职。毛大庆在担任万科北京公司总经理一职的六年内功不可没，让北京万科稳居京城房企第一阵营。

（三）案例引发的问题

（1）万科的"007行动"最值得人们在招聘中借鉴的是什么？

（2）"007行动"存在哪些明显的缺点？

（3）对于大公司而言，获取高层次管理人才不容易，但保留这些人才更难。你觉得保留高层次管理人才有哪些良策？

（4）在招聘高层次人才中，感情纽带能起怎样的作用？应采用何种方法培养感情？

（四）案例分析

（1）对于大公司和跨国公司而言，不能把招聘高层次管理人才的重任交给猎头公司或采用常规的招聘方法，必须由公司的掌门人和最高层的几位管理者同心同德，静下心来去寻觅、去挖掘，必须放下身段，爱才、惜才，亲自登门、亲自约见、亲自恳谈、亲自为人才解决困难，方能获得对方认可，并许以驰骋，加盟公司。

（2）在寻找高层次管理人才的过程中还必须注意到，高层次人才与公司的契合是文化与价值观的相互认可、相互接纳，是一个双赢的选择。按俗话说必须有"缘分"，他认同你的企业和你的企业认同他一样，都不是一件容易的事。既要双方都有积累（不同层面和意义的积累），又要"带跑"一段。比如孙嘉的"实习"以及毛大庆的一年观察、磨合和等待，急于求成是难以成功的。

（3）万科的"007 行动"是高风险的行动，所获取的人才只有 20% 留下来，80% 在此后的两三年内陆续离开。所以，留住高层次管理人才的一个关键就是企业必须发展壮大。只有企业壮大了，各类人才才能获得自己的发展平台，企业才能有效地组织人才参与各种企业活动和企业运作。

（4）俗话说，"一山难容二虎"。对一个优秀的高速发展的企业而言，一定聚集了很多一流的顶尖人才。如何让这些高级人才同时服务于一个企业，需要掌门人有足够宽广的胸怀，也需要企业有足够优秀的文化和足够开放的价值观，既要使这些"虎将"有展示才华的平台，也需要让这些"虎将"有包容的心态。让"虎将"们抱团共闯天下，破"一山难容二虎"的古训，让"大山"容下"好多虎"，优秀人才的相互辉映和相互促进才能真正成就大业。

（5）"007 行动"能挖来两位虎将，更多地是因为掌门人王石的个人魅力和个人胸怀，2015 年 3 月 14 日的《商业地产》刊登王石自述："一个人，无论你有着怎样神通广大的能力和用之不竭的精力，总有一天你要离开。"王石发起"海盗行动"、"007 行动"，并一而再、再而三亲自寻觅人才，为人才排忧解难，就是基于他超乎常人的战略眼光和宽大的胸怀。毛大庆在当日也有一番谈话，讲到了自己对王石的崇拜——在创办了这么大的公司后连股票都可以不要，到了 60 岁还学习英语、登珠峰。他认为，王石的人生状态不是天天算计钱的人能做到的。王石的个人魅力无疑是凝聚高层次人才的大磁铁。

案例8：提供虚假学历的章女士[①]

（一）案例研究目的

招聘中出现失误时应如何规避法律风险。

（二）案例描述

2012 年 1 月某科技公司对外招聘一名行政总监，月薪 15 000 元，要求具有相关专业的硕士学历。章女士在企业中从事行政工作多年，具有较为丰富的工作经验，看到招聘信息后很是心动，但其学历只有大专，于是章女士托朋友仿制了从本科到硕士的整套学历学位证书，之后便去应聘了。在整个面试甄选过程中，章女士凭借其工作经验及过人的口才获得了公司高层人员的垂青，在人事部门简单地看了下其相关证书后，

---

① 资料来源：《如何规避录用环节的法律风险》，中人网，http://www.chinahrd.net/recruitment-selection/recruitment-strategy/2014/0221/209838.html，2014 年 2 月 21 日。

双方即签订了为期 3 年的劳动合同，其中试用期为 6 个月。章女士在入职当天填写了《员工入职登记表》，在学历一栏中，章女士填写的是"硕士"，并在落款处承诺提供的信息均真实，如有不实，愿意承担一切后果。章女士入职后，利用之前积累的经验，将工作安排得井井有条，公司领导和同事也都对其赞赏有加。2012 年 5 月，公司人事部门人员在教育部网站上验证所有高级管理人员的学历学位证书，发现章女士的证书在网站上竟然没有备案。一周后，该公司向章女士发出《解除劳动合同通知书》，理由是章女士入职时提交的相关材料与事实不符，其行为属欺诈，双方劳动合同应属无效。据此，公司与章女士解除了劳动合同。而章女士认为，虽然其学历未达到要求，但工作期间兢兢业业，也未发生任何错误，完全能胜任该岗位，公司解除合同并无依据。之后，章女士向区劳动人事争议仲裁委员会提交仲裁申请，要求单位撤销解除合同的决定，继续履行劳动合同。仲裁委审理后认为公司解除合同于法有据，未支持章女士的仲裁请求。

（三）案例引发的问题

（1）招聘面试前如何做好背景资料的核实？尤其在学历、工作经历、曾任职务等方面应做哪些调查？

（2）如何分清"个人隐私"和"学历履历"等可公开的内容？面试时必须加强哪些方面的沟通和询问？

（3）一旦发现学历和职业经历造假，我们应如何规避法律风险？

（4）章女士在造假被发现后，为什么还敢于提请仲裁委裁决？你认为章女士的看法有哪些错误？

（四）案例分析

（1）在招聘过程中，时常发现一些伶牙俐齿和经验丰富的应聘者，用经验来掩盖其学历和过往职务造假。面对这种情况，有经验的主考官可以通过追问一些细节使其露出马脚。

（2）针对学历造假问题，目前教育部提供了相当完备的网站，可上网查验应聘者提供的相关学历、学位信息。造假问题既涉及法律，又涉及个人人品。如果一个人为了达到某一目的，不惜造假行骗，那么他在其他方面将难以立信。

（3）面对诚信问题，要善于运用法律手段。《劳动合同法》第 8 条规定："用人单位有权了解劳动者与劳动合同直接相关的基本情况，劳动者应当如实说明。"该法第 26 条规定："下列劳动合同无效或者部分无效：（一）以欺诈、胁迫的手段或者乘人之危，使对方在违背真实意思的情况下订立或者变更劳动合同的……"从上述条款来看，用人单位对于劳动者具有一定的知情权，其中包括劳动者的技能、工作经历、学历、健康状况等。科技公司在发布的招聘信息中明确要求硕士学历，章女士为获取该岗位而向科技公司提供虚假的学历证明，存在明显的主观故意，根据法律规定，该合同应为无效合同，故科技公司与章女士解除劳动合同依据充分，仲裁委未支持章女士的诉请。

（4）随着市场主体对诚信的需求日趋强烈，所有从业人员在职业活动中必须遵循诚信的行为准则。作为劳动者，诚信度是其能否获得劳动力市场信任的依据，也是其敬业精神和职业能力重要的衡量标准。在实践中发生的情况往往比案例中要复杂得多，仅就前述劳动者未如实告知个人真实情况而言，仍然要对具体情况进行分析。如果员工隐瞒婚姻状况和生育状况，虽同样属于不诚信行为，但因为此类因素与劳动技能不直接相关，所以隐瞒此类情况并不当然地构成欺诈；如果保安未如实告知之前履职经历或犯罪记录，则需重点考量其可能造成的后果。总之，对于劳动关系相对人来说，诚信是双方都应遵守的原则；而作为用人单位，在发现不诚信行为时，还是应当多向有关部门进行咨询而非草率解除合同，以保证切实维护劳动者与用人单位双方的合法权益。

案例 9：较网络招聘更具创意的 LinkedIn 模式[①]

（一）案例研究目的

寻求并了解更新、更具创意的 LinkedIn 社交网络招聘模式。

（二）案例描述

LinkedIn 的迅速崛起令人吃惊。在 2002 年刚建立时，LinkedIn 只不过是一个"人际网络"。

"我们脑子里想的是一个供我们自己使用的工具。"LinkedIn 的联合创始人艾伦·布鲁（Allen Blue）解释说，"我们是创业者。"创业者可能有一点钱，但没有办公室和团队，背后也没有大机构的支持。"所以，许多创业者需要的是人际关系。"

现在，LinkedIn 已经发展壮大。对有抱负的专业人士来说，LinkedIn 是一个很好的展示和发布平台。在过去的三年里，LinkedIn 的用户几乎增加了两倍，达到 3.13 亿美元，其中 2/3 居住在美国境外。这些用户大部分是专业人才，主要是大学毕业生，他们既非处于金字塔顶端，也不是处于金字塔底部。

LinkedIn 的用户可以在该网站上创建简历、接收推荐职位信息、互相证明各自的工作技能、阅读推荐文章、接受对他们有兴趣的公司的询问，这些服务都是免费的。如果用户愿意支付认购费的话，他们还可以创建客户定制的简历，上传大幅照片，并可以每月向其他会员发送 25 封电子邮件。在 LinkedIn 的总收入中，用户的认购费占了 1/3。

然而，LinkedIn 不仅仅是一个专业人士扩大人脉和影响力的平台。LinkedIn 已经改变了求职招聘市场——不仅改变了人们的求职方式，而且改变了企业的招聘方

---

① 资料来源：《LinkedIn 引发全球劳动市场革命》，腾讯科技网站，http：//www.techweb.com.cn/news/2014-08-18/2065896.shtml，2014 年 8 月 18 日。

式。通过将大量专业人才聚集到一个数字平台上，LinkedIn 已成为人才贮藏库。许多企业的招聘人员将它称为"改变游戏规则者"。

LinkedIn 的主要收入来自企业招聘业务。企业只有付费获得许可权后，才能在 LinkedIn 上收集求职者信息并通过电子邮件与他们联系，或者在 LinkedIn 上发布招聘广告。这项业务被称为"人才解决方案"，在 LinkedIn 所有业务中约占 2/5。LinkedIn 允许企业进行分类搜索，比如搜索有某大学学习经历的求职者。

对招聘企业来说，LinkedIn 的主要好处是使它们更容易找到"被动"求职者，即那些并没有主动寻找新工作，但如果有更好的机会出现也愿意跳槽的专业人才。LinkedIn 销售主管丹·夏皮罗（Dan Shapero）说，这些"被动"的求职者在所有会员中约占 60%。

通过 LinkedIn，企业可以自己鉴定"被动"求职者，而不必依赖招聘代理机构。从这个意义上说，LinkedIn 对招聘代理机构发起了严峻的挑战。

对于高级人才来说，LinkedIn 现在还不成熟。企业高管往往只希望与猎头公司接触，因为这种方式更谨慎、更保密。这就是全球最大的猎头公司之一 Korn/Ferry 2013 年的收入和利润都创了新高的原因。但是，LinkedIn 正在这方面努力。法国咨询公司 Capgemini 的人力资源部负责人休伯特·吉罗（Hubert Giraud）透露，他 2013 年使用 LinkedIn 在印度招聘到 33 名管理人员。"即使是招聘高级职员，我们也没有花巨资去找猎头公司。"他说。

LinkedIn 使企业更容易制定招聘计划：在开始招聘活动前，企业就已经锁定了候选的求职者。LinkedIn 也提高了专业人才招聘的效率，因为它拥有如此众多的专业人才储备。波音公司全球招聘主管格伦·库克（Glenn Cook）表示，LinkedIn 是很好的航空技术人才储备库。"你没想到他们会在 LinkedIn 上，但他们确实在那儿。"库克说。

当然，LinkedIn 也使人才的流动变得更容易，因为用户简历将长期存储在 LinkedIn 网站上，企业和猎头公司都能看到。但是，大部分企业认为这是一件好事而非坏事。毕竟，许多企业员工数量巨大，他们不可能都喜欢自己所属的公司。

LinkedIn 还可以帮助企业发现自己的内部人才。许多企业往往不善于发现自己眼皮底下的人才。法国电信公司 Orange 的人力资源部门主管马里-伯纳德·得罗姆（Marie-Bernard Delom）正在利用 LinkedIn 发现公司内部有抱负的人才。他已经制定了一种可以将 LinkedIn 数据和公司内部数据结合起来的软件。

利用 LinkedIn，企业还可以发现有多少自己的员工已经加入了竞争对手的公司，以及有多少自己的员工来自竞争对手的公司。LinkedIn 会员还可以"追随"自己并未加入的公司。这也是观察人才的潜在求职兴趣的一个指标。在 LinkedIn 上，诺华公司（Novartis）和 Infosys 公司均拥有 50 万追随者。美国科技巨头的追随者更多。

LinkedIn 正在改变传统的招聘模式，社交网络比普通网络对人才更具吸引，因而也能提供更多的信息，尤其是人才信息及人才对职业的兴趣、要求和取向等信息。如果今后能在求职者、公司和大学三者之间建立更多的联系，社交网络对招聘模式的影响将会是巨大的。

（三）案例引发的问题

（1）LinkedIn 的社交网络对招聘起了怎样的作用？有哪些优点和缺点？

（2）你是否在你的身边发现类似的但规模小得多的个人人际网络在招聘、求职等方面起到相当大的作用？如果是，你是否可尝试自己注册一个 LinkedIn 账号，与自己理想公司的 HR 建立联系并争取获得实习机会？

（3）LinkedIn 的社交网络招聘对传统招聘和网络招聘为什么会起到颠覆性的作用？试着分析一下原因。

（4）你觉得还有什么创新性的思维能帮助企业和个人更好、更快地找到彼此？

（四）案例分析

（1）LinkedIn 的创始人艾伦·布鲁提出了一个对于创业者非常重要的问题。创业者刚开始可能只有很少的资金，或者有几个合伙人，但绝对没有团队，也没有办公室，但是他不能没有人际关系。而 LinkedIn 的社会网络一开始就给每一个会员提供了人际关系网。

（2）人际关系网，特别是有大量专业人士、年轻的毕业生加入的 LinkedIn 社交网络，很自然地成为专业人士展示自己才华的舞台，也是他们寻找更适合发挥自己专长的好舞台。这种方式的求职更容易成功；同样，这个网络也满足了企业的招聘需要，这个庞大的人才贮藏库可以使企业较精准地获取自己所需的人才。从这个意义上说，LinkedIn 确实改变了以往的"游戏规则"，让许多创意同时影响企业和求职者。

（3）十多年前，招聘依靠报纸和广告发布人才需求信息，后来逐步进入网络时代，招聘依靠各种人才网发布相关信息。社会关系网的创始人想到了更好、更直接的方法，创建了 LinkedIn 社交网络。这使得主动求职者、被动求职者都获得了更好的工作机会，更重要的是使企业可以从被动求职者中找到更稀缺、更需要的人才。那么，当我们没有这样的用户达到数亿的人际网络时，也可以建立一些类似的网络，如"企业 HR 周末联谊会"、"HR 学习交流会"、"企业 HR 家庭沙龙"、"行业 HR 沙龙"、"大学生与企业 HR 联谊会"等，这些网络的规模虽小但也能起到发现人才和沟通信息的作用。

（4）对个人人力资本的传统的认识是个人的健康、知识、专业、智慧、能力、经验等，但随着社会的进步，人们已逐步认识到，个人的人力资本中应包含个人的社交网络和人际网络，这能使你拥有的知识和能力成倍增值。所以，本案例给了我们招聘模式之外的启示，那就是应认真地指导学生学会认识环境，了解沟通能力的重要性，主动地构筑个人的人际网络，使自己进入职场后能更好地发挥作用，服务企业和社会。

案例 10：90 后闪亮登场[①]

（一）案例研究目的

招聘中让"人"的价值凸显，要重视年轻人。

（二）案例描述

腾讯高级副总裁、人力资源负责人奚丹说："人不是雇员，也不是生产力，而是腾讯最有价值的资源，是腾讯的第一财富。"

"人"一直是腾讯的重要命题。它不仅在产品方面有"一切以用户价值为依归"的理念，而且将这种理念运用到人力资源管理的各个环节，包括招聘。

在招聘员工时，以应聘者的价值为依归。在中国的大型互联网公司中，腾讯是校园招聘比例较大的一家。这其中肯定有创业时期难以找到足够专业人才的历史原因；但上市至今，腾讯依然刻意保持 50% 的校园招聘比例。它愿意为那些有想法的年轻人提供机会，只要条件允许，会尽可能让每一位应聘者都得到笔试机会，并在招入后尽心培养。

例如，腾讯将 2014 年校园招聘的目标对象锁定为有梦想、爱学习的 90 后实力派，其宣传语为"寻找有梦想、爱学习的实力派，寻找玩得酷、靠得住的小伙伴！"他们认为，90 后曾经一度被社会所误解，而随着他们走入公众视野，年轻活跃、个性强烈、勇于接受新鲜事物等特点都与 90 后画上了等号，90 后已拥有"玩得酷、靠得住"这样的描述语。腾讯对 90 后的描述是这样的："90 后拥有比 80 后更为强烈的自我意识，以及自我实现的使命感。他们如此深刻地感知了风险，以至于在没有进入社会之前，就已经全面转向以当下而不是未来为基础，围绕日常生活构建和守护个体小世界。他们向往，能够以品质生活定义安全感，以兴趣界定自我的深度，以独而不孤界定个体归属，以善良微光影响社会。"这种来自 90 后年轻个体对自我日常生活世界建立和守护的全面诉求，标志着中国社会的个体化进程进入了新的阶段。

当然，在选人上，腾讯会刻意去寻找那些认同公司价值观，并热爱互联网的年轻人。"腾讯不会为短期目的而招聘，一旦招聘对象进入公司，就希望他能和大家一直共事。"奚丹说。这些要求同样适用于那些高层次的稀缺人才，腾讯不欢迎短期"逐利者"，无论他的专业水平多高。一个人要进入腾讯，往往要经历几轮面试，不仅要回答分管领导的提问，而且要和团队成员交流业务——腾讯据此考察新人能否与团队和谐相处。

---

① 资料来源：《腾讯 HRVP 奚丹：腾讯对"人"的理解》，中人网，http://www.chinahrd.net/article/2014/08-08/199391-1.html，2014 年 8 月 8 日。

在招聘过程中，以业务部门的价值为依归。腾讯要求人力资源部门把对"用户"的识别具体到"人"。比如在招聘环节，用户就是具体业务部门的负责人。HR 用做互联网产品的方式为来自业务部门的面试官提供招聘工具。当业务部门提出用人需求时，人力资源部门首先会在公司内选择三个以上优质员工样本。然后建模、扫描，分析促使这些员工成功的因素，比如逻辑思维很好、对数字敏感、善于学习等。之后对这些成功因素倒推并具体到行为，再根据行为拟定面试问题，最后在问题后附上可能的答案并给出分值。

（三）案例引发的问题

（1）把"人"作为企业的第一资源和第一财富，在招聘中以人为中心，是否会增加招聘成本和人工成本？如何理解人在企业中的重要作用？

（2）腾讯重视"90 后员工"是否会让老员工特别是创业元老感到不满？如果会，有何应对良策？

（3）腾讯拟定面试题有三个步骤：以三个以上优质员工为样本，建模以提炼成功因素；从成功因素倒推行为规范；根据行为拟定面试题，并确定各种答案的分值。这种方法有何优缺点，特别是可能忽略了哪些考量？

（4）腾讯认为 90 后与"玩得酷、靠得住"基本上可画等号，那么 90 后的年轻个体对自我日常生活世界的全面守护与企业团队建设会产生什么矛盾？有怎样的良策可以预防？

（四）案例分析

（1）腾讯对应聘人员的尊重，实际上是给企业自己做得最好的广告。几乎所有的事情都有这样的双赢效果，你尊重别人，你也收获别人的尊重。腾讯尊重应聘人员，因而连续多年被大学生评为最受欢迎的雇主，尊重"人"的理念应在所有的企业中得到借鉴。

（2）社会对 90 后一些有偏见的看法在腾讯这里获得冰释。腾讯以"寻找有梦想、爱学习的实力派，寻找玩得酷、靠得住的小伙伴"为主导，将大批 90 后的年轻血液引入腾讯的团队。有梦想就是指对互联网事业有热情，爱学习就意味有潜力，有很大的发展空间。腾讯不仅在招聘中关注他们，而且在他们进入企业后特别注重培养。对其中的佼佼者，给予较高的年薪，提供好的发展平台。

（3）腾讯不欢迎"逐利者"，"腾讯不会为短期目的而招聘"，这也是企业招聘必须遵守的一个理念。一旦招聘一位员工进入企业，腾讯就希望其发挥专长，释放能量，为企业发展作出贡献，而企业应为个人发展铺设平台。对于高层次的稀缺人才、专业水平高的人才，腾讯同样希望他们能有长期打算，认可企业文化和价值观，和团队成员长期共事，分享彼此的温暖、能量和成功。

案例 11：为招聘适用人才而收购企业[①]

（一）案例研究目的

不惜重金获取人才是企业成功之道。

（二）案例描述

和其他大型科技巨头不同，社交媒体网站 Facebook 对面试中的智力游戏并不感兴趣。但是，要想证明自己拥有 Facebook 尊崇的黑客气质，显然是个难度更大的挑战。

Facebook 与谷歌不同，对英雄不问出处，不要求应聘者拥有斯坦福大学或卡内基-梅隆大学的计算机专业学位，或者拥有博士学位以及近乎完美的平均分，甚至连学术能力评估考试成绩单的复印件都不需要。毕竟，Facebook 是由大学中途辍学、热衷黑客精神的学生，而不是致力于研究海量网页相关性等看似复杂难题的博士创办的。

但英雄必须有真本领，Facebook 不需要上述各种资历证明，并不是说可以轻松获得 Facebook 的工程师职位。

随着 Facebook 的不断发展，马克·扎克伯格不再从事编码工作，转而负责公司的管理工作，这就需要源源不断地招聘工程师。应聘者不仅要精通程序设计，而且要接受 Facebook 尊崇的黑客精神。许多人成功地通过了 Facebook 繁复的招聘流程，而其招聘对象并不仅仅局限于那些知名学府。常言道，"大海里也有小虾，小河里也有大鱼"。Facebook 技术总监乔斯林·戈德费恩认为，斯坦福大学排第 30 名的学生未必比某些大学排第 1 名的学生优秀。对于招聘人员无法前往的大学，Facebook 设计了编程难题，学生们可以尝试给出解决方案，从而得到 Facebook 的关注。

接下来，有幸通过首轮筛选的学生需要做好充分的准备，展现自己的黑客才能：第一次面试将会涉及编码，而不是 20 世纪 90 年代由微软公司率先使用的智力测试题。戈德费恩称："编码测试会让应聘者的实际能力展露无遗，因此，对我们重点考察的候选者来说，这是第一个立竿见影的测验。"

通过编码测试的应聘者将受邀到 Facebook 公司，参加四轮紧凑的结构化面试。毫无疑问，应聘者将接受更多的编码测试。戈得费恩称，其中的两场面试是纯粹的编程测试，另外两场面试则主要针对应聘者的实际能力——解决棘手的问题和技术问题的能力。面试官将至少利用其中的一次面试，从行为学角度判断应聘者解决、分析问题和寻求帮助的能力。

---

① 资料来源：根据 36Kr 网站文章《创业公司频频被人才收购的真正原因是?》（http://www.36kr.com/p/144740.html）以及"创业邦"网站文章《Facebook 是如何找到一流人才的》（http://xueyuan.cyzone.cn/shuping-shuping2/238137.html）改编。

为了获取一流技术人才，Facebook 收购了一些新创办的企业。近年来，Facebook 收购了 30 多家创业公司，主要原因便是觊觎它们的工程师资源。多数情况下，Facebook 并不需要这些初创企业的产品，真正需要的是这些企业的人才。硅谷将这种传统并购的变异体命名为员工收购或人才收购。

虽然这种代价高昂的招聘活动并不是 Facebook 的首创，但它是此行的高手。Facebook 通过收购企业获取的人才中有些最终发展成为扎克伯格最得力的副手。事实上，在扎克伯格负责关键产品领域的五位直接下属中，有两位便是在各自企业被收购时加盟 Facebook 的：前谷歌员工、社交聚合网站 FriendFeed 的联合创始人布莱特·泰勒（Bret Taylor），以及扎克伯格就读哈佛大学时的哥们、文件共享服务提供商 Drop. io 的创始人萨姆·列森（Sam Lessn）。扎克伯格在 2010 年的一次采访中表示，发掘热衷黑客精神的企业家型人才，这种招聘方法绝对物超所值。他说："如果一个人能在自己的职位上实现卓越，跟那些表现出色的人相比，他们的优势可不止一点点，甚至可以说是天壤之别。"

（三）案例引发的问题

（1）"英雄不问出处"，在招聘一流的技术人员时不重视看文凭，不需要学术能力评估考试成绩单，这种做法对一般的企业适用吗？热衷于黑客精神，只对 Facebook 之类的企业适用。

（2）为了挖掘人才去收购企业，也会带来许多其他的问题。公司所瞄准的只是其中的部分技术骨干，对被收购企业的其他人员如何安置？可以不考虑被收购企业的产品，但相关设备又该如何处置？

（3）对于普通的公司而言，为人才而收购企业花了重金，但挖来的人才是否会为企业创造高出几倍的价值？所以对人才的考核、评定仅靠一些经典方法似乎不够，中国人相信缘分，相信眼缘，如果以这种方式选才失败，企业是否有相应的弥补措施？

（四）案例分析

（1）Facebook 深知人才的重要，愿意花重金收购企业，只为了该企业几位优秀的技术人才。扎克伯格认为，这种招聘方法绝对是物超所值的。他本人深刻地认识到，一位卓越的人才绝非简单的出色两个字所能比拟，人才所能发出的能量、创造的价值几乎很难估算。人才的重要性在这里被凸显，人们应该从中获得启示。

（2）既然要用重金去招聘人才，就一定要对寻觅的对象了如指掌。要像 Facebook 那样，知道自己要什么，要具备什么知识和能力的人，并确信自己重金获取的正是自己想要的人。这种对某种特定类型人才的渴求，需要两方面的基础：第一，明白企业需要什么人；第二，明白这个对象正是我要的人。这两点都不是很容易做到的。可见，对于岗位分析，岗位职责，岗位所需的能力、素质、知识，相关的主管都要非常清楚，所以这也涉及招聘最基本的问题——岗位分析与能岗匹配。

（3）本案例还让我们思考一个问题：核心竞争力最重要的是素质，是创新能力。

Facebook 需要的是黑客精神，是编程能力，因此教育背景未必能让学生达到所要求的水平。从另一个角度来说，一个人才在某一个领域被赋予了常人难以企及的"天分"，他能做的，一般的博士、硕士做不到。他能做到卓越，能做到出色的人往往不能做的。这看起来相差一点点，实际效果却有天壤之别。这一点，值得从事 HR 工作的人们认真思考。

（4）最近有一位教授提出，选学术接班人与培养多少个博士生无关。有的教授只培养了几位博士，却已后继有人；有的教授倾心培养了几十位博士，却感到后继无人。这正说明了人才无法完全按规范去培养、去获取，也不是按比例出人才。国外的名牌大学，国内的 211 大学、985 大学能培养出一些优秀人才，但那些拔尖的，比如 Facebook 舍重金寻觅的特殊的黑客人才，却不一定是最顶尖大学毕业的。通常，Facebook 寻觅的人才一般毕业于美国排位前 20 名的大学，但不一定全是最顶尖的第一名、第二名的大学。

培养人才没有固定的模式，产生人才没有固定的比例。最近有一种说法，"不能输在起跑线上"，因此望子成龙的父母倾尽心血去培养孩子，延聘各类教师，让孩子上各种智力班、辅导班。本案例告诉我们一个简单的道理，创新能力不是依靠高压培养所能造就的。

案例 12：名校学生在跳槽时闪了腰①

（一）案例研究目的

跳槽人员应如何处理好与前一家公司的关系。

（二）案例描述

小波毕业于清华大学，还没有等到他毕业，一家跨国公司就提前录用了他。两年后，小波觉得在这家公司工作得不顺心，决定辞职。小波是个聪明人，拥有名牌大学的光环，再加上令人刮目的工作经历，很快他便通过了华为公司的初试、复试，并接到华为人力资源部的试用通知。令人意想不到的是，除了丰厚的待遇和福利外，华为公司还决定安排专车到小波离职的公司宿舍去接他到华为上班。

这天一早，小波就在公司的宿舍里整理自己的物品。虽然华为招聘专员说好下午三点过来接他，以便他有充分的时间收拾东西，打扫房间，但小波非常兴奋，三下五除二就收拾好了所有的东西，然后到办公室跟同事们道别。

下午三点，华为公司的车准时到达小波宿舍。华为招聘专员是个热心人，去了小波的房间，却被眼前的景象震撼了：满地的垃圾和碎纸，墙上还贴着平时贴上的便利贴，原本洁白的墙面被他涂画得不成样子；卫生间里的抽水马桶因未清理而散

① 资料来源：《华为招聘专员的最后一手》，中国人力资源开发网，http：//www.chinahrd.net/article/2012/11－22/14320－1.html，2012 年 11 月 22 日。

发出令人恶心的臭味；抽屉散落在地上，耷拉下来的窗帘在随风飘动……东西搬完后，华为招聘专员善意地提醒小波，要不要一起打扫一下房间。没有想到，小波却恶狠狠地把自己工作两年的公司的老板诅咒了一通，然后，他掏出房间的钥匙用力扔出了窗外。

到新公司，小波开始了新的生活。然而，上班的第一天他就被叫到了华为 HR 总监办公室，HR 总监对小波说：公司因为董事会临时决议，要精简人员，希望他立刻去门寻找新的工作，华为公司愿意多付他一个月的工资。

第二天小波就离开了华为公司。后来，经过几次频繁的跳槽，小波在一家小公司安定下来。一次偶然的机会，小波知道了那次总监跟他说的董事会决议并不存在。愤怒的小波气冲冲地找到华为 HR 总监理论，出于对小波负责，总监道出了原因：当小波从第一家企业离职时，华为公司决定派车去接他，就是给小波出的最后一道考题。华为想看看他在离开公司时是怎么表现的，只有这个时候才能看到小波最真实的品质。结果，小波的表现令人失望，作为华为公司的人力资源总监，他更关注的是小波的职业道德，因为小波一旦成为华为的一员，在某种程度上也就掌握了华为的机密。而每个公司都有不尽如人意之处，一旦人品差的员工离职，他们的抱怨就会充分暴露出来。

（三）案例引发的问题

（1）名牌大学的高材生为什么不具备基本的职业素养？这里引发我们思考一个自古就有的难题：在才与德之间我们应作何选择？在用人时，才、德的权重应如何确定？

（2）当一个人进入职场时，日本的文化更注重忠诚于初始的选择，即雇佣的终身制，西方的文化则更注重个人才能的发挥，应选择适合自己的企业和平台。但无论是哪种文化，都要遵循职场的规矩。那么跳槽时人们应遵循哪些行为规范和守则？对前任老板和前一家就职企业应持何种态度为优？

（3）当华为的招聘专员拿出招聘员工的"最后一手"，即观察新入职员工对以前的企业和老板的态度以确定录用与否，你觉得这种方式有何利弊？需要规避哪些可能发生的错误？这位招聘专员必须具备哪些能力和素质？

（4）一家大企业在招聘时，其招聘流程最好是规范的还是灵活的？华为的招聘专员的"最后一手"是到现场接新员工以观察他的言谈举止。如果该员工提前把行李提下了楼，在路边等候，是否会出现完全不同的结果？那么我们有哪些方式来测试新录用员工与品德、操守相关的表现呢？

（四）案例分析

（1）这个案例十分典型地涉及人力资源招聘中的两大问题。第一个问题是德、能之间的关系和取舍，"以德为先"应是选人的基础，"以人为本"应是管人的根本。所以在招聘时，诚信测试、品质测试都应列在其中，一旦发现应聘者的品质问题，应当果断终止测试，但这种测试较难把控，也较难规范，需要主考官有相当成熟的考核方式和丰富的测试经验。

（2）招聘中的第二个题是跳槽的员工如何对待他以前的企业和老板。企业在招聘中层以上的管理干部时一定要关注他的职场经历，应聘者通常不止在一个企业工作，也就有不止一个前任老板。当面试中问及前任老板时，有经验的应聘者通常会回避或对跳槽原因作更多客观的解释，此时面试主考官必须有一定技巧方能了解他的忠诚度。本案例中的小波因为年轻气盛，缺少职场经验，才会因为在新公司招聘专员面前破口大骂前任老板而失去了第二份工作。我们通常需要在面试中采用一些技巧，以了解应聘者这方面的品行。

（3）每个人都有优点和缺点，我们有理由认为小波也许是一个不错的员工，虽然他由于少不更事而与最好的发展平台失之交臂。但小波如果真是一个人才，应能从"得到"到"失去"中悟出一些道理，并深刻反省自己的行为。这犹如一个孩子走路，必须跌倒多次才能学会走路。小波如果能从中学到在学校里没学到的东西，努力工作，一定不会在小公司里被埋没。

（4）华为注重新员工的道德、品行是十分正确的，也是一个企业能源源不断获取优质人才的保证。但是这里一定要有一个前提，即选择招聘专员时要严格，培训要认真，否则会失去已有的优质员工，或招来不合适的员工，即面临招聘风险。大部分人对招聘风险的理解是招错了人，却没有想到也有可能失去优质的人才。失去优质人才造成的损失有时是无法弥补的，因为人才难得，从某种意义上讲，有可能比招错一个人带来的损失更大。

案例 13：国内航空公司招聘外籍机师的技巧[①]

（一）案例研究目的

研究如何借助国际中介机构进行跨国招聘。

（二）案例描述

近几年来，国内航空公司都在大规模扩张机师队伍，特别是机长队伍，由于国内自己培养的机械师供不应求，因此航空公司纷纷招聘外籍机师以解燃眉之急。此外，随着国际航线的日益增多，国外航空公司的竞争加剧，我国民航国际化程度的提高，招聘外籍机师也是势在必行。

招聘外籍机师必须借助国际中介机构，目前全球大型航空运输业中介机构有 20 余家，包括 IAC、Direct Personnel、PARC、docsou. comTAIR 等。如果不借助中介机构，我国的航空公司无法准确了解外籍机师的飞行经历和体检合格证的真实性。国际中介机构完全有能力帮助航空公司筛查应聘机师的背景、飞行经历、素质和体格等。通过中介机构招聘，还可以规避国外极其复杂的法律风险，航空公司不必与

---

① 资料来源：陆遥：《国内航空公司招聘外籍机师关键问题分析与解决》，中国新闻网，www. chinanews. com/。

外籍机师个人签订合同，而是与中介签订合同，中介与外籍机师个人另签一份合同。按照国际惯例，公司与公司之间的纷争通过仲裁很容易解决，而公司与个人的纠纷往往会使双方陷入长久的拉锯战。

在借助国际中介机构进行招聘时，我们通常会遇到以下几个难题：一是中介本身的资质问题；二是中介公司之间也有利益冲突，常会殃及我国航空公司；三是中介公司既要获得我国航空公司提供的优厚的酬金，又希望我国航空公司高度依赖它们，因此形成了中介与航空公司之间的利益冲突。

（三）案例引发的问题

（1）跨国招聘在选择中介机构时应考虑哪些因素？如何才能在与中介机构谈判时化被动为主动？

（2）建立一套世界通用的体格检查标准系统和资质查询系统能帮助招聘国一方解决哪些问题？航空机师招聘中最关键的问题有哪些？

（3）目前美国航空业不景气，存在大规模的兼并重组现象。飞行员面临裁员的压力。中国航空公司应如何做好引进美籍飞行员的工作？采用欲擒故纵法和声东击西法是否可以获得更好的机会？

（四）案例分析

（1）本案例是一个国际招聘问题，由于我国航空公司快速发展，自己培养飞行员的周期长，出现了飞行员严重不足的情况。在向国外招聘飞行员时，必须借助国际上比较大型的专门的航空运输业中介公司。我们在借助中介公司招聘飞行员时，也必须严格面试、严格把关。

（2）航空公司在招聘外籍机师时，大型的中介机构常常会给我们出一些难题，给我们的招聘工作带来困难。为了解决招聘中的问题，有几个便于实施的对策。首先，利用中介机构之间的利益矛盾广开招聘渠道，使它们相互牵制；其次，尝试自主招聘，例如从台湾地区招收现役机师，亲临欧美等发达国家和地区，联络当地的飞行员协会，即使没有招聘到合适的机师，至少让中介机构感受到某种威胁。

（3）没有标准就很难独立招聘，而飞行员的国际招聘尤其困难。首先，对他们提供的体格检查结果的真实性难以判定。其次，难以获得其背景，特别是飞行背景的准确信息。稍有不慎，就会落入法律纠纷的泥潭中。所以，呼吁国际民航组织建立一些规范的有据可依的体系，便于我们在条件成熟时进行自主招聘。在国际招聘中，必须考虑如何规避法律风险。

☐ 复习思考题

1. 你认为本章案例1中的乔治和查理职业失败的原因有何不同？如果你是董事长，会不会同意乔治辞职？请说明理由。

2. 案例2中的克莱尔个人的职业生涯发展有无致命的弱点？特殊人才的保留有何良策？

3. 你认为跨国公司欧莱雅在招聘人才之前先招聘经理是否正确？为什么？"文化混血

儿"在跨国企业中能起到什么作用？

4. 你认为万科的"007 行动"有哪些优点和缺点？"007 行动"可否为其他企业所借鉴？如果片面移植，会存在哪些问题？

5. 企业招聘中如果遇到假学历、假经历之类的问题，通常应如何处理？

6. 腾讯对招聘 90 后新员工有哪些特别的思想值得借鉴？请分析企业差异与招聘思想的关系。

7. 如何对待视为社会宠儿的名校毕业生？你认为普通院校与名校的差异在哪里？

人力资源管理的廖氏理论

一、马论——机遇理论

（一）马论概述

马论将人生的机遇比作一匹飞奔而来的马，谁能识别并骑上这匹机遇之马，谁就会获得它的帮助，在职业发展过程中加快速度，跋山涉水，克服困难，从而获得职业的成功。

每个人都希望获得自己的机遇之马，以帮助自己获得职业的成功，但许多人慨叹命运对自己不公，似乎机遇之马总不是向自己飞奔而来，而是朝别人飞奔而去。有的人在许久之后才发现机遇之马曾经来到自己的面前，但自己与这匹马失之交臂，为此遗憾不已。马论提出，要获得机遇必须具备三个要素。这三个要素是：

（1）识马——你能否识马？

（2）跃马——你有勇气上马吗？

（3）驭马——你有能力驾驭这匹马吗？

（二）识马

概括起来，识马必须具备三方面条件：

（1）要有强烈的自我发展的愿望。

（2）要有长期的知识积累。在马跑过来之前，你要对马、驴、鹿、牛等有一定的分析和研究。

（3）要有对各种信息的分析力和感应力。

马到来时，马向你走来，你向马走去。

（三）跃马

凡飞奔的马均带着一股冲劲，既可能带着你快马加鞭奔向远方，也可能在你跃马之时把你踩伤。奔马是不驯服的、凶猛的，足以令胆小者生畏，跃上一匹飞奔的马是需要极大的勇气的。此时，你必须具备三方面条件：

（1）有跃上马的勇敢和魄力；

（2）有承受落马的勇气和耐力；

（3）有跃马的技术。

有的人见到了马，却害怕失去眼前已获得的一点利益，只得看着马从身边飞奔而过。还有的人向马跑去，勇敢地跃上了马，快速地奔向目标，把同行的人甩在后边。

（四）驭马

飞奔的马不好驾驭，何况路边还有不少意欲夺马而去的人群。马只对善驭马的人驯服，对不善驭马的人则很不礼貌，总要想方设法让你落马。此时，你必须具备四方面条件：

（1）有驭好马的决心；

（2）有驭马的本领；

（3）原先也许不会驭马，但能迅速学会驭马；

（4）会审时度势，必要时换匹马，能把握住不被马摔下来。

你骑在马上，十分珍惜你的机会，不怕路途遥远，与你的马共同向目的地飞奔而去。

（五）关于马论的小结

一匹飞奔的马犹如一次机遇，将带给你成功。抓住机遇有三要素：识马、跃马、驭马，这三个要素各有中心点：识马靠知识，靠见识，靠眼光；跃马靠勇敢，靠魄力，靠技巧；驭马靠技巧，靠借势，靠能力。

知识、技巧、能力三者均须学习，均须积累。只有不断地学习、积累，不断地探索、研究，不断地锻造自己的见识、能力，你才能抓住机遇之马，到达辉煌的目的地。

二、球论——建设优秀团队的理论依据

（一）球论的相关理论

1. 球论概述

某团队（特别是领导团队）在选择其合作伙伴和团队领袖时，只能在特定条件下和特定环境中作选择，这种选择不可能从一开始就在彼此之间达到完全胜任和密切合作的状态，要以最重要的价值观和认同感为前提，对其余的某些选择只能在一定环境的制约下进行强迫性选择。这种选择虽然是有条件和强迫性的，但团队的成员应在选择之后增进彼此的理解、沟通、协调，求同存异，并努力寻求团队成员的相互信任和相互合作，共同建设优秀的团队，使团队的整体效益最大，团队成员的个体价值也达

到最大，从而实现组织与个人利益最大化。

球论是团队建设重要的理论基础。由于团队成员众多，在彼此的选择中不可能个个都精挑细选，人人都称心如意，虽然第一次的选择是彼此认同的，但由于个体在变化的环境中是动态的、可变的、开放的，因此彼此的选择始终要在强迫性选择中谋求动态的平衡，找到最佳切合点。

2. 球论的来源

球论是笔者受美国一个与"球"有关的小故事的启发而提出的。这个小故事是这样的：美国某偏远乡村住着兄妹二人，哥哥喜欢踢足球，每次都叫上邻居的一个男孩子一道去踢球，踢球回来后，哥哥总对妹妹抱怨邻居的男孩子球踢得不好，又爱出风头等。妹妹问哥哥："既然他有这么多缺点，为什么你每天总要约他去踢球呢？"这个故事揭示了很普通的道理：在特定的环境（偏僻的乡村）和特定的条件（会踢球的男孩）下，哥哥的选择范围是非常有限的，哥哥的选择就属于强迫性选择。笔者受这个故事的启示，同时观察分析了许多企业领导团队的状况，逐步概括提炼出团队协作的理论——球论。

3. 球论的主要观点

球论共有四个主要观点：一是强迫性选择，二是主动性协调，三是整体性决策，四是再一次系统优化（详见图 A—1）。

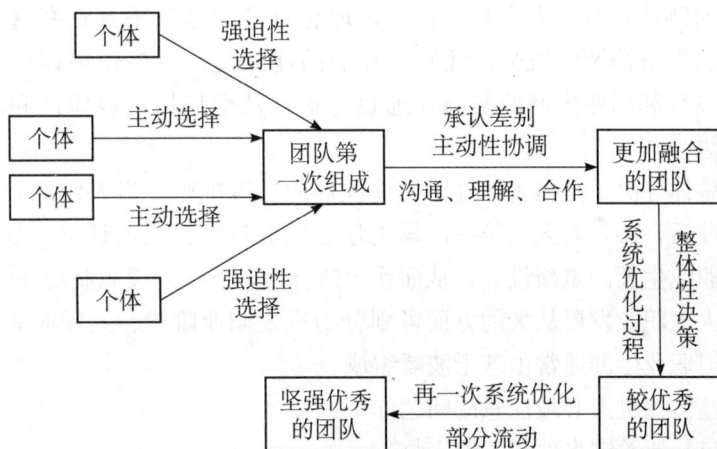

图 A—1　优秀团队的构建过程

（二）强迫性选择

强迫性选择是指人们在特定条件下和特定环境中，可供选择的对象（或机会）的数量有限，人们必须作出选择，这种选择并非完全符合选择者的全部选择指标，选择者必须在这些指标中作出取舍，并作出不完全符合个人意愿的选择。强迫性选择是每个人必须面对的课题，能在强迫性选择中获得成功的选择者必须具备三种能力：识别能力、判断能力、决策能力。强迫性选择伴随人一生的各个阶段，同时对人生的某一阶段而言，有时是若干强迫性选择的组合。理解这一点是应用球论的基础。

（三）主动性协调

当某个人确定只能与几个人一起踢球时，就必须与他们主动协作，这样才能把球踢好。主动性协调是应用球论的重要方法。

主动性协调是指在职业生涯发展的过程中，当你由于时间和空间的制约，只能对合作的某个人和某些人作强迫性选择时，必须采取各种主动的方式，改进这种强迫性选择给你个人带来的心理压力和行为阻碍，减少彼此间不协调的因素，主动沟通并增进彼此的关系，使双方能够建立起和谐、快乐、合作的关系，使群体关系顺畅和富有弹性。

在人的职业生涯中，每一次作出强迫性选择都会给自己和他人带来负担，可能导致双方或若干方的关系紧张，此时，进行主动性协调是十分必要的。

主动性协调的主体必须具备以下三种能力：

（1）自我调适心理的能力；

（2）理解他人心理的能力；

（3）公共关系能力。

（四）整体性决策

主动性协调的信息发出并发挥作用之后，也常出现协调失败的情况。有些人会匆匆跳槽；有些人会灰心丧气，埋怨自己的运气不好；有些人会继续努力，勇敢地去争取协调的机会。此时，我们的建议是：应该作整体性决策，即对职业生涯的设计和职业生涯的实施作通盘考虑，从全局性、整体性和职业阶段发展的角度来思考。

整体性决策是指主动性协调受挫后的决策准则。当人们的职业生涯经历过强迫性失败后，必须对人生第一阶段的职业生涯进行慎重的评价，从整体性、全局性来考虑职业生涯的重新设计，从而作出适合自己下一阶段职业发展的决策。

人生职业发展从大的方面可划分为进入职业阶段、发展职业阶段和维护职业阶段。但职业生涯通常由若干波峰组成。

整体性决策必须注意的问题如下：

（1）抓关键事件和关键人物；

（2）关注整体目标和阶段目标；

（3）可以有妥协和让步，但要把握妥协和让步的度，不能在自己的核心价值观和终身追求上让步；

（4）协调与周边的关系。

整体性决策需要宏观把握的能力，一定要注意时机。既让步又力争，才能使自己的整体性决策把握最佳时机。

（五）团队的再一次系统优化

经过主动性协调以及成员与成员之间、团队与成员之间的整体性决策后，团队成员的认同感会迅速增强，团队会迅速成长为一个优秀的团队，但团队是一个变动的和发展的整体，必须与外部环境不断进行能量、信息、人才的交换与互动。因此，正常的人才流动是必然的，一方面，团队成员中有部分会自然损耗，如退休、生病或因某种原因离开等；另一方面，团队成员的知识结构、专业水平、发展状况也是动态变化的。此时，团队必然要吸收一些新的成员，为团队注入新鲜血液；另外，团队部分成员要离开团队，追求更好的发展、职业的平移、更加匹配个人能力的工作。团队的再一次系统优化也是团队和成员在面临又一次强迫性选择后的又一次协调合作（详见图 A—2）。

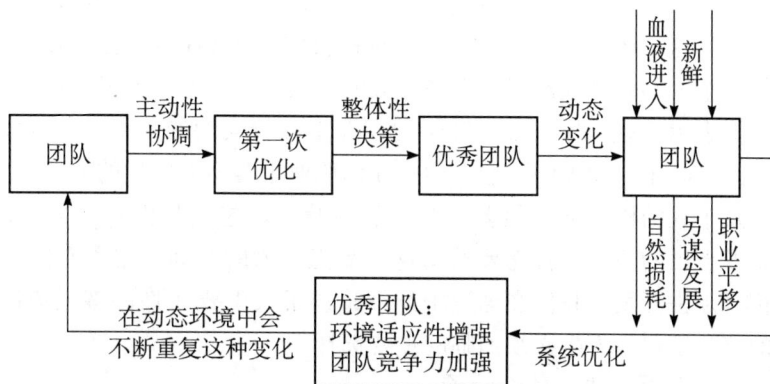

图 A—2　团队的再一次系统优化

（六）关于球论的小结

协作是一个经久不衰的课题，关于协作理论的研究古已有之，"和为贵"就是一种典型的协作思想。协作理论涵盖了三个层次的内容：强迫性选择是球论的思想基础；主动性协调是球论的行为要求；整体性决策是球论对职业成功的目标要求。球论是紧扣个人职业成功这一主题进行研究的，因而没有更系统地涉猎团队成功的研究、组织成功的研究，而是以个体为出发点，分析研究人们经常遇到的困惑并提出一些有益的建议。

强迫性选择是球论一个很重要的基本观点，它至少强调了人们认识客观环境的一个重要的视角，即无论你的能力有多强，发展空间有多大，背景有多好，都会遇到强迫性选择，面对你不喜欢的合作者，即使你一次次地想摆脱这些"阻力"，也可能发现你面前的选择恰好是你最不喜欢的。如能正确认识和体会这种强迫性选择，就能帮助你作出主动性协调，开发出你内在蕴藏的极强的人际交往能力，培养你的团队精神和担任组织一把手的能力，使你的职业生涯走向成功。

三、红叶子理论——开发自己的亮点

（一）红叶子理论概述

我们把一个人的优点比作一棵树上的红叶子，把一个人的缺点比作一棵树上的绿叶子。红叶子理论认为：一个人职业的成功不在于红叶子的数量多少，而在于他是否有一片特别硕大的红叶子，这片特别硕大的红叶子不是与生俱来的，需要他个人不断努力，准确地识别最适合发展的红叶子，并加以开发，使这片红叶子特别硕大、特别红艳，成为引起社会和人们特别关注的人力资本。

这片能引起社会特别关注的红叶子，就是你的亮点，就是你个人最有价值的人力资本，也是最能帮助你职业成功的红叶子。

（二）识别红叶子

红叶子理论最基本的观点是：职业成功与个人优点的数量无关，而与优点的大小有关。这里所指的红叶子是指能对社会的进步和社会的发展作贡献的优点，不包括只与个人的修养或家庭的发展有关的优点。为了便于叙述，我们列出两组人群，A组人群表示拥有一片硕大红叶子的职业生涯较成功的人群，B组人群表示拥有数量较多的红叶子，却无法引起人们关注的职业生涯不太成功的人群。

每个人的树上都有很多红叶子和绿叶子，这是我们对人力资源最基本的认识，要开发自己的亮点，首先要选对这个亮点。人的时间、精力有限，不是所有的红叶子都必须去开发。我们在球论中详细论述了人生要面临许多强迫性选择，选择待开发的红叶子也是人生必须面临的重要选择。

1. 识别最具潜力的红叶子

识别最具潜力的红叶子必须注意以下几点：

（1）在众多红叶子中，哪一片红叶子最大。

（2）在若干较大的红叶子中，哪一片最具发展潜力，现在最大的不一定永远最大，最具潜力的可在未来发展为最大的。

（3）识别最具潜力的红叶子要有长远的观点、发展的观点，还要具有较强的分析能力。

（4）可以请自己尊敬和信任的师长来帮助自己识别那片对今后职业发展至关重要的、最具潜力的红叶子。

2. 识别最具价值的红叶子

识别最具价值的红叶子必须注意以下几点：

（1）在所有红叶子中，社会最需要的是哪一片。

（2）对自己而言，哪一片红叶子与职业发展关系最紧密。

（3）应该仔细分析对比个人身上的若干较大的红叶子，使这片最有价值的红叶子被发现。

3. 识别最能取胜的红叶子

识别最能取胜的红叶子必须注意以下几点：

（1）你拥有的这片红叶子比别人的大，或拥有这样的红叶子的人比较少。

（2）你拥有的这片红叶子可以与另一片红叶子相加。

（3）你拥有的这片红叶子与社会发展紧密相连。

（三）发展红叶子

你选择了独特的具有发展潜力的红叶子之后，接下来就必须发展这片红叶子，使它比自己的其他红叶子大，比别人同类的红叶子大。为什么要足够大？何为足够大？这里包含三层意思：第一，只有足够大的红叶子才能引起人们和社会的重视，人们远远地就能见到它，从而重视它；第二，足够大的红叶子能够得以凸显，同时遮盖了某些绿叶子，使人们注意你的优点，忽略或包容你的缺点；第三，足够大的红叶子有丰富的内涵来支撑。

要使这片红叶子足够硕大，必须具备三个条件：

（1）百折不挠的坚强意志；

（2）健康的心理素质；

（3）智慧的技巧。

任何职业的成功都要付出辛勤的汗水，发展一片硕大的红叶子，同样要有百折不挠的意志，要清除前进途中的各种荆棘，克服前进道路上的各种困难，像鲁迅先生说的那样，"遇见山体，可以辟成平地；遇见河流，可以搭上桥梁"。百折不挠的意志，坚定不移的决心，是发展硕大红叶子的重要条件。在前进的道路上，必定会遇到阻力和困难，其中也包括环境和人为的压力。具备健康的心理素质，就能坦然面对困难和压力，坦然承受委屈、责备、失败、挫折。智慧和技巧也是必不可少的，要善于寻找助力，把握机遇，开发自己的潜力，找准着力点，让自己的智慧得到充分发挥。

（四）让你的绿叶子变少、变小

个人的红叶子和绿叶子的大小是相对而言的。红叶子理论强调要有"硕大的红叶子"，即要有凸显的优点。但同时，红叶子理论也强调要努力使绿叶子变少、变小。在一个人身上，如果同时存在硕大的红叶子和硕大的绿叶子，或者绿叶子大于红叶子，均可能妨碍你发挥才能，影响你取得职业的成功。原因有以下几点：

（1）人们将会先看到绿叶子。如果绿叶子障目，红叶子就不会被看到，你的优点将被人们忽视。

（2）红叶子和绿叶子的大小不仅是相对的概念，而且有内在联系。它们是一种此消彼长的辩证关系。

（3）绿叶子可能会蚕食红叶子，这必须引起我们足够的重视。要让绿叶子变少、变小，不仅要注意"静坐常思己过"，对自己的绿叶子有充分的认识，而且对某些绿叶子要抑制其长大，停止向它输送养分，让它枯萎和死亡。一个人如果能不断克服自身的弱点，减少自身的绿叶子，就能让红叶子有足够的养分，从而使红叶子鲜艳夺目。

（五）红叶子理论具有动态性

选择并发展了自身一片硕大的红叶子，并不等于这片红叶子会永远保持最大，始终得到人们的重视和承认。红叶子理论承认红叶子是可变的，可以变大，也可以变小。稍不注意，绿叶子就可能迅速长大，吞食红叶子，使红叶子变小。红叶子本身是可塑的，红叶子与绿叶子的关系是动态的、可变的，我们一定要密切注意这种动态性，不断努力，不懈奋斗，从内心激发向前的勇气，就像汹涌澎湃的长江，向着大海奔腾前进。

（六）关于红叶子理论的小结

红叶子理论叙述了一个开发你的亮点，使之亮到足以引导你走向职业成功的理论。红叶子理论告诉人们，红叶子的多少不是职业成功的关键，特别硕大、特别红艳的红叶子才是职业成功的关键。因此不必去追求完美，凡人都是有缺点的；要追求出色，追求卓越。某一方面的出色，某一方面的卓越，是职业成功之所在。红叶子理论还叙述了一个红叶子与绿叶子相互之间此消彼长的事实，希望人们主动地努力减少自身的绿叶子的数量，并使它们变小，在克服缺点的同时发扬优点。

四、交点理论——职业成功理论

（一）交点理论概述

1. 交点理论的内容

人们在从业过程中，常因客观环境的限制和本人条件的制约，不得不从事若干类型或内容不同的工作，这些工作犹如平行线，使人们对目前的职业成功感到困惑。但是，如果你能认真地完成每项工作，并能主动地思考和研究这些工作的内在联系，勇于创新，就会发现一个有一定普遍性的现象：这些看似平行的直线在远处交于一点，这一点就是你通往职业成功之路的新起点。

交点理论认为，只要你认真地去做每一件事情，同时认真地从每件事情中获得有益的经验并积累自己的人力资本，发展自己的核心能力，就总能在远处找到一点，这是你过去所有努力的结晶，所有知识的融合，所有辛劳和奉献的结果。这一点预示着你获得了职业成功的新起点，是又一个职业高度的新平台，是你继续奋进的新台阶。这一点也预示了你未来可能获得的成功。这样的交点，人生可能会有好几个，也可能只有一个，这些交点是你职业成功十分宝贵的新起点。

2. 交点理论的主要观点

（1）看似平行的直线在远处可能会有交点，不可忽略或放弃任何一件事。

（2）对人生的每一件事都必须认真去做，认真去把握，努力完成你人生的每一次积累。

（3）每一个交点都是你职业成功的新起点，也是你职业成功的重要积累。

交点理论认为，由于环境和个人的原因，我们从踏入社会从业那一刻起，并不总是朝着自己的目标笔直地前进；在环境和个人条件的制约下，你必须去做许多事情，也必须面对许多事情，有时会感觉到目标似乎离自己越来越远，但如果你认真对待每一件事，认真去做每一件事，这些事就可能会有交点，这个交点不仅是一种普通的积累，而且是朝职业目标前进的一种积累，是一个宝贵的台阶，是一个从量变到质变的飞跃。

3. 交点理论的核心要素

（1）必须努力寻求工作的交点。

（2）交点是以前工作的积累和结晶。

（3）交点是人力资本而非物质资本。

（4）交点预示了人生的新起点。

（5）交点是过去努力的蓄水池，是今后发展的动力泵。

（二）"平行直线"并不平行

这里说的"平行直线"既是指从事的某些似乎并不相交的职业或职务，也是指从业之初所做的某些琐碎的平凡的工作。这些容易被有能力者轻视或放弃的工作或职务，正是许多有心人赖以成才和成功的关键，因为"平行直线"不平行。

"平行直线"之所以不平行，是因为：

（1）知识是相通的，在深层次上，知识是相互包容、相互沟通的一条信息流。知识的相通使若干表面上不相交的直线在远处相交。

（2）被人认识需要一个过程。被人认识犹如蓄水，蓄水的过程既需要水也需要时间，而每一件事就如同一股小溪流，因此必须认真地做每一件事。这些事似乎不相关，但构成了人们对你的认识。知遇产生于人们对你的赞赏，轻视小事的人，也就一次次失去了人们认识你的机会，失去了使你获得成功的机遇。

（3）要获得关键的交点，必须进行创新，而知识的创新常常出现在知识的交点上，即知识的交叉地带和边缘地带。"平行直线"是表层的"外观"，实质上正是知识的暗中交叉。这些交叉容易产生思维的碰撞和智慧的火花，从而出现重要的知识交点。

"平行直线"不平行，有交点，蓄纳了你所有的汗水，融会了你所有的知识。交点说明人们承认了你的工作，是你成功的起点。

（三）交点的产生可能是一种机遇，更是一种积累

毋庸讳言，交点的产生可能是一种机遇。但是，交点的产生更来源于积累。

（1）交点的产生不是在从业之初，通常会经历一个较长的时间过程，它是时间的积累。交点对于从业的初始点而言，是"远处"的概念，即只有在从业一段时间之后才会出现，在这段时间内，人们必须完成知识、认识、经验、信息和关系的积累。

（2）交点的产生不是来源于一条直线，而是来源于若干直线的汇集，它是不同知识的积累。既然是交点，就可能是一束直线的相交，每条直线都表示不同的工作职务和工作内容，都需要付出许多的努力和辛劳。这些直线必然需要融合多种工作的体会、积累和分析，体现多种工作的差异性，思考这些工作的相关性，积累从事不同工作所需的知识和经验。

（3）交点的产生不是来源于简单的相交，而是创新的成果，是综合思考的积累。

（四）有高成就需求的人，容易寻找并获取交点

交点不是自然产生的，也不是所有的人都能获得的，交点属于有追求并努力去获取的人。有高成就需求的群体，比较容易获取交点。

有高成就需求的群体是当前研究较多的一群人，他们对组织具有十分重要的作用，能够快速成长、激励自己和他人，通常会成为组织的核心成员。

1. 有高成就需求的人容易获得交点

有高成就需求的人容易获得交点，这是因为：

（1）有高成就需求的人，对所从事的每一项工作都能积极思考、认真钻研，从而汇集知识。

（2）有高成就需求的人，在做另一项工作时，能够进行比较式的思考，认真分析各项工作之间的相关性和差异性，从而汇集经验。

（3）有高成就需求的人，性格较开朗，会千方百计地创造与人沟通的渠道，从而汇集信息。

（4）有高成就需求的人，会不断地激励自己和周边的人，从而汇集各方的力量。

（5）有高成就需求的人，较少囿于成规戒律，喜欢研究，从而汇集各方的创新能力。

（6）有高成就需求的人，会主动追求目标，不断地总结他人成功的经验，从而汇集机会。

有高成就需求的人，在汇集了知识、经验、信息、力量、创新、机会等之后，就会拥有重要的交点，这个交点汇集了各种力量，是一个新起点。

2. 有高成就需求的人应该具备的特质

（1）善于汇集知识；

（2）善于汇集经验；

（3）善于汇集力量；

（4）善于汇集新思想；

（5）善于捕捉机会；

（6）善于不断地自我激励；

（7）在逆境中不气馁；

（8）在进取中不断完善自己。

（五）交点不是终极目标，而是职业成功的新起点

一束光线的交点，可以产生高热，融化坚硬的金属；一束光线的交点，可以有所作为，也可以无所作为。人们在从事各种工作之后，找到了一个交点来汇集过去的工作，因此过去的工作对他今后的发展都是有用的，减少了浪费，汇集了力量，但那还仅仅是起点，是迷茫中看到的目标，是分散的力量的集中，而不是终点。究竟是有作为还是无作为，全在于获得交点的人如何走下一段路。

有的人一生只获得一个交点，沿着这个交点不断进取、努力，获得了成功；有的人一生必须有若干交点，方能获得成功。需要注意的是：

（1）交点只是统一了职业目标，离职业成功还有很长的距离。

（2）交点只是过去的积累，只是汇集了过去的工作成果，只是一个新起点。

（3）相交之后也可能重新出现发散。

（4）交点的获取在中年阶段较易成功，能够做到稳健、不骄不躁。

（六）关于交点理论的小结

（1）交点表示过去的积累。

（2）交点展示一个新的台阶。

（3）交点是一个新的开始。

（4）更高的台阶是下一个交点，需要付出努力。

（5）交点只属于努力向前的人，交点总在前方。

五、绣花理论——奉献中求发展

（一）绣花理论概述

1. 绣花理论的内容

绣花理论是指当一个人的职业生涯开始或者职业生涯处于低谷时，必须努力借助他人的"资源"并主动义务地或以比市场更低的价格去为提供资源的人工作，在这个工作过程中，完成自己技能、关系、资金（或其他资源）的积累，求得个人人力资本的质的飞跃，以获取职业发展的成功。

2. 绣花理论的由来

笔者小时候认识一位老大娘，这位大娘比周围的人都更富有，她向笔者讲述了自己获得相对富有生活的经历。当年她作为一个小媳妇，除了做家务外没有任何谋生的本领，她想学一门手艺，以作养老之资，但由于性别歧视和家境贫寒，求艺无门。后来她想到了学绣花，虽然家贫买不起针线和布料，也无师可拜，但她凭借勇气、决心和小时候一点针线活的底子，主动要求为邻居出嫁的姑娘绣花。当地的风俗是出嫁的女孩必须有几件绣花物件（如门帘、床帘、枕套等）作为陪嫁，许多姑娘因为忙或没有这门手艺，要花钱请人代工。小媳妇同意义务为她们绣花，她们便为其提供所有必备的材料。十年的义务劳动，使她不仅练就了极好的绣花技艺，积累了许多的花式图样，而且有了名气（无形资产）。第二个十年，她结束了义务劳动生涯，开始了有偿服务，但价格略低于市价。第三个十年，她以高于市场的价格赢得了众多的顾客。

这个绣花的故事给了笔者许多启示，从中归纳出来的理论就以"绣花理论"来命名。

3. 绣花理论的要素

绣花理论包括三个要素：（1）义务为他人做嫁衣裳；（2）为别人打工，完成自己的积累；（3）品牌效应。

（二）为他人做嫁衣裳

1. 学艺要先学会吃亏，为获得资源要付出更多的劳动

无论你想做什么事，都要拥有一定的资源，小媳妇要学绣花，必须有针线和布料；学生要想读书，必须有书本和纸笔。当你刚步入职场或者处于职业低谷时，遇到的第一个困难就是手中没有资源。

如何获取资源，这是许多缺少资源的人感到非常困惑的事。绣花理论提出，可以用义务劳动去换取资源，或用低廉的报酬去做更多的事，这种获取资源的方式就是先吃亏。

做很多的事，却不要报酬或只要很少的报酬，很多人做不到，他们认为这不公平、不合理，结果他就学不成艺。图 A—3 显示了两种获取资源的方式及结果。

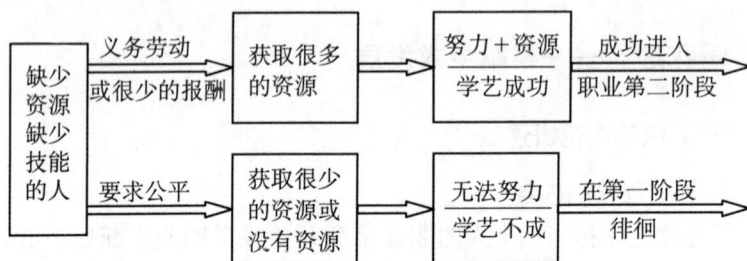

图 A—3　获取资源与职业成功的关系

2. 学艺要肯下苦功

当你完全没有资源和技能时，也许会用义务劳动或很低的酬劳去获取资源，当你用义务劳动换取资源并学会了某项技能时，还愿意接受这种不公平吗？你能否吃得起这个亏？

其实，一门精湛的技艺是很不容易学到的，因此，学艺一定要狠下苦功，既要假以时日，又要肯流汗水。十年植树，百年育人。成为掌握一般技能的普通人才与成为这方面的专家，有百步之遥。一个人要成才，必须对此有清醒的认识。

3. 做他人的嫁衣裳，学自己的绣花艺

为他人绣花，资源是他人的，成品是他人的，你连工钱都没有，是不是很吃亏呢？其实不然，学到手艺就是你的收获，学到精湛的技艺是你更大的收获。很多大学生、研究生跨出校门时，对社会、对实践知之甚少，但一点亏都不肯吃，不愿"偷学艺"，也不愿为"学艺"而多吃苦、少拿报酬。绣花理论告诉我们，做他人的嫁衣裳，学到的技艺都是自己的，而且这些技艺并不会随成品而"陪嫁"出去，相反，一定成为你个人的人力资本。

（三）实现职业能力的三大积累

绣花理论指出，要实现个人职业能力的三大积累。

1. 人力资本的积累

十年磨一剑，积累是一个很艰苦的过程。职业能力首先是指个人的人力资本，包括技术、知识、经验、健康和能力。人力资本的积累既包括学历教育、在职培训，又包括自己努力获取的各种技能和经验。

2. 品牌的积累

小媳妇义务为他人绣花十年，远近皆闻名，花越绣越好，知道的人越来越多。这种品牌的积累既需要时间，又需要公众的认可，这种认可积累到一定程度，就逐步成长为品牌。品牌是有层次之别的——是一个地区的品牌，还是一个省的品牌，抑或是国内一流的品牌。品牌的差异关键在于人力资本转化为产品和服务后，这些产品和服务被认可的程度。

3. 资源的积累

小媳妇用十年的时间打造了品牌和人际关系，同时又积累了一个十分重要的资源：花色图案。她把每一次绣花的图案临摹下来，日复一日，年复一年，她的案头上就积累了厚厚一叠绣花图案。这种资源让她在之后拥有了超过一般人的"资源"。

对于一个现代的青年，其资源的积累当然应赋予许多新的概念，其中最重要的是资金的积累、人际关系的积累等。

（四）收获品牌效应

1. 现代品牌效应

马太效应告诉我们，贫者愈贫，富者愈富。马太效应给了我们一个最基本的认识：当你到达一个点之后，就不是等差级数的增长，而是等比级数甚至指数级的增长，反之亦然。鲁迅先生也曾经用非常形象的比喻来描述相关的社会学理论：文以人传，人以文传，时间一长，也就分不清楚文好还是人贵了。随着社会的发展、通信的发达，品牌效应已经远远超出了马太效应所描述的哲理范畴。品牌效应使有些成功人士一夜之间就被全世界所认识。因此，为了获取自己的知名品牌，一定要付出行动，付出汗水，付出代价，肯为他人做嫁衣裳。

2. 必须学会珍惜收获的品牌效应

品牌效应可能会给你带来财富、荣誉，带来人们的尊敬和崇拜。此时的你一定要保持冷静的头脑，做到：（1）收获品牌效应时要谦虚；（2）收获品牌效应时要学会珍惜；（3）收获品牌效应时要有爱心。

3. 收获品牌效应时要尊重他人的品牌

树立了品牌形象的人受人尊敬，但切忌"唯我独尊"。每个人的品牌各不相同，从政、从商、从学都可以创出品牌。即使同样是从学，也有许多不同的专业、不同的研究方向。一定要学会尊重他人的品牌，尊重他人的成果，庆贺他人的成功。文人不能相轻，而应互相尊重对方，你会发现自己可获得更大的品牌效应。

（五）关于绣花理论的小结

绣花理论指出，人们在为他人做嫁衣裳时可以学艺。一个缺少资本、缺少技术、缺少图样的绣花女，花费几年时间为他人义务绣花，积累了绣花的技术、图样，积累了人际关系，同时打出了品牌。当她的绣花技术被大家认可时，她就上了一个很大的台阶，她的服务也可以合理收费了。刚毕业的大学生和研究生应该好好向这位绣花女学习，在入职的初期，可以义务或收取较少的报酬为他人打工。在打工的同时，积累自己的知识、经验、资本、信誉度、美誉度、社会关系和人际关系，完成人力资本的积累和各类资源的积累。在这种积累和提高的过程中，个人的职业成就也提高了。

六、烧开水理论——证明存在的过程

（一）烧开水理论概述

1. 烧开水理论的内容

人证明自己存在的过程犹如"烧开水"，这个过程中又包括三个子过程，第一个子过程是指不断添柴，即努力学习，不停地学习，向社会和环境学习；第二个子过程是指耐得住寂寞，不要频繁地揭锅盖，也就是指在积累过程中不能急于表现自己，这种积累既要求能吃苦，也要求谦虚；第三个子过程是指水终于开了，有时会顶起锅盖，发出响声，甚至远近皆可听到，此时你已经证明了自己的存在，但要注意，不要让烧开的水喷洒出来，浇熄了火，要记得保护它。因此，烧开水理论描述的是一个人证明自己存在的过程，是一个人必须努力、谦虚、感恩的过程，一个人如果完成了此过程，就完成了第一次证明自己存在的过程（如图 A—4 所示）。

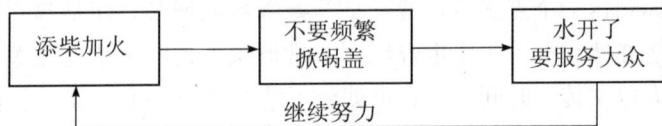

图 A—4　烧开水的过程

2. 烧开水的三要素

（1）不断添柴——添柴就是要努力学习和积累，如果没有柴火，水是无论如何也不会开的。

（2）不要掀锅盖——掀锅盖会把已积累的热量散发出去，不仅会使烧开水的过程更漫长，而且会使周围的人看到那似乎表明水开了的蒸汽而对开水更加期待。

（3）水开了别让火熄灭——水开了会发出好听的声音，证明自己已经达到沸点，同时，蓄势已久的开水会顶起锅盖，沸沸扬扬地证明自己的存在，这个证明的过程有时会将火浇灭。如果火熄灭了，你还能再烧第二锅开水吗？

（二）不断添柴

1. 烧开水时的添柴应是一个不停顿、不间断的过程

"添柴"是水吸收热量的必备过程，不停顿、不间断的添柴会使水不间歇地吸收能量，从而使温度不断上升。不停顿地吸收能量、增加热量，就能较快地完成积累的过程。如果停止添柴，水吸收的能量少了，温度可能会下降；如果停止的时间很长，水的温度降得很低，那么下一次添柴会耗费很多的时间才能使水的温度回升

（如图 A—5 所示）。

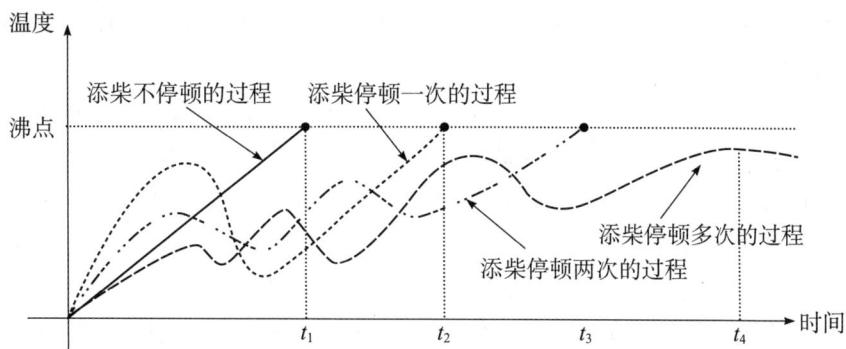

图 A—5 添柴三种状态的比较

不间断地添柴，水温可以持续上升至沸点，所耗费的时间最短，如图中的 t_1 所示。添柴每停顿一次，水温就必须经历降温和再升温的过程，也就是经历知识的遗忘、重新记忆和再积累的过程，所耗费的时间较长，如图中的 t_2 所示。如果停顿一次以上（例如两次、三次），则耗费的时间更长，甚至有时会因为机遇消失而丧失了斗志，消失了添柴的力量，水可能永远都不会开了。图中 t_3 表示的是添柴停顿两次的情况，t_4 表示的是添柴停顿多次，水可能永远都不会达到沸点的情况。

2. 停止添柴的时间过长会导致火熄灭

间断性地添柴会使水的温度下降，但停止添柴时间过长，火就有可能熄灭，那就是"忘却知识"的过程。此时要重新去引"火种"。引火种要具备三个条件：其一，要有易燃物；其二，要有火柴；其三，周围不能有风。如果这三个条件不能同时具备，就会给你的"引火"带来很大的困难。火完全熄灭是一个重大的挫折，而重新"引火"是对人生的一个重大挑战，有的人由于火的第一次熄灭就永远失去了重新"引火"的勇气，有的人由于风大就永远失去重新"引火"的机会，有的人由于找不到易燃物来重新引火而陷入沮丧。因此，不停顿地添柴，一鼓作气，奋斗不息是人生至关重要的历程。

当然，有时你会被迫停止添柴，有时大风会吹熄了火，有时会有人往你的火上浇水。不断添柴的愿望受到客观险恶环境的阻挠和破坏，当然是人生的悲剧。但是，随着人类的进步和社会经济的发展，类似的情况也许会很少发生。

3. 柴的燃烧需要氧气

中国有句俗话"火要空，人要通"，火空了才能进入氧气。因此，当你烧柴时，炉子的后面要有一定空隙，以便让空气能在其中流动。柴的燃烧需要氧气。我们在为自己烧开水架一个简易的炉子时，一定要注意留有空隙，即"要留有余地"，没有余地就没有氧气，没有氧气柴就不会燃烧。当你积极进取时，千万注意要为每一件事情留有余地，为每个人留有余地，宽容才能利己。

4. 添柴时必须对柴进行挑选

（1）干柴与湿柴。干柴容易点着，烧得也旺，能够迅速给水以能量，但如果所有的柴都必须自己上山去挑拣，你就会觉得干柴的供应量是有限的。当然，你可以有两个办法，一是把山上的干柴尽可能捡回来，二是砍一些柴禾劈开晒干。砍柴、劈柴、晒柴这个过程需要时间，如果想减少所需的时间，就要在添柴时重视对柴的挑选。

我们要烧一大锅的水，只有几根干柴是不够的，而等待湿的柴全干又来不及，因此有一个自我能量的转化问题，即可以将一些半湿的柴放在炉火边上烤着，有时还可架在干柴上面直接烤，这样就可以充分利用火的"势"和"能"将半湿的柴更快地烤干，以增加柴的储备。

在人生的道路上，用自己燃烧的热量给自己添"势"，实际是知识的互补过程，用一根已干的柴的热量烤干一根半湿的柴，是一种自借"势"，是自己能量的转换和增加。换岗会面对新的挑战，但原有的经验给你帮助；多读一个学位，会有新的知识的再学习，但已经通晓的知识会成为你迅速了解新知识的助力。

知识是相通的，掌握的已知知识越多，知识面越宽广，知识的深度越深，则对未来知识的获取的助力就越大，图A—6（a）中已知的知识少，其对未知知识的获取的助力就小。图A—6（c）中已知的知识多，则可以强有力地帮助和影响未知知识的获取，图A—6（b）中已知的知识介于图A—6（a）和图A—6（c）之间，其对未知知识的影响也介于二者之间，图A—6形象地表现了已知知识对获取未知知识的助力。

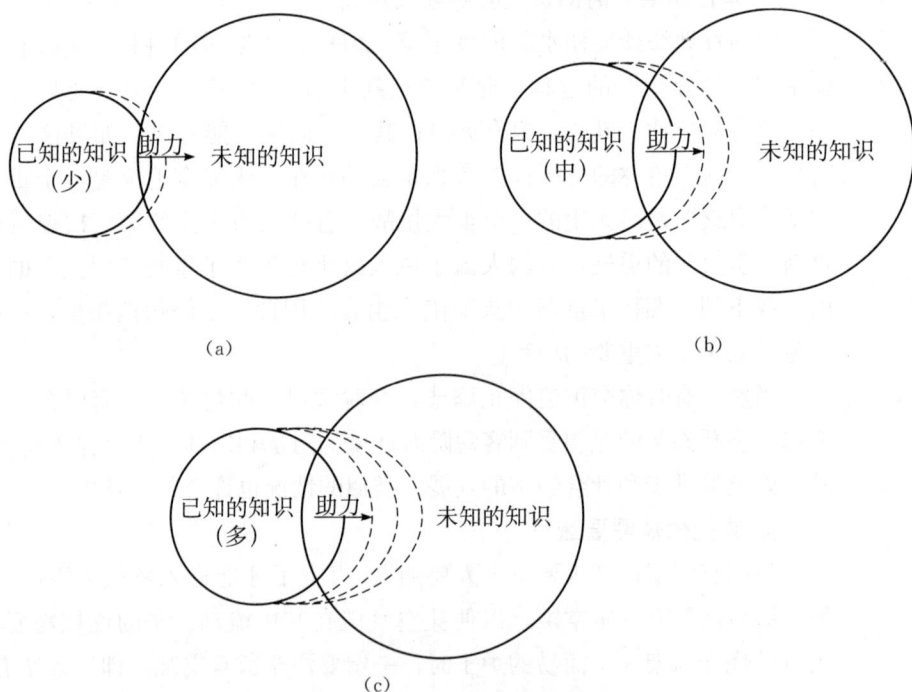

图 A—6　已知知识对获取未知知识的帮助

（2）大的柴与小的柴。小的柴容易点着，但也容易烧尽，大的柴不容易点着，但耐烧，烧的时间长。在你挑选柴时要注意大的柴和小的柴的搭配。

（3）直的柴与弯的柴。如果都只用直的柴，火就烧不旺，因为较难保持通风。

因此，形状不好看的弯的柴和直的柴要搭配好，才能产生最好的效果，因此，对各种柴火，无论外观笔直、好看，还是弯曲、不好看，均须很好地搭配，在选择时对它们兼容并蓄方能达到烧好火的目的。

（三）添柴的艺术

除了前面讲到的柴的选择之外，添柴还有其他一些讲究。

1. 添柴时机的把握

每添一根柴，不一定会立即增加能量和火势，"烧着"、"烧透"和"烧尽"是三个不同的时机，一般后一根柴的增添必须在前面一根烧尽之时。否则，柴过多会使火熄灭，或者使火势迅速减小。追求知识也一样，不能贪多，应该注意消化和理解。

2. 火势的控制

火势的控制是一个综合的概念，包括对柴的选择和对添柴时机的选择，但总体上必须对火势有一个宏观的把握与控制。火势不宜过大，否则可能会造成对周围其他物体的伤害，也会造成难以控制的局面；火势也不宜过小，否则能量的积累太慢，烧开一锅水的时间太长。

知识也是如此，不仅要注意加以吸收和理解，而且要注意既不要去掠夺他人的知识财富，也不要过分地优哉游哉，以至错过把握时机的机会。

3. 添柴的数量

添柴的量与柴的大小、形状、干湿度等有密切联系。读书的量也应与知识的难易、类别和前沿性相联系，知识的吸收还与个人自身的智力、兴趣、精力及其他因素相联系。

4. 炭的处理

烧尽的柴就变成了炭，炭保持一定温度之后就成了灰烬。在从红炭到灰烬的过程中，是不可能再完全燃烧的，每根柴都会有未能燃烧的部分，因此，必须尽早地从炉中将未化为灰烬的炭取出，以便保持旺盛的火势和继续添柴的空间。

炭和灰烬就是知识的遗忘、老化和更新，只有遗忘一些东西，才有空间增添一些东西。笔者在此把老化的知识系统称为黑色系统，把遗忘和扬弃的过程称为"黑化"，把前沿的新知识称为白色系统，把知识的学习和更新称为"白化"。

5. 关于添柴艺术的归纳

我们用图 A—7 来归纳上述添柴方法。

（四）不要急于掀锅盖

1. 掀锅盖会散发热量，推迟水开的时间

缺少耐心的人会在烧水的过程中不断掀锅盖，看水开了没有。每掀一次锅盖，水积蓄的热量都要散发一些，锅盖掀得越频繁，散发的热量就越多，这样，水开的时间就要往后推迟，有时，这种时间的推迟就等于失去时机。

有的人在学习、积累的过程中会急于表现自己。随着时代的进步，知识的更新加快，现代人变得更加浮躁。其实，任何知识的学习都有一个过程，任何年轻人的

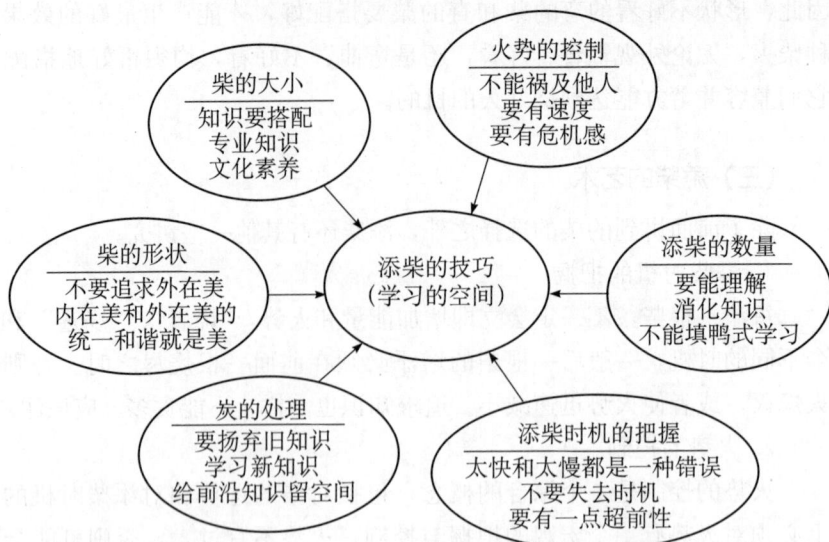

图 A—7　添柴的艺术

成熟也需要一个过程。

不要急于掀锅盖，保留和积蓄热量，水终究会开的。

2. 不开的水也会冒蒸汽，使他人充满期待

当你掀开锅盖时，不开的水也会冒蒸汽，心急的人看见了，对开水的期望值就会升高，希望能立即喝到开水。提前使用不成熟的人，会使组织与个人双输，对组织而言，不能达到预期的效果，对个人而言，让组织失望也就是让自己失望。水终究会开的，但如果提前掀开锅盖去喝半生的水，喝的人可能生病，烧水的人也免不了挨骂。

开的水会冒蒸汽，但冒蒸汽不意味着水已经开了，让他人对自己的期望值过高，有时应归咎于自己提前掀锅盖。

3. 沉得住气是一种修养

俗话说，沉得住气才能成大器。烧开水要有耐心。从点火开始，不断地添柴，直到把水烧开，需要等待一定的时间。在这个过程中必须沉得住气，即使别人锅中的水开了，你也必须继续添柴，继续等待。

新的时代，知识增长很快，技术更新也很快。但每一种获取都要有一个过程，也许是比较漫长的过程。

锅大水多，等待的时间长，但要沉得住气，因为水终究会开的。

4. 寂寞也是一种重要的锻造

等待是寂寞的，试想一个人坐在一个简易的炉前，烧一大锅的水，四周是一片荒山，静静的水流从身边淌过，你一根一根地添着柴，等待着把这锅水烧开。这时，你会觉得寂寞。但是，寂寞是人生中一种重要的锻造，过去人们用"寒窗十载苦消磨"来说明寒窗攻读之苦，用"面壁十年"来形容成才的不易。当这个世界飞速变化时，当物质生活日益丰富时，当众多诱惑快速地进入人们的眼帘时，寂寞是一种

很不容易获得的锻造。当你寂寞时，必定会思考许多事情，自省自己的错误，审视已走过的路，品尝孤单与寂寞的感觉。这种锻造，是烧开水过程必然会带给你的重要收获。

（五）证明自己的存在

1. 水的欢唱和跳动，证明了开水的存在

水即将开时，会发出欢快的声音，此时你一定要按捺住即将成功的喜悦，等待水到达沸点。水开的声音很好听，滚动着的水还会顶开锅盖，此时你可以掀开锅盖，证明自己的存在。

滚开的水不仅用美丽的欢唱证明自己的存在，而且用沸沸扬扬的跳动证明自己的存在，有声有形有笑，那是辛苦积累的回报。

2. 水开了，要防止水溢出锅面

给锅里注水时，应留有余地；水开了，要退一点火。掀开锅盖时要谨慎，不要让水过于得意，以至溢出锅面。让水保持一定的温度，只要开水迅速地为大家所用，就不会漫出锅面。"学然后知不足"，在输出你的服务和能量后，你就会知道必须继续输入知识和能量。

要防止水溢出锅面，必须注意提供服务，同时还要注意不要让水把火（特别是你的火种）熄灭了。

3. 要做好烧第二锅水的准备

前面已多次提到，现代社会知识更新快，第一锅水开了，证明了你的存在，证明你有积蓄能量的能力，有等待时机的耐心，有服务大家的诚意，但是烧一锅水是不够你享用一生的，你必须准备烧第二锅水，继续积累你的知识、经验，以适应新的环境的变化，寻找更上一层楼的机会，进行人生的第二次冲刺。

（六）关于烧开水理论的小结

烧开水理论认为，证明自己的存在需要一个过程。这个过程有三大要素：其一，要不断添柴，不懈地努力和奋斗；其二，不能频繁地掀锅盖，即不要过多地表现自己，要耐得住寂寞，要耐心、虚心；其三，当水开时不能让火熄灭，滚动的开水证明了自己的存在，但不能太高调，还要准备烧第二锅水。年轻人要能坦然地接受坐冷板凳、遭受冷落的待遇。在寂寞中，要不断地努力、积累、奋斗，等待名不经传的自己烧开第一锅水，向周围的人证明自己的存在。但是，即使得到了人们的认可，也要谦虚、诚恳地向环境和周围的人学习。

七、成才捷径理论

（一）成才捷径理论概述

古希腊有一个将军，为了专心为国效忠，减少后顾之忧，就把年幼的儿子交给自己一个名叫"Mentor"的博学多才的好朋友照看。这个年幼的儿子在 Mentor 的照看下健康成长，成为一个非常出色的领袖。后来，这个朋友的名字"Mentor"就成为优秀导师的代名词。近年来，中国人比以往更喜欢看武打小说。这些武打小说描述了一种非常有教育意义的思想，即功力可以转移、可以赠予。一个功夫高深的武林高手可以把自己几十年练就的功夫转移到他人身上。这些重要的启示使我们对成才捷径理论进行深入的思考。

当一个人具备了基本的知识和能力后，要快速提升自己的能力，使自己的理念、行为模式和工作作风与个人所处的环境相适应，就必须获得一个或几个优秀人才的直接指导和帮助。在他们的言传身教下，个人将获得快速提升，从而获得职业的成功。

（二）成才捷径理论的三要素

成才捷径理论的三要素是：识俊杰、质本坚、善学习。

1. 识俊杰

这里所说的"识俊杰"就是指选择帮助自己快速成才的导师，即选择最适合你的 Mentor。你一生中不可能只有一个 Mentor，但关键的、对你最具影响力的导师只有一个。

人的一生是由一系列决策组成的，一系列决策的正确与否决定了你职业的成功与否。人生的三大选择是：择偶、择师、择友，其中关系到职业成功与否的最重要因素是择师，因此如何认识你职业中的 Mentor 就显得十分重要。

（1）认真分析自己的职业道路。尽管职业分类有很多种，每个国家的职业分类法和职业系列都有很大差异，但本书从最容易理解和最容易为普通人接受的方法入手，将职业发展路径分为三大类：从政、从商、从学。这三大类虽有各自的路径，但彼此是相通的，不互相排斥。但若彼此共存，必须谨慎对待，因为这不仅可能影响你的职业成功，使你不能专注、专一、专业地做一件事，而且有可能导致你犯错误。比如，从政的人去从商，就有可能以权谋私。在选择从政、从商、从学时，要根据自身的性格、素质、气质、兴趣、专长、基础等各种因素来决定。

除了选择职业通道外，明确自己对职业高度的期望值也很重要。在一个人的一生中，在选择职业时最不应该盲目追求自身的素质、潜力难以到达的职业高度，以免失去可以获得的职业成功机会。所以，在确定自己的职业通道和期望的职业高度后，就应该主动去认识你所选择的职业中的优秀人才和成功人士，努力使自己成为他的学生。

（2）快速提高的方法：学会倾听。在导师面前学会倾听是很重要的。倾听包括两个方面。首先，倾听导师对人的认识，听他说自己，听他说你，听他说你和他，听他说你和别人，听他说他和别人。在这种倾听中，你可以快速地学会如何认识人、如何与人相处、如何提高自己处理人际关系的能力。其次，倾听他对事的认识。听他说自己的事，听他分析你的事，听他分析你和他的事，听他分析别人的事，听他分析你和别人的事，听他分析他和别人的事。在这种倾听中，你可以快速地认识事，了解什么事这样做是对的，什么事那样做是错的，什么事应该用什么方法去完成，什么事应该用什么方法去回避。从中学会如何做事，如何处理各种事。这种对事的认识会提高你处理各种复杂事情的能力。

古人云："与君一席话，胜读十年书。"这是十分有哲理的。要学会听，也要善于问。要学习导师的思考方式和行为方式，从他的思想中汲取各方面的营养。在倾听之后，由于"一语惊醒梦中人"，许多平时自己难以处理的事就有了清晰的思路，从而能快速提升你待人处世的能力。

（3）清晰了解自己的不足。要了解自己的不足，一是靠自己去反思与分析，一是靠老师、同事、朋友的批评和指点。清晰了解自己的不足才能有的放矢地加以改正。就像本书前面介绍的红叶子理论一样，缺点有时会蚕食了你的优点，使你的优点难以展现。

2. 质本坚

质本坚是指你本人非"朽木"，而是质地坚韧的石头。"朽木不可雕"，再好的雕刻师也无法在朽木上雕出艺术品来。质地坚韧的石头不仅可以抗压、抗摔、抗磨，而且可以雕刻出许多高雅美丽的艺术品来。

（1）优秀人才善于识别有潜力的人才。所有成功人士都有一个共同点，那就是善于识人。你想获得优秀人才的指导，前提必须是 Mentor 愿意指导你。对于"朽木"，优秀人才会很容易识别出来。比如，如果你懒惰、骄傲、自以为是、不爱学习、不肯动脑子、心态不好、嫉妒、攀比、不肯吃苦等，优秀人才就难以把你当成一个有潜力的人才加以培养。成功人士的身边常围绕着许多优秀人才，如果你缺乏一个坚硬的内核，缺乏一种上进的精神，就不可能引起他们的注意，就会失去许多机会。

（2）质本坚的内容。

1）必须具有永远向上的精神。有上进心，不断努力，永远积极向上，对目标的追求永不停止、永不懈怠。

2）必须具备坚韧不拔的意志。无论遇到什么困难和打击，都敢直面应对，能坚强、坚持、坚韧地对待所有的问题。坚韧不拔、百折不挠是表现个人素质的很重要的方面。

3）必须能经受所有的委屈和失败。工作中不可能都是一帆风顺的，难免受到挫折、委屈，遭遇失败。有的人不怕艰苦，但一旦受到委屈就怨天尤人、丧失意志或一蹶不振。自古有"胯夫"的激励之说，即人须能屈能伸。只有能经受委屈的人才能成就事业。

4）必须有很强的责任心。责任心包含对家庭的责任心、对社会的责任心、对工作的责任心。凡有责任心的人，是人们觉得最可靠的人，也是受到社会和他人尊敬的人。有责任心的人重然诺，不轻诺，一言九鼎，对自己的语言、行为负责，为自己承担的家庭角色和社会角色负责。有责任心的人通常有博大的爱心。

5）必须有良好、健康的心态。一个心态不好的人，不仅会使自己和周围的人都不快乐，更重要的是影响了自己的职业发展。健康的心态包括：爱他人和被人爱；信任别人和被人信任；宽容、宽爱、宽怀；善于与人沟通和相处；善于理解他人和换位思考。这种良好、健康的心态也是优秀人才必须具备的特质。

（3）质本坚能带来的收获。

1）质本坚使你引起优秀人才的关注。一块质地坚硬、纹理细腻的玉石令一切玉石爱好者爱不释手，一个质本坚的人才会引起有智慧、有才华的优秀人才的关注。这不仅仅是因为"惺惺惜惺惺"，而且是因为一个有事业心、有成就的优秀人才对其他人才的珍爱。一个人事业的成功和辉煌有赖于集合起一批优秀人才一道努力，一起创造对人类、对社会进步有益的事业。人才是所有竞争的制高点，优秀人才之所以优秀，就是因为他有对人才的敏感性，善于发现人才、培养人才和使用人才。一个有意志力的人，一个有上进心的人，一个善于学习的并勤于学习的人，一个品质优良且执著追求事业的人，必然会进入优秀的领袖人物的视线，得到密切关注。

2）质本坚使你获得优秀人才群体的认可。认可需要一个过程，在这个过程中，关键在于你本人是不是一个值得信赖的人，是不是一个可以脱颖而出的人，是不是一个可造之才。认可就是一种接纳、一种爱惜、一种对你的更进一步的期望。

3）质本坚使你获得优秀人才的主动指导。关注一个人才，认可一个人才，最终是为了培养他真正成才。犹如对一棵树苗浇水、施肥，就是为了它能长大成材。同样，对人才的关注和认可是为了他能获得良好的指导和帮助。一个质本坚的人能得到优秀人才直接的指导和帮助。

4）质本坚使你获得更好的生存和发展环境。资源的有限性是永恒的。古人曾说，唯松间之明月与水上的清风是可以人人均享的。但是，随着时代的发展，这种共享性也受到一定的限制。如工作繁忙、居住拥挤、经济困难，都可能约束某些最底层的人，他们除了为生存而奔波外，无法享受大自然对所有人的公平恩赐。正是由于资源是有限的，获得更多露水和光照的小树才比其他的树长得快。这是一个无法改变的马太效应原理。因此，质本坚的人会得到优秀人才的关注和帮助，会分配到更多的有限资源，获得较其他人更多的阳光雨露。

3. 善学习

善学习包括三个层次。第一个层次是本人想学习，有学习的渴望，愿意向其他人虚心请教，只要这个人有一技之长、一得之见、一智之高。第二个层次是本人能学习。这里包含健康的身体、健康的心态，能营造学习的硬环境和软环境，有进一步学习的良好基础。第三个层次是善学习。学习不能死记硬背，不能停留在表层和字面上，而要学习深层的含义。对每件事、每种知识、每种行为，都要了解本质，能举一反三，推陈出新。

（1）想学习是善学习的基础。要有永恒的理想追求，孜孜不倦地追求知识。像孔子说的那样，"三人行，必有我师焉"，要"不耻下问"，读万卷书、行万里路、经万种事、见万种人。对不懂的知识要勤学、苦学、善问，不可不懂装懂，"知之为知之，不知为不知，是知也"。对学习的渴望会使你永远像一块海绵，想吸纳所有的"水分"，而不会感到疲倦，不会终止这种追求。古人对所有求知欲强的人指出，"学，然后知不足"。因此，想学习是善学习的基础。

（2）能学习是善学习的必备条件。一个缺乏健康身体的人，即使有学习的欲望，也没有不间断学习的条件。任何比赛最终都是体力比赛。一群智力相近的人在追求同一事业时，健康的体魄是获取成功的关键。健康的心态比健康的身体更重要。面对困难，面对他人成功，面对遭受的挫折，都需要有健康的心态和平常心，不嫉妒、不攀比、不抱怨。只有具备健康的身体和健康的心态的人才具备不断学习的条件。

（3）高情商是善学习的核心和根本。不少人认为，善学习的核心是高智商。无数的事实证明，高情商才是善学习的核心。高情商的人在学习中能正确认识自己。正确认识自己包括正确的角色定位、虚心的学习精神和得体的语言行为。学习优秀人才的知识时，要学习优秀人才的思想和理念，学习优秀人才的行事方法，学习优秀人才的大气魄、大胸怀、大志向，学习优秀人才成就大事业的决心、意志和方法。

（三）关于成才捷径理论的小结

成才有无捷径是千百年来人们议论最多的一个话题。改革开放以来，许多杰出作家、企业家和社会活动家的经历值得人们去研究。成才捷径理论提出，与优秀人才交往，有利于吸取营养、接受指导，从他人的成功与失败中学习经验和接受教训，从而使自己快速成长、快速成才。但你必须是一块可雕琢的玉石，所以质本坚是很重要的一个条件。一个人要质本坚，需要接受各种锤炼。但仅仅有质本坚还不够，还必须肯学习、善学习，这样才能快速得到知识、信息、经验，快速提高人力资本，快速提升职业发展所需的各种能力，快速成才。

八、一流人才成长论——发动机装置理论

从职业、性格、气度和风格、知识等角度，可以把人分为很多种，但从人自我向上的力的角度可将人分为三种。凡是自身有发动机者称为一流人才，这种人能够自我奋发，永不停步，不需要他人的激励和表扬，也不需要他人的压力和批评。正反两方面的各种"催化"都不是促进他向前的动力，他个人内在的向上的力量会促使他永不停步，追求真、善、美，追求更加灿烂的人生。第二种人是需要激励、表扬、批评或压力才能前进的人，需要他人给安装发动机，需要他人不断供给汽油，自身缺少意志力，缺少恒久的追求，缺少自发向上的力，容易三分钟热度，容易受他人影响。第三种人就是自暴自弃的人，听不见他的发动机响，也无法给他加油和激励，过着无所作为的日子。这种人懒惰、没有上进心，喜欢依赖他人，精神不振，这类人继续消沉就有可能成为对社会有破坏性的人。

（一）一流人才必须具备的三个优良品质

这三个优良品质是：勤劳、谦虚、毅力。

1. 勤劳的人是最受欢迎的人，所有的优秀品质中勤劳受到所有人的欢迎

（1）勤劳可以使你直接获取知识。当你做某一件事时，可能要复习你以前具备的某些知识并提高技能；必须向某人求教，从他人那里直接获取指导；或者必须去查阅很多的书籍和资料，从中获得知识；或者必须去参观别人的实践过程并学习实

践结果，从所看到的实践和实体中获得知识；或者环境迫使你必须去"偷学"知识、"偷看"别人的工作过程，从中获得知识。总之，劳动实践可以使人们直接获取知识。勤劳的人不仅会获得知识，而且会获得比他人更多的知识。同时，勤劳的人在失败之后会继续学习、实践，因而会获得更多的知识。

（2）勤劳可以使你直接获取支持。勤劳可以使你周围的每个人都喜欢你，因为每个人身上可能都存在一些惰性。当你在集体中显得特别勤劳时，就会获得周围人的认可和喜欢；当你在实践过程中向人讨教时，就能够获得他人的支持和帮助。

（3）勤劳可以使你直接获取财富。在农耕时代，农民"锄禾日当午，汗滴禾下土"，从勤劳中获得了一日三餐；在工业时代，工人们在机器旁日夜辛苦，促进了社会的发展和社会物质的日益丰富；当现代化社会和信息社会到来时，勤劳也是获取财富的必经之路，第一桶金一定是靠勤劳的双手获得的。

2. 谦虚的人是最易获取知识的人

（1）谦虚可以使你肯学习、善学习。子曰："学，然后知不足。"谦虚的人把自己的知识比作一个圆，把圆的周长比作自己不了解的知识，那么他的知识越丰富，就会觉得自己不懂的知识越多，唯有努力学习，如饥似渴地学习，方能不断地丰富自己。谦虚使自己想学习、肯学习，并且会使自己成为善学习者。

（2）谦虚可以使他人愿意与你分享知识。谦虚的人处处虚心向人请教，时时将自己放在学生的立场上，用谦虚的态度、受教于人的真诚感动周围的人（包括师长、同学、朋友、同事、领导），使他们愿意将自己的有益于做事、做人的思想、知识、经验、信息、体会、教训等与你分享。这样，当你向人请教时，会分享到他人知识和经验之精华，常常会获得"胜读十年书"的效果，因此你会比周围的其他人进步更快。

（3）谦虚可以使你获得最好的软环境。这里的软环境包括社会人文环境和职业人文环境。谦虚的人在拜人为师的过程中，不仅能学到许多有用的知识，而且能拉近自己和他人的关系而获得良好的社会文化环境。如果你的职业刚刚起步，人们会指导你如何去获取职业道路上的点滴进步；如果你的职业小有成就，人们会指导你如何更上一层楼；如果你的职业已有一定的成就，那么谦虚将使你获得更多的尊重。你的职业人文环境和社会人文环境改善了，人们乐于与你为友，乐于给你出谋划策，乐于为你的进步提供帮助，你就获得了最好的软环境，你的职业成功就会更快一些。

3. 有毅力的人是最能获得各种助力的人

（1）毅力可以使人们在你最困难时向你伸出援手。一个人跌倒了，只有自己想爬起来时，人们才愿意向你伸出援手。只有在爬起来的过程中不畏艰难困苦，坚持努力，人们才会下力气去帮你。如果你坚持、再坚持，人们就会下大力气去帮你。这样，你最终能爬起来。毅力、坚持会使人们向你伸出援手。

（2）毅力可以使你获得人们的尊重。一个有毅力的人，会在困境中排除万难，不断努力，即使身陷泥潭也会挣扎着靠向岸边，他们不会遭到人们的讥笑，相反会得到人们的尊重。人类或许有同情弱者的本性，但更尊重敢于迎接困难、直面困难、挑战困难、百折不挠克服困难的人。这份尊重不仅可以鼓舞自己增强战胜困难的勇气和决心，而且会使自己继续获得帮助。

（3）毅力可以使你承担更多的企业责任和社会责任。一个有毅力的人，会在重担面前不却步。即使这副担子很重，他也会对自己说：我一定挑得起来，从而不断地鼓舞自己、激励自己。在关键时刻，人们会信任他。作为一个企业领导，这种信任就是一笔财富；作为一个正谋求成功的人，这种信任就是一种力量。一个有毅力、能坚持、百折不挠、大无畏的人自然也能承担起更多的社会责任，主动去帮助弱者，帮助他人，为他人服务。

（二）一流人才必须具备的四个条件

1. 耐得住寂寞

（1）寂寞是学习过程中必须经历的。我们在前面介绍了烧开水理论。烧开水过程中的添柴加火是寂寞的。读书做学问要耐得住寂寞，能在寂寞中学习知识、增长知识、积累知识。"面壁十年"、"板凳坐得十年冷"都是指学习过程中必须经历寂寞。

（2）寂寞是创新思维过程中必须经历的。任何一种创新思维都需要掌握大量的知识。掌握和积累知识的过程是寂寞的。创新思维需要思考、对比、分析，需要对国内外相关问题进行研究，甚至需要有很长一段的试验时间、观察时间，在这一过程中必须面对寂寞。

（3）寂寞是失败与成功过程中必须经历的。任何一种研究、一种创新的思维活动、一个试验都有可能经受几次甚至几百次失败。从失败到成功的过程是漫长的、寂寞的，但这是所有争取成功的人必须面对的。

2. 能忍受委屈

做学问、做研究是一个漫长的、寂寞的过程。在这个过程中，很容易让领导和同事误解，认为你无所事事、浪费时间，这就是你必须面对的委屈。这种委屈可能要伴随你的一生。在各个研究阶段要忍受各种不同的委屈。许多人可以忍受研究过程中的艰难、困苦，却忍受不了委屈。因此，委屈是比痛苦更大的一种挑战。

3. 保持永远的平常心

无论你是富贵还是贫贱，无论你遇到的是顺境还是逆境，无论你是否取得了成功，永远要保持一颗平常心。当你拥有地位、权力和金钱时，平常心会使你有亲和力，让社会更尊重你；当你拥有成功的职业，在某一领域作出重要业绩和贡献时，平常心会使你平等待人，从而拥有温馨的家，拥有真诚的朋友，拥有融洽的人际关系；当你遇到困境、逆境、不顺利时，平常心会使你经得起沉浮起落，更容易获得帮助，获得朋友、上下级和同事的理解，社会也会对你伸出援助之手。

4. 有恒久的理想追求

一个想在职业生涯中成功的人，拥有理想是非常重要的。理想是你奋发的基石，是你前进的翅膀，是你克服困难的动力。缺少追求和理想的人，一生都平淡无奇，缺少光彩。追求理想不在于一时一事，而要持之以恒久。

（三）一流人才必须摒弃的三个人性弱点

这三个弱点是：嫉妒、攀比、抱怨。

1. 嫉妒是人类相互伤害的毒药

嫉妒是伤害人类自身的毒药。人们可能由于嫉妒而阻止他人的发展，伤害他人的事业和家庭，甚至犯罪。一个成功的人士、一流的人才，首先必须摒弃的就是嫉妒心理。对于比自己更成功的人，以及比自己拥有更多幸福和幸运的人，你只能有一个心态，那就是向他祝福、向他学习、向他致敬，同时尽自己的力量使他拥有更大的幸福和成功。

嫉妒心理既像一副毒药，毒害自己的心灵，使自己无法接受比自己成功、快乐、幸福的人；又像一条毒蛇，会吞噬自己的心，使自己痛苦、彷徨、愤怒，失去快乐和健康的心态。一流人才一定要有健康的心态，自己快乐地工作和生活，也让周边的人快乐地工作和生活。

2. 攀比是人类折磨自己的苦药

人们常常喜欢把自己所获得的先天的或后天的东西（包括财富、智慧、美貌、官阶、机遇等）与他人攀比，结果总是愤愤不平，导致自己不快乐、不开心、愤世嫉俗。古人说："知足常乐"，喜欢攀比的人正好相反，"不平常哀"。攀比与嫉妒二者是不一样的。嫉妒较易导致过激行为，攀比较易导致个体的悲哀和烦恼。喜欢攀比的人总觉得自己吃了亏，不仅给自己带来痛苦，也使自己丧失上进心，这是职业发展的一大障碍，是一流人才必须坚决摒弃的人性弱点。

3. 抱怨是人类灰色人生观的典型表现

抱怨是对自己的所有遭遇都不满的一种行为。喜欢抱怨的人很少能看到自己的缺点和别人的优点，很少怀着感恩的心去对待周围的事和人。这种人常常抱怨自己"怀才不遇"；抱怨自己得到的太少；抱怨自己运气不济；抱怨自己的身世背景；抱怨自己生活中身边所有相关的人，包括自己的父母、伴侣、孩子、领导、同事、朋友等。喜欢抱怨的人觉得自己样样不如人。他的典型思路就是：自己付出的太多了，得到的却太少了；自己的努力太多了，运气却太差了。在这种人看来，自己时时处处吃亏。在这种人的世界里，一切均呈灰色，没有阳光，没有亮点。善于抱怨的人经常要靠他人的鼓励、帮助和支持才能有小成。一流的人才从不抱怨，而是感激身边的人和事。困难是对自己意志的磨砺，痛苦是通往成功的必经之路，成功是上天对自己的奖励。一流人才必须远离抱怨。

（四）关于发动机装置理论的小结

一流人才拥有能够自己启动并不断充电的发动机，不需要他人的激励，就能够不断地自我激励、自我改善环境，克服前进道路上的困难，冲破各种阻力。一流人才的内置发动机来源于他崇高的目标追求，勤劳、谦虚的美德，以及百折不挠的坚强意志。一流人才必须摒弃人性的三大弱点，即嫉妒、攀比和抱怨。即使在艰苦恶劣的环境中，也要为他人的成功感到高兴，有博大的爱心去为他人排忧解难，永怀感恩之心，永远朝着既定的目标努力，借助自身的发动机走向成功和辉煌。

九、俭奢平行通道理论

中国古训说："由俭入奢易，由奢入俭难。"鲁迅也曾经说过，有谁从殷实人家走向破落的吗？在这途中一定会感受到人间的冷暖，其意指两个方面：一是从富裕走向贫穷的途中，行走者自己感受到艰难的困苦；二是在途中，行走者感受到来自环境的压力，来自他人的轻侮、怠慢和耻笑。

那么，一个能行走在"俭"、"奢"之间而不觉得痛苦，不感到迷茫，并能坚定地按照既定的目标向前之人，也就是容易获得职业成功之人。

（一）传统的俭奢通道是喇叭形的

1. 俭、奢的物质含义

通常，"奢"在物质上泛指衣、食、住、行上的奢华。这些奢华随着时代的进步和变迁也有了不同的定义，正如目前一个中产阶级的许多享受绝不是古代帝王家所能达到的。因为科技进步了，人类享受到更多社会进步的文明成果，火车、飞机的舒适度是多少匹马拉的马车都不能达到的，空调给人的冬暖夏凉绝非千金裘和黄金扇可比拟的。我们给"奢"的一个模糊的定义就是，在同一时代，同一个国家（注意，不能小到城际地区），衣、食、住、行等方面的物质享受水平大大高于平均值。反之，若大大低于平均值，就是"俭"。实际上，给出这种定义确实有许多不足和不妥，但可以从中了解到构建这种平行通道有多么困难。

2. 俭、奢的精神含义

实际上，俭、奢的物质含义并不是最重要的。俭、奢从物质层面辐射到精神层面才是最根本的。一个人无论拥有多少财富，拥有多少房屋，寝具有多么奢华，他躺下去也不过七尺长。无论他拥有多少高级的豪车，他坐的也仅是一辆车中的一个座位。这说明奢华和简朴在物质层面上尽管差异很大，但一个人行走其间还不是最困难的。而俭、奢的精神层面的含义就让人难以逾越了。极度的富贵辐射到精神层面，就是颐指气使，众星捧月似的受到众人的崇拜，无论顶礼膜拜这个之人是否出于真心。但富贵带给人的精神层面的影响是极少有人能够拒绝的。贫穷则常会受到人类最恶毒的践踏，譬如侮辱、漫骂、在伤口上撒盐、在痛苦时加码，许多人对于精神层面的差异极难承受，不少人会选择结束生命或采取其他极端行为。

3. 由俭入奢，虽然行走者感觉轻松，但对行走其间的人会带来许多不良影响

小时候看"渔夫和金鱼的故事"，受教良多。当时仅感到"贪心不足"必得其反，随着年龄的增长，步入中年，老将至，老已至，在每个年龄段的体会都有很大不同。现在看这个故事，就会有三个层面的反思：渔夫放生本为善举，为何萌生贪恋，谁能拒绝有求必应的送上门来的富贵？天上本不会掉馅饼，既然已掉下了，为何不能知足常乐，是人心不足蛇吞象，还是得之容易而难以收心？金鱼有错吗？金鱼使由俭入奢成坦途，之后又使渔夫夫妇由奢入俭，回到了原点。这和"黄粱一梦"的故事相似。让人们回味的是永恒的主题，人世的一切都是虚幻的过程，最终还是

一抔黄土容我身。"渔夫和金鱼的故事"带给人启迪的就是，由俭入奢虽令人舒服、开心，但容易助长坏脾气以及无休止的贪欲。时下的反腐倡廉也印证了由俭入奢会带来许多坏的品行。

4. 由奢入俭，虽然行走者倍感艰难，但可以磨炼意志，积蓄力量以图新的发展

有一个爱茶者的故事发人深省。古时候有一个员外，家财万贯，好茶且极其讲究，又好聚饮，挥霍无度。终于家败如山倒，后沦为乞丐。因为由奢入俭，他在生理、心理上都承受了极大压力，遭世人白眼，尝尽各种艰辛。之后，他发愤图强，研究茶道，终于有所成就。此类历经困苦而终有所成的故事俯拾皆是，但在由奢入俭的途中沉沦的故事也很多，一些人因难以接受强烈的反差和对比，加之意志不坚定，很快就一蹶不振。

（二）职业生涯没有坦途

几乎所有的人都要经历俭与奢之间的转换，有些人历经多次才走向成功。

古人云，"月有阴晴圆缺，人有悲欢离合"，"天有不测风云，人有旦夕祸福"，古训说，"天道无常"、"人生无常"，而在无常中，并不是祸福参半、俭奢参半，而是"人生不得意者八、九"，"祸不单行，福无双至"，可见人世间确实遇到的顺利的、得意的事通常比不顺利的、失意的事少得多。在人的一生中，窘途多于顺境。你坐拥多套豪宅，可能毁于一把火。你是所谓的官二代，反腐倡廉中父亲进了牢房，你的天与地就会翻转。你是身价数百亿的企业家的富二代，父亲重大投资失误负了债，你将从"一掷千金"到"一无所有"。人生的无常也会体现在职场的无常上。这种俭、奢的转换就必须由每个人去面对。

（三）在俭与奢之间搭建平行通道以提高职业成功的概率

1. 俭奢平行通道的思想描述

一个人进入职场后，由于个人和环境的原因，常常会受到挫折，个人的工作会在顺利与不顺利之间、职位会在高与低之间、薪酬会在多与少之间变动。人们的固有思维是，往高处走会带来愉悦和动力，在受挫折时会感到痛苦和丧气。俭奢平行通道理论认为，人们应在俭与奢之间架起平行的通道，而不是单向的、不可逆的，人们既可以由俭入奢易，也可以由奢入俭易，在工作顺利和不顺利时都能保持平稳的心态，正确对待挫折，提高自己在职场上获得成功的概率。

2. 不追求完美，追求真实

追求完美是影响俭奢平行通道建立的一大误区，现实中没有尽善尽美，不完美才是真。当你在富、贵、名的阶梯中一步一步往上爬时，追求完美会使你无法接受挫折，无法接受往下走二三级阶梯，那种失落感会使自己十分丧气，从而失去继续奋斗的勇气，失去对理想的追求，丧失工作的积极性和主动性，当然更不可能有创造性。如果你能接受生活、工作中的不完美，也就会逐步搭建起俭奢之间的平行通道。

3. 天然去雕琢，做回朴素无华的自己

人们在职场上会追求各种各样并无实际意义的头衔和光环，这些本来是努力工作的回报之一，但是不少人在职场上过分地去追求，必然会影响自己的发展。

（1）影响个人与其他员工的关系。任何一个工作团队中，每次获得奖励的人员只能是少数，如"先进员工"、"优秀员工"、"一等奖"和"二等奖"获得者等都是优选出的代表。如果你在这种优选中缺少"让贤"的精神，必然会影响个人和其他员工的关系，从而恶化自己工作的软环境。

（2）影响个人在领导心目中的地位。当一些荣誉、头衔有限的时候，领导常因难以平衡各方面而难以取舍。当个人追求这些光环而给领导带来更多难题时，你个人在领导心目中就会失去原有的信任。

（3）影响个人的工作情绪。在追求光环的时候，你会遇到两种情况：一种是追求而有所得，但失去了好的工作氛围；另一种是追求而无所得，影响了个人的情绪。一个人的工作情绪需要自己认真地培育，这是一个人工作态度的表现，也是取得好的工作业绩的基础。

做一个朴素无华的自己，表面上看没有太多闪光的东西，缺少各种装点，实际上是给自己创造了更好的人际环境、工作环境，也给了自己更好的心境。

（四）关于俭奢平行通道理论的小结

广义的俭和奢是超越了最原始的概念，有着更多的内涵，包括荣誉的多少、薪酬的高低、职务的上下。一个追求职业成功的人如果背上许多的包袱，就难以轻松地工作，富、贵、名是人们向上攀登的三个大包袱，要使自己轻松前行，就要开辟俭奢平行通道，使自己走在这种通道上，轻松自如，可上可下，可高可低，可奢可俭，可雅可俗，给自己创造轻松向上的软环境。

十、关于职业成功的小结

（1）机会像一匹飞奔而来的马，抓住机会就等于骑上了骏马，善于获取机会的人必须有识马的眼力、跃马的勇气、驭马的能力。

（2）团队精神是现代社会高速发展、良性发展的需要，必须提倡内部协调与外部协调。一个人在团队里，与什么人协同工作是无法选择的，因此应在大环境中彼此求同存异，相互支持，共同构建一个优秀的团队，完成历史的使命。

（3）每个人均有优点和缺点。红叶子理论要求我们必须有一个特别突出的亮点，在人的优点和缺点此消彼长的过程中，让自己的优点更加闪亮。

（4）很少有人一踏入职场就能选对职业，选对方向，但只要勤勤恳恳地努力工作，最终会发现那些不相交的平行线会在远处交于一点，这一点就是你过去所有努力、所有成绩的蓄水池，会给你新的智慧和力量，让你在这个交点上更上一个台阶。

（5）人们在初入职场时，缺少经验、能力和其他资源，必须用更多的勤奋和奉献去换取知识、能力、经验和各种资源，必须完成人生重要的三大积累，为他人做嫁衣，同时自己学艺。这种默默奉献和不求回报的人最终会得到社会的认可，从而完成质的飞跃。

（6）在职场上不能急于表现自己，要证明自己的学识、能力和水平，获得人们的认同，必须有一个过程，就像烧开水，不但要不停地添柴，而且不能频频掀锅盖。要耐得住寂寞，经得起各种考验，水终究会开的。你的优秀表现会得到同行的认可，你也会得到社会的尊重。

（7）成长本无捷径，必定要历尽艰难，但向优秀的人才学习，可以事半功倍，如果一个优秀的人才把其毕生所获得的知识、经验和教训传授给你，你必将获得快速的提升。

（8）人类有一种惰性，往往只有在被外力推着往前时才会被动地工作。一流人才勤奋、谦虚、有毅力，在崇高的目标指引下，不需要他人的激励，就能够自己产生强大的向上的力，从不懈怠，从不停下前进的脚步。这样的人不仅能自己不断前进，而且能带动周围的人与自己一道前进。

（9）心理健康是一切成功的关键。情商比智商更重要，能带领你走向成功的大道。坚强和毅力能使你的目标实现成为可能，执著、坚忍和信心是成功的指路明灯。

各种类型的应聘、招聘和录用表格

1. 甲公司招聘用表（见表 A—1 至表 A—5）

表 A—1 针对普通员工的求职申请表

应聘职位：_____ 填表日期：_____

姓名		性别		婚否		籍贯		最高学历	
身份证号码		血型		身高		体重		爱好兴趣	
居住地址					期望的工资水平（元/年）				
联系方式			E-mail				何时可到岗		

主要教育经历（从高中起）				
教育阶段	就学期间	学校名称（地点）	专业	证明人及电话

主要工作经历（按先后顺序）				
就职时间	就职单位	职务、主要职责	最后薪酬	证明人及电话

主要项目/任务经历				
项目期间	项目/任务名称、内容	责任描述	操作系统、数据库、使用工具	熟练程度

主要家庭成员及社会关系			
关系	姓名	工作单位	职务

请列举您掌握的技能、特长，曾获得的奖励、资格、成就，参加的学术、专业或商业活动等

申请人郑重承诺：我所提供的信息资料真实无误，同意人力资源部据此做相关调查。

申请人签字： 年 月 日

表 A—2　　　　　　　　　　　**针对中高层管理者的求职申请表**

应聘职位：_____　　　（是否接受外派：□是　□否）　　　填表日期：_____

姓名		性别		婚否		籍贯		最高学历	
身份证号码		血型		身高		体重		爱好兴趣	
居住地址				期望年薪（元/年）					
联系方式		QQ				何时可到岗			
		E-mail							

主要教育经历（从高中起）

教育阶段	就学期间	学校名称（地点）	专业	证明人及电话

主要工作经历（按先后顺序）

就职时间	就职单位	职务、主要职责	最后薪酬	证明人及电话

主要项目/任务经历

项目期间	项目/任务名称、内容	责任描述	操作系统、数据库、开发工具	熟练程度

主要家庭成员及社会关系

关系	姓名	工作单位	职务

请列举您掌握的技能、特长，曾获得的奖励、资格、成就，参加的学术、专业或商业活动等

申请人郑重承诺：我所提供的信息资料真实无误，同意人力资源部据此做相关调查。

　　申请人签字：　　　　　　　　　　　　　　　　　　　年　月　日

表 A—3　　　　　　　　　　　　　　**针对应届毕业生的求职申请表**

注意：请如实完整填写该表格，随意填写或内容缺漏的表格，将被视为无效申请而不予考虑。

应聘职位：_____　　　　　　　　　　接受出差与外派：□是　□否

姓名		性别		民族		籍贯	
身高/体重	____厘米/____公斤	血型		学历		英语程度	
身份证号码				专业排名/总人数			
联系方式	手机： 宿舍电话： E-mail： QQ：			家庭地址及联系电话 （紧急情况联系使用）			
期望工作地	□福州　□厦门　□上海　□均可			期望薪资（月薪）			元/月

教育阶段	就学时间	毕业院校	所学专业

辅修专业/第二学位		毕业前是否报名考研/考博	□是　□否
可实习时间	年 月 日至 年 月 日	期望实习薪资	元/月

主要项目/任务经历（如有相关经验，请填写）

时间	项目/任务名称、内容	责任描述

主要家庭成员及社会关系

称谓	姓名	职业	联系方式

请列举您掌握的技能、特长，曾获得的奖励、资格、成就，参加的学术、专业或商业活动等

申请人郑重承诺：我所提供的信息资料真实无误，同意人力资源部据此做相关调查。

　　申请人签字：　　　　　　　　　　　　　　　　　　　　　年 月 日

表 A—4　　　　　　　　　　　　　　　　　面试初试记录表

姓名		性别		年龄		联系方式	
学历		专业				毕业院校	
面试日期		拟聘部门				拟聘岗位	
成就导向	1. 求职动机、意愿						
	2. 上次离职原因						
	3. 对应聘岗位的认识（与应聘岗位相关的工作经验等）						
	4. 个人发展目标						

项目	评价要素 （评分：5—好、4—较好、3——一般、2—较差、1—差）				描述性评价
简历评估	5. 工作的上进心		6. 跳槽频繁		
	7. 关键空白/经历空档		8. 文字错误/语言规范		
	9. 过多强调/信息顺序		10. 书面表达		
综合素质	11. 仪表风度		12. 逻辑思维		
	13. 爱好兴趣		14. 学习能力		
	15. 自信心		16. 主动性		
	17. 理解能力		18. 压力承受能力		
	19. 表达能力		20. 团队合作		
其他	21. 是否愿意外派		22. 出差加班		
	23. 户籍、住宿、交通		24. 档案所在地		
	25. 目前雇佣状态		26. 预定到岗日期		
	27. 目前收入		28. 薪酬期望值		
人力资源部综合评议					

签字：　　　　　　　　　　　　　　　　　　　　　　　年　月　日

表 A—5   **面试复试意见反馈表**

部门		岗位			应聘人	
面试官		职务			面试日期	

期望待遇	期望范围：_____至_____元/年 可接受性：□可以接受 □可以考虑 □不可接受 □特别处理

序号	项目	评价要素	评价内容	评价
1	专业技能	操作系统		5 4 3 2 1
		开发工具		
		数据库		
		其他		
		外语应用能力：		
		相关培训或认证：		
		笔试评价：		
2	工作经验	现有产品知识		5 4 3 2 1
		相关行业和本岗位的直接经验		
		是否有过类似工作经验		
		是否做过项目管理工作		
		本行业关系网络		
3	工作展望	未来同事		5 4 3 2 1
		能否较快进入角色		
		有利于将来工作的长处		
		与将来工作要求的差距		

面试官综合评议	签字： 年 月 日	面试官判定
		□优秀，一定要录用 □良好，想要录用 □基本符合要求，可以录用 □有不足，犹豫不定 □较差，不可录用

部门主管意见	签字： 年 月 日	是否录用	□是 □否
		薪资意见	试用期：_____个月 试用月薪：_____元 拟转正薪级：_____ 拟转正月薪：_____元

2. 某城市公务员面试评分表（见表 A—6）

表 A—6 公务员面试评分表

序号			性别		招考单位及职位代码			
面试要素	理论素养政策水平	综合分析思维能力	语言表达能力	组织协调能力	责任感与进取心	应变能力个性稳定	举止仪表	总分
权重	20	20	14	14	14	10	8	
观察要点	1. 马克思主义原理 2. 本专业基本理论 3. 实际运用能力 4. 原则性与灵活性	1. 严密性 2. 条理性 3. 完整性	1. 精确性 2. 简练性 3. 流畅性 4. 生动性	1. 组织能力 2. 协调能力 3. 合作能力 4. 沟通能力	1. 诚实负责 2. 自信进取	1. 适应性 2. 灵敏性 3. 创造性 4. 个性稳定性	1. 仪表 2. 涵养 3. 礼节	
评分标准 优	18～20	18～20	13～14	13～14	13～14	9～10	7～8	
良	15～17	15～17	11～12	11～12	11～12	7～8	5～6	
中	9～14	9～14	8～10	8～10	8～10	5～6	3～4	
差	0～8	0～8	0～7	0～7	0～7	0～4	0～2	
得分	A	B	C	D	E	F	G	
考官编号		考官评语		考官签字： 年 月 日				

3. 某航空集团管理人员招聘（考核）面试评分表（见表 A—7）

表 A—7 管理人员招聘（考核）面试评分表

姓名：_____ 岗位：_____ 日期：_____

评价指标		权重	评分等级（请打钩）					
			很好	好	较好	一般	较差	差
外表	健康、精力							
知识	文化素质							
	实际经验							
	业务知识							
能力	理解领悟能力							
	综合分析能力							
	表达能力							
	逻辑条理性							
	应变能力							
	自我控制能力							
	创新意识、想象力							
	自我认知能力							
个性	自信心							
	诚实、不掩饰							
	沉着、从容							
	面试态度							
	总体评价							
评语								

评价人：_____

4. 某公司公开招聘管理人员面试评价表（见表 A—8 至表 A—10）

表 A—8　　　　　　　　　　　　施政演说评价表

姓名：	年龄：	性别：
最后学历：	现任职位（全称）：	
指标	权重	单项评价值
精神风貌	0.15	
语言的组织与表达	0.25	
文明礼貌与修养	0.25	
临场应变能力	0.15	
知识面与文化素养	0.2	
加权平均分		
面试考官评语		

面试主考官签名：_____

日期：_____

表 A—9　　　　　　　　　　　　定型面试评价表

姓名：	年龄：	性别：
最后学历：	现任职位（全称）：	
指标	权重	单项评价值
分析与判断能力	0.15	
组织与运作能力	0.25	
决策能力	0.25	
协调与应变能力	0.15	
EQ 值	0.20	
加权平均分		
面试考官评语		

面试主考官签名：_____

日期：_____

表 A—10   能岗匹配评价表

姓名：		年龄：	性别：
最后学历：		现任职位（全称）：	
应聘岗位名称：		同类岗位应聘名次：	
评价项目	权重		单项评价值
笔试成绩	0.2		
施政演说	0.4		
定型与随机问答	0.4		
加权平均分			
面试主考官对应聘者能岗匹配的分析			

面试主考官签名：＿＿＿＿＿＿＿

日期：＿＿＿＿＿

5. 某服装公司招聘考核评分表（见表 A—11 至表 A—17）

表 A—11   面试评分表

面试者姓名：＿＿＿＿＿＿＿

胜任特征	权重	评分等级（请打钩）					
		很好	好	较好	一般	较差	差
人际理解力	0.2						
沟通能力	0.15						
自信	0.15						
内在工作动力	0.2						
职业志趣	0.15						
价值观匹配	0.15						
人—职位—组织匹配							
平均总分							

说明：很好：100 分；好：80 分；较好：70 分；一般：50 分；较差：30 分；差：0 分。

考官签名：＿＿＿＿＿＿＿

日期：＿＿＿＿＿＿＿＿

表 A—12　　　　　　　　　　　**面试评分汇总表**

面试者姓名：＿＿＿＿＿＿＿＿＿

胜任特征	权重	一致意见（请打钩）					
		很好	好	较好	一般	较差	差
人际理解力	0.2						
沟通能力	0.15						
自信	0.15						
内在工作动力	0.2						
职业志趣	0.15						
价值观匹配	0.15						
人—职位—组织匹配							
面试最终成绩							

说明：主考官需要组织考官组成员参与讨论，每一位考官都必须签名，并且对一致性意见取得认可。很好：100 分；好：80 分；较好：70 分；一般：50 分；较差：30 分；差：0 分。

考官签名：＿＿＿＿＿＿＿＿＿　　主考官签名：＿＿＿＿＿＿＿＿＿　　日期：＿＿＿＿＿＿＿＿＿

表 A—13　　　　　　　　　　　**面试成绩一览表**

考生姓名	最后分数	名次排序

记录员签名：＿＿＿＿＿＿＿＿＿　　　　主考官签名：＿＿＿＿＿＿＿＿＿

表 A—14   店面实习考核评分表

新员工姓名：_____   日期：_____

1. 对这份工作的认同感及喜爱程度：
   A. 喜爱   B. 一般
   C. 有点抵触   D. 很不喜欢
2. 对这个团队的认同感及喜爱程度：
   A. 喜爱   B. 一般
   C. 有点抵触   D 很不喜欢
3. 整理店面（主要是打扫卫生）时的勤快程度：
   A. 积极认真   B. 正常完成任务
   C. 做得不够彻底   D. 应付了事
4. 工作时的主动性：
   A. 常主动帮助老员工   B. 偶尔帮助
   C. 需要叫才会帮助   D. 不愿意帮助
5. 反应能力（遇较紧急事件时的反应）：
   A. 冷静并迅速作出反应，不急躁   B. 迅速作出反应，较急躁
   C. 较慢作出反应   D. 很慢作出反应，而且判断出错
6. 学习知识能力：
   A. 学得快并且记忆力好   B. 学得较慢但记忆力好
   C. 学得快但记忆力不好   D. 学得慢且忘得快
7. 处理人际关系的能力：
   A. 能很快取得同事的喜爱和信任   B. 话少但稳重踏实，比较计人信任
   C. 说话处事不太招人喜欢   D. 完全不会处理好人际关系

签名：_____
1. _____ 2. _____ 3. _____ 4. _____ 5. _____ 6. _____ 7. _____   共_____分
评价：_____
签名：_____
1. _____ 2. _____ 3. _____ 4. _____ 5. _____ 6. _____ 7. _____   共_____分
评价：_____
签名：_____
1. _____ 2. _____ 3. _____ 4. _____ 5. _____ 6. _____ 7. _____   共_____分
评价：_____
签名：_____
1. _____ 2. _____ 3. _____ 4. _____ 5. _____ 6. _____ 7. _____   共_____分
评价：_____
签名：_____
1. _____ 2. _____ 3. _____ 4. _____ 5. _____ 6. _____ 7. _____   共_____分
评价：_____

平均分：_____分
经评分后，我店建议：

说明：A＝4分；B＝3分；C＝1分；D＝0分。

表 A—15　　　　　　　　　　　　　销售系列员工复试评分表

应聘者姓名：＿＿＿＿＿　　应聘职位：＿＿＿＿＿＿＿＿

1. 胜任特征评分：

胜任特征	权重	评分				
		很好 （95分）	好 （85分）	较好 （75分）	一般 （60分）	较差 （45分）
职业认同	0.20					
人际理解力	0.20					
团队领导能力	0.15					
沟通协调能力	0.15					
客户服务导向	0.15					
应变能力	0.15					
总分						

　　说明：如应聘人员以上任一项被评定为"较差"，可直接视为本轮面试未通过。

2. 综合评述及建议：

评述：

建议：

考官签名：＿＿＿＿＿＿＿

日　　期：＿＿＿＿＿＿＿

表 A—16　　　　　　　　　　　　　职能系列员工复试评分表

应聘者姓名：＿＿＿＿＿　　应聘职位：＿＿＿＿＿＿＿＿

1. 专业知识测评及结果：

专业测试得分：＿＿＿＿＿＿

测评结果及分析：

2. 综合评述及建议：

评述：
建议：

说明：若有专业性考试，请附考试试卷。

考官签名：_____

日　　期：_____

表 A—17　　　　　　　　　　　人力资源部决策复试评分表

应聘者姓名：_____　　应聘职位：_____

1. 胜任特征评分：

胜任特征	权重	评分				
		很好（95分）	好（85分）	较好（75分）	一般（60分）	较差（45分）
企业文化匹配	0.20					
可塑性	0.20					
内在工作动力	0.15					
良好的心态	0.15					
职业志趣	0.15					
自信	0.15					
总分						

说明：如应聘人员以上任一项被评定为"较差"，可直接视为本轮面试未通过。

2. 综合评述及建议：

评述：
建议：

考官签名：_____

日期：_____

6. 乙公司人力资源管理用表（见表 A—18 至表 A—24）

表 A—18　　　　　　　　　　　　应聘者调查表

填表须知：本表对录用后安排工作有很大的参考价值，务请认真填写，如实反映，表中各项不能漏填。			填表时间		年　月　日	
			姓名		年龄	
			出生年月日		性别	
			籍贯		电话	
			家庭住址			

性格（对自己的性格进行客观公正的评价，符合者请打钩）					
谨慎	乐观	消极	自信	随和	诚实
内向	神经质	敏锐	耿直	寡言	宽言
自以为是	性情易变	机灵	热心	利舌	淡泊
理智型	兴奋型	有个性	有支配欲	有条理性	有节制力
行动型	细致	勤俭	喜欢自我决策	孤僻	温顺
有责任心	易动感情	有进取心		疑虑	气量小

(1) 简述你的性格类型和特点。	(2) 简述你的性格弱点。

请回答以下问题

(1) 你所不擅长的是什么？	(3) 学生时代你最喜欢哪门课程？
(2) 请你概述自己的人生观。	(4) 请你概述自己的职业观。

关于就职（请回答下列问题）

(1) 进入本企业你有什么希望与理想？	(5) 到本企业前，你的工资收入是多少？你希望在本企业得到多少收入？
(2) 在什么岗位上能最大限度地发挥你的才能？	(6) 简述你的工作态度。
(3) 假如有更好的职业，你将怎么办？	
(4) 你对本企业的印象如何？	本栏由企业方面填写

印象：

负责人	部长	科长

表 A—19　　　　　　　　　　　　　　应聘者登记表

1. 姓名		2. 性别		3. 出生年月		4. 籍贯	
5. 民族		6. 婚姻状况		7. 学历与专业			
8. 现工作单位及地址				9. 职业与职务			
10. 家庭住址				11. 联系电话			

12. 个人简历：（如需要，可另附页）

13. 接受培训情况：

14. 主要社会关系：

15. 身体状况：
(1) 身高：　米 (2) 体重：　公斤 (3) 血型：　(4) 健康状况：很好/较好/一般/较差
(5) 病史：

16. 经济状况：
(1) 月实际收入：　元　(2) 期望收入：　元　(3) 对我公司有无住房要求：

17. 主要工作成就和曾经获得的奖励情况：

18. 外语掌握情况：

19. 个人性格主要特点：

20. 业余爱好和兴趣：

21. 请简述你对公司和应聘职位的认识和理解：
(1) 职位名称
(2) 主要职责
(3) 任职资格及要求

22. 除上述应聘职位外，其他可以适应的工作：

23. 相关工作经历：

24. 为什么愿意到本公司工作：

25. 其他需说明的情况：

制表人：_____　联系人：_____　联系电话：_____

表 A—20　　　　　　　　　　　　　　　　　面试结果汇总单

应聘人：_____　　　　　　　　　　　　　　　面试日期：_____

应聘职位：_____　　　　　　　　　　　　　　主 考 官：_____

面试评价项目	面试主考官意见
过去工作经历 过去重要成就 其他因素 　　□仪表 　　□适应力 　　□稳定性 　　□领导能力 　　□创造力 　　□智力 　　□体力 　　□沟通能力 　　□自信力	
应聘人优点	
应聘人弱点	
录用建议	□建议可予录用，还应加予培训 □建议不予录用，理由：
备注：	

表 A—21　　　　　　　　　　　　　　录用考试成绩汇总表

汇总人：_____

编号	姓名	年龄	毕业学校	专业	应聘资料				笔试		第一次面试		第二次面试		综合评价	录用结果	成绩排序	备注
					履历表	就职申请	成绩单	综合	各科成绩	平均成绩	各项成绩	平均成绩	各项成绩	平均成绩				

表 A—22　　　　　　　　　　　　　部门人员需求申请表

用人部门：＿＿＿＿＿＿＿＿

填 表 人：＿＿＿＿＿＿＿＿　　填表日期：＿＿＿＿＿＿

申请职位		工作地点		所需数量	
工资待遇		是否应届	□是　□否	预定到岗日期	
申请理由	□扩大编制　□储备人力　□辞职补充　□短期需要 □其他：				
日常工作及职责					
职位基本要求					
学历		专业		其他	
工作经历及 技能要求					
行业知识的 了解要求					
其他能力、性格、 兴趣要求					
优先考虑的条件					
用人部门意见： 签名：　　　　　　日期：			技术部意见： 签名：　　　　　　　　　日期：		
人力资源部意见： 签名：　　　　　　日期：			总裁意见： 签名：　　　　　　　　　日期：		

表 A—23　　　　　　　　　　　　　部门增员申请表

申请部门			
申请理由			
申请增员岗位	岗位 1	岗位 2	岗位 3
申请增员人数			
申请增员人员的基本要求 （学历、年龄、性别、经历、培训）			
申请增员人员的特殊要求			
主管意见			
人力资源部意见			
领导审批			

申请人：＿＿＿＿＿＿＿　　申请人职务：＿＿＿＿＿＿＿　　申请时间：＿＿＿＿＿＿＿

表 A—24   部门增员计划表

部门：＿＿＿＿＿＿＿　　计划编制时间：＿＿＿＿＿＿＿

工作岗位	职务	分类	现有员工数	合理定员数	员工需求量	备注
		正式工				
		临时工				
		兼职				
		正式工				
		临时工				
		兼职				
		正式工				
		临时工				
		兼职				
		正式工				
		临时工				
		兼职				
		正式工				
		临时工				
		兼职				
总计		正式工				
		临时工				
		兼职				

负责人：＿＿＿＿＿＿　　制表人：＿＿＿＿＿＿

［1］苏东水．管理心理学．上海：复旦大学出版社，1997.

［2］廖泉文．人事管理实务．厦门：厦门大学出版社，1995.

［3］廖泉文．人力资源招聘系统．济南：山东人民出版社，1999.

［4］廖泉文．人力资源考评系统．济南：山东人民出版社，1999.

［5］廖泉文．人力资源发展系统．济南：山东人民出版社，1999.

［6］廖泉文．人力资源管理．上海：同济大学出版社，1997.

［7］廖泉文．招聘与录用．北京：中国人民大学出版社，2002.

［8］廖泉文．人力资源管理．北京：高等教育出版社，2003.

［9］廖泉文．人本之道．北京：高等教育出版社，2006.

［10］谢晋宇．企业人力资源的形成——招聘、筛选与录用．北京：经济管理出版社，1999.

［11］［美］W. H. 纽曼等．管理过程——概念、行为和实践．北京：中国社会科学出版社，1995.

［12］［美］哈罗德·孔茨，海因茨·韦里克．管理学（第九版）．北京：经济科学出版社，1993.

［13］［美］保罗·法尔科恩．招聘面试中的96个关键问题．上海：上海人民出版社，1999.

［14］赵曙明．人力资源管理研究．北京：中国人民大学出版社，2001.

［15］［美］劳伦斯·S·克雷曼．人力资源管理：获取竞争优势的工具．北京：机械工业出版社，1999.

［16］［美］R. 韦恩·蒙迪，罗伯特·M. 诺埃．人力资源管理（第六版）．北京：经济科学出版社，1998.

［17］［美］雷蒙德·A·诺伊．员工培训与开发．北京：中国人民大学出版社，2001.

［18］张一驰．人力资源管理教程．北京：北京大学出版社，1999.

［19］孙卫敏．招聘与选拔．济南：山东大学出版社，2004.

［20］"诚信度测验"在人力资源管理中的应用及前景．外国经济与管理．2002（11）.

［21］张丽萍，应学凤．谎言的构成要素和语用．内蒙古农业大学学报（社会科学版），2006（1）.

［22］何燕珍，洪群．应聘者印象管理对考官认知的影响——以电视节目《非你莫属》为例．经济管理，2013（8）：73-81.

［23］王玉梅，何燕珍．跨国外派管理实践对外派人员跨文化适应的影响，经济管理，2014（5）：80-93.

［24］何燕珍，王玉梅．中国企业跨国并购中建立员工信任的多案例研究，中国人力资源开发，2012（9）：55-61.

［25］用友 HCM 微招聘来袭：HR 换个方式招聘吧．中国软件网，2014-09-25.

［26］刘永丽，蔡骊．企业微招聘让求职者初尝甜头．青年时报，2014-09-04.

［27］一览微雇主，微社会下的微招聘．搜狐教育，2014-07-23.

［28］微博英才 CEO 曾祎安：微招聘如何防止简历作假．腾讯科技（微博），2014.

［29］微招聘：大数据时代的精准招聘．新浪科技，2014-08-28.

［30］希卡．微招聘的优势及招聘方法．138job 中国美容人才网，2014-08-17.

［31］吴丽娟．1998—2012 年网络招聘研究文献计量分析．情报探索，2012（12）.

［32］张静．我国《劳务派遣法》的主要制度设计与建议．赤峰学院学报（汉文哲学社会科学版），2014（3）.

［33］史贵生，傅智文．《劳动合同法》对人力资源管理的影响．中国劳动，2007（5）.

［34］萧鸣政．中国人力资源服务业白皮书．北京：人民出版社，2011.

［35］HRoot. 2011 年全球人力资源服务机构 50 强．2011.

［36］Wendover，R. High Performance Hiring. Crisp Publications，Inc.，1991.

［37］Schein，E. Career Dynamics：Matching Individual and Organization Need，Addison-Wesley Publishing，1978.

［38］Arthur Sherman. Managing Human Resource. 11th ed. South-Western College Publishing，1994.

［39］Colin Crouch and Ronald Dore. Whatever Happened to Corporatism? In Colin Crouch and Ronald Dore eds. Corporatism and Accountability：Organized Interests in British Public Life. Oxford. Clarendon Press，1990.

［40］Esping-Andersen，G. The Three Worlds of Welfare Capitalism. Polity Press，1990.

［41］Mishra，R. The Welfare State in Capitalist Society. Harvester Wheatsheaf,

1990.

［42］Nicholas Barr. The Economics of the Welfare State. Oxford University Press，1998.

［43］Oi, Jean. Fiscal Reform and the Economic Foundation of Local State Corporatism in China. *World Politics*, 1992 (45): pp. 99 – 126.

［44］Schmitter, P. C. Still the Century of Corporatism? *Review of Politics*, 1974 (36): 85 – 131.

［45］Scott Lash, John Urry. The End of Organized Capitalism. Polity Press，1987.

［46］Williamson, P. J. Corporatism in Perspective. London. Sage，1989.

［47］Williamson, J. B. And Pampel, F. C. Old-Age Security in Comparative Perspective. Oxford University Press，1993.

［48］Gary Dessler. Human Resource Management. 7th ed. Prentice Hall，Inc. Newjersey，1997.

［49］Herbert J. Chruden. Arthur W. Sherman. Personnel Management，South-Western Pub. Co. ，1972.

［50］Scott L. Martin and Nambury S. Raju. Determining Cutoff Scores the Optimize Utility: A Recognition of Recruiting Costs, *Journal of Applied Psychology*, 1992, 77 (1): 19.

［51］McCornack, S. A. , Levine, T. R. When lovers become leery: The relationship between suspicion and accuracy in detecting deception ［J］. *Communication Monographs*, 1990.

［52］Johnson, M. K. , Raye, C. L. False memories and confabulation ［J］. *Trends in Cognitive Sciences*, 1998.

［53］Burgoon, J. K. , Buller, D. B. Interpersonal deception: Effects of deceit on perceived communication and nonverbal behavior dynamics ［J］. *Journal of Nonverbal Behavior*, 1994.

［54］Ekman, P. Telling lies: cues to deceit in the marketplace, politics and marriage ［M］. New York: W. W. Norton, 1992.

［55］Zuckerman, M. , DePaulo, B. M. , Rosenthal, R. Verbal and nonverbal communication in deception ［J］. *Advances in Social Psychology*, 1981.

［56］Inbau, F. E. , Reid, J. E. , Buckly, J. P. , Jayne, B. P. Criminal interrogations and confessions ［M］. Gaitherburg, MD: Aspen, 2001.

［57］Connelly, J. T. , Mumford, M. D. , Leritz, L. E. , Ruark, G. , Allen, M. T. , Waples, E. P. Exploring Content Coding Procedure for Assessing Truth and Deception in Verbal Statements ［Z］. Norman OK: Final Technical Report for the Department of Defense Polygraph Institute, 2003.

［58］Lyle E. Leritz. Detecting deception during a structured interview ［D］. University of Oklahoma Graduate College，2004.

[59] International Confederation of Private Employment Agencies "The Agency Work Industry around the World"，Economic Report，2012，http//www. ciett. org/ fileadmin/templates/ciett/docs/Ciett_Economic_Report_2010. pdf. .

图书在版编目（CIP）数据

招聘与录用/廖泉文著 . —3 版 . —北京：中国人民大学出版社，2015.6

教育部面向 21 世纪人力资源管理系列教材

ISBN 978-7-300-21473-3

Ⅰ.①招⋯ Ⅱ.①廖⋯ Ⅲ.①人才-招聘-高等学校-教材 Ⅳ.①C913.2

中国版本图书馆 CIP 数据核字（2015）第 127055 号

"十二五"普通高等教育本科国家级规划教材

面向 21 世纪课程教材

教育部面向 21 世纪人力资源管理系列教材

招聘与录用（第三版）

廖泉文 著

Zhaopin yu Luyong

出版发行	中国人民大学出版社				
社 址	北京中关村大街 31 号		**邮政编码**	100080	
电 话	010 - 62511242（总编室）		010 - 62511770（质管部）		
	010 - 82501766（邮购部）		010 - 62514148（门市部）		
	010 - 62515195（发行公司）		010 - 62515275（盗版举报）		
网 址	http://www.crup.com.cn				
经 销	新华书店				
印 刷	北京宏伟双华印刷有限公司		**版 次**	2002 年 10 月第 1 版	
规 格	185 mm×260 mm 16 开本			2015 年 7 月第 3 版	
印 张	20 插页 1		**印 次**	2021 年 1 月第 12 次印刷	
字 数	426 000		**定 价**	35.00 元	

教师教学服务说明

中国人民大学出版社管理分社以出版经典、高品质的工商管理、统计、市场营销、人力资源管理、运营管理、物流管理、旅游管理等领域的各层次教材为宗旨。

为了更好地为一线教师服务，近年来管理分社着力建设了一批数字化、立体化的网络教学资源。教师可以通过以下方式获得免费下载教学资源的权限：

在中国人民大学出版社网站 www. crup. com. cn 进行注册，注册后进入"会员中心"，在左侧点击"我的教师认证"，填写相关信息，提交后等待审核。我们将在一个工作日内为您开通相关资源的下载权限。

如您急需教学资源或需要其他帮助，请在工作时间与我们联络：

中国人民大学出版社　管理分社

联系电话：010-82501048，62515782，62515735

电子邮箱：glcbfs@crup. com. cn

通讯地址：北京市海淀区中关村大街甲 59 号文化大厦 1501 室 （100872）